L'Héritage des Templiers

Steve Berry

L'Héritage des Templiers

Traduit de l'anglais (États-Unis) par Françoise Smith

ÉDITIONS FRANCE LOISIRS

Titre original : *The Templar Legacy*

Édition du Club France Loisirs,
avec l'autorisation des Éditions le cherche midi.

Éditions France Loisirs,
123, boulevard de Grenelle, Paris.
www.franceloisirs.com

ISBN : 978-2-298-00853-1

Pour Elizabeth,
comme toujours.

Jésus disait :
« Reconnais ce qui est devant ton visage
et ce qui t'est caché te sera dévoilé.
Il n'y a rien de caché qui ne sera manifesté. »

Évangile de THOMAS

On sait de temps immémorial combien cette fable du Christ nous a été profitable.

Pape LÉON X

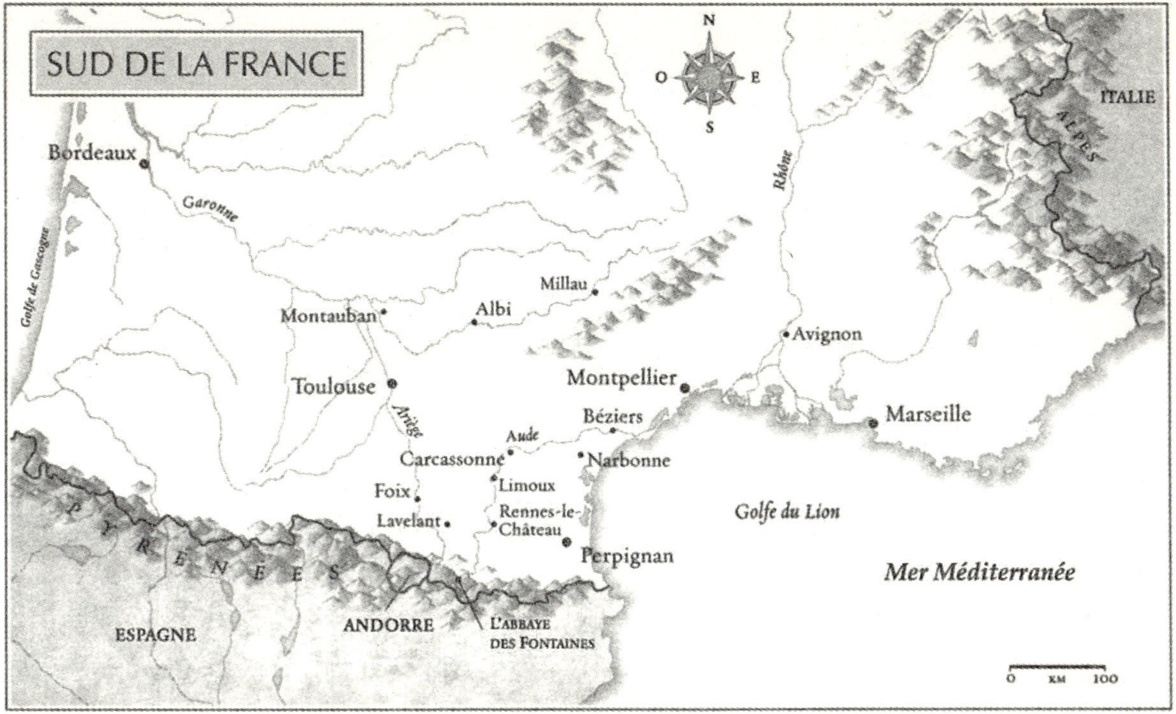
SUD DE LA FRANCE
N
O
E
S
ITALIE
ALPES
Bordeaux
Garonne
Golfe de Gascogne
Rhône
Millau
Montauban
Albi
Avignon
Toulouse
Montpellier
Marseille
Ariège
Béziers
Aude
Carcassonne
Narbonne
Foix
Limoux
Rennes-le-Château
Lavelant
Perpignan
Golfe du Lion
PYRÉNÉES
Mer Méditerranée
ESPAGNE
ANDORRE
L'ABBAYE DES FONTAINES
0 KM 100

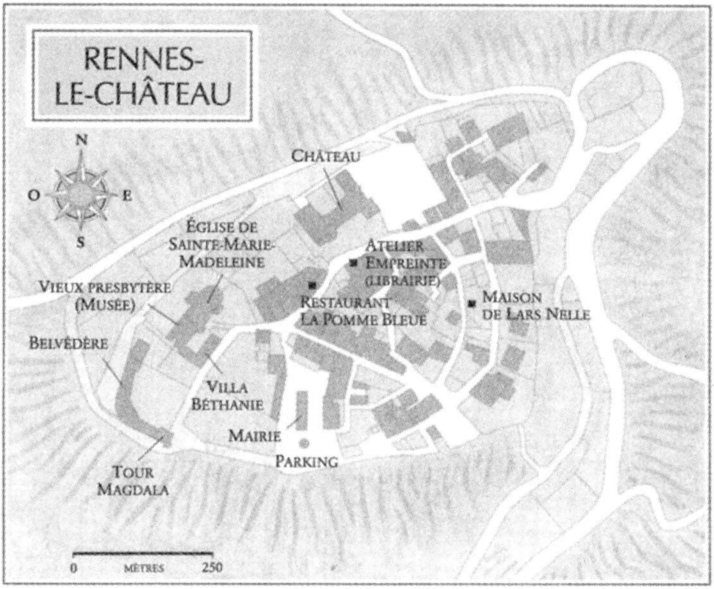

RENNES-LE-CHÂTEAU
N
O
E
S
CHÂTEAU
ÉGLISE DE SAINTE-MARIE-MADELEINE
ATELIER EMPREINTE (LIBRAIRIE)
VIEUX PRESBYTÈRE (MUSÉE)
RESTAURANT LA POMME BLEUE
MAISON DE LARS NELLE
BELVÉDÈRE
VILLA BÉTHANIE
MAIRIE
PARKING
TOUR MAGDALA
0 MÈTRES 250

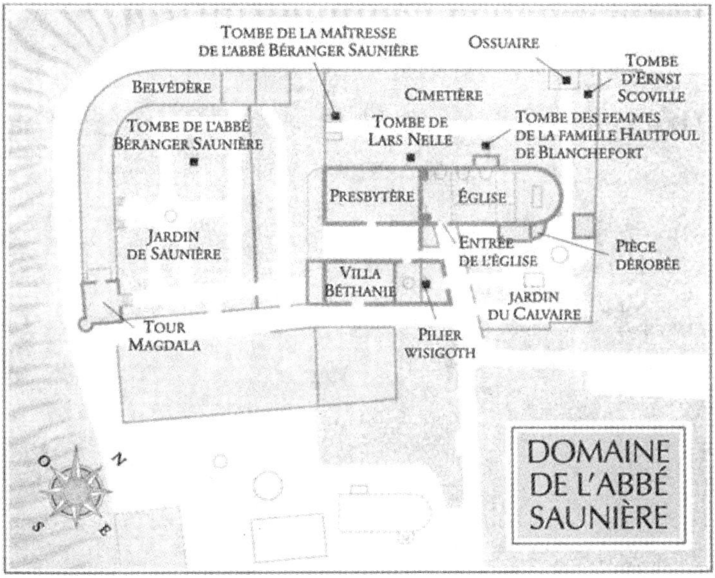

TOMBE DE LA MAÎTRESSE DE L'ABBÉ BÉRANGER SAUNIÈRE
OSSUAIRE
TOMBE D'ERNST SCOVILLE
BELVÉDÈRE
CIMETIÈRE
TOMBE DE L'ABBÉ BÉRANGER SAUNIÈRE
TOMBE DE LARS NELLE
TOMBE DES FEMMES DE LA FAMILLE HAUTPOUL DE BLANCHEFORT
PRESBYTÈRE
ÉGLISE
JARDIN DE SAUNIÈRE
ENTRÉE DE L'ÉGLISE
PIÈCE DÉROBÉE
VILLA BÉTHANIE
JARDIN DU CALVAIRE
TOUR MAGDALA
PILIER WISIGOTH
O
N
S
E
DOMAINE DE L'ABBÉ SAUNIÈRE

PREMIÈRE PARTIE

Prologue

Paris,
Janvier 1308

Jacques de Molay aspirait à mourir mais savait que l'on ne ferait preuve d'aucune compassion envers lui, vingt-deuxième grand maître de l'ordre des Pauvres Chevaliers du Christ et du Temple de Salomon, confrérie au service de Dieu depuis deux siècles. Depuis trois mois, cinq mille de ses compagnons étaient, comme lui, prisonniers de Philippe le Bel, roi de France.

« Levez-vous », ordonna Guillaume Imbert, qui attendait près de la porte.

De Molay ne bougea pas de sa paillasse.

« Le sort qui vous attend ne vous fait pas renoncer à votre insolence !

— L'arrogance est mon dernier luxe. »

Personnage malfaisant, Imbert avait un air chevalin et le visage impassible. Inquisiteur général en France et confesseur de Philippe le Bel, il avait l'oreille du roi. De Molay s'était souvent demandé ce qui, à part la souffrance d'autrui, apportait de la joie au dominicain. En tout cas, il savait ce qui le poussait à bout. « Je ne ferai rien de ce que vous me demandez.

— Vous en avez déjà fait bien plus que vous ne le pensez. »

Il disait vrai, et de Molay se maudit de nouveau pour sa faiblesse. Au lendemain des arrestations du 13 octobre, Imbert s'était montré d'une cruauté sans bornes et de nombreux frères avaient confessé des crimes abjects. Le souvenir de ses propres aveux humiliait de Molay : lors de leur initiation, avait-il reconnu, les nouvelles recrues de l'ordre du Temple reniaient le Seigneur Jésus-Christ et crachaient sur un crucifix pour lui témoigner leur mépris. Il avait même accepté d'écrire une missive enjoignant ses frères à l'imiter en confessant leurs fautes, et bon nombre d'entre eux s'y étaient résolus.

Quelques jours plus tôt, des émissaires de Sa Sainteté le pape Clément V étaient enfin arrivés à Paris. Clément V était à la botte de Philippe le Bel, ce n'était un secret pour personne ; de Molay était donc arrivé en France l'été précédent avec une réserve de florins d'or et douze chevaux chargés d'argent. Si les choses tournaient mal, cette somme lui servirait à gagner les faveurs du roi. Cependant, il avait sous-estimé Philippe, qui ne comptait pas se contenter d'une partie du butin. Le monarque convoitait tous les biens de l'ordre. Aussi des accusations d'hérésie avaient-elles été lancées et des milliers de templiers avaient-ils été arrêtés en l'espace d'une journée. De Molay avait fait part aux émissaires du pape des actes de torture subis par ses frères et s'était publiquement rétracté, ce qui, il le savait, entraînerait des représailles.

« Philippe craint de découvrir que son pape est capable de courage, j'imagine, lança de Molay.

— Ce n'est pas faire preuve de sagesse que d'insulter votre geôlier, répondit Imbert.

— En quoi consiste la sagesse, selon vous ?

— À faire ce que nous vous demandons.

— Comment rendre des comptes à mon Dieu, si je m'y résolvais ?

— Vous et tous vos frères templiers avez déjà des comptes à rendre à votre Dieu », dit Imbert, d'une voix métallique ne trahissant aucun signe d'émotion.

De Molay était las des débats. Au cours des trois derniers mois, il avait enduré d'interminables interrogatoires, avait été privé de sommeil. On l'avait mis aux fers, ses pieds avaient été enduits de graisse avant d'être exposés aux flammes, il avait subi le supplice du chevalet. Il avait même été forcé de regarder des bourreaux ivres torturer ses frères ; la plupart des templiers étaient des frères de métier, fermiers, diplomates, comptables, artisans, marins, clercs. Il avait honte de ce qu'on l'avait déjà forcé à avouer, et il n'allait pas en rajouter. Il se recoucha sur la paillasse nauséabonde en espérant que son geôlier le laisserait seul.

Au signal d'Imbert, deux gardes entrèrent par l'étroite porte et forcèrent de Molay à se lever.

« Amenez-le-moi ! » ordonna Imbert.

Le grand maître avait été arrêté au Temple, à Paris, et y était retenu depuis octobre. Le haut donjon flanqué de quatre tourelles servait de quartier général aux Templiers – c'était le centre de leurs activités financières – et ne disposait pas de salle de torture. Imbert avait improvisé et c'était dans la chapelle, lieu où de Molay s'était rendu à maintes reprises ces derniers mois, qu'étaient désormais infligés les pires supplices.

On traîna le grand maître au centre du dallage en damier. De nombreux templiers avaient prêté serment sous cette voûte constellée d'étoiles.

« C'est ici qu'avaient lieu les plus secrètes de vos cérémonies, dit-on. » Vêtu d'une soutane noire, l'inquisiteur se dirigea vers l'un des murs de l'étroite salle, approchant d'un coffre sculpté que de Molay connaissait bien. « J'ai étudié avec attention le contenu de ce coffre. Un crâne humain, deux fémurs et un linceul blanc. C'est curieux, ne trouvez-vous pas ? »

De Molay garda le silence, préférant se remémorer les paroles prononcées par chacune des nouvelles recrues de l'ordre. « Je souffrirai volontiers tout pour Dieu. »

« Plusieurs de vos frères nous ont expliqué à quoi servait tout ceci, ajouta Imbert en secouant la tête. Votre ordre est tombé bien bas.

— Nous ne devons répondre qu'au pape, lança de Molay, excédé, nous sommes au service du serviteur de Dieu. Lui seul est habilité à nous juger.

— Votre pape obéit à mon suzerain. Il ne peut rien pour vous. »

Imbert disait vrai. Lorsque de Molay était revenu sur ses aveux, les émissaires du pape avaient accepté de s'en faire l'écho auprès de Philippe le Bel sans croire toutefois que cela aurait la moindre influence sur le sort des Templiers.

« Déshabillez-le », ordonna Imbert.

Les gardes arrachèrent la soutane que de Molay portait depuis le lendemain de son arrestation. Il n'était pas particulièrement triste de s'en séparer car le tissu crasseux était imprégné d'une odeur d'excréments et d'urine ; mais la règle interdisait aux frères d'exhiber leur corps. Il savait que l'Inquisition préférait voir ses victimes nues, honteuses, aussi décida-t-il de ne pas se dérober face à l'insulte d'Imbert. À soixante-cinq ans, il avait encore beaucoup de prestance. Comme tous ses frères, il avait pris soin de lui. Il se redressa, se drapa dans sa dignité et demanda calmement : « Pourquoi m'humilier de la sorte ?

— Que voulez-vous dire ? répondit Imbert, décontenancé par la question.

— Hier encore, cette chapelle était un lieu de prière, pourtant, vous me déshabillez et examinez mon corps dénudé en sachant que la confrérie à laquelle j'appartiens réprouve ce genre d'exhibition. »

Imbert se pencha pour ouvrir le coffre et en sortit un long drap de lin. « Dix chefs d'accusation ont été retenus contre votre chère confrérie. »

De Molay les connaissait tous : ignorance des sacrements, idolâtrie, pratiques immorales, apologie de l'homosexualité...

« Le plus inquiétant, ajouta Imbert, c'est l'obligation pour chaque nouvelle recrue de renier Notre-Seigneur, de cracher sur la croix et de la fouler aux pieds. L'un de vos frères nous a même dit que certains urinaient sur un crucifix. Est-ce vrai ?

— Demandez-le-lui.

— Malheureusement, il n'a pas supporté son supplice. »

De Molay garda le silence.

« C'est cette accusation qui a le plus choqué le roi et Sa Sainteté. Certainement, en tant que fils de l'Église, vous devez comprendre que votre refus de considérer le Christ comme notre Sauveur les bouleverse ?

— Je préfère m'entretenir directement avec le pape, mon supérieur. »

Au signal d'Imbert, les gardes entravèrent les poignets du grand maître avant de lui écarter les bras sans ménager ses muscles fatigués. Imbert tira un chat à neuf queues des plis de sa soutane. Les lanières s'entrechoquaient avec un cliquetis et de Molay s'aperçut qu'un os avait été fixé à chacune de leurs extrémités.

Le fouet vint mordre les côtes et le dos du grand maître. La souffrance submergea le vieil homme avant de s'atténuer, laissant place à une lancinante brûlure. Avant qu'il ait eu le temps de se remettre, les lanières s'abattirent sur son dos, encore et encore. De Molay ne voulait pas donner à Imbert la moindre raison de se réjouir, mais les morsures du fouet lui arrachèrent un hurlement de douleur.

« Je ne vous laisserai pas vous moquer de l'Inquisition », lança Imbert.

De Molay s'efforça de se maîtriser. Il avait honte d'avoir crié. Il plongea les yeux dans le regard mielleux de l'inquisiteur en attendant la suite.

« Vous reniez notre Sauveur, affirmez qu'il n'était qu'un homme, niez sa filiation divine ? Vous salissez la croix ? À votre guise. Vous endurerez donc le supplice de la crucifixion. »

Le fouet s'abattit à nouveau sur le dos, les reins, les jambes de Jacques de Molay. Le sang jaillit lorsque les os déchirèrent sa peau.

Pendant un instant il perdit conscience du monde qui l'entourait.

Imbert s'interrompit. « Coiffez le maître de sa couronne », hurla-t-il.

De Molay dressa la tête et s'efforça de se concentrer.

Il aperçut ce qui ressemblait à un cercle de métal sombre. Des clous pointant vers l'intérieur étaient fixés tout autour de la couronne de métal.

Imbert approcha. « Voyez ce que notre Sauveur a enduré. Notre-Seigneur Jésus-Christ que vous et vos frères avez renié. »

On lui enfonça vigoureusement la couronne sur la tête. Les clous lui mordirent le crâne et du sang vint couvrir sa chevelure poisseuse.

« Emmenez-le », ordonna Imbert en se débarrassant du fouet.

Les gardes traînèrent de Molay à travers la chapelle jusqu'à une porte monumentale qui menait autrefois à ses appartements privés. On le hissa sur un tabouret. L'un des gardes le maintint debout tandis que l'autre se tenait prêt au cas où il résisterait, mais il était bien trop faible pour lutter.

On lui ôta les entraves.

Imbert tendit trois clous à un troisième garde.

« Son bras droit en haut, comme je vous l'ai indiqué tout à l'heure. »

On releva le bras du maître au-dessus de sa tête. Le troisième garde approcha et de Molay aperçut le marteau.

Il comprit ce qu'ils s'apprêtaient à faire.

Bonté divine.

Une main lui agrippa le poignet, la pointe d'un clou vint s'enfoncer dans sa chair moite. Il vit le marteau reculer avant d'entendre le claquement du métal heurtant le métal.

Le clou transperça son poignet. Il hurla.

« Avez-vous touché les veines ? demanda Imbert au garde.

— J'ai réussi à les éviter.

— Bien, il ne saignera donc pas à mort. »

Jeune recrue, de Molay s'était battu en Terre sainte lors de la dernière bataille livrée par l'ordre, à Acre. Il se rappelait la sensation de l'épée plongeant dans sa chair. Vive. Violente. Lancinante. Mais la douleur qu'il ressentait à présent était bien pire.

On lui déplia le bras gauche et un autre clou vint lui perforer le poignet. Il se mordit la langue pour essayer de ne pas crier, mais ses dents s'enfoncèrent dans la chair. Sa bouche s'emplit de sang. Il déglutit.

Imbert poussa le tabouret d'un coup de pied et le grand maître se retrouva suspendu par les os des poignets, plus particulièrement le droit, sur le point de se briser. Il y eut un craquement dans son épaule et la douleur le submergea.

L'un des gardes examina le muscle de son pied droit. Imbert avait apparemment étudié avec soin l'anatomie humaine pour ne pas risquer de lui percer les veines. On superposa donc ses deux pieds pour les clouer à la porte à l'aide d'une unique pointe.

La souffrance du grand maître allait au-delà des cris.

« Presque pas de sang, c'est parfait, constata Imbert en inspectant le résultat. Ce que Notre-Seigneur et Sauveur a enduré, vous l'endurerez vous aussi. À une différence près. »

À cet instant, de Molay comprit pourquoi ils avaient choisi de le clouer à cet endroit précis. Imbert ouvrit la porte en faisant lentement pivoter le battant sur les gonds, avant de la refermer violemment.

De Molay fut projeté d'un côté à l'autre, balançant sur les articulations déboîtées de ses épaules, pivotant sur les clous. Il n'aurait jamais soupçonné qu'une telle souffrance fût possible.

« Comme le chevalet, ce supplice permet de doser la souffrance. Je puis vous laisser suspendu là, vous faire balancer d'avant en arrière, ou vous faire subir ce que vous venez de connaître, la pire des tortures. »

La réalité lui parvenait par intermittence et il arrivait à peine à respirer. Des crampes paralysaient tous ses muscles. Son cœur battait la chamade. Il était couvert de sueur, il avait l'impression de brûler de fièvre, le corps dévoré par un brasier ardent.

« Oserez-vous vous moquer de l'Inquisition maintenant ? » demanda Imbert.

De Molay aurait voulu lui dire qu'il détestait l'Église pour ses méfaits. Un pape d'une grande faiblesse, jouet d'un monarque ruiné, avait réussi à renverser l'organisation religieuse la plus puissante de tous les temps. Quinze mille frères disséminés aux quatre coins de l'Europe. Neuf mille propriétés. Cette confrérie avait autrefois dominé la Terre sainte et œuvré pour l'Église deux siècles durant. Les Pauvres Chevaliers du Christ et du Temple de Salomon symbolisaient le bien. Mais leur succès avait suscité la jalousie et, en tant que grand maître de l'ordre, il aurait dû prendre pleinement la mesure de l'orage qui menaçait. Être moins intransigeant, plus accommodant, moins franc. Grâce au ciel, il avait anticipé certains événements qui s'étaient déjà produits et avait pris ses précautions. Philippe le Bel ne mettrait jamais la main sur la moindre once d'or ni d'argent des Templiers.

Ni sur le plus précieux des trésors.

Alors de Molay rassembla le peu de force qu'il lui

restait et redressa la tête. Pensant qu'il s'apprêtait à parler, Imbert s'approcha de lui.

« Je vous maudis, murmura le grand maître, vous et tous ceux qui soutiennent votre cause maudite. »

Sa tête roula de nouveau sur sa poitrine. Il entendit Imbert hurler que l'on ouvre la porte, mais la douleur était tellement intense et l'assaillait de tant de façons qu'il était anesthésié.

On l'aidait à descendre. Combien de temps était-il resté suspendu là ? Il l'ignorait, mais le changement de position ne soulagea pas ses muscles depuis bien longtemps engourdis. On le transportait. Puis il vit qu'il était de retour dans sa cellule. Ses geôliers l'étendirent sur sa paillasse et, comme son corps s'enfonçait dans la douceur du drap, une puanteur familière emplit ses narines. Sa tête était soutenue par un oreiller, ses bras étendus de part et d'autre de sa couche.

« On m'a rapporté, dit doucement Imbert, que lorsqu'une nouvelle recrue était accueillie dans votre ordre, on lui couvrait les épaules d'un drap de lin. Pour symboliser la mort et la résurrection en tant que templier, ou quelque chose comme ça. Vous allez à votre tour connaître cet honneur. Vous êtes étendu sur le linceul trouvé dans la chapelle. » Imbert se pencha pour recouvrir les pieds et le grand corps moite du grand maître du long pan de lin à chevrons. Le suaire offrait à présent à de Molay un rempart contre son regard scrutateur. « On m'a dit qu'il a été utilisé par l'ordre en Terre sainte, avant d'être rapporté ici pour ceindre les épaules des initiés parisiens. Vous voilà maintenant ressuscité, s'amusa Imbert. Ici, vous aurez tout loisir de penser à vos péchés. Nous nous reverrons bientôt. »

De Molay était trop faible pour répondre. Imbert avait sans doute reçu l'ordre de l'épargner, mais de Molay se rendait également compte que personne ne s'occuperait de lui. Alors, il demeura immobile. L'engourdissement de ses membres commençait à s'atténuer, laissant place à une intense souffrance. Son cœur battait toujours la chamade, il transpirait à grosses gouttes. Il devait se calmer, penser à des choses agréables. Il savait exactement quelles informations intéressaient ses geôliers, par exemple. Il était le seul homme vivant à en disposer. L'ordre fonctionnait ainsi. Le maître transmettait le savoir à son successeur d'une façon que lui seul pouvait comprendre. Malheureusement, à cause de son arrestation brutale et de la purge pratiquée dans les rangs de l'ordre, la transmission du secret devrait s'opérer différemment cette fois. Il ne permettrait ni à Philippe ni à l'Église d'arriver à leurs fins. Ils n'apprendraient ce qu'il savait que lorsqu'il l'aurait décidé. Quelles étaient les paroles du psaume ? « Ta langue n'invente que malice, comme un rasoir affilé, fourbe que tu es ! »

Mais soudain, un autre passage de la Bible lui revint en mémoire, apportant un certain réconfort à son âme accablée. Enveloppé dans le linceul, le corps baigné de sang et de sueur, de Molay songea au verset du Deutéronome.

« Laisse-moi les détruire... »

1

Le présent. Copenhague, Danemark

Jeudi 22 juin, 14 h 50

Cotton Malone remarqua le couteau au moment même où il apercevait Stéphanie Nelle. Il était confortablement installé à la terrasse du café Nikolaj. Par cette douce après-midi d'été, la Højbro Plads, fameuse place danoise qui s'étendait sous ses yeux, grouillait de monde. Comme d'habitude, il régnait une atmosphère survoltée dans le café qui ne désemplissait pas, et il attendait Stéphanie depuis une demi-heure.

C'était une femme frêle, âgée d'une soixantaine d'années – bien qu'elle n'ait jamais confirmé cette information. Quant aux fichiers personnels du ministère de la Justice que Malone avait consultés un jour, ils ne comportaient que la malicieuse mention « non communiquée » dans l'espace réservé à sa date de naissance. Des reflets argentés jouaient dans ses cheveux bruns, et dans son regard marron transparaissaient à la fois la compassion de l'humaniste et la fougue du procureur. Deux présidents avaient tenté de la nommer ministre de la Justice, mais elle avait décliné leur offre. Un ancien ministre de la Justice avait exercé des pressions pour lui faire perdre sa place – surtout après qu'elle eut été engagée par le FBI pour enquêter sur son compte –, mais la Maison Blanche avait refusé d'en entendre parler puisque Stéphanie Nelle faisait preuve, entre autres qualités, d'une honnêteté scrupuleuse.

Par contraste, l'homme au couteau était petit, replet, avait le visage étroit et les cheveux coupés en brosse, les traits caractéristiques des Européens de l'Est. Son air hagard, accablé, inquiétait Malone plus que la lame étincelante de son arme ; il portait une tenue décontractée, un jeans et un blouson rouge sang.

Malone se leva sans quitter Stéphanie des yeux.

Il pensa la mettre en garde en criant, mais elle se trouvait trop loin et la place était trop bruyante. Elle disparut un instant derrière l'une des sculptures modernes de la Højbro Plads qui représentait une femme d'une obésité obscène couchée nue sur le ventre, ses imposantes fesses de bronze ressemblant à des collines exposées aux quatre vents. Lorsque Stéphanie réapparut, l'homme s'était rapproché d'elle et Malone le vit sectionner la bandoulière passée sur son épaule gauche, s'emparer de son sac de cuir et la pousser sur les pavés.

Une femme cria et la vue d'un voleur à la tire armé d'un couteau provoqua l'émoi de la foule.

L'homme au blouson rouge s'enfuit, le sac de Stéphanie à la main, bousculant les badauds au passage. Certains le bousculèrent à leur tour. Le voleur prit à gauche, contourna l'une des autres statues et se mit finalement à courir. Il semblait se diriger vers Købmagergade, rue piétonne qui bifurquait vers le nord depuis la Højbro Plads et s'enfonçait dans le quartier commerçant.

Malone bondit de son siège, résolu à barrer la route à l'agresseur avant qu'il ait pu disparaître au coin de la rue, mais un groupe de cyclistes le gênait. Il se mit à courir après les avoir évités et dut contourner une fontaine avant de pouvoir se jeter sur sa proie.

Ils heurtèrent le pavé ; l'homme au blouson rouge fut le plus durement touché et Malone remarqua immédiatement la musculature de son adversaire. Sans se laisser démonter, l'homme roula sur lui-même et enfonça son genou dans l'estomac de Malone.

Le choc lui coupa le souffle et lui retourna les tripes.

Sans perdre une seconde, l'homme au blouson rouge s'élança et remonta Købmagergade en courant.

Malone voulut se lever, mais dut immédiatement s'accroupir pour reprendre son souffle.

Bon sang. Il avait perdu l'habitude.

Il se reprit et se remit à la poursuite de l'homme qui possédait à présent une avance d'une quinzaine de mètres. Malone n'avait pas aperçu de couteau pendant leur lutte, mais comme il remontait laborieusement la rue bordée d'échoppes, il vit que l'homme tenait toujours le sac de cuir. Ses poumons lui brûlaient, mais il se rapprochait.

En passant, l'homme au blouson rouge arracha une petite voiture à bras remplie de fleurs des mains d'un vieil homme débraillé, l'un des nombreux marchands ambulants alignés le long de Højbro Plads et Købmagergade. Malone les détestait car ils prenaient un malin plaisir à bloquer l'entrée de sa librairie, surtout le samedi. L'homme au blouson rouge poussa le chariot en direction de Malone. Il ne pouvait pas le laisser dévaler la rue – trop de passants, dont des enfants –, aussi fit-il un crochet sur la droite pour s'en saisir et l'immobiliser.

Il jeta un coup d'œil en arrière et aperçut Stéphanie à l'angle de Købmagergade en compagnie d'un policier. Une centaine de mètres les séparaient et le temps pressait.

Malone s'élança à la poursuite de l'homme en se demandant où il pouvait bien aller. Récupérer un véhicule, peut-être ? Peut-être qu'un chauffeur l'attendait entre Købmagergade et Hauser Plads, autre place parmi les plus fréquentées de Copenhague ? Malone espérait que non. La circulation y était cauchemardesque car la place se trouvait hors de la zone piétonnière et paradis des chalands baptisé Strøget. L'exercice inattendu lui faisait mal aux muscles des cuisses qui ne gardaient qu'un vague souvenir des années passées dans la Marine et au service du ministère de la Justice. Après une année de retraite volontaire, il n'impressionnerait guère son ancien employeur par ses performances physiques.

Au loin se dessinait la Tour ronde accolée à l'église de La Trinité comme un thermos à une glacière. La solide structure cylindrique s'élevait sur neuf étages. Le roi Christian IV du Danemark l'avait fait ériger en 1642 et le sceau du monarque – un 4 dans un C, dorés – étincelait sur la façade sombre de l'édifice. La tour se trouvait à l'intersection de cinq artères et l'homme au blouson rouge avait donc l'embarras du choix pour s'enfuir.

Des voitures de police arrivèrent sur les lieux.

L'une d'elles s'arrêta dans un grand crissement de freins du côté sud de la Tour. Une autre arriva par

Købmagergade et bloqua l'accès nord de la place maintenant cernée ; l'homme au blouson rouge ne pouvait plus s'échapper. Il hésita, sembla évaluer la situation avant de tourner à droite et de s'engouffrer dans la Tour ronde.

Quel imbécile ! À quoi jouait-il donc ? Le portail du rez-de-chaussée constituait la seule issue du monument. Peut-être l'homme l'ignorait-il ?

Malone se précipita vers l'entrée. Il connaissait le caissier, un passionné de littérature anglaise qui passait de longues heures dans sa librairie.

« Arne, où est allé l'homme qui vient d'entrer ? demanda Malone en danois tout en reprenant son souffle.

— Il est entré en trombe sans payer.

— Il y a quelqu'un là-haut ?

— Un couple de personnes âgées est là-haut depuis un petit moment. »

Aucun ascenseur ni escalier ne menait au sommet de la tour. Seule une rampe en colimaçon, datant du XVIIe siècle et construite à l'origine pour que les volumineux instruments astronomiques puissent être hissés jusqu'en haut, permettait d'y accéder. Les guides locaux aimaient à raconter que le tsar Pierre le Grand l'aurait un jour gravie à cheval suivi par la tsarine dans son carrosse.

Des bruits de pas résonnaient à l'étage supérieur. Incrédule, Malone secoua la tête, sachant ce qui l'attendait. « Dites à la police que nous sommes là-haut. »

Il s'élança en courant vers le sommet.

À mi-chemin, il franchit une porte donnant sur le grand hall. La porte vitrée était verrouillée, les lumières éteintes. Des fenêtres ouvragées s'alignaient sur le mur extérieur de l'édifice, toutes condamnées par des barreaux. Malone tendit de nouveau l'oreille : l'homme continuait son ascension.

Malone reprit sa course, le souffle de plus en plus court. Il ralentit en passant devant un traceur de planète datant du Moyen Âge exposé haut sur le mur. Il savait que la sortie vers le toit-terrasse se trouvait à quelques mètres de là, après la dernière courbe de la rampe d'accès.

Le bruit de pas s'était tu.

Malone avança à pas de loup et franchit le passage voûté. Un observatoire octogonal – ne datant pas du XVIIe siècle, mais d'une époque plus récente – occupait le centre de la terrasse.

Une balustrade ouvragée, dont l'unique portillon était cadenassé, encerclait l'observatoire. À sa droite, une grille en fer forgé d'une infinie délicatesse protégeait les visiteurs du vide. Au-delà du garde-fou se dessinaient les toits de tuile rouge et les clochers vert-de-gris de la ville.

Malone fit le tour de la terrasse et trouva un homme âgé couché face contre terre. L'homme au blouson rouge menaçait une femme de son couteau tout en la maintenant fermement contre lui. Elle avait envie de crier mais avait si peur qu'aucun son ne sortait de sa bouche.

« Ne bougez pas », lui ordonna Malone en danois.

Il étudia l'agresseur. Il avait toujours le même air hagard, un regard presque triste. Des gouttes de sueur perlaient sur son front. Tout indiquait que Malone n'avait pas intérêt à approcher davantage. Le bruit de pas qui lui parvenait indiquait que la police ne tarderait plus.

« Calmez-vous, d'accord ? » lança-t-il en anglais, à tout hasard.

Il vit que l'homme l'avait compris, mais le couteau restait pressé sur la gorge de l'otage. Il regardait tour à tour le ciel et Malone et ne semblait pas très sûr de lui, ce qui rendait Malone encore plus nerveux. À personne désespérée, geste désespéré.

« Lâchez ce couteau. La police arrive. Il n'y a aucune issue. »

L'homme leva les yeux vers le ciel, les reposa sur Malone. Son indécision était visible. Il y avait de quoi se poser des questions. Pourquoi un voleur à la tire irait-il se réfugier au sommet d'une tour de trente mètres n'offrant aucune issue ?

Le bruit de pas s'intensifia.

« La police est là. »

L'homme recula, s'approchant encore du garde-fou sans lâcher l'otage. Inébranlable, il adressait un ultimatum à Malone, le forçait à faire un choix. « Il n'y a aucune issue », répéta Malone.

L'homme resserra son emprise sur l'otage avant de faire quelques pas en arrière ; il était à présent adossé au garde-fou et rien ne les séparait plus du vide.

La panique s'évanouit de son regard et un calme soudain l'envahit. Il repoussa la vieille dame et Malone la rattrapa avant qu'elle ne perde l'équilibre. L'homme se signa et, agrippant toujours le sac de Stéphanie, se précipita par-dessus la balustrade en hurlant « Baussant » avant de se trancher la gorge.

L'otage poussa un hurlement au moment où la police pénétrait sur la terrasse.

Malone la lâcha pour se ruer vers la balustrade.

L'homme au blouson rouge était étendu sur les pavés, trente mètres plus bas.

Malone se retourna pour observer le ciel, par-delà le

drapeau danois, le Dannebrog – croix blanche sur fond rouge – qui flottait toujours au-dessus de l'observatoire sauf aujourd'hui, par manque de vent.

Qu'avait donc regardé l'homme au blouson rouge ? Pourquoi avait-il sauté ?

Dans la rue en bas, il vit Stéphanie jouer des coudes à travers la foule. Son sac de cuir reposait à quelques mètres du corps sans vie de l'homme au blouson rouge. Elle s'en empara avant de se fondre à nouveau dans la foule des curieux. Il la suivit des yeux tandis qu'elle s'y frayait un chemin et filait le long de l'une des artères qui s'enfonçait au cœur du Strøget grouillant de monde, sans se retourner.

« Qu'est-ce que ça veut dire ? » maugréa Malone, que tant de hâte rendait perplexe.

2

Stéphanie était secouée. Après avoir travaillé vingt-six ans pour le ministère de la Justice et avoir passé les quinze dernières années à la tête de l'unité Magellan, elle n'avait pas peur d'appeler un chat un chat. Pas besoin de lui faire un dessin. L'homme au blouson rouge n'avait rien d'un vulgaire pickpocket.

Sa mission était tout autre.

Cela signifiait que quelqu'un était au courant de ses affaires.

Elle avait vu le voleur tomber de la tour – c'était la première fois qu'elle voyait quelqu'un mourir. Pendant des années, elle avait entendu ses agents en parler, mais il y avait une différence énorme entre lire les détails d'un rapport et voir quelqu'un mourir. Le corps s'était écrasé sur les pavés avec un bruit sourd, écœurant. Avait-il sauté ? Malone l'avait-il poussé ? Y avait-il eu lutte ? Avait-il dit quelque chose avant de se jeter dans le vide ?

Elle était venue au Danemark dans un but bien précis et avait décidé d'en profiter pour rendre visite à Malone. Il y avait des années de cela, il faisait partie des douze premiers agents sélectionnés pour constituer l'unité Magellan. Elle avait connu son père et avait vu Malone gravir un à un les échelons ; elle avait été heureuse qu'il accepte son offre et son transfert du JAG de la Marine au ministère de la Justice. Il avait fini par devenir son meilleur agent et sa décision de raccrocher, l'année dernière, l'avait attristée.

Elle ne l'avait pas revu depuis, même s'ils s'étaient appelés quelques fois. Lorsqu'il s'était lancé à la poursuite du voleur, elle avait remarqué qu'il avait toujours la même carrure d'athlète et que son épaisse chevelure bouclée avait toujours les mêmes reflets terre de Sienne que dans son souvenir, semblables à ceux qui jouaient sur les murs des édifices qui l'entouraient à présent. Au cours des douze années où il avait travaillé pour elle, il s'était toujours montré direct et indépendant, ce qui en faisait un bon agent, quelqu'un en qui elle pouvait avoir confiance, mais qui savait également faire preuve de compassion. En fait, il était bien plus qu'un collaborateur pour elle.

C'était un ami.

Cela dit, elle n'avait aucune envie qu'il fourre son nez dans ses affaires.

Se lancer à la poursuite de l'homme au blouson rouge, c'était du Malone tout craché, mais cela posait aussi un problème. Lui rendre visite maintenant entraînerait une série de questions auxquelles elle n'avait aucune intention de répondre.

Les retrouvailles avec son vieil ami allaient devoir attendre.

Malone sortit de la Tour ronde et se mit à la recherche de Stéphanie. Lorsqu'il quitta l'observatoire, les secours s'occupaient du couple de personnes âgées. Sonné après avoir reçu un coup sur la tête, l'homme s'en remettrait. Toujours en état de choc, sa compagne devait être transportée vers une ambulance garée près de là.

Le corps de l'homme au blouson rouge était toujours étendu dans la rue, recouvert d'un drap jaune clair, et les policiers s'efforçaient de disperser la foule. Malone approcha furtivement et vit que le photographe de la police s'apprêtait à prendre quelques clichés. Le voleur s'était tranché la gorge, cela ne faisait aucun doute. Le couteau sanguinolent reposait à quelques mètres de son bras, bizarrement contorsionné. Le sang qui s'était écoulé de la plaie formait une flaque sur les pavés. Il avait le crâne défoncé, la cage thoracique enfoncée, les jambes tordues, comme dépourvues d'os. Les agents de police avaient demandé à Malone de rester dans les parages car ils auraient besoin de son témoignage, mais, dans l'immédiat, il lui fallait retrouver Stéphanie.

Il émergea de la foule des curieux et leva les yeux vers le ciel où, en cette fin d'après-midi, le soleil brillait de mille feux. Pas un nuage en vue. La nuit serait idéale pour observer les étoiles, pourtant personne ne se rendrait à l'observatoire, au sommet de la Tour ronde. Non. Ce soir l'accès en serait interdit puisqu'un homme s'était jeté dans le vide depuis son sommet.

Que penser de cet homme, d'ailleurs ?

Dans l'esprit de Malone, la curiosité le disputait à la

crainte. Il savait qu'il aurait dû rentrer à la librairie, oublier Stéphanie Nelle et son étrange comportement. Ses affaires ne le concernaient plus, désormais. Mais il savait aussi qu'il n'en ferait rien.

Quelque chose se tramait, quelque chose de pas net.

Il repéra Stéphanie à une quarantaine de mètres devant lui, dans Vestergade, une autre des longues ruelles qui sillonnaient le quartier commerçant de Copenhague. Elle marchait d'un pas rapide, décidé, et bifurqua soudain sur la droite avant de disparaître dans un immeuble.

Il trottina dans sa direction et aperçut l'enseigne de HANSEN'S ANTIKVARIAT, la boutique d'un bouquiniste. L'une des rares personnes en ville à ne pas avoir accueilli Malone avec enthousiasme, Peter Hansen n'aimait pas les étrangers, surtout pas les Américains, et avait même essayé d'empêcher Malone de rejoindre l'Association des bouquinistes danois. Heureusement, l'antipathie de Hansen ne s'était pas avérée contagieuse.

Les vieux instincts de Malone reprenaient le dessus, des sentiments et des sensations latents depuis qu'il avait pris sa retraite, un an plus tôt. Des sensations qu'il n'aimait pas mais qui l'avaient toujours poussé à aller de l'avant.

Depuis le seuil de la boutique, Malone aperçut Stéphanie et Hansen en pleine discussion. Ils se retirèrent au fond du magasin qui occupait le rez-de-chaussée d'un immeuble de trois étages. Il en connaissait le plan pour avoir étudié l'année précédente celui de toutes les librairies de Copenhague. Pratiquement chacune d'entre elles était d'une netteté toute Scandinave : piles de livres classés par thème, ouvrages alignés avec soin sur les rayonnages. Hansen, en revanche, n'était pas aussi soigneux. On trouvait dans sa boutique un mélange éclectique de nouveautés et de vieux volumes – majoritairement des nouveautés, puisqu'il n'était pas du genre à payer le prix fort pour racheter des collections privées.

Malone se fondit dans l'obscurité en espérant qu'aucun des employés ne le reconnaîtrait. Il avait dîné une ou deux fois avec la gérante de la boutique, qui lui avait appris que Hansen ne le portait pas dans son cœur. Heureusement, elle était absente et une dizaine de personnes à peine furetaient dans les étagères. Il se dirigea sans attendre vers le fond de la boutique où une myriade d'alcôves regorgeaient de livres. Il se sentait mal à l'aise ; après tout, Stéphanie lui avait simplement annoncé au téléphone qu'elle passerait quelques heures en ville et souhaitait lui dire bonjour, mais c'était avant l'intervention de l'homme au blouson rouge. Et Malone était curieux de découvrir ce qui avait bien pu pousser cet homme à en finir avec la vie.

Le comportement de Stéphanie n'aurait pas dû le surprendre. Elle avait toujours su protéger ses intérêts, trop bien parfois, ce qui avait souvent conduit à des conflits. C'était une chose de travailler sur un ordinateur dans un bureau d'Atlanta, bien à l'abri, mais être sur le terrain, c'était une autre paire de manches. Les décisions efficaces ne pouvaient être prises qu'à partir d'informations de qualité.

Stéphanie et Hansen se trouvaient dans l'alcôve aveugle où le libraire avait installé son bureau. Malone y était entré une fois, lorsqu'il s'efforçait encore de faire ami ami avec l'imbécile. Hansen était un homme robuste au long nez perché au-dessus d'une moustache broussailleuse. Malone se cacha derrière une rangée d'étagères bourrées à craquer, s'empara d'un ouvrage pour faire semblant de lire.

« Pourquoi être venue de si loin pour ça ? demanda Hansen de sa voix d'asthmatique.

— Vous connaissez la vente aux enchères de Roskilde ? »

Du Stéphanie tout craché, répondre à une question à laquelle elle ne souhaitait pas répondre par une autre question.

« Je m'y rends souvent. Beaucoup de livres à vendre. »

Malone aussi la connaissait. Roskilde était située à environ une demi-heure à l'ouest de Copenhague. Les bouquinistes de la ville s'y réunissaient trois fois par an à l'occasion d'enchères qui attiraient des acquéreurs de toute l'Europe. Deux mois après avoir ouvert boutique, Malone y avait gagné près de deux cent mille euros grâce à quatre ouvrages qu'il avait réussi à se procurer à l'occasion de la liquidation d'une succession au fin fond de la République tchèque. Cette somme avait rendu beaucoup moins stressante sa reconversion d'ex-salarié du gouvernement américain en entrepreneur. Mais ce coup de maître avait également éveillé les jalousies. Peter Hansen, par exemple, n'avait pas fait mystère de la sienne.

« Il me faut le livre dont nous avons parlé. Ce soir. Vous avez dit que nous pourrions nous le procurer sans problème », dit Stéphanie d'un ton qui montrait qu'elle était habituée à donner des ordres.

Hansen gloussa. « Vous, les Américains, vous êtes tous les mêmes. Le monde tourne autour de vous.

— D'après mon mari, vous êtes capable de trouver l'introuvable. Nous savons déjà où se trouve le livre que je veux. Il ne nous reste qu'à l'acheter.

— C'est l'enchère la plus haute qui l'emportera. »

Malone tressaillit. Stéphanie ignorait sur quel territoire dangereux elle s'aventurait. La première règle, c'était de ne jamais révéler à quel point vous vouliez quelque chose.

« C'est un ouvrage obscur dont tout le monde se moque, constata-t-elle.

— Pas vous, apparemment. Ce qui signifie que d'autres s'y intéresseront aussi.

— Efforçons-nous de remporter les enchères.

— Pourquoi ce livre est-il tellement important ? Je n'en ai jamais entendu parler. Son auteur est inconnu.

— Remettriez-vous en question les motivations de mon mari ?

— Que voulez-vous dire ?

— Cela ne vous regarde pas. Procurez-vous le livre, et je vous paierai votre commission, comme prévu.

— Pourquoi ne pas l'acheter vous-même ?

— Je n'ai aucune intention de me justifier.

— Votre mari était beaucoup plus agréable.

— Mon mari est mort. »

Même si ces mots ne trahissaient aucune émotion, un ange passa.

« Irons-nous ensemble à Roskilde ? demanda Hansen, ayant apparemment compris qu'il ne tirerait rien de Stéphanie.

— Je vous retrouve là-bas.

— J'ai hâte de vous y voir. »

Stéphanie sortit précipitamment du bureau et Malone se recroquevilla un peu plus dans son alcôve, tournant la tête au passage de son ancienne patronne. Il entendit la porte du bureau claquer et en profita pour regagner la sortie.

Stéphanie quitta la boutique obscure et prit à gauche.

Malone attendit un moment avant de la suivre discrètement ; il vit Stéphanie se faufiler à travers la foule des chalands en direction de la Tour ronde.

Il lui laissa prendre un peu d'avance avant de reprendre sa filature.

Elle ne se retourna pas une fois, apparemment inconsciente de l'intérêt qu'un inconnu aurait pu porter à ses activités. C'était une erreur, en particulier après ce qui s'était passé avec l'homme au blouson rouge. Malone se demandait pourquoi elle n'était pas sur ses gardes. Elle n'avait jamais travaillé sur le terrain, certes, mais elle n'était pas idiote non plus.

À la Tour ronde, au lieu de prendre la direction de Højbro Plads et de la librairie de Malone, elle continua tout droit. Trois pâtés de maisons plus loin, elle s'engouffra dans le hall de l'Hôtel d'Angleterre.

Malone la regarda entrer.

Il était blessé qu'elle ait eu l'intention de prendre part à une vente aux enchères au Danemark sans lui demander son aide. De toute évidence, elle ne souhaitait pas qu'il se mêle de ses affaires. En fait, après l'incident de la Tour ronde, elle n'avait même plus envie de lui parler.

Il jeta un coup d'œil à sa montre. Il était un peu plus de seize heures trente. La vente aux enchères débutait à dix-huit heures, et Roskilde était à une demi-heure de voiture. Il n'avait pas prévu d'y assister. Aucun des articles référencés dans le catalogue reçu plusieurs semaines auparavant ne l'intéressait. Mais ce n'était plus le cas aujourd'hui. Stéphanie se comportait de façon bizarre, encore plus bizarre que d'habitude. Et une voix familière, une voix qui lui avait permis de rester en vie au cours de ses douze années passées au service du ministère de la Justice, lui disait qu'elle allait avoir besoin de lui.

3

Abbaye des Fontaines

Pyrénées françaises
17 h 00

Le sénéchal s'agenouilla près du lit pour réconforter son maître agonisant. Il avait prié pendant des semaines pour que ce moment n'arrive pas. Pourtant, après avoir dirigé l'ordre avec sagesse pendant vingt-huit années, le vieil homme allongé sur le lit allait bientôt connaître une paix bien méritée et rejoindre ses prédécesseurs au paradis. Malheureusement pour le sénéchal, le tumulte du monde matériel ne se tairait pas, et cette perspective l'effrayait.

La chambre était spacieuse, les murs de pierre à colombage avaient résisté à la décrépitude et seules les solives de pin portaient la noire patine du temps. Une unique fenêtre perçait tel un œil sombre le mur extérieur et offrait un point de vue imprenable sur une cascade spectaculaire se détachant sur la roche grise et aride. L'obscurité croissante engloutissait peu à peu les recoins de la pièce.

Le sénéchal serra la main du vieil homme dans la sienne. Elle était moite et glacée. « M'entendez-vous, maître ? » demanda-t-il.

Les yeux las s'entrouvrirent. « Je ne vous ai pas encore quitté. Mais cela ne tardera plus guère. »

Il en avait entendu d'autres s'exprimer ainsi, leur dernière heure venue, et il se demandait si le corps s'épuisait simplement, si l'énergie nécessaire au fonctionnement des poumons et du cœur finissait par lui faire défaut, la mort triomphant là où la vie fleurissait autrefois. Le sénéchal serra plus fort la main du vieil homme. « Vous allez me manquer, maître.

— Vous avez été pour moi un serviteur fidèle, comme je l'avais prévu, fit le vieil homme, un pâle sourire flottant sur ses lèvres minces. Voilà pourquoi je vous ai choisi.

— Les conflits ne manqueront pas dans les jours à venir.

— Vous êtes prêt. J'y ai veillé. »

Il occupait le rang de sénéchal, second dans la hiérarchie après le maître. Il avait gravi les échelons rapidement, trop rapidement de l'avis de certains, et seule l'autorité du maître avait fait taire les mécontents. Mais la mort viendrait bientôt cueillir son protecteur et le sénéchal craignait que ce ne soit alors la guerre ouverte.

« Rien ne dit que je vous succéderai.

— Vous vous sous-estimez.

— Je respecte le pouvoir de nos adversaires. »

Le silence qui les enveloppa permit aux alouettes et aux merles, de l'autre côté de la fenêtre, de manifester leur présence. Le sénéchal observait son maître. Le vieil homme avait revêtu un sarrau bleu d'azur constellé d'étoiles dorées. Même si les traits de son visage s'étaient durcis à l'approche de la mort, son corps émacié conservait une certaine vigueur. Il avait une longue barbe broussailleuse, ses mains et ses pieds étaient perclus de rhumatismes, mais la même lueur brillait toujours dans ses yeux. Vingt-huit années passées à la tête de l'ordre avaient beaucoup appris au vieux guerrier. La leçon la plus importante de toutes était peut-être de ne jamais se départir de son élégance, même à l'article de la mort.

Le médecin avait confirmé le cancer plusieurs mois auparavant. Comme la règle le préconisait, on avait laissé la maladie suivre son cours, acceptant ainsi la conséquence naturelle de l'intervention divine. Des milliers de frères avaient connu la même fin au cours des siècles et il était impensable pour le maître de salir leur héritage.

« J'aimerais tant sentir le parfum de la cascade », murmura le vieil homme.

Le sénéchal jeta un coup d'œil vers la fenêtre dont la vitre du XVIe siècle ouverte permettait au doux parfum de la pierre mouillée et du feuillage verdoyant d'emplir ses narines. On entendait, au loin, le jaillissement de la cascade impétueuse. « Votre chambre offre une vue imprenable.

— Une des raisons qui me faisaient convoiter la fonction de maître. »

Le sénéchal sourit, sachant que le vieil homme se montrait facétieux. Il avait lu les chroniques et savait que son mentor avait gravi les échelons en sachant saisir chaque opportunité en véritable génie de l'adaptation. La paix avait régné pendant son mandat, mais cela s'apprêtait à changer.

« Je vais prier pour le salut de votre âme, dit le sénéchal.

— Vous aurez le temps de le faire plus tard. Il vaut mieux vous préparer.

— À quoi ?

— Au chapitre. Rassemblez les votes. Soyez prêt. Ne donnez pas à vos ennemis le temps de s'allier. Rappelez-vous tout ce que je vous ai appris. » La voix rauque se brisa de douleur, mais le ton restait ferme.

« Je ne suis pas sûr de vouloir vous succéder.

— Si, vous l'êtes. »

Son ami le connaissait bien. La modestie voulait qu'il rechignât, mais son plus cher désir était d'accéder à la fonction suprême.

Le sénéchal sentit la main du vieil homme trembler dans la sienne. Il fallut au maître quelques respirations superficielles pour retrouver son calme.

« J'ai rédigé mes recommandations. Elles sont là, sur le bureau. »

Il incomberait au prochain maître d'étudier ce testament.

« Notre devoir doit être accompli, comme cela se fait depuis le commencement de l'ordre », annonça le maître.

Le sénéchal ne voulait pas entendre parler de devoir. Les émotions le préoccupaient davantage. Il balaya la pièce des yeux ; elle ne contenait que le lit, un prie-Dieu placé devant un crucifix en bois, trois chaises recouvertes d'une tapisserie élimée, un bureau et deux antiques statues de marbre posées dans des niches. À une certaine époque, la pièce devait regorger de cuir de Cordoue, de porcelaine de Delft, de meubles anglais.

Mais l'ordre avait depuis longtemps renoncé à un tel étalage de luxe.

Quant au sénéchal, il avait lui aussi renoncé à son audace.

Le vieil homme chercha son souffle.

Le sénéchal posa le regard sur le malade en proie à une torpeur inquiète. Le maître inspira, cilla plusieurs fois avant de déclarer : « Pas encore, mon vieil ami. Bientôt. »

4

Roskilde
18 h 15

Malone attendit que la vente ait commencé pour se glisser dans le hall. Il savait comment cela fonctionnait : les enchères ne débuteraient pas avant dix-huit heures vingt puisqu'il fallait au préalable vérifier l'inscription des clients et les autorisations des vendeurs avant que l'argent ne puisse changer de main.

Située en bordure d'un étroit fjord, Roskilde était l'une des villes les plus anciennes du pays. Fondée par les Vikings, elle avait été la capitale du Danemark jusqu'au XVe siècle et continuait d'exsuder une grâce toute royale. La vente aux enchères se tenait en ville, à deux pas du Domkirke, dans un bâtiment de Skomagergade où les cordonniers étaient autrefois regroupés. La bibliophilie était une forme d'art au Danemark. La nation tout entière avait une véritable passion pour le texte écrit, particularité que Malone, bibliophile depuis toujours, admirait. Mais alors qu'autrefois les livres étaient pour lui un simple passe-temps lui permettant d'oublier les pressions de sa dangereuse carrière, ils étaient aujourd'hui devenus sa vie.

Remarquant Peter Hansen et Stéphanie au premier rang, Malone resta au fond de la salle, caché derrière l'un des piliers de pierre qui soutenaient la voûte. Comme il n'avait pas l'intention d'enchérir, il importait peu que le commissaire-priseur puisse le voir.

Les ouvrages se succédèrent, certains rapportant des sommes rondelettes. À l'annonce de la mise en vente du livre suivant, Peter Hansen dressa la tête.

« *Pierres gravées du Languedoc*, d'Eugène Stüblein. Copyright 1887, annonça le commissaire-priseur. Volume d'histoire régionale, assez banal pour l'époque, publié à quelques centaines d'exemplaires seulement. Celui-ci fait partie d'une succession que nous avons récemment été chargés de liquider. C'est un très bel ouvrage à reliure de cuir, sans défaut, comprenant quelques gravures extraordinaires – vous pouvez d'ailleurs voir la reproduction de l'une d'elles dans le catalogue. Pas exactement notre tasse de thé d'habitude, mais ce volume est assez joli et nous avons pensé qu'il présentait peut-être quelque intérêt. Une première enchère, s'il vous plaît. »

Trois enchères se succédèrent rapidement, peu élevées, dont la dernière à quatre cents couronnes. Malone fit mentalement la conversion : soixante dollars. Hansen mit alors le paquet en proposant huit cents couronnes. Aucun des autres acquéreurs potentiels n'enchérit jusqu'à ce que l'un des employés chargés des enchères téléphoniques propose mille couronnes.

Perturbé par le défi inattendu qui lui était lancé par téléphone interposé, Hansen porta son enchère à mille cinquante couronnes. L'enchérisseur anonyme contre-attaqua avec deux mille. Un troisième enchérisseur se jeta dans la bataille qui se prolongea jusqu'à ce que le prix demandé atteigne neuf mille couronnes. Intrigués, d'autres commençaient à s'interroger sur l'intérêt présenté par le volume. On se disputa l'ouvrage encore un moment et Hansen enchérit à vingt-quatre mille couronnes.

Plus de quatre mille dollars.

Malone savait que, en tant que fonctionnaire, Stéphanie devait gagner autour de soixante-dix ou quatre-vingt mille dollars par an. Au décès de son mari, plusieurs années auparavant, elle avait hérité de certains biens, mais cela n'avait pas fait d'elle une femme riche. En outre, elle n'avait rien d'une collectionneuse, et Malone se demandait pourquoi elle était prête à débourser autant pour un obscur récit de voyage. À la boutique, il en recevait par caisses entières ; beaucoup dataient du XIXe siècle et du début du XXe, époque où les comptes rendus de voyage dans de lointaines contrées suscitaient l'engouement du public. Ils étaient pour la plupart rédigés dans une prose ampoulée et ne présentaient pas grand intérêt dans l'ensemble.

Celui-ci constituait apparemment une exception.

« Cinquante mille couronnes », annonça le représentant de l'enchérisseur anonyme.

Plus du double de la dernière enchère de Hansen.

Les têtes se tournèrent et Malone se retira derrière son pilier au moment où Stéphanie dirigeait elle aussi le regard vers la rangée de téléphones. Il la vit parlementer avec Hansen, puis ils reportèrent de nouveau leur attention vers le commissaire-priseur. Il y eut un silence durant lequel Hansen sembla peser le pour et le contre, mais c'était Stéphanie qui menait la danse.

Elle fit non de la tête.

« L'ouvrage est adjugé à notre enchérisseur anonyme pour cinquante mille couronnes. »

Le commissaire-priseur récupéra le livre sur son présentoir et annonça une pause d'une quinzaine de minutes. Malone savait que la maison allait jeter un coup d'œil à *Pierres gravées du Languedoc* pour déterminer ce qui justifiait les huit mille dollars recueillis. Il savait que les antiquaires de Roskilde étaient malins et n'avaient pas l'habitude de laisser un trésor leur échapper. Mais apparemment, ç'avait bien été le cas cette fois-ci.

Il resta caché derrière son pilier tant que Stéphanie et Hansen attendaient à leur place. Il repéra un certain nombre de visages connus et espérait que personne ne l'interpellerait. Le public se dirigeait tranquillement vers l'autre bout de la salle où des rafraîchissements l'attendaient. Malone vit deux hommes aborder Stéphanie et se présenter. Trapus tous les deux, les cheveux courts, ils portaient un pantalon beige et un tee-shirt sous une ample veste marron. Lorsque l'un d'eux se pencha pour serrer la main de Stéphanie, Malone remarqua la bosse caractéristique de l'arme nichée au creux de ses reins.

Après avoir échangé quelques mots avec son ancienne patronne, les deux hommes se retirèrent. La conversation lui avait semblé cordiale et, pendant que Hansen se précipitait vers la bière gratuite, Stéphanie aborda l'un des employés, s'entretint avec lui un moment avant de quitter la salle par une porte latérale.

Malone fondit sur l'employé, Gregos, un Danois élancé qu'il connaissait bien.

« Cotton, quel plaisir de vous voir.

— Toujours en quête d'une bonne affaire.

— Elles sont rares dans le coin, dit Gregos avec un sourire.

— Ça a été le choc, on dirait, pour ce dernier volume.

— J'aurais cru qu'il recueillerait quelque chose comme cinq cents couronnes. Mais cinquante mille ? Incroyable.

— Qu'est-ce qui explique ce prix à votre avis ?

— Ça me dépasse, fit Gregos, perplexe.

— La femme à qui vous venez de parler, fit Malone en désignant l'une des portes latérales, où se rendait-elle ?

— Elle vous intéresse ? fit l'employé en lui adressant un regard entendu.

— Ce n'est pas ce que vous croyez, mais oui, elle m'intéresse. »

Malone était l'un des chouchous de la salle des ventes depuis que, quelques mois plus tôt, il avait permis de retrouver un vendeur sans scrupules qui avait mis sur le marché trois volumes de *Jane Eyre* datés de 1847 environ et dont on ignorait qu'ils avaient été volés. Lorsque la police avait saisi les ouvrages chez leur nouveau propriétaire, la salle des ventes avait dû le rembourser intégralement ; malheureusement, le vendeur avait déjà encaissé son chèque. Malone avait accepté de récupérer l'argent auprès du vendeur, localisé en Angleterre. Par la même occasion, il s'était fait des amis reconnaissants dans son pays d'adoption.

« Elle voulait savoir où se trouvait la cathédrale de Roskilde. Plus précisément, la chapelle de Christian IV.

— A-t-elle dit pourquoi ?

— Non, simplement qu'elle allait s'y rendre à pied. »

Il tendit la main à l'homme et lui glissa un billet de

mille couronnes. Il vit que Gregos appréciait le geste et empochait tranquillement le billet. Les pourboires étaient interdits par la maison.

« Une dernière chose, ajouta Malone. Quelle est l'identité de l'acquéreur ?

— Comme vous le savez, Cotton, c'est une information strictement confidentielle.

— Comme vous le savez, je déteste me conformer au règlement. Je le connais ?

— Il est propriétaire de l'immeuble que vous louez à Copenhague. »

Malone faillit sourire. Henrik Thorvaldsen. Il aurait dû s'en douter.

La vente reprenait. Tandis que les spectateurs regagnaient leurs sièges, Malone se dirigea vers la sortie et vit Peter Hansen se rasseoir. Il s'engouffra dans la fraîcheur de la nuit danoise. Bien qu'il fût près de vingt heures, des traînées écarlates, vestiges du soleil qui tardait à se coucher, s'accrochaient au ciel d'été. À plusieurs pâtés de maisons de là s'élevait la cathédrale de brique rouge, le Domkirke, où les souverains danois étaient inhumés depuis le XIIIe siècle.

Qu'allait donc faire Stéphanie là-bas ?

Comme il s'apprêtait à s'y rendre à son tour, deux hommes l'abordèrent. L'un d'eux pressa quelque chose de dur contre son dos.

« Monsieur Malone, ne bougez pas ou je tire », murmura l'homme à son oreille.

Les deux hommes qui avaient abordé Stéphanie dans la salle des ventes se tenaient à ses côtés. Et ils avaient le même air inquiet que l'inconnu au blouson rouge quelques heures plus tôt.

5

Stéphanie entra dans le Domkirke. L'employé de la salle des ventes lui avait dit qu'elle n'aurait aucun mal à trouver la cathédrale et il avait dit vrai. L'imposant édifice de brique rouge, bien trop monumental pour la ville qui l'accueillait, se dressait dans l'obscurité.

Le bâtiment grandiose n'était qu'une succession d'extensions, chapelles et porches, dominées par un haut plafond voûté et d'immenses vitraux qui éclairaient d'une lumière céleste ses murs séculaires. La cathédrale n'était plus consacrée au culte catholique mais, à en juger par le décor, au culte luthérien si elle voyait juste, et son architecture avait un je-ne-sais-quoi de français.

Elle était en colère d'avoir laissé échapper ce livre. Elle pensait s'en tirer pour trois cents couronnes au maximum, soit une cinquantaine de dollars. Au lieu de cela, un acquéreur anonyme déboursait plus de huit mille dollars pour un récit de voyage dans le sud de la France sans intérêt et rédigé plus d'un siècle auparavant.

Décidément... quelqu'un savait exactement ce qui l'avait amenée ici.

La personne qui lui avait donné rendez-vous, peut-être ? Les deux hommes qui l'avaient abordée après les enchères lui avaient promis qu'elle obtiendrait des réponses à toutes ses questions à condition de se rendre à la cathédrale et d'attendre dans la chapelle de Christian IV. Elle trouvait cela idiot, mais avait-elle vraiment le choix ? Le temps lui était compté et elle avait beaucoup à faire.

Elle suivit les instructions reçues et emprunta le déambulatoire. Un service avait lieu dans le chœur, sur sa droite, devant l'autel principal. Une cinquantaine de fidèles étaient en prière. Les notes métalliques des grandes orgues résonnaient dans la cathédrale. Elle trouva la chapelle de Christian IV et franchit la grille en fer forgé ouvragée.

Un homme trapu aux cheveux fins et gris coupés ras l'y attendait. Il avait le visage anguleux, les joues rasées de près, portait un pantalon clair et une chemise. Une veste en cuir couvrait ses larges épaules et Stéphanie lut de la froideur et de la méfiance dans son regard sombre. Il perçut peut-être son appréhension car son expression s'adoucit tandis qu'il lui adressait un sourire désarmant.

« Madame Nelle, quel plaisir de vous rencontrer.

— Comment connaissez-vous mon nom ?

— Je connaissais bien le travail de votre époux. Il était spécialiste de certains domaines auxquels je m'intéresse.

— Lesquels ? Mon mari avait de nombreux centres d'intérêt.

— Je m'intéresse plus particulièrement à Rennes-le-

Château. À son travail sur le fameux grand secret que sont censés abriter le village et sa région.

— Venez-vous de remporter les enchères à la salle des ventes ?

— Non, ce n'est pas moi, répondit-il en levant la main en signe d'impuissance, et c'est à ce sujet que je souhaitais m'entretenir avec vous. Un employé enchérissait en mon nom mais, comme vous, j'en suis sûr, j'ai été abasourdi par la somme recueillie par l'ouvrage. »

Ayant besoin de réfléchir un moment, Stéphanie fit le tour du sépulcre royal. De monumentales fresques encadrées par des trompe-l'œil d'une incroyable minutie ornaient les murs de marbre somptueux. Cinq sarcophages imposants, richement décorés, occupaient le centre de la salle à l'impressionnante voûte en plein cintre.

« Christian IV est considéré comme le plus grand monarque danois. À l'instar de Henry VIII d'Angleterre, de François Ier ou du tsar Pierre le Grand, il a fondamentalement changé le visage de son pays. Son empreinte est partout présente.

— Que voulez-vous ? rétorqua Stéphanie que les leçons d'histoire n'intéressaient pas.

— Je vais vous montrer quelque chose. »

L'inconnu se dirigea vers la grille en fer forgé à l'entrée de la chapelle, Stéphanie sur les talons.

« La légende veut que le diable en personne ait réalisé ces grilles. Quel chef-d'œuvre ! On peut y voir les monogrammes du roi et de la reine, ainsi qu'une multitude de créatures fabuleuses. Mais regardez de plus près, là en bas. »

Elle aperçut des mots gravés dans le métal.

« *Caspar Fincke bin ich genannt, dieser Arbeit bin ich bekannt.* Caspar Fincke est mon nom, à cet ouvrage je dois mon renom.

— Où voulez-vous en venir ? demanda Stéphanie en se tournant vers lui.

— En haut de la Tour ronde, à Copenhague, il y a un garde-fou en fer forgé, œuvre de Fincke lui aussi. Il est suffisamment bas pour permettre au regard d'embrasser le point de vue sur la ville, mais il est également facile de passer par-dessus.

— L'homme qui s'est suicidé aujourd'hui travaillait pour vous, n'est-ce pas ? »

L'inconnu hocha la tête.

« Pourquoi est-il mort ?

— "Les soldats du Christ combattent en pleine sécurité les combats de leur Seigneur, car ils n'ont point à craindre d'offenser Dieu en tuant un ennemi et ils ne courent aucun danger s'ils sont tués eux-mêmes..."

— Il s'est jeté dans le vide.

— "... puisque c'est pour Jésus-Christ qu'ils donnent ou reçoivent le coup de la mort, et que non seulement ils n'offensent point Dieu, mais encore ils s'acquièrent une grande gloire."

— Vous n'êtes pas très doué pour répondre aux questions.

— Je me contentais de citer les mots rédigés par le grand théologien Bernard de Clairvaux il y a huit siècles.

— Qui êtes-vous ?

— Appelez-moi Bernard.

— Que voulez-vous ?

— Deux choses. D'abord, le livre qui nous a échappé à tous les deux au cours de l'enchère. Je reconnais volontiers que vous n'y pouvez pas grand-chose. La seconde, en revanche, est en votre possession. Elle vous a été envoyée il y a un mois. »

Stéphanie resta de marbre. Cet homme était parfaitement renseigné. « Et de quel objet parlez-vous ?

— Ah, un test, histoire d'évaluer ma crédibilité. Très bien. Le paquet que vous avez reçu contenait un journal intime ayant autrefois appartenu à votre époux – un carnet de notes personnelles prises jusqu'au moment de sa mort. Le test est-il concluant ? »

Stéphanie resta muette.

« Il me faut ce journal.

— Pourquoi y tenez-vous autant ?

— Votre époux passait pour quelqu'un de bizarre aux yeux de beaucoup. On le trouvait spécial. Un peu hippie sur les bords. Le milieu universitaire le méprisait et la presse le tournait en dérision. Mais pour moi, c'était un génie, capable de repérer des détails que les autres ignoraient. On lui doit tant ! L'engouement actuel pour Rennes-le-Château, par exemple. Il a été le premier à ouvrir les yeux du public sur les mystères de la région. Cinq millions d'exemplaires de son premier livre vendus dans le monde. Une belle réussite.

— Mon mari a vendu quantité de livres.

— Il est l'auteur de quatorze ouvrages, si je ne m'abuse, mais aucun n'a eu la portée du premier, *Le Trésor de Rennes-le-Château*. Grâce à lui, des centaines de volumes sont aujourd'hui publiés sur le sujet.

— Qu'est-ce qui vous fait croire que je suis en possession de son journal intime ?

— Nous savons tous les deux qu'il serait en ce moment entre mes mains sans l'intervention d'un certain Cotton Malone. Un de vos anciens collaborateurs, je crois.

— Ah bon ? ironisa Stéphanie.

— Vous êtes fonctionnaire, détachée au ministère de la Justice américain et dirigez un groupe baptisé l'unité Magellan. Douze avocats sélectionnés par vos soins dont vous supervisez seule le travail et qui gèrent, comment dirais-je... les affaires "sensibles". Cotton Malone, qui a travaillé pour vous un certain nombre d'années avant de prendre sa retraite l'an passé, est aujourd'hui propriétaire d'une librairie à Copenhague. Sans l'intervention ratée de mon associé, vous auriez partagé un déjeuner léger avec M. Malone avant de lui dire au revoir et d'assister à la vente aux enchères, véritable but de votre visite au Danemark. »

Les masques tombaient. « Pour qui travaillez-vous ?

— Pour mon propre compte.

— J'en doute.

— Qu'est-ce qui vous fait dire ça ?

— Mes années d'expérience.

— Le carnet, je vous prie, lança l'inconnu avec un sourire qui horripila Stéphanie.

— Je ne l'ai pas. Après l'incident de tout à l'heure, j'ai pensé qu'il valait mieux le garder en lieu sûr.

— C'est Peter Hansen qui l'a ? »

Elle ne répondit pas.

« Non. J'imagine que vous n'avouerez rien.

— Je crois que nous n'avons plus rien à nous dire », dit-elle en quittant précipitamment la chapelle.

À sa droite, vers l'entrée principale, elle aperçut deux hommes aux cheveux courts, pas ceux de tout à l'heure, mais elle sut immédiatement pour qui ils travaillaient.

Elle se retourna pour jeter un coup d'œil à l'homme se faisant appeler Bernard.

« Comme mon associé aujourd'hui à la Tour ronde, vous êtes coincée.

— Allez vous faire voir. »

Elle bifurqua sur la gauche et s'enfonça un peu plus dans les profondeurs de la cathédrale.

6

Malone évalua la situation. Il se trouvait dans un lieu public jouxtant une rue qui grouillait de monde. Des gens entraient et sortaient de la salle des ventes alors que d'autres attendaient qu'on leur amenât leur véhicule garé sur un parking voisin. De toute évidence, sa filature n'était pas passée inaperçue et il se maudit de ne pas avoir été plus vigilant. Mais il était confiant : contrairement aux menaces proférées, les deux hommes ne courraient pas le risque d'être démasqués. On essayait de lui mettre des bâtons dans les roues, pas de l'éliminer. On leur avait peut-être demandé de gagner du temps tandis qu'un troisième homme retrouvait Stéphanie à la cathédrale – quel que soit le but du rendez-vous qu'il lui avait fixé.

Il devait agir.

D'autres clients sortaient de la salle des ventes. L'un d'eux, un Danois dégingandé, possédait une librairie voisine de celle de Peter Hansen dans le Strøget. Un voiturier lui amena son véhicule.

« Vagn ! » s'exclama Malone en s'éloignant de l'homme qui lui braquait un revolver dans le dos.

Le libraire se retourna en entendant son nom.

« Cotton, comment vas-tu ? » L'homme avait posé sa question en danois.

Malone s'avança nonchalamment vers la voiture tandis que son agresseur aux cheveux ras fourrait son arme sous sa veste. Malone l'avait pris par surprise, ce qui confirmait ses soupçons : ces types étaient des amateurs. Il était prêt à parier qu'ils ne parlaient pas danois non plus.

« Ça te dérange de me ramener à Copenhague ?

— Pas du tout, nous avons de la place. Monte.

— J'apprécie le geste, fit Malone en ouvrant la portière. La personne avec qui je suis venu reste un peu et il faut que je rentre. »

En claquant la portière, il adressa un signe de la main aux deux hommes et lut de la confusion dans leurs yeux lorsque la voiture s'éloigna.

« Rien ne t'intéresse aujourd'hui ? demanda Vagn.

— Rien du tout, fit Malone en se tournant vers lui.

— Moi non plus. Nous avons décidé de rentrer et de dîner tôt. »

Malone lança un coup d'œil à la femme assise à côté de lui. Un autre homme avait pris place près du conducteur. Il ne les connaissait pas et se présenta. La voiture serpentait dans le dédale de ruelles en direction de la rocade.

Malone aperçut les deux clochers et le toit vert-de-gris de la cathédrale. « Vagn, tu peux me laisser descendre ? Je vais rester quelques minutes de plus.

— Tu es sûr ?

— Je viens de me rappeler que j'ai quelque chose à faire. »

Stéphanie longea la nef et s'enfonça encore dans les profondeurs de la cathédrale. Derrière les piliers monumentaux qui s'élevaient sur sa droite, le service religieux suivait son cours. Le claquement de ses talons sur le dallage était couvert par les notes puissantes de l'orgue. Un déambulatoire contournait l'autel principal et une série de murets et de monuments le séparaient du chœur.

Elle se retourna et vit l'inconnu qui se faisait appeler Bernard avancer nonchalamment vers elle ; ses deux comparses avaient disparu. Stéphanie s'aperçut qu'elle se retrouverait bientôt devant l'entrée principale de la cathédrale après avoir fait le tour du bâtiment. Pour la première fois, elle se rendait réellement compte du danger que couraient ses agents. Elle n'avait jamais travaillé sur le terrain – cela ne rentrait pas dans ses attributions – mais, en l'occurrence, elle n'était pas en mission officielle. Elle était venue régler une affaire personnelle et, officiellement, elle avait pris quelques jours de vacances. Personne ne savait qu'elle devait se rendre au Danemark – à part Cotton Malone. Compte tenu de la situation délicate dans laquelle elle se trouvait à l'heure actuelle, son anonymat commençait à poser problème.

Elle continua son chemin.

Son poursuivant resta à bonne distance, conscient que sa proie ne pouvait s'échapper. Elle passa devant un escalier de pierre qui menait à une autre chapelle latérale, en contrebas ; à une quinzaine de mètres devant elle, elle aperçut les deux hommes qui bloquaient la sortie. Bernard se rapprochait. À sa gauche se trouvait un autre sépulcre baptisé la chapelle des Mages.

Elle s'y réfugia.

Deux tombeaux de marbre, dans l'esprit des temples romains, reposaient entre des murs merveilleusement décorés. Une peur irraisonnée s'empara de Stéphanie lorsqu'elle se rendit compte de sa situation.

Elle était piégée.

Malone courut jusqu'à la cathédrale et y entra par la porte principale. Il remarqua deux hommes à sa droite – râblés, cheveux courts, vêtus sans recherche – qui ressemblaient aux individus à qui il venait d'échapper devant la salle des ventes. Il décida de ne pas prendre de risque et empoigna le Beretta qu'il gardait sous sa veste, arme standard attribuée aux agents de l'unité Magellan. Il avait été autorisé à la conserver lorsqu'il avait pris sa retraite et s'était arrangé pour la faire pénétrer en fraude au Danemark où la détention d'armes était prohibée.

Il cacha le pistolet derrière sa cuisse, prêt à faire feu. Cela faisait plus d'un an qu'il n'avait plus eu d'arme entre les mains. Il avait cru que cette sensation faisait partie de son passé et, d'ailleurs, elle ne lui avait pas manqué. Mais le suicide de l'inconnu au blouson rouge lui avait mis la puce à l'oreille et il s'était préparé avant de venir. C'était à ça que l'on reconnaissait un bon agent et c'était l'une des raisons pour lesquelles il avait accompagné plusieurs de ses amis à leur dernière demeure au lieu de descendre lui-même l'allée centrale d'une église les pieds devant.

Les deux hommes lui tournaient le dos, bras le long du corps, sans arme au poing. Les notes tonitruantes de l'orgue couvraient le bruit de ses pas. « On fait salle comble ce soir, les gars », s'exclama-t-il lorsqu'il fut tout près d'eux.

Il exhiba son arme lorsqu'ils se retournèrent. « Restons courtois, voulez-vous ? »

Par-dessus l'épaule de l'un des deux hommes, il en aperçut un troisième à une trentaine de mètres du transept qui avançait tranquillement vers eux. L'homme passa la main sous sa veste en cuir. Sans attendre la suite, Malone plongea à terre. Un claquement retentit par-dessus les notes de l'orgue et une balle vint déchiqueter le banc de bois devant lui.

Les deux hommes dégainèrent leur arme.

Couché à plat ventre, Malone tira deux coups de feu stridents qui résonnèrent à travers la cathédrale. L'un des hommes tomba à terre, l'autre prit la fuite. Malone s'agenouilla et perçut trois claquements. Il plongea de nouveau à terre au moment où d'autres balles s'encastraient dans le banc près de lui.

Il visa par deux fois le tireur isolé.

L'orgue se tut.

Les fidèles avaient compris ce qui était en train de se passer. Une véritable marée humaine passa bientôt devant la cachette de Malone et se précipita à l'extérieur de l'édifice par les portes de derrière. Profitant de la confusion pour jeter un coup d'œil par-dessus le banc, Malone aperçut l'homme à la veste de cuir debout près de l'entrée de l'une des chapelles latérales.

« Stéphanie », hurla-t-il par-dessus le tumulte.

Pas de réponse.

« Stéphanie. C'est Cotton. Dites-moi si tout va bien. »

Toujours pas de réponse.

Il rampa jusqu'au transept opposé et se releva. Devant lui, le déambulatoire faisait le tour de l'église. Les piliers qui se dressaient de part et d'autre de l'édifice le protégeraient de tirs éventuels et le chœur lui offrirait un abri idéal, aussi se mit-il à courir.

✠

Stéphanie entendit les cris de Malone. Béni soit-il de ne jamais avoir pu s'empêcher de fourrer son nez dans les affaires des autres. Elle s'était réfugiée dans la chapelle des Mages, à l'abri d'un caveau en marbre noir. Elle entendit des coups de feu et comprit que Malone faisait ce qu'il pouvait même s'il était seul contre trois hommes au moins. Elle devait l'aider, mais de quelle utilité pouvait-elle donc lui être ? Elle n'était pas armée. Elle pourrait au moins lui dire qu'elle allait bien. Mais avant d'avoir pu ouvrir la bouche, à travers une grille en fer forgé menant à la cathédrale, elle aperçut Bernard, arme au poing.

Paralysée par la peur, Stéphanie sentit une panique qu'elle ne connaissait pas la submerger.

L'homme entra dans la chapelle.

Malone contourna le chœur. Les fidèles fuyaient la cathédrale, pris de panique, hystériques. Quelqu'un devait avoir appelé la police. Il ne lui restait qu'à maîtriser ses agresseurs jusqu'à son arrivée.

Il suivit le déambulatoire et vit l'un des deux individus aider son acolyte à sortir par la porte de derrière. Celui qui avait lancé les hostilités n'était pas en vue.

Malone en conçut une certaine inquiétude.

Il ralentit et se prépara à faire feu.

Stéphanie se raidit. Bernard se trouvait à quelques mètres d'elle.

« Je sais que vous êtes là, dit l'homme d'une voix caverneuse, rauque. Votre sauveur est arrivé, je n'ai pas le temps de m'occuper de vous. Vous savez ce que je veux. Nous nous reverrons. »

L'idée ne lui disait rien qui vaille.

« Votre mari n'était pas raisonnable, lui non plus. Je lui ai fait une proposition identique concernant son journal il y a onze ans et il l'a déclinée, lui aussi. »

Elle fut piquée au vif par ces paroles. Elle aurait dû garder le silence, elle en était consciente, mais c'était impossible. C'en était trop. « Que savez-vous de mon mari ?

— J'en sais suffisamment. Restons-en là. »

L'inconnu s'éloigna.

Malone vit l'inconnu à la veste de cuir sortir de la chapelle.

« Arrêtez ! » ordonna-t-il.

L'inconnu se retourna en braquant son arme vers lui.

Malone plongea dans l'escalier menant à une salle latérale et roula au bas des marches.

Trois balles ricochèrent sur le mur au-dessus de sa tête.

Malone remonta l'escalier en courant, prêt à riposter, mais l'homme à la veste de cuir, qui le devançait d'une trentaine de mètres, disparut au fond de l'église en courant.

Malone se leva et se mit à courir à son tour.

« Stéphanie, lança-t-il.

— Je suis là, Cotton. »

Son ancienne patronne apparut au fond de la chapelle. Elle se dirigea vers lui, calme, le visage figé. Des sirènes retentirent.

« Je suggère que nous fichions le camp d'ici, dit Malone. Les questions ne vont pas manquer et je sens que vous n'aurez envie de répondre à aucune d'entre elles.

— Vous voyez juste. »

Malone s'apprêtait à lui suggérer de sortir par l'une des issues latérales quand les portes de l'entrée principale s'ouvrirent et des policiers en civil envahirent la cathédrale. Ils remarquèrent immédiatement l'arme que tenait toujours Malone.

Les policiers s'immobilisèrent, pistolets braqués sur Malone et Stéphanie.

Les deux amis se figèrent.

« *Ned på knæ. Nu*[1] ! ordonna la police.

— Que veulent-ils que l'on fasse ? demanda Stéphanie.

— Rien de bon », répondit Malone en lâchant son Beretta et en s'agenouillant.

1. À genoux. Tout de suite !

7

Devant la cathédrale, Raymond de Rochefort assistait au déroulement des événements, à l'écart de la foule des curieux. Ses comparses et lui s'étaient enfoncés dans l'ombre que jetaient les arbres touffus face à l'esplanade de la cathédrale. Il avait réussi à sortir de l'édifice par une porte latérale et à s'éclipser avant que la police ne s'y engouffre. Personne n'avait semblé le remarquer. Dans l'immédiat, les autorités allaient se concentrer sur Stéphanie Nelle et Cotton Malone. Il s'écoulerait un certain temps avant que les témoins ne donnent la description des trois hommes armés. Il était habitué à ce genre de situation et savait que c'était en gardant la tête froide que l'on parvenait à s'imposer. Du calme, pensa-t-il. Ses hommes devaient croire qu'il maîtrisait la situation.

Les gyrophares rouge et blanc des voitures de police balayaient la façade de brique de la cathédrale. Des renforts arrivèrent et de Rochefort s'étonna qu'une ville de la taille de Roskilde soit dotée de tels effectifs policiers. La foule affluait depuis la Grand-Place voisine. La situation devenait de plus en plus chaotique. Parfait. Le chaos lui avait toujours apporté une énorme liberté de mouvement, à condition de le maîtriser.

Il se tourna vers les deux hommes qui l'accompagnaient dans la cathédrale. « Êtes-vous blessé ? » demanda-t-il à celui qui avait essuyé un coup de feu.

L'homme releva sa veste et lui montra que le gilet pare-balles avait fait son œuvre. « C'est douloureux, c'est tout. »

Il vit ses deux autres acolytes – ceux qu'il avait envoyés à la vente aux enchères – émerger de la foule. Ils lui avaient appris par radio que Stéphanie Nelle n'avait pas obtenu satisfaction. Il leur avait alors ordonné de la lui envoyer. Il avait cru pouvoir l'intimider sans doute, mais ses efforts étaient restés vains. Pire, il s'était fait remarquer. Cette erreur, il la devait à Cotton Malone. Ses hommes avaient repéré Malone à la vente aux enchères et il leur avait demandé de le retenir pendant qu'il s'entretenait avec Stéphanie Nelle. Eux aussi avaient échoué, semblait-il.

« Nous avons perdu Malone, dit l'un d'eux en approchant.

— Je l'ai retrouvé.

— Il est plein de ressources. Et audacieux. »

Effectivement, de Rochefort en était conscient. Il s'était renseigné sur son compte après avoir appris que Stéphanie Nelle lui rendait visite au Danemark. Comme Malone risquait de prendre part à ses projets, quels qu'ils fussent, de Rochefort avait mis un point d'honneur à obtenir le maximum de renseignements sur lui.

Le dénommé Harold Earl Malone, quarante-six ans, était originaire de l'État de Géorgie, aux États-Unis, comme sa mère. Militaire de carrière, diplômé de l'académie navale d'Annapolis, son père avait atteint le rang de capitaine de frégate avant de périr dans le naufrage de son sous-marin lorsque Malone avait dix ans.

Malone avait suivi les traces de son père en faisant ses études dans la même école et en se classant parmi les meilleurs de sa promotion. Il avait été admis à l'école de l'air et, grâce à ses excellents résultats, avait pu opter pour la formation de pilote de chasse. Puis, bizarrement, au beau milieu de la formation, il avait demandé sa réaffectation, avait été admis à l'université de droit de Georgetown où il avait obtenu son diplôme tout en travaillant pour le Pentagone. Il avait ensuite été transféré auprès du Judge Advocate General's Corps, le JAG, où il avait officié neuf ans en tant qu'avocat. Il y avait de cela treize ans, il avait été affecté au ministère de la Justice et avait intégré l'unité Magellan que Stéphanie Nelle venait de créer. Il avait conservé son poste jusqu'à l'année précédente et avait fait valoir son droit à la retraite après avoir atteint le grade de commandant.

Côté vie privée, Malone était divorcé et son fils âgé de quatorze ans vivait avec sa mère en Géorgie. Malone avait quitté les États-Unis pour Copenhague. Bibliophile confirmé, il était de confession catholique mais n'avait rien d'un fanatique. Il se débrouillait dans plusieurs langues, n'avait ni dépendance ni phobie connue et avait tendance à faire preuve d'une motivation extrême et d'un dévouement frisant l'obsession. Il possédait également une mémoire eidétique. Bref, tout à fait le genre d'individu que de Rochefort aurait préféré compter parmi ses alliés.

Les derniers événements venaient d'ailleurs de le lui confirmer.

Se retrouver face à trois adversaires n'avait pas semblé déranger Malone, surtout lorsqu'il avait cru Stéphanie Nelle en danger.

Cet après-midi-là, le jeune complice de de Rochefort avait lui aussi fait preuve de loyauté et de courage, même s'il avait agi avec trop de précipitation en dérobant le sac de Stéphanie Nelle. Il aurait dû attendre la fin de son entrevue avec Cotton Malone lorsque, seule et vulnérable, elle serait rentrée à l'hôtel. Il s'était efforcé peut-être de répondre à ses désirs, conscient de l'importance de leur mission. Peut-être avait-il simplement fait preuve d'impatience. Cela dit, lorsqu'il s'était trouvé acculé, le jeune homme avait eu raison de choisir la mort au lieu d'être arrêté. Dommage, mais cela faisait partie de l'apprentissage. Ceux qui possédaient l'intelligence et le talent grimpaient les échelons. Tous les autres étaient éliminés.

« Avez-vous découvert l'identité de l'acquéreur du livre ? » demanda-t-il à l'un des hommes qui se trouvaient à la vente aux enchères.

Le jeune homme hocha la tête. « Graisser la patte de l'employé m'a coûté mille couronnes. »

Le prix de la faiblesse ne l'intéressait pas. « Qui est-ce ?

— Henrik Thorvaldsen. »

Son téléphone vibra. Son lieutenant savait qu'il était occupé, l'appel devait donc être important. Il décrocha.

« Le moment approche, annonça la voix.

— Quand ?

— D'ici quelques heures. »

La cerise sur le gâteau.

« J'ai une tâche à vous confier. Henrik Thorvaldsen. Un riche Danois qui vit au nord de Copenhague. Je dispose de quelques renseignements sur son compte, mais j'ai besoin de son dossier complet d'ici une heure. Rappelez-moi quand vous l'aurez. »

Il raccrocha, puis, s'adressant à ses hommes : « Nous devons rentrer. Mais nous avons encore deux missions à accomplir avant l'aube. »

8

Malone et Stéphanie furent conduits dans un commissariat de police de la banlieue de Roskilde. Ni l'un ni l'autre n'ouvrit la bouche en chemin, suffisamment avertis pour ne pas partager ce qu'ils savaient. Malone savait maintenant que la présence de Stéphanie au Danemark n'avait rien à voir avec l'unité Magellan. Elle se trouvait au sommet de l'échelle – tout le monde lui rendait des comptes à Atlanta. Et qui plus est, lorsqu'elle avait appelé une semaine plus tôt en disant qu'elle aimerait lui dire bonjour, elle s'était montrée claire : elle passait des vacances en Europe. Des vacances ? Tu parles, se dit Malone alors qu'on les laissait seuls dans une pièce aveugle inondée de lumière artificielle.

« Ah, au fait, le café était délicieux chez Nikolaj, fit Malone. J'ai bu le vôtre, tant que j'y étais. Bien sûr, c'était après avoir poursuivi un homme jusqu'en haut de la Tour ronde et l'avoir vu sauter dans le vide. »

Stéphanie ne répondit pas.

« Je vous ai vu récupérer votre sac dans la rue. Avez-vous remarqué le cadavre couché à côté ? Peut-être pas. Vous aviez l'air pressé.

— Ça suffit, Cotton ! coupa-t-elle d'un ton qu'il connaissait bien.

— Je ne travaille plus pour vous.

— Qu'est-ce que vous faites ici, dans ce cas ?

— C'est exactement la question que j'étais en train de me poser dans la cathédrale quand les balles m'ont distrait. »

Stéphanie s'apprêtait à répondre lorsqu'un grand blond vénitien aux yeux marron clair entra dans la pièce. C'était le chef de la police de Roskilde qui les avait amenés de la cathédrale. Il tenait le Beretta de Malone.

« J'ai contacté la personne dont vous m'avez indiqué le nom, dit-il à Stéphanie. L'ambassade américaine confirme votre identité et vos responsabilités au ministère de la Justice. J'attends les instructions du ministère de l'Intérieur danois. En ce qui vous concerne, monsieur Malone, c'est une autre histoire, fit-il en se tournant vers lui. Vous détenez un visa temporaire en tant que libraire. Nos lois sanctionnent le port d'armes, ajouta-t-il en montrant le pistolet, sans parler de l'usage que vous en avez fait dans un monument historique, une cathédrale inscrite au patrimoine mondial de l'humanité, rien que ça.

— Je n'aime enfreindre que les lois les plus importantes, répondit Malone pour ne pas se laisser intimider.

— J'adore l'humour, monsieur Malone, mais la situation est grave. Pas pour moi, pour vous.

— Les témoins ont-ils rapporté que trois hommes nous avaient tiré dessus ?

— Nous avons leur description. Mais il serait

étonnant qu'ils soient encore dans les parages. Vous, en revanche, nous vous tenons.

— Inspecteur, intervint Stéphanie, je suis responsable des événements qui viennent de se dérouler, M. Malone n'y est pour rien. Il travaillait pour moi autrefois et a cru que j'avais besoin de son aide, précisa-t-elle en lui lançant un regard mauvais.

— Essayez-vous de me dire que la fusillade n'aurait pas eu lieu sans l'intervention de M. Malone ?

— Pas du tout. La situation nous a simplement échappé, M. Malone n'y est pour rien. »

L'inspecteur considéra ses propos avec une réticence évidente. Malone se demandait où Stéphanie voulait en venir. Elle ne savait pas mentir ; il décida pourtant de ne pas la contredire devant l'inspecteur.

« Votre présence dans la cathédrale était-elle liée à une mission effectuée pour le compte du gouvernement des États-Unis ?

— Vous comprendrez que je ne puisse répondre à cette question.

— Il vous est impossible d'évoquer certaines activités menées dans le cadre de votre travail ? Je vous croyais avocate.

— C'est bien le cas. Mais mon équipe est régulièrement impliquée dans des enquêtes touchant à la sécurité nationale. À vrai dire, c'est notre principale raison d'être.

— Que faites-vous au Danemark, madame Nelle ? poursuivit l'inspecteur, que la remarque de Stéphanie avait laissé froid.

— Je suis venue rendre visite à M. Malone. Je ne l'ai pas vu depuis plus d'un an.

— Est-ce l'unique but de votre visite ?

— Attendons l'arrivée du représentant du ministère de l'Intérieur, voulez-vous ?

— Que personne n'ait été blessé dans cette altercation tient du miracle. Quelques monuments sacrés ont été endommagés, mais nous n'avons aucune victime à déplorer.

— J'ai blessé l'un des tireurs, déclara Malone.

— Si c'est le cas, il n'a pas perdu de sang. »

Les trois hommes portaient donc des gilets pare-balles. Ils étaient préparés, mais dans quel but ?

« Combien de temps comptez-vous rester au Danemark ? demanda l'inspecteur à Stéphanie.

— Je repars demain. »

La porte s'ouvrit et un officier en uniforme tendit un document au policier. « Il faut croire que vous avez des amis haut placés, madame Nelle, dit-il. Mes supérieurs m'ordonnent de vous laisser partir sans poser de questions. »

Stéphanie se dirigea vers la porte.

« Ce document fait-il mention de mon nom ? demanda Malone en se levant.

— Je suis censé vous relâcher, vous aussi. »

Malone tendit la main pour récupérer son arme. L'homme ne fit pas un geste.

« Rien n'indique que je doive vous rendre le pistolet. »

Malone décida de ne pas insister. Il pourrait s'en occuper plus tard. Pour l'instant, il avait deux mots à dire à Stéphanie.

Il se précipita dehors pour la rejoindre.

Elle se tourna vers lui, les traits figés. « Cotton, j'apprécie ce que vous avez fait, dans la cathédrale. Mais écoutez-moi bien. Ne vous mêlez plus de mes affaires.

— Vous n'avez aucune idée de ce que vous faites. Vous vous êtes rendue à ce rendez-vous sans prendre aucune précaution. Ces trois hommes voulaient vous tuer.

— Pourquoi ne l'ont-ils pas fait dans ce cas ? Les occasions n'ont pas manqué avant votre arrivée.

— Ce qui soulève un certain nombre d'autres questions.

— N'avez-vous pas suffisamment de travail à la librairie ?

— Je suis débordé.

— Je ne vous retiens pas dans ce cas. Lorsque vous m'avez remis votre démission l'année dernière, vous avez été clair : vous en aviez assez de vous faire tirer dessus. Si je ne m'abuse, vous avez dit alors que votre bienfaiteur danois vous offrait la vie dont vous aviez toujours rêvé. Profitez-en bien.

— C'est vous qui m'avez appelé pour m'annoncer que vous vouliez me voir.

— C'était une mauvaise idée.

— Ce type aujourd'hui n'était pas un voleur à la tire.

— Restez en dehors de cette histoire.

— Vous m'êtes redevable. J'ai sauvé votre peau.

— Personne ne vous l'a demandé.

— Stéphanie...

— Bon sang, Cotton. Je ne le répéterai pas : si vous insistez, je n'aurai d'autre choix que de prendre certaines mesures. »

Il se raidit. « Et que comptez-vous faire ?

— Votre ami danois n'est pas le seul à avoir des relations. Je peux moi aussi influer sur le cours des événements.

— Allez-y », répondit Malone, la colère montant en lui.

Au lieu de répondre, Stéphanie s'éloigna brusquement.

Il avait envie de la suivre et d'aller jusqu'au bout de la conversation mais décida qu'elle avait raison. Ses affaires ne le regardaient pas. Et il y avait eu suffisamment de grabuge pour ce soir.

Il était temps de rentrer.

9

Copenhague

22 h 30

De Rochefort arriva devant la librairie. La rue piétonne était déserte. Les nombreux cafés et restaurants du quartier étaient pour la plupart situés à plusieurs pâtés de maisons de là et il n'y avait aucune activité dans cette partie du Strøget en soirée. Il avait prévu de quitter le Danemark après avoir accompli deux dernières corvées. Les témoins de la fusillade devaient sans doute avoir donné sa description physique, ainsi que celle de ses deux compagnons. Il valait donc mieux qu'ils ne s'attardent pas plus que nécessaire.

Son équipe au complet l'accompagnait ce soir et il avait prévu de superviser les moindres détails de l'opération. Il y avait eu suffisamment d'improvisation pour aujourd'hui, ce qui avait coûté la vie à l'un d'eux cet après-midi-là à la Tour ronde. Il ne voulait pas d'autre victime dans ses rangs. Deux de ses hommes vérifiaient déjà l'arrière de la boutique. Les autres se tenaient prêts à ses côtés. La lumière brillait à l'étage supérieur de l'immeuble.

Bien.

Il devait avoir une petite conversation avec le propriétaire.

Malone prit une canette de Pepsi light dans le réfrigérateur et descendit les quatre étages pour arriver au rez-de-chaussée de l'immeuble. Sa librairie occupait le bâtiment entier : il accueillait les clients au rez-de-chaussée, les deux étages suivants servaient d'entrepôts et son petit appartement occupait le quatrième.

Il s'était habitué à l'espace exigu et l'appréciait bien plus que la maison de cent quatre-vingt-cinq mètres carrés qu'il possédait autrefois dans le nord d'Atlanta et dont la vente l'année passée pour un peu plus de trois cent mille dollars lui avait laissé soixante mille dollars à investir dans sa nouvelle vie, vie rendue possible, comme l'avait souligné Stéphanie avec une certaine agressivité, par « son nouveau bienfaiteur danois », un curieux bonhomme dénommé Henrik Thorvaldsen.

Un inconnu treize mois plus tôt, son ami le plus intime aujourd'hui.

Le courant était passé entre eux dès leur première rencontre, le vieil homme ayant vu quelque chose chez Malone – quoi ? Ce dernier n'aurait su le dire, et pourtant... Si bien que leur entretien, un jeudi soir pluvieux à Atlanta, avait scellé leur destin. Stéphanie avait insisté pour qu'il prenne un mois de vacances après le procès au Mexique de trois trafiquants internationaux impliqués dans l'exécution d'un directeur de la Drug Enforcement Agency, service américain de lutte contre le trafic de drogue, ami intime du président des États-Unis ; malheureusement, cette décision avait entraîné un véritable carnage. Alors qu'il retournait au tribunal pendant sa pause déjeuner, Malone avait été pris dans un échange de tirs au cours d'une tentative d'assassinat, incident complètement étranger au procès mais qu'il avait essayé de maîtriser. Il lui en avait coûté une balle dans l'épaule. Résultat des courses : sept morts, neuf blessés ; un jeune diplomate danois, Cai Thorvaldsen comptait au nombre des victimes.

« Je suis venu vous parler en personne », lui avait dit Henrik Thorvaldsen.

Il se trouvait dans le salon de Malone dont l'épaule lui faisait un mal de chien. Il ne prit même pas la peine de demander à Thorvaldsen comment il l'avait retrouvé ni comment le vieil homme savait qu'il comprenait le danois.

« Je tenais énormément à mon fils, dit le vieil homme. Lorsqu'il a intégré le corps diplomatique de notre pays, j'ai été enchanté. Il a demandé à être affecté à Mexico City. Il se passionnait pour la civilisation aztèque. Il aurait fait un excellent député, un jour. Il avait l'étoffe d'un homme d'État. »

Les premières impressions se bousculaient dans l'esprit de Malone. Thorvaldsen était certainement issu d'une grande famille, vu son air distingué, mélange d'élégance et de légèreté. Mais la sophistication de son esprit offrait un contraste saisissant avec son corps tordu, sa colonne vertébrale déformée par une bosse grotesque, caricaturale, la raideur de sa démarche qui lui donnait l'air d'un héron. Son visage marqué laissait deviner toute une vie passée à faire des choix impossibles ; ses rides ressemblaient davantage à des crevasses, les pattes-d'oie se ramifiaient à l'infini, des taches brunes et l'entrelacs de veines bleutées lui décoloraient les bras et les mains. Il avait une épaisse tignasse couleur d'étain, comme ses sourcils broussailleux qui lui donnaient l'air inquiet. C'est dans son regard seul que l'on percevait un peu de passion. Des yeux gris-bleu, étrangement clairvoyants, dont l'un était recouvert d'un voile de cataracte en forme d'étoile.

« Je suis venu rencontrer l'homme qui a abattu l'assassin de mon fils.

— Pourquoi ? demanda Malone.

— Pour vous remercier.

— Vous auriez pu appeler.

— Je préfère les face-à-face.

— Pour l'instant, j'aimerais mieux rester seul.

— Si j'ai bien compris, vous avez frôlé la mort. »

Malone haussa les épaules.

« Et vous démissionnez. Vous renoncez à votre poste. Vous quittez l'armée.

— Vous êtes extrêmement bien renseigné.

— Le savoir est le plus grand des luxes.

— Merci pour votre compassion. J'ai pris une balle dans l'épaule et je souffre. Alors, maintenant que vous m'avez dit merci, pourriez-vous me laisser ? »

Thorvaldsen n'avait pas bougé du canapé. Il s'était contenté de jeter un regard circulaire au salon et aux autres pièces visibles à travers une porte voûtée. Le moindre pan de mur était recouvert de livres. La maison ne semblait pas avoir d'autre fonction que celle d'accueillir les étagères.

« Moi aussi, j'adore les livres, déclara l'invité de Malone. Ma maison en regorge. Je les ai collectionnés tout au long de ma vie. »

Malone sentait que cet homme, âgé d'une soixantaine d'années, vivait dans une très grande aisance. En lui ouvrant, il avait vu qu'il était arrivé en limousine. « Comment saviez-vous que je parlais danois ? demanda Malone.

— Vous êtes polyglotte. J'ai été flatté d'apprendre que vous parliez la langue de mon pays. »

Ce n'était pas ce qu'on appelait une réponse, mais Malone espérait-il vraiment en obtenir une ?

« Votre mémoire eidétique doit être une bénédiction. La mienne m'a trahi avec l'âge. J'ai pratiquement tout oublié aujourd'hui. »

Malone avait du mal à le croire. « Que voulez-vous ?

— Avez-vous pensé à votre avenir ?

— Je me suis dit que j'allais devenir bouquiniste. J'ai pas mal de choses à vendre, fit Malone en désignant la pièce d'un geste.

— Excellente idée. J'ai une librairie à vendre, si vous voulez. »

Il décida de jouer le jeu. Après tout, pourquoi pas ? Mais la lueur qui brillait dans les yeux du vieil homme lui laissait penser que son invité ne plaisantait pas.

Thorvaldsen fouilla les poches de son manteau de ses mains parcheminées et posa une carte de visite sur le canapé.

« Mon numéro personnel. Si ma proposition vous intéresse, appelez-moi, dit le vieil homme en se levant.

— Qu'est-ce qui vous fait croire que je suis intéressé ? demanda Malone sans bouger.

— Vous l'êtes, monsieur Malone. »

Il était blessé que le vieil homme ait lu en lui avec tant de facilité. Thorvaldsen se dirigea vers la porte d'un pas traînant.

« Où se trouve cette librairie ? demanda Malone en se maudissant d'avoir l'air intéressé.

— Copenhague. Où diable voulez-vous qu'elle se trouve ? »

Il se rappelait avoir attendu trois jours avant de l'appeler. L'idée de vivre en Europe l'avait toujours attiré. Thorvaldsen était-il aussi au courant de ce détail ? Il n'avait jamais cru avoir l'occasion de vivre à l'étranger. Il était fonctionnaire du gouvernement américain. Américain pure souche. Mais c'était avant Mexico City. Avant les sept morts et les neuf blessés.

Il revoyait le visage de sa femme, de qui il était séparé, le lendemain de son coup de fil.

« Je suis d'accord. La séparation a suffisamment duré, Cotton, il est temps de divorcer. » On sentait dans sa déclaration tout le pragmatisme de l'avocate qu'elle était.

« Il y a quelqu'un d'autre ? demanda-t-il, indifférent.

— Peu importe, mais oui. Bon sang, Cotton, ça fait cinq ans que nous sommes séparés. Je suis sûre que tu n'as pas vécu comme un moine pendant tout ce temps.

— Tu as raison, il est temps.

— Tu vas vraiment quitter la Marine ?

— C'est déjà fait. Officiel depuis hier. »

Elle secoua la tête, comme lorsque Gary avait besoin de conseils maternels. « Seras-tu satisfait un jour ? D'abord la Marine, et puis l'école de l'air, la fac de droit, le JAG, l'unité Magellan. Et maintenant cette retraite soudaine. Et après ? »

Il n'avait jamais supporté sa condescendance. « Je vais m'installer au Danemark. »

Son visage ne trahissait aucune émotion. Il aurait aussi bien pu lui dire qu'il déménageait sur la lune. « Qu'est-ce que tu cherches ?

— J'en ai marre de me faire tirer dessus.

— Depuis quand ? Tu adores l'unité Magellan.

— Il est temps de grandir.

— Et tu crois que tu vas accomplir ce miracle en t'installant au Danemark ? » fit-elle avec un sourire.

Il n'avait aucune intention de se justifier. Elle s'en moquait, et ça lui convenait parfaitement. « C'est à Gary que j'ai besoin d'en parler.

— Pourquoi ?

— Je veux savoir s'il est d'accord.

— Depuis quand te soucies-tu de son avis ?

— C'est pour lui que j'ai quitté mon poste. Je voulais être présent...

— Tu dis n'importe quoi, Cotton. C'est pour toi que tu as arrêté. Ne te sers pas de ton fils comme excuse. Quand tu fais des projets, quels qu'ils soient, c'est à toi que tu penses, pas à lui.

— Je n'ai pas besoin de t'entendre m'expliquer ce que je pense.

— Qui le fera, alors ? Nous avons été mariés longtemps. Tu crois que c'était facile d'attendre que tu rentres de Dieu sait où ? De se demander si ce serait dans un sac plastique ? J'en ai bavé, Cotton. Et Gary aussi. Mais ce petit t'aime. Non, il t'adore, de manière inconditionnelle. Nous savons tous les deux ce qu'il va dire, étant donné qu'il a davantage de jugeote que nous deux réunis. On a fait pas mal d'erreurs tous les deux, mais lui, il est formidable. »

Elle avait encore raison.

« Écoute, Cotton, la raison pour laquelle tu vas t'installer de l'autre côté de l'océan ne regarde que toi. Si ça te rend heureux, fais-le. Ne te sers pas de Gary comme excuse, c'est tout. La dernière des choses dont il ait besoin, c'est de la présence d'un père insatisfait qui essaie de compenser sa propre enfance malheureuse.

— Ça t'amuse de m'insulter ?

— Pas vraiment. Mais il faut que les choses soient dites, et tu le sais. »

Il balaya du regard la librairie plongée dans la pénombre. Penser à Pam n'apportait jamais rien de bon. La profonde animosité qu'elle ressentait à son égard remontait à l'époque où, quinze ans auparavant, il était encore un enseigne plutôt bravache. Il ne lui avait pas été fidèle et elle le savait. Ils avaient fait une thérapie et décidé de sauver leur couple, mais dix ans plus tard, en rentrant de mission, il avait trouvé la maison vide. Elle avait loué un logement à l'autre bout d'Atlanta pour y vivre avec Gary et n'avait emporté que le strict nécessaire. Un mot l'informait de leur nouvelle adresse et de la fin de leur mariage. Pragmatique et froide, c'était du Pam tout craché. Bizarrement, pourtant, elle n'avait pas demandé le divorce immédiatement. Ils s'étaient contentés de vivre chacun de son côté, tout en restant courtois l'un envers l'autre et de se parler lorsque c'était nécessaire, pour le bien de Gary.

Mais, au bout du compte, il était temps de prendre certaines décisions – de grande ampleur.

Alors, il avait démissionné, renoncé à son poste, mis un terme à son mariage, vendu sa maison et quitté les États-Unis, le tout en l'espace d'une semaine terriblement longue et éprouvante, mais riche de mille satisfactions.

Il vérifia l'heure. Il devrait vraiment envoyer un courriel à Gary. Ils communiquaient au moins une fois par jour et c'était la fin de l'après-midi à Atlanta. Son fils devait arriver à Copenhague dans trois semaines pour passer un mois avec lui. Ils avaient déjà tenté l'expérience l'été précédent et il avait hâte de passer du temps avec lui.

Sa confrontation avec Stéphanie le tracassait toujours. La naïveté dont elle faisait preuve, il l'avait déjà vue chez certains agents qui, bien que conscients des risques, se contentaient de les ignorer. Quelle formule employait-elle, déjà ? « Dis ce que tu as à dire, fais ce que tu as à faire, va jusqu'au bout, mais ne va jamais, au grand jamais, croire tes propres conneries. » Excellent conseil qu'elle aurait dû mettre en pratique. Elle n'avait aucune idée de ce qu'elle faisait. Et lui, le savait-il ? Les femmes n'étaient pas son point fort. Même s'il avait passé la moitié de sa vie avec Pam, il n'avait jamais vraiment pris le temps de la connaître. Alors comment aurait-il pu comprendre Stéphanie ? Il n'avait qu'à se mêler de ce qui le regardait. C'était sa vie à elle, après tout.

Mais quelque chose le taraudait.

À l'âge de douze ans, il avait appris qu'il était doté d'une mémoire eidétique. Pas photographique, contrairement à ce que se plaisent à montrer le cinéma ou la littérature, simplement une excellente mémoire des détails que la plupart des gens oublient. Elle lui avait été d'un grand secours pendant ses études, lui facilitait l'apprentissage des langues, mais faire le tri parmi tous les détails dont il se souvenait l'exaspérait parfois.

C'était le cas ce soir.

10

De Rochefort pénétra dans la librairie. Deux de ses hommes lui emboîtèrent le pas. Les deux autres se postèrent devant la boutique pour surveiller la rue.

Ils passèrent à pas de loup devant les rayonnages et se dirigèrent vers le fond de la boutique encombrée et l'étroit escalier. Aucun bruit ne trahissait leur présence. Arrivé au dernier étage, de Rochefort entra dans un appartement où les lumières brillaient. Enfoncé dans un fauteuil, Peter Hansen était en train de lire, une bière posée sur la table voisine, une cigarette se consumant dans un cendrier.

« Que faites-vous ici ? demanda le libraire en se levant, ébahi. Quelqu'un a fait une offre supérieure à la nôtre. Qu'étais-je censé faire ?

— Vous m'aviez assuré que cela ne poserait aucun problème. » L'un des acolytes de de Rochefort approcha de la fenêtre au fond de la pièce, tandis qu'il demeurait près de la porte.

« Le livre a atteint cinquante mille couronnes. Un prix exorbitant, se défendit Hansen.

— Quelle est l'identité de l'acquéreur ?

— La salle des ventes refuse de divulguer ce type d'information. »

De Rochefort se demandait si Hansen le prenait pour un idiot. « Vous étiez censé vous assurer que Stéphanie Nelle fasse l'acquisition de cet ouvrage, c'était pour ça que je vous payais.

— Et je me suis efforcé de vous donner satisfaction. Mais personne ne m'avait dit que le livre recueillerait une telle somme. J'ai continué à enchérir, mais elle m'a ordonné d'arrêter. Étiez-vous prêt à débourser plus de cinquante mille couronnes ?

— J'aurais déboursé la somme qu'il fallait.

— Vous n'étiez pas là et elle ne se montrait pas aussi déterminée que vous. » Hansen sembla se détendre, la surprise initiale cédant la place à une suffisance que de Rochefort s'efforçait d'ignorer. « Et puis, qu'est-ce qui rend ce livre aussi précieux ? »

De Rochefort balaya du regard la pièce qui empestait l'alcool et la nicotine. Des centaines de livres étaient éparpillés entre des piles de journaux et de magazines. Comment pouvait-on vivre dans un tel désordre ? se demanda de Rochefort. « À vous de me le dire, fit-il.

— Je l'ignore, dit Hansen avec un haussement d'épaules. Elle a refusé de révéler ce qui la poussait à l'acquérir. »

De Rochefort perdait patience. « Je sais qui a acheté le livre.

— Comment avez-vous fait ?

— Comme vous le savez, les employés de la salle des ventes ont un prix. Mme Nelle vous a demandé de la représenter. J'ai pris contact avec vous pour m'assurer qu'elle obtiendrait le livre afin de pouvoir en faire une copie avant que vous ne le lui remettiez. Et puis vous avez pris vos dispositions pour placer des enchères par téléphone.

— Il vous a fallu du temps pour comprendre, fit Hansen en souriant.

— Il ne m'a fallu qu'un instant une fois obtenues certaines informations.

— Puisque je suis désormais en possession de l'ouvrage et que Stéphanie Nelle n'est plus concernée, combien êtes-vous prêt à payer pour en être l'unique propriétaire ? »

De Rochefort savait déjà ce qu'il allait faire. « À vrai dire, il vaudrait mieux vous demander à quel point vous tenez à ce livre, monsieur Hansen.

— Il ne m'intéresse pas le moins du monde. »

De Rochefort fit signe à ses hommes de maîtriser Hansen avant de lui asséner un coup de poing dans le ventre. Le libraire laissa échapper un souffle, ses jambes flageolèrent, et il se serait effondré si les deux hommes ne l'avaient pas retenu par les bras.

« Je voulais que Stéphanie Nelle entre en possession du livre après avoir pu en faire une copie, répéta de Rochefort. C'est la mission que je vous avais confiée. Ni plus ni moins. Jusqu'ici, vous m'étiez d'une certaine utilité. Mais ce n'est plus le cas désormais.

— Mais... j'ai... le livre.

— Vous mentez, répondit de Rochefort avec un haussement d'épaules. Je sais exactement où se trouve le livre.

— Vous... ne parviendrez pas à le récupérer, fit Hansen en secouant la tête.

— Vous vous trompez. Ça va même être un jeu d'enfant. »

Malone alluma le néon dans la section histoire. Des livres de tous les formats et de toutes les couleurs occupaient les étagères laquées de noir. C'était à un livre bien précis qu'il pensait, un livre qu'il avait eu entre les mains quelques semaines plus tôt. Il l'avait acheté, ainsi qu'un certain nombre d'autres recueils historiques datant du milieu du XXe siècle, à un Italien persuadé que sa marchandise valait bien plus que ce que Malone était prêt à payer. La plupart des vendeurs ne comprenaient pas que le prix était fonction du désir de l'acquéreur, de la rareté et de la singularité de l'ouvrage. La date de publication n'entrait pas forcément en ligne de compte puisque, de tout temps, beaucoup de livres médiocres ont été publiés.

Il se rappelait en avoir écoulé quelques-uns mais espérait bien que celui-là serait toujours sur son étagère. Il ne se souvenait pas l'avoir vendu mais l'un de ses employés avait pu s'en charger. Heureusement, il repéra l'ouvrage sur la seconde étagère en partant du bas, à l'endroit exact où il l'avait rangé.

Pas de jaquette pour protéger la couverture de tissu, vert foncé sans doute autrefois mais aujourd'hui vert tilleul, fanée par les années. Le papier bible doré sur tranche était couvert de gravures. Les lettres dorées et irrégulières du titre étaient toujours lisibles :

Les Chevaliers du Temple de Salomon.

Le copyright datait de 1922 et lorsque Malone avait vu le livre pour la première fois, il avait capté son attention puisqu'il avait peu lu sur le sujet des Templiers. Il savait que ce n'étaient pas de simples moines, qu'ils s'apparentaient davantage à des guerriers de la foi, une unité de forces spéciales à forte conviction religieuse, en quelque sorte. Il avait une vision plutôt simpliste de l'ordre, celle d'hommes vêtus de tuniques blanches frappées d'une élégante croix pattée rouge. Le stéréotype hollywoodien sans aucun doute. Il se souvenait d'avoir été fasciné en feuilletant l'ouvrage.

Il emporta le livre vers l'un des fauteuils club disséminés dans sa boutique, s'enfonça dans le cuir souple de l'assise et se plongea dans sa lecture. Au fil des pages, une esquisse commença à prendre forme.

En 1118, les chrétiens contrôlaient à nouveau la Terre sainte. La première croisade avait connu un succès triomphal. Cependant, malgré la défaite des musulmans, la confiscation de leurs terres et l'occupation de leurs villes, leurs forces n'avaient pas été annihilées. Ils demeuraient aux frontières des États latins d'Orient récemment créés, massacrant tous ceux qui se risquaient en Terre sainte.

Assurer la sécurité des pèlerins était l'une des raisons d'être des croisades et le droit de passage dont ceux-ci s'acquittaient constituait la principale ressource du royaume de Jérusalem. Les pèlerins affluaient quotidiennement en Terre sainte, seuls, par deux, en groupe ou parfois par communautés entières. Malheureusement, les routes n'étaient pas sûres. Les musulmans étaient à l'affût, les bandits de grand chemin rôdaient et même les soldats chrétiens représentaient un danger puisque les pillages constituaient pour eux une façon comme une autre de faire provision de vivres.

Aussi, lorsque Hughes de Payns, chevalier champenois, décida avec huit condisciples de fonder un nouvel ordre monastique de soldats déterminés à assurer la sécurité des pèlerins, il suscita l'enthousiasme général. Baudouin II, couronné roi de Jérusalem, autorisa l'ordre à établir ses quartiers sous la mosquée d'al-Aqsa, à l'emplacement du Temple de Salomon selon les chrétiens, et le nouvel ordre fut baptisé d'après le nom de son quartier général à Jérusalem : les Pauvres Chevaliers du Temple de Salomon.

Au début, la confrérie comptait peu de membres. Tous les chevaliers faisaient vœux de pauvreté, de chasteté, d'obéissance. Ils ne possédaient rien à titre personnel. Tous leurs biens matériels étaient confiés à l'ordre. Ils vivaient en communauté et prenaient leurs repas en silence. Ils se coupaient les cheveux, mais portaient la barbe. Ils recevaient de la nourriture et des vêtements et leur règle monastique s'inspirait des préceptes de saint Benoît. L'emblème de l'ordre avait une forte valeur symbolique : deux chevaliers chevauchant la même monture, référence évidente aux temps où les chevaliers ne pouvaient s'offrir leur propre cheval.

Au Moyen Âge, appartenir à un ordre de moines soldats n'avait rien de contradictoire. Le nouvel ordre permettait d'allier la ferveur religieuse aux prouesses militaires. En outre, la création de la confrérie résolvait un autre problème : celui du besoin de troupes, puisque, grâce à elle, des soldats dignes de confiance étaient désormais présents à demeure en Terre sainte.

Dès 1128, la confrérie s'était développée et bénéficiait du soutien politique de personnages importants. Certains princes et souverains d'Europe lui avaient fait don de terres, d'argent et d'armes. Le pape finit par la consacrer, ce qui en fit bientôt l'unique armée présente en Terre sainte.

Une règle stricte de six cent quatre-vingt-six préceptes régissait la vie des frères Templiers. La chasse était interdite, même la fauconnerie, ainsi que tout jeu de hasard et d'argent. On parlait peu, il était interdit de rire. Les ornements étaient interdits. Les chevaliers dormaient la lumière allumée et vêtus d'une tunique, prêts à en découdre.

Le maître jouissait d'une autorité absolue. Venait ensuite le sénéchal qui le secondait et le conseillait. Le maréchal commandait les troupes sur le champ de bataille. Les artisans, ouvriers et domestiques qui soutenaient les chevaliers et constituaient l'épine dorsale de l'ordre étaient baptisés sergents, *servientes* en latin. Par décret papal datant de 1146, les chevaliers étaient tenus de revêtir un manteau frappé d'une croix pattée rouge. C'était le premier corps d'armée professionnel hiérarchisé, équipé et soumis à des règles depuis l'Empire romain. Les Templiers prirent part aux croisades successives, toujours en première ligne, quittant le champ de bataille les derniers, préférant la mort à la capture. Ils croyaient que donner leur vie à l'ordre rachèterait leurs péchés aux yeux de Dieu. Au cours des deux siècles de guerre, vingt mille moines soldats se sacrifièrent sur le champ de bataille.

En 1139, une bulle plaça l'ordre sous l'autorité exclusive du pape, lui permettant ainsi d'agir en toute liberté à travers le monde chrétien, sans se soumettre aux monarques locaux. C'était une décision sans précédent, et la fortune de l'ordre se mit à croître proportionnellement à son pouvoir politique et économique. Certains souverains et patriarches lui léguaient d'importantes sommes. L'ordre consentait des prêts à certains barons et marchands à condition que leurs châteaux, leurs terres, leurs vignobles et leurs jardins lui reviennent à leur mort. La sécurité des pèlerins en Terre sainte était assurée en échange de généreuses donations. Au début du XIVe siècle, les Templiers rivalisaient avec les Génois, les Lombards et même les Juifs dans le domaine bancaire. Les coffres-forts de l'ordre abritaient le trésor des rois de France et d'Angleterre. Les Sarrasins eux-mêmes lui confiaient leurs richesses.

Le Temple, à Paris, devint la principale place financière mondiale. L'ordre se mua lentement en organisation financière et militaire, à la fois indépendante financièrement et autogérée. Les biens de l'ordre, environ neuf mille propriétés, finirent par être complètement exemptés d'impôts, et cette exception conduisit à des conflits avec le clergé local qui pâtissait de la mesure tandis que les terres des Templiers prospéraient. La compétition avec les autres ordres monastiques, en particulier les Hospitaliers, ne faisait qu'accroître la tension.

Au cours des XIIe et XIIIe siècles, la Terre sainte passa tour à tour sous le contrôle des chrétiens et des musulmans. Avec l'accession au pouvoir de Saladin, premier grand chef militaire arabe, Jérusalem finit par tomber en 1187. Dans le chaos qui s'ensuivit les Templiers se replièrent à Acre, ville fortifiée située sur les rives de la Méditerranée. Pendant le siècle qui suivit, ils s'étiolèrent en Terre sainte mais prospérèrent en Europe où ils établirent un vaste réseau d'églises, d'abbayes et de propriétés. Avec la chute d'Acre, en 1291, l'ordre perdit à la fois sa dernière base en Terre sainte et sa raison d'être.

Son strict culte du secret qui l'avait distingué à l'origine finit par encourager la diffamation. En 1307, Philippe le Bel, qui convoitait l'immense fortune de l'ordre, ordonna l'arrestation d'un grand nombre de chevaliers. De nombreux monarques l'imitèrent bientôt. Sept années d'enquête et de procès s'ensuivirent. Le pape Clément V supprima officiellement l'ordre en 1312. Le coup de grâce fut porté le 18 mars 1314 lorsque le dernier maître des Templiers, Jacques de Molay, fut brûlé vif sur le bûcher.

Malone poursuivit sa lecture. Un détail le turlupinait toujours, quelque chose qu'il avait lu en feuilletant le livre pour la première fois quelques semaines plus tôt. Au hasard des pages, il apprit que, avant sa suppression, l'ordre était passé maître dans l'art de la navigation, de la gestion immobilière, de l'élevage, de l'agriculture et surtout des finances. Même si l'Église interdisait les expériences scientifiques, les Templiers apprirent beaucoup des Sarrasins dont la culture encourageait l'indépendance intellectuelle. Les Templiers parvinrent également à dissimuler de nombreux biens, à la manière des banques modernes qui conservent leur argent dans une multitude de coffres. L'ouvrage citait même un poème français évoquant l'énorme richesse des Templiers et leur soudaine disparition :

> Les compères, les maîtres du Temple,
> dont les poches jadis bien amples
> étaient remplies d'or, d'argent, de trésors.
> Où sont-ils ? Quel fut donc leur sort ?
> Ceux dont le pouvoir forçait le respect,
> que nul n'aurait osé voler,
> qui, sans jamais vendre, toujours achetaient.

L'histoire n'avait pas été tendre avec l'ordre. Bien qu'ils aient capté l'imagination des poètes et des chroniqueurs – les chevaliers du Graal dans *Parsifal* appartenaient à l'ordre des Templiers, tout comme les antihéros démoniaques d'*Ivanhoé* –, à mesure que les croisades devinrent un symbole d'agression et d'impérialisme européen, les Templiers furent étroitement associés au fanatisme et à la brutalité dont elles étaient synonymes.

Poursuivant sa lecture en diagonale, Malone finit par tomber sur le passage dont il se souvenait. Il savait bien qu'il le trouverait là. Sa mémoire ne lui faisait jamais défaut. Le passage rapportait que, sur le champ de bataille, les Templiers ne se séparaient jamais d'un étendard bicolore – le noir pour représenter le péché auquel les frères chevaliers avaient renoncé, le blanc pour symboliser la pureté de leur nouvelle vie au sein de l'ordre.

Le nom de l'oriflamme servait également de cri de ralliement aux Templiers.

Baussant.

Exactement le mot que l'homme au blouson rouge avait prononcé en se jetant de la Tour ronde.

À quoi tout cela rime-t-il ? se demanda Malone.

Ses vieux réflexes réapparaissaient. Des sentiments qu'il croyait avoir réussi à réprimer après une année de retraite. Les bons agents se montraient à la fois curieux et prudents. L'absence de l'une de ces deux qualités suffisait pour qu'une négligence soit commise, négligence potentiellement désastreuse. Il avait commis ce genre d'erreur des années plus tôt pendant l'une de ses premières missions et son impétuosité avait coûté la vie à l'un de ses collaborateurs. Il se sentait responsable de sa mort et, même si ce ne serait sans doute pas la dernière personne à perdre la vie par sa faute, il n'avait jamais oublié sa négligence.

Stéphanie avait des ennuis. Elle lui avait ordonné de ne pas se mêler de ses affaires et il serait inutile d'essayer de la convaincre du contraire. Mais Peter Hansen pourrait peut-être lui en apprendre davantage.

Il vérifia l'heure. Il était tard, mais Hansen avait une réputation de couche-tard et devait encore être debout. Dans le cas contraire, il le réveillerait.

Il posa le livre et se dirigea vers la porte.

11

« Où est le journal de Lars Nelle ? » demanda de Rochefort.

Toujours épaulé par les deux hommes, Peter Hansen leva le regard vers lui. De Rochefort savait que Hansen avait autrefois entretenu des relations de travail étroites avec Lars Nelle. Lorsqu'il avait découvert que Stéphanie Nelle venait au Danemark pour assister à la vente aux enchères de Roskilde, il s'était douté qu'elle le contacterait. Voilà pourquoi il avait pris les devants.

« Stéphanie Nelle a certainement dû faire allusion au journal de son mari ?

— Non, aucune.

— Lars Nelle en a-t-il jamais parlé, lui ?

— Jamais.

— Comprenez-vous dans quelle situation vous vous trouvez ? Je n'ai rien obtenu de ce que je voulais et, pire, vous m'avez trompé.

— Je sais que Lars prenait des notes extrêmement précises, admit le libraire, résigné.

— Continuez.

— Lorsque je serai libre », dit Hansen en s'armant de courage.

De Rochefort fit une concession à l'imbécile en ordonnant à ses hommes de le lâcher. Hansen avala une grande gorgée de bière avant de reposer la chope sur la table. « Lars a écrit de nombreux ouvrages sur Rennes-le-Château. Les parchemins perdus, la géométrie secrète des pierres tombales, les énigmes, ça faisait vendre, poursuivit Hansen qui semblait s'être repris. Il s'est livré à toutes les hypothèses imaginables concernant le trésor. L'or des Wisigoths, le trésor des Templiers, les butins cathares. Il disait toujours qu'il n'y avait qu'à exploiter le filon. »

De Rochefort connaissait l'histoire de Rennes-le-Château, minuscule village du sud de la France fondé à l'époque romaine. À la fin du XIXᵉ siècle, le prêtre de la paroisse avait investi des sommes considérables dans la réfection de l'église. Plusieurs décennies plus tard, les rumeurs avaient commencé à circuler : la découverte d'un fabuleux trésor lui aurait permis de financer la décoration de l'église. Lars Nelle avait entendu parler du mystérieux petit village trente ans plus tôt et l'ouvrage qu'il avait alors écrit sur sa légende était devenu un best-seller mondial.

« Dites-moi donc ce qu'il notait dans son journal. Des informations différentes de celles contenues dans ses publications ?

— Je vous l'ai dit, je n'ai jamais entendu parler d'un journal. » Hansen se saisit de sa chope et savoura une autre gorgée de bière. « Mais connaissant Lars, je doute qu'il ait tout révélé dans ses livres.

— Quelles informations gardait-il pour lui ?

— Comme si vous n'étiez pas déjà au courant, rétorqua le libraire avec un sourire onctueux. Mais je vous jure que je ne sais rien. Toutes les informations dont je dispose, je les ai glanées dans les livres de Lars.

— Si j'étais vous, je me garderais de toute supposition. »

Hansen ne broncha pas. « Dites-moi, pourquoi le livre mis en vente ce soir a une telle importance ? Il n'a même pas pour sujet Rennes-le-Château.

— C'est la clé de toute l'histoire.

— Comment un livre de rien du tout, écrit il y a plus de cent cinquante ans, pourrait-il contenir la clé de toute l'histoire ?

— Bien souvent, les choses les plus simples sont les plus importantes.

— Lars était un homme étrange, fit Hansen en attrapant sa cigarette. Je ne l'ai jamais compris. Il était obsédé par l'histoire de Rennes-le-Château. Il adorait ce village. Il y avait même acheté une maison. J'y suis allé une fois. Un endroit lugubre.

— Savez-vous si Lars avait trouvé quelque chose ?

— Par exemple ? dit Hansen en lançant de nouveau à de Rochefort un regard méfiant.

— Ne jouez pas au plus fin, je ne suis pas d'humeur.

— Vous devez savoir quelque chose ou vous ne seriez pas ici. » Hansen fit mine de se pencher pour poser sa cigarette sur le cendrier mais plongea la main dans l'un des tiroirs de la desserte d'où il tira une arme. L'un des acolytes de de Rochefort la fit tomber d'un coup de pied.

« Tentative idiote, commenta de Rochefort.

— Allez vous faire voir », rétorqua Hansen en frottant sa main endolorie.

Le talkie-walkie accroché à la taille de de Rochefort émit un grésillement et une voix masculine annonça :

« Quelqu'un approche. » Il y eut une pause. « C'est Malone. Il se dirige droit vers la librairie. »

Inattendu, mais il était peut-être temps d'expliquer clairement à Malone que cette histoire ne le concernait en aucune façon. De Rochefort attira l'attention de ses deux comparses. Ils agrippèrent de nouveau Hansen par les bras.

« Vous allez payer votre mensonge.

— Qui êtes-vous, au juste ?

— Quelqu'un dont vous n'auriez pas dû vous moquer, fit de Rochefort avant de se signer. Que le Seigneur soit avec vous. »

La lumière brillait au troisième étage. La rue devant la librairie de Hansen était déserte. Seules quelques voitures s'alignaient sur les pavés sombres. Le matin venu, lorsque les badauds envahiraient de nouveau la section piétonne du Strøget, elles auraient toutes disparu.

Qu'avait dit Stéphanie tout à l'heure, dans la boutique de Hansen ? « D'après mon mari, vous êtes capable de trouver l'introuvable. » Peter Hansen et Lars Nelle avaient donc été associés, et cette collaboration expliquerait pourquoi Stéphanie avait contacté Hansen au lieu de s'adresser à lui. Mais elle n'aidait pas Malone à élucider la foule d'autres questions qu'il se posait.

Il n'avait jamais rencontré Lars Nelle, décédé environ un an après qu'il eut rejoint l'unité Magellan, à une époque où Stéphanie et lui faisaient tout juste connaissance. Mais par la suite, il avait lu tous les livres de Nelle, mélange de fable, de faits, de conjecture et de pure coïncidence. Lars était friand de conspirations internationales et, selon lui, le Languedoc abritait un fabuleux trésor. Cette hypothèse était partiellement fondée. Terre des troubadours et des croisades, région parsemée de châteaux, le Languedoc avait vu naître la légende du Saint-Graal. Malheureusement, au lieu d'entraîner des études sérieuses, les travaux de Lars Nelle n'avaient suscité d'engouement que chez les écrivains hippies et les réalisateurs indépendants ; ceux-ci avaient extrapolé à partir de ses hypothèses de départ et fini par élaborer des théories allant de l'intervention extraterrestre à la découverte d'un butin romain, en passant par celle de l'essence profonde du christianisme. Bien évidemment, rien n'avait jamais été prouvé ni découvert, mais Malone ne doutait pas que l'industrie du tourisme français se réjouissait du mystère qui entourait la région.

Le volume que Stéphanie avait tenté d'acquérir à la vente aux enchères de Roskilde s'intitulait *Pierres gravées du Languedoc*. Titre étrange pour un sujet d'étude qui ne l'était pas moins. Quel intérêt pouvait-elle donc lui trouver ? Stéphanie n'avait jamais été sensible au travail de son mari, il le savait. C'était leur principal sujet de discorde, celui qui avait fini par les conduire à mettre un océan entre eux puisque Lars vivait en France, Stéphanie, aux États-Unis. Dans ce cas, que faisait-elle au Danemark onze ans après sa mort ? Et pourquoi tous ces gens s'intéressaient-ils de si près à ses affaires – au point même d'y perdre la vie ?

Il continua son chemin tout en essayant d'organiser ses idées. Il savait que Peter Hansen ne serait pas content de le voir, aussi décida-t-il de peser ses mots avec le plus grand soin. Il faudrait apaiser l'imbécile tout en s'efforçant d'en apprendre le maximum. Il était prêt à payer s'il le fallait.

La fenêtre du troisième étage de l'immeuble de Hansen vola en éclats.

Malone leva les yeux : un corps plongea dans le vide avant de s'écraser sur le capot d'une voiture en stationnement.

Malone se précipita vers la victime en qui il reconnut Peter Hansen. Il prit son pouls. Très faible.

Contre toute attente, Hansen ouvrit les yeux.

« Vous m'entendez ? » demanda Malone, sans obtenir de réponse.

Quelque chose lui frôla la tête avec un sifflement et la poitrine de Hansen se souleva. Un autre sifflement, et le crâne de Hansen éclata ; du sang et de la cervelle éclaboussèrent la veste de Malone.

Il se retourna.

Trois étages plus haut, dans l'encadrement de la fenêtre brisée, se tenait un homme armé : l'inconnu qui lui avait tiré dessus dans la cathédrale – celui-là même qui voulait s'en prendre à Stéphanie. Pendant le laps de temps qu'il lui fallut pour recharger son arme, Malone sauta derrière la voiture.

Une pluie de balles s'abattit sur lui.

Le bruit des tirs était étouffé. L'homme utilisait un silencieux. Une balle rebondit sur le capot, près du corps de Hansen. Une autre fit éclater le pare-brise.

« Monsieur Malone, cria l'inconnu, cette affaire ne vous regarde pas !

— Désormais, elle me regarde. »

Malone n'avait pas l'intention de traîner dans le coin pour débattre de la question. Il se fit tout petit et descendit la rue en s'abritant derrière les voitures.

D'autres balles s'encastrèrent dans le verre et l'acier en cherchant à l'atteindre.

Une vingtaine de mètres plus loin, il se retourna. Le visage disparut à la fenêtre. Il se releva, se mit à courir, tourna dans la première rue qu'il croisa, puis une autre, s'efforçant d'exploiter le dédale des rues à son avantage, mettant le maximum de distance entre ses poursuivants et lui. Le sang lui battait aux tempes, son cœur s'emballait. Merde. Les affaires reprenaient. Il s'arrêta un moment pour reprendre son souffle. Quelqu'un approchait en courant. Il se demandait si ses poursuivants sauraient trouver leur chemin dans le Strøget. Il lui fallait partir du principe que oui. Il tourna dans une autre rue et se retrouva cerné par d'autres boutiques obscures. Son estomac se noua. Il avait de moins en moins de choix. Devant lui se trouvait l'une des nombreuses places parsemant le quartier avec en son centre une fontaine bouillonnante. Les cafés qui la bordaient étaient tous fermés pour la soirée. Il n'y avait pas âme qui vive. Il lui serait difficile de trouver un endroit où se réfugier dans le coin. De l'autre côté de la place déserte s'élevait une église. On distinguait une faible lueur à travers les vitraux sombres. Trois fois par semaine, en été, certaines églises de Copenhague restaient ouvertes jusqu'à minuit. Il avait besoin d'une cachette, au moins pour un moment, aussi courut-il se réfugier sous le porche de marbre.

Le loquet fonctionna.

Malone poussa la lourde porte avant de la refermer sans bruit en espérant que ses poursuivants ne remarqueraient rien.

Des cierges brillaient dans l'édifice désert. Les silhouettes fantomatiques d'un autel massif et de quelques statues dansaient dans la pénombre. Il fouilla du regard l'obscurité qui le séparait de l'autel et remarqua une lueur pâle filtrant sous les marches d'un escalier. Il le descendit, la peur au ventre.

Au bas des marches, une grille en métal s'ouvrait sur une salle à trois nefs, au plafond bas et voûté. Deux sarcophages de pierre fermés par deux énormes dalles de granit gravées en occupaient le centre. Seule la lueur ambre d'une minuscule lampe posée près d'un petit autel perçait l'obscurité. Cet endroit ferait l'affaire un moment. Il ne pouvait pas retourner à la librairie. Ses poursuivants devaient savoir où il vivait. Calme-toi, se dit-il, mais son soulagement passager s'évanouit au bruit d'une porte qui s'ouvrait. Il leva les yeux vers le sommet de la voûte à moins d'un mètre de son crâne.

Deux personnes traversaient l'église. Il se recroquevilla dans l'obscurité. Une panique familière envahit son cerveau. Il se reprit, réussit à la vaincre. Fouillant l'obscurité à la recherche d'un moyen de défense, il aperçut dans une abside, à quelques pas de là, un chandelier en métal.

Il s'avança sans bruit.

L'objet mesurait environ un mètre cinquante et soutenait un cierge épais. Il s'en débarrassa pour tester la solidité de la tige en métal. Tenant le lourd objet à la main, il traversa la crypte sur la pointe des pieds pour se poster derrière un pilier.

Des pas résonnèrent dans l'escalier.

Dans l'obscurité, il sentit une tension lui traverser le corps, cette même tension qui, par le passé, l'avait toujours aidé à garder la tête froide.

Au bas des marches apparut une silhouette masculine armée d'un pistolet équipé d'un silencieux dont Malone reconnut la forme caractéristique malgré la pénombre. Il serra le chandelier et replia le bras. L'homme avançait vers lui. Malone se raidit. Il compta jusqu'à cinq mentalement, serra les dents avant de lancer le chandelier devant lui. Frappé en pleine poitrine, l'homme fut projeté sur l'un des sarcophages.

Malone laissa tomber le chandelier et lui assena un coup de poing dans la mâchoire. Le pistolet lui échappa et glissa avec fracas à l'autre bout de la crypte.

Son assaillant s'effondra.

Malone cherchait l'arme des yeux au moment où un autre homme fit irruption dans la crypte. Malone trouva le pistolet et s'en empara.

Il essuya deux tirs.

Une pluie de poussière tomba du plafond où les balles venaient de s'enfoncer. Malone plongea derrière le pilier le plus proche et tira. La balle traversa l'obscurité avec un bruit sourd avant de ricocher sur le mur du fond.

Le second assaillant s'immobilisa et se mit en embuscade derrière le second sarcophage.

Cette fois Malone était vraiment piégé.

Entre lui et la seule issue possible se tenait un homme armé. Le premier assaillant se relevait en grognant de douleur. Malone avait beau être armé lui aussi, il avait peu de chances de s'en sortir.

Il se tint prêt.

L'homme qui tentait de se relever s'effondra de nouveau à terre. Quelques secondes s'écoulèrent.

Il régnait un silence absolu.

Des pas résonnèrent au-dessus de sa tête. La porte de l'église s'ouvrit puis se referma. Malone ne bougea pas. L'attente lui était insupportable. Il balaya l'obscurité du regard. Pas le moindre bruit. Il décida de tenter le coup et d'approcher de ses deux assaillants.

Le premier était étendu au sol. Le second était tout aussi immobile que son acolyte. Il leur prit le pouls : ils étaient vivants, mais pas très en forme. C'est alors qu'il remarqua quelque chose sur la nuque de l'un d'eux. Il s'approcha et parvint à extirper de la peau de son cou une minuscule fléchette anesthésiante d'un centimètre de longueur.

Son sauveur disposait d'un équipement sophistiqué.

Les deux hommes étendus sur le dallage étaient ceux de la maison des ventes. Mais qui les avait mis hors d'état de nuire ? Malone se baissa pour ramasser les armes et fouiller les deux hommes. Ils n'avaient aucun papier sur eux. L'un d'eux portait un talkie-walkie sous sa veste. Il le lui arracha, ainsi que l'oreillette et le micro qui l'accompagnaient.

« Vous me recevez ? demanda-t-il.

— À qui ai-je l'honneur ?

— Vous êtes l'homme de la cathédrale ? Celui qui vient d'assassiner Peter Hansen ?

— Vous avez en partie raison. »

Malone n'était pas dupe : personne ne se risquerait à passer aux aveux sur une fréquence non protégée. Le message était clair pourtant. « Vos hommes sont hors d'état de nuire.

— Grâce à vous ?

— J'aurais aimé pouvoir vous dire oui. Qui êtes-vous ?

— Cette question n'a aucun rapport avec notre conversation.

— Peter Hansen vous gênait-il donc tant que ça ?

— Je déteste être déçu.

— C'est un euphémisme. Mais quelqu'un a pris vos deux complices par surprise. J'ignore de qui il s'agit, mais il me plaît. »

Silence. Malone attendit un moment ; il s'apprêtait à

parler lorsque la radio émit un grésillement. « J'espère que vous saurez profiter de votre bonne fortune et retournerez vendre vos livres. »

Il y eut un clic lorsque l'inconnu éteignit son récepteur.

12

Abbaye des Fontaines

Pyrénées françaises
23 h 30

Le sénéchal s'éveilla après s'être assoupi sur une chaise placée près du lit du maître. Un rapide coup d'œil au réveil lui apprit qu'il avait dormi une heure environ. Il se tourna vers le malade dont il n'entendait plus la respiration difficile. Grâce aux quelques rais de lumière artificielle qui filtraient dans la pièce, il vit que le vieil homme avait déjà les yeux vitreux.

Il lui prit le pouls.

Son maître s'était éteint.

Le courage du sénéchal l'abandonna et il s'agenouilla pour prier à la mémoire de son ami disparu. Vaincu par le cancer. La lutte était terminée. Un conflit de tout autre ampleur débuterait bientôt. Il pria le Seigneur d'accueillir au paradis l'âme du vieil homme. Personne ne méritait davantage d'être sauvé. Il lui avait tout appris ; ses échecs et sa solitude émotionnelle l'avaient conduit plusieurs années auparavant à se placer sous l'aile du vieil homme. Son apprentissage avait été court et il s'était toujours efforcé de ne pas le décevoir. Les erreurs sont tolérées, à condition qu'elles ne se reproduisent pas, lui avait-il dit une seule fois, puisque le maître ne se répétait jamais.

Bien des frères prenaient sa franchise pour de l'arrogance. D'autres lui reprochaient sa supposée condescendance. Mais personne n'avait jamais contesté l'autorité du maître. Un frère se devait d'obéir. À l'occasion du choix du successeur venait le temps des questions.

Voilà précisément ce qui l'attendait aujourd'hui.

Pour la soixante-septième fois depuis le commencement, qui remontait au début du XIIe siècle, un nouveau maître serait choisi. Les soixante-six précédents n'avaient administré l'ordre que dix-huit années en moyenne et leur contribution pouvait être qualifiée d'insignifiante pour certains à d'exceptionnelle pour d'autres. Chacun d'eux cependant avait servi l'ordre jusqu'à la mort. Certains étaient même morts au combat, mais les jours de guerre ouverte étaient depuis longtemps révolus. Aujourd'hui, la quête était plus subtile, les batailles modernes se jouaient sur des terrains que les pères fondateurs de l'ordre n'auraient jamais imaginés. Les cours de justice, Internet, la littérature, la presse : l'ordre arpentait régulièrement ces lieux pour s'assurer que ses secrets étaient bien gardés, qu'il continuait à exister sans attirer l'attention. Les maîtres successifs, aussi inefficaces eussent-ils été, avaient réussi à atteindre cet objectif essentiel. Le prochain mandat serait décisif. Une guerre intestine se préparait, guerre que le vieil homme étendu devant lui avait réussi à prévenir avec une étonnante clairvoyance quant aux visées de son ennemi.

Le silence qui enveloppait le sénéchal rendait la rivière bouillonnante plus proche. L'été, les frères se rendaient souvent à la cascade et aimaient à nager dans l'étang glacé. Le sénéchal se délectait de ce genre de plaisir, malheureusement, il ne connaîtrait aucun répit avant longtemps. Il décida de ne pas annoncer le décès du maître à la congrégation avant prime, à six heures. Par le passé, les frères se réunissaient tous ensemble pour les matines, mais ces dévotions avaient été abandonnées comme tant d'autres règles. Un emploi du temps plus réaliste avait été mis en place, qui prenait en compte l'importance du sommeil, emploi du temps plus conforme au mode de vie du XXIe siècle qu'à celui du XIIIe.

Il savait que personne n'oserait faire irruption dans la chambre du maître. Ce privilège lui était réservé, particulièrement depuis que le maître était souffrant. Il cacha donc le visage du vieil homme sous la couverture.

Plusieurs idées lui traversèrent l'esprit, mais il repoussa la tentation. Heureusement, la règle instillait en chacun un certain sens de la discipline et il était heureux de ne jamais y avoir dérogé volontairement. La tentation était grande à présent, cependant. Il y avait pensé toute la journée, assis au chevet de son ami mourant. Si la mort était venue cueillir le maître alors que l'abbaye débordait d'activité, il lui aurait été impossible de faire ce à quoi il songeait. Mais à cette heure-ci, il aurait toute latitude et, selon la tournure que prendraient les événements le lendemain, ce serait peut-être là son unique opportunité.

Il se baissa, tira la couverture et entrouvrit la robe

couleur d'azur, dénudant le torse sans vie du vieil homme. La chaîne en or était précisément là où elle devait être et il la lui ôta.

Une clé d'argent y était suspendue.

« Pardonnez-moi, maître », murmura le sénéchal en replaçant la couverture sur le visage du vieil homme.

Il traversa rapidement la pièce pour se diriger vers une armoire Renaissance rendue presque noire par d'innombrables couches de cire. Elle renfermait une boîte en bronze ornée d'armoiries d'argent. Seul le sénéchal en connaissait l'existence et il avait vu le maître l'ouvrir souvent, même s'il n'avait jamais été autorisé à en étudier le contenu. Il posa la boîte sur le bureau, glissa la clé dans la serrure et implora de nouveau le pardon de son maître.

Il était à la recherche d'un volume relié de cuir que le vieil homme possédait depuis de nombreuses années. Il savait qu'il le conservait dans le coffret – il l'avait vu l'y déposer – mais lorsqu'il souleva le couvercle, il ne vit qu'un chapelet, quelques papiers et un missel. Pas de livre.

La peur l'envahit. À présent, il savait.

Il remit le coffret dans l'armoire et quitta la chambre.

L'abbaye était un véritable dédale, les différentes ailes de l'édifice, construites au fil des siècles, se succédaient, formant un bâtiment complexe qui logeait aujourd'hui quatre cents moines. Il y avait l'inévitable chapelle, un cloître majestueux, des ateliers, des bureaux, une salle de sport, des salles communes consacrées à la toilette et à la détente, une salle capitulaire, une sacristie, un réfectoire, des parloirs, une infirmerie et une impressionnante bibliothèque. Les appartements du maître étaient situés dans une partie de l'abbaye construite au XVe siècle donnant sur une paroi rocheuse escarpée qui surplombait un vallon étroit. Les moines logeaient non loin de là, et le sénéchal entra dans le dortoir sinistre où brillaient quelques lampes puisque la règle interdisait qu'il soit plongé dans l'obscurité complète. Il ne perçut aucun mouvement ni aucun bruit, si ce n'est quelques ronflements. Plusieurs siècles auparavant, un garde aurait été posté à l'entrée, et le sénéchal se demanda s'il ne faudrait pas à l'avenir rétablir cette coutume.

Il descendit sans bruit le large couloir en foulant le tapis écarlate qui couvrait le dallage rustique. De chaque côté du passage, des tableaux, des statues et, çà et là, des plaques commémoratives témoignaient du passé de l'abbaye. Contrairement à d'autres monastères pyrénéens, celui-ci n'avait pas subi de pillage pendant la Révolution, si bien que la doctrine qu'il s'efforçait de faire vivre et les objets d'art qu'il abritait étaient intacts.

Il descendit au rez-de-chaussée par l'escalier principal. Empruntant d'autres couloirs voûtés, le sénéchal passa devant les salles où l'on accueillait les touristes qui venaient apprendre ici tous les secrets de la vie monastique. L'abbaye recevait peu d'hôtes, quelques milliers par an tout au plus, et le modeste revenu qu'elle en tirait contribuait à couvrir les dépenses annuelles. Malgré tout, les touristes étaient suffisamment nombreux pour que l'on s'emploie à préserver l'intimité des moines.

La pièce vers laquelle il se dirigeait était située au bout d'un autre couloir du rez-de-chaussée. Ornée de fer forgé remontant au Moyen Âge, la porte qui y menait restait toujours ouverte. Il pénétra dans la bibliothèque.

Rares étaient les collections absolument complètes, mais les innombrables volumes qui l'entouraient à présent avaient été préservés sept siècles durant. Riche d'une vingtaine de titres seulement à l'origine, la collection avait grossi au fil des dons, des legs, des acquisitions et, à l'origine de l'ordre, grâce au travail de copistes qui œuvraient jour et nuit. La collection avait toujours couvert une importante variété de sujets avec cependant une prédilection pour la théologie, la philosophie, la logique, l'histoire, le droit, la science et la musique. La devise latine gravée au-dessus de l'entrée principale était tout à fait appropriée. CLAUSTRUM SINE ARMARIO EST QUASI CASTRUM SINE ARMAMENTARIO : un monastère sans bibliothèque équivaut à un château sans armurerie.

Il tendit l'oreille.

Personne alentour.

La sécurité de la collection ne suscitait pas la moindre inquiétude puisque la règle vieille de neuf cents ans s'était avérée plus qu'efficace pour la garantir. Aucun des moines n'oserait pénétrer dans la bibliothèque sans autorisation. Mais lui n'était pas un simple moine. Il était sénéchal, et le serait pendant quelques heures encore.

Il se faufila entre les rayonnages pour atteindre le fond de l'immense salle et fit halte devant une porte métallique. Il passa une carte magnétique dans le lecteur fixé au mur. Seuls le maître, le maréchal, l'archiviste et lui-même en possédaient une. Il fallait l'autorisation expresse du maître pour pouvoir accéder aux volumes que renfermait cette pièce. Même l'archiviste devait montrer patte blanche avant d'y pénétrer. Les documents de valeur y étaient entreposés : chartes anciennes, titres de propriété, registre des membres de l'ordre et, document précieux entre tous, les chroniques relatant l'histoire de l'ordre depuis sa création. À l'instar des minutes qui immortalisent l'œuvre du Parlement britannique ou du Congrès américain, elles détaillaient par le menu les succès et les échecs de l'ordre. Il restait un certain nombre de volumes aux couvertures fragiles et aux fermoirs d'airain. Ils ressemblaient à de minuscules coffres, mais l'essentiel des informations avait été scanné, et passer en revue les neuf cents ans d'histoire de l'ordre était devenu un jeu d'enfant.

Il entra, parcourut des yeux les rayonnages sombres et trouva le codex à sa place désignée. Deux ans plus tôt, il était tombé sur ce minuscule volume aux pages fixées à des planchettes de bois recouvertes de vélin. Pas exactement un livre, plutôt une première tentative destinée à remplacer les rouleaux de parchemin et permettant d'utiliser les deux pages des feuillets.

Il ouvrit l'ouvrage avec précaution.

Il n'y avait pas de page de titre ; une bordure écarlate, vert et or encadrait les phrases manuscrites en latin. D'après ce qu'il avait appris, l'ouvrage avait été copié par l'un des scribes de l'abbaye. La plupart de ces antiques codex avaient disparu, le parchemin ayant servi à recouvrir d'autres livres, à sceller des bocaux ou à alimenter un feu de cheminée. Heureusement, celui-ci avait survécu. Les informations qu'il contenait n'avaient pas de prix. Le sénéchal n'avait jamais parlé à personne de ce qu'il avait découvert entre ces pages, pas même au maître, et comme il pourrait avoir besoin de ces informations et qu'une meilleure opportunité ne se représenterait pas, il glissa le livre entre les plis de sa chasuble.

Une rangée plus loin, il repéra un autre fin volume, lui aussi manuscrit, mais à la fin du XIXe siècle. Il n'était pas destiné à être lu, il s'agissait plutôt d'un journal de bord. Il en aurait peut-être besoin, aussi le glissa-t-il dans sa chasuble.

Il quitta la bibliothèque, tout en sachant que l'ordinateur qui contrôlait la porte blindée avait enregistré l'heure de sa visite. Les deux baguettes magnétiques fixées à l'intérieur des livres permettraient de savoir qu'ils avaient tous deux été empruntés. Comme l'unique sortie était flanquée de détecteurs infrarouges et qu'arracher les baguettes risquait d'endommager les ouvrages, il n'avait pas le choix. Il espérait simplement qu'au milieu du chaos des jours à venir personne ne prendrait la peine de vérifier le registre des emprunts.

La règle était claire.

Celui qui dérobait un bien appartenant à l'ordre était passible de bannissement.

Mais c'était un risque qu'il lui fallait prendre.

13

23 h 50

Malone ne prit aucun risque et quitta l'église par l'une des portes de derrière, située après la sacristie. Il ne pouvait se préoccuper des deux hommes inconscients. Il fallait qu'il retrouve Stéphanie, elle et son fichu caractère. L'homme de la cathédrale, l'assassin de Peter Hansen, avait quant à lui ses propres problèmes. Un inconnu avait mis ses deux acolytes hors d'état de nuire. Malone ignorait totalement de qui il pouvait s'agir et quelles étaient ses motivations mais il lui était reconnaissant car s'échapper de cette crypte aurait pu s'avérer délicat. Il se maudit de nouveau de s'être fourré dans ce pétrin, mais il était trop tard maintenant : qu'il le veuille ou non, il était impliqué.

Il fit un détour pour quitter le Strøget et finit par prendre la direction de Kongens Nytorv, place toujours animée, entourée de majestueux bâtiments. Malone était aux aguets et faisait particulièrement attention à ne pas être suivi. Personne ne le filait. À cette heure de la nuit, les voitures étaient rares sur la place. À l'est, dans le quartier de Nyhavn, sur la promenade bordée d'immeubles à pignons colorés, les clients étaient encore nombreux aux terrasses animées des restaurants.

Il pressa le pas en direction de l'Hôtel d'Angleterre. Le bâtiment de sept étages à la façade inondée de lumière donnant sur la mer occupait un pâté de maisons entier. Rois, empereurs et présidents étaient tous descendus dans l'élégante bâtisse édifiée au XVIIIe siècle.

Il pénétra dans le hall sans s'arrêter à la réception. Les notes d'une douce mélodie s'élevaient du bar principal. Quelques clients allaient et venaient malgré l'heure tardive. Sur un comptoir de marbre s'alignaient les téléphones ; il décrocha l'un des combinés pour appeler Stéphanie Nelle dans sa chambre.

« Réveillez-vous ! ordonna-t-il.

— Écouter ce que l'on vous dit n'est pas votre fort, n'est-ce pas, Cotton ? dit-elle du même ton détaché qu'à Roskilde.

— Peter Hansen est mort. »

Il y eut un silence.

« Chambre 610. »

Il entra. Stéphanie avait passé l'un des peignoirs monogrammés de l'hôtel. Il lui expliqua tout ce qui venait de se passer. Elle l'écouta en silence, comme lorsque, par le passé, il lui faisait ses comptes rendus. Mais elle avait le visage empreint d'un désarroi qui, il l'espérait, signalait un changement de comportement chez elle.

« Allez-vous me laisser vous aider maintenant ? » insista Malone.

Elle l'étudiait. Malone avait déjà remarqué que la couleur de ses yeux changeait au gré de ses humeurs. D'une certaine façon, elle lui rappelait sa mère, bien que Stéphanie ne fût son aînée que d'une dizaine d'années. Sa colère de tout à l'heure ne l'avait pas étonné. Elle détestait commettre des erreurs et détestait qu'on lui fasse remarquer ses faiblesses. Son talent ne résidait pas dans la collecte d'informations mais dans leur analyse et l'évaluation de leur pertinence ; méticuleuse et organisée, elle mettait au point les opérations dont elle était chargée avec la ruse d'un félin. Il l'avait vue plusieurs fois prendre des décisions difficiles sans l'ombre d'une hésitation ; par le passé, le procureur général et le président s'en étaient souvent remis à son sang-froid. C'est pourquoi son présent embarras et l'étrange influence qu'il exerçait sur son jugement habituellement sensé étonnaient Malone.

« Je les ai conduits vers Hansen, murmura Stéphanie. Dans la cathédrale, je n'ai pas détrompé l'inconnu quand il a insinué que Hansen pouvait être en possession du journal de Lars », dit-elle avant de lui résumer la conversation et de lui décrire l'inconnu.

« C'est l'homme qui a déclenché la fusillade et qui a tiré sur Hansen.

— L'homme qui s'est jeté du haut de la Tour ronde travaillait pour son compte. Il voulait me dérober le journal de Lars.

— Puis l'inconnu s'est rendu à la vente aux enchères en sachant que vous vous y trouveriez. Qui savait que vous y seriez ?

— Personne à part Hansen. Officiellement, je suis en

vacances. J'ai mon téléphone satellite, mais j'ai demandé à ne pas être dérangée sauf urgence ou catastrophe.

— Où avez-vous entendu parler de la vente aux enchères ?

— Il y a trois semaines, j'ai reçu un paquet en provenance d'Avignon. Il contenait un mot et le journal de Lars. » Stéphanie observa une pause. « Je n'avais pas vu ce carnet depuis des années. »

Il savait que, d'ordinaire, c'était un sujet tabou. Lars Nelle s'était suicidé onze ans plus tôt ; on l'avait trouvé pendu sous un pont dans le sud de la France avec, dans sa poche, le message GOODBYE STÉPHANIE. De la part d'un universitaire auteur d'innombrables ouvrages, une lettre d'adieu aussi lapidaire ressemblait presque à une insulte. Bien que Stéphanie et son mari eussent été séparés à l'époque, le choc avait été rude pour elle, et Malone se souvenait à quel point les mois suivants avaient été pénibles. Ils n'avaient jamais évoqué la mort de Lars, et il était extraordinaire qu'elle en parle aujourd'hui.

« Un journal ? À quel sujet ?

— Lars était fasciné par les secrets de Rennes-le-Château...

— Je sais. J'ai lu ses livres.

— Vous ne me l'aviez jamais dit.

— Vous ne me l'aviez jamais demandé. »

Stéphanie sembla percevoir son agacement. Il se passait beaucoup de choses et ni l'un ni l'autre n'avait de temps à perdre en banalités.

« Lars gagnait sa vie en bâtissant des hypothèses sur la nature du trésor censé être caché à Rennes-le-Château ou aux alentours, reprit Stéphanie. Mais il confiait nombre de ses réflexions personnelles au journal dont il ne se séparait jamais. Je croyais que Mark l'avait récupéré à sa mort. »

Encore un sujet tabou. Médiéviste diplômé d'Oxford, Mark Nelle enseignait à l'université de Toulouse. Cinq ans plus tôt, il avait disparu dans les Pyrénées. Une avalanche l'avait emporté. Son corps n'avait jamais été retrouvé. Malone savait que l'horreur de la tragédie avait été décuplée par le fait que Stéphanie et son fils n'étaient pas en bons termes. Il y avait beaucoup d'animosité dans la famille Nelle, mais tout ça ne le regardait pas.

« Ce satané journal, c'était comme si un fantôme revenait me hanter, dit-elle. Il était là. Écrit de la main de Lars. Le mot m'indiquait la tenue de la vente aux enchères et la disponibilité du livre. Je me souvenais avoir entendu Lars en parler et il y faisait référence dans son journal, alors je me suis déplacée pour en faire l'acquisition.

— Et vous n'avez pas senti le danger ?

— Pourquoi ? Mon mari n'avait rien à voir avec ma vie professionnelle. Il s'était lancé dans la quête innocente de choses qui n'existent pas. Comment aurais-je pu me douter que certaines des personnes mêlées à ses affaires étaient capables de tuer ?

— Le suicide de l'homme, à la Tour ronde, était un signe suffisamment clair. Vous auriez dû venir me parler à ce moment-là.

— Je dois me débrouiller seule.

— Qu'allez-vous faire ?

— Je n'en sais rien, Cotton.

— Pourquoi ce livre a-t-il une telle importance ? J'ai appris à la salle des ventes qu'il s'agit d'un récit de voyage des plus banals. Les employés ont été abasourdis par le prix de vente.

— Je n'en sais rien, dit-elle, l'exaspération de nouveau perceptible dans sa voix. Vraiment, je l'ignore. Il y a quinze jours, j'ai lu le journal de Lars et je dois admettre qu'il m'a fascinée. J'ai honte d'avouer que je n'avais jamais lu aucun de ses livres avant la semaine dernière. Et lorsque je l'ai fait, j'ai commencé à culpabiliser de la façon dont je l'avais traité. On a le temps de prendre beaucoup de recul en onze ans.

— Que comptiez-vous faire, alors ?

— Je l'ignore, répondit Stéphanie en secouant la tête. Acheter le livre. Le lire et voir où cela pouvait me mener. Tant qu'à être ici, j'avais prévu de passer quelques jours dans la maison de Lars, en France. Je n'y suis pas allée depuis un moment. »

Elle tentait apparemment de faire la paix avec ses démons, mais il fallait aussi prendre la réalité en compte. « Vous avez besoin d'aide, Stéphanie. Il se passe des choses graves ici, et j'ai une certaine expérience en la matière.

— Vous n'avez pas une librairie à faire tourner ?

— Mes employés peuvent se débrouiller pendant quelques jours. »

Elle hésitait ; elle semblait réfléchir à sa proposition. « Vous étiez mon meilleur agent. Je n'ai toujours pas digéré votre démission.

— Je n'avais pas le choix.

— Dévoyé par Henrik Thorvaldsen. Le comble. »

Un an plus tôt, lorsqu'il avait pris sa retraite et avait annoncé à Stéphanie qu'il comptait s'installer à Copenhague, elle s'était montrée heureuse pour lui jusqu'à ce qu'elle apprenne que Thorvaldsen y était pour quelque chose. Elle ne lui avait jamais expliqué pourquoi – c'était du Stéphanie tout craché – et il savait qu'il valait mieux éviter les questions.

« J'ai d'autres mauvaises nouvelles à vous apprendre, annonça Malone. Celui qui vous a soufflé le livre, l'enchérisseur anonyme, c'était Henrik. »

Elle lui jeta un regard dédaigneux.

« Il travaillait avec Peter Hansen, ajouta Malone.

— Comment en êtes-vous arrivé à cette conclusion ? »

Il lui fit partager les renseignements glanés à la salle des ventes et ce que l'homme au talkie-walkie lui avait appris. « J'ai horreur d'être trompé », avait-il dit. « Hansen jouait les uns contre les autres, mais c'est lui qui a fini par perdre.

— Attendez dehors, ordonna Stéphanie.

— C'est la raison pour laquelle je suis venu. Henrik et vous devez vous parler. Mais soyons prudents : l'hôtel est peut-être surveillé.

— Je m'habille. »

Malone se dirigea vers la porte. « Où est le journal de Lars ? »

Stéphanie désigna le coffre-fort.

« Prenez-le avec vous.

— Est-ce bien prudent ?

— La police va découvrir le corps de Hansen. Ils ne tarderont pas à faire le lien. Il faut être prêt à quitter la ville.

— La police, j'en fais mon affaire.

— Les gars de Washington vous ont sauvé la mise à Roskilde parce qu'ils ignorent ce que vous fabriquez ici, dit Malone en dévisageant Stéphanie. Je suis sûr que, en ce moment même, quelqu'un au ministère de la Justice s'efforce de le découvrir. Vous avez horreur des questions, et vous ne pourrez pas envoyer balader le procureur général lorsqu'il sera au bout du fil. Je n'ai pas encore très bien compris ce que vous faites ici, mais une chose est sûre, vous n'avez pas envie d'en parler. Alors, pliez bagage.

— J'ai perdu l'habitude d'une telle arrogance.

— C'est ça, et sans le boute-en-train que vous êtes, ma vie n'est plus ce qu'elle était. Vous ne pouvez pas faire ce que je vous demande, pour une fois ? C'est suffisamment dangereux d'être sur le terrain sans prendre de risques stupides.

— Inutile de me rappeler ce genre de détails.

— Au contraire, ça ne vous fait pas de mal », lança-t-il en sortant.

14

Vendredi 23 Juin
01 h 30

Malone et Stéphanie quittèrent Copenhague par l'autoroute 152. Malone avait par le passé emprunté la route de Rio à Petropolis et longé la côte amalfitaine, mais, pour lui, la plus charmante des routes côtières partait du nord d'Elseneur et longeait la côte escarpée du Seeland. Villages de pêcheurs, forêts de hêtres, résidences d'été, alliés à l'immensité du Sund dont rien ne venait troubler les eaux étales couleur d'ardoise : tout concourait à offrir un spectacle splendide sur lequel le temps n'avait aucune prise.

La météo était égale à elle-même, le pare-brise criblé de gouttes balayées par un vent violent. Une fois dépassée l'une des petites stations balnéaires, fermée pour la nuit, la route s'enfonçait à l'intérieur des terres recouvertes de forêts. Malone entra par un portail ouvert, dépassa deux cottages blancs et suivit l'allée jusqu'à une cour pavée où il se gara. La maison qui se dressait devant lui était un authentique exemple de baroque danois

– une construction de trois étages en briques enchâssées dans des blocs de travertin dont le toit vert-de-gris décrivait une pente gracieuse. L'une des ailes de la bâtisse faisait face à la forêt ; l'autre était tournée vers la mer.

Malone connaissait l'histoire de la demeure. Baptisée Christiangate, elle avait été construite trois siècles plus tôt par l'un des ingénieux aïeuls de Thorvaldsen, qui s'était servi de tonnes de tourbe sans aucune valeur comme combustible pour produire de la porcelaine. Au XIXe siècle, la reine avait fait de la manufacture son fournisseur officiel et Adelgate Glasvaerker, à l'emblème caractéristique formé de deux cercles soulignés d'un trait, jouissait encore du même succès au Danemark et en Europe. Le directeur actuel du conglomérat n'était autre que le patriarche de la famille, Henrik Thorvaldsen.

Un majordome, que la visite de Malone et Stéphanie ne surprit pas, ouvrit la porte du manoir. Étonnant, étant donné qu'il était plus de minuit et que le propriétaire des lieux vivait en véritable ermite. On les introduisit dans une pièce à laquelle poutres de chêne, armures et portraits de famille conféraient une grande noblesse. Une longue table en érable, dont Thorvaldsen avait un jour dit à Malone qu'elle datait de quatre cents ans, et dont la patine sombre témoignait de siècles d'un consciencieux usage, dominait la pièce. Thorvaldsen y était assis, un gâteau à l'orange et un samovar fumant devant lui.

« Entrez, je vous en prie. Asseyez-vous. »

L'homme se leva au prix d'un terrible effort et sourit. Le corps tordu par l'arthrose, il ne devait pas mesurer plus d'un mètre soixante-cinq ; les plis d'un pull norvégien trop grand pour lui avaient du mal à dissimuler son dos bossu. Malone remarqua la lueur qui brillait dans son regard gris clair. Son ami tramait quelque chose. Cela ne faisait aucun doute.

« Persuadé que nous viendrions au point de nous faire un gâteau ? lança Malone.

— Je n'étais pas certain que vous vous déplaceriez tous les deux, mais j'étais certain de vous voir, Malone.

— Pourquoi donc ?

— En apprenant votre présence à la vente aux enchères, j'ai su que vous ne tarderiez pas à découvrir que j'étais mêlé à toute cette histoire.

— Donnez-moi mon livre », fit Stéphanie en sortant de l'ombre.

Thorvaldsen lui lança un regard perçant. « Ni bonsoir ni présentations en règle ? Vous allez droit au but.

— Je ne vous aime pas. »

Thorvaldsen se rassit en bout de table. Malone décida que le gâteau avait l'air appétissant, s'installa et en découpa une tranche.

« Vous ne m'aimez pas ? Étrange si l'on considère le fait que nous ne nous sommes jamais rencontrés.

— J'ai entendu parler de vous.

— Cela signifie-t-il que l'unité Magellan possède un dossier sur moi ?

— Votre nom apparaît dans les endroits les plus étranges. Vous êtes fiché par nos services. »

L'homme fit une grimace, comme si on lui infligeait la pire des insultes. « Vous me prenez pour un terroriste ou un criminel, c'est ça ?

— À laquelle de ces catégories appartenez-vous ? »

Thorvaldsen la dévisagea avec une soudaine curiosité. « J'ai entendu dire que vous avez le don de concevoir des opérations de grande envergure et que vous disposez des moyens de les mener à bien. Étant donné toutes ces qualités, il est curieux que vos performances en tant qu'épouse et mère aient été aussi lamentables.

— Vous ne savez rien de moi ! s'écria Stéphanie, indignée.

— Je sais qu'au moment du décès de Lars vous ne viviez plus ensemble depuis des années. Je sais que vous étiez en désaccord sur de nombreux sujets. Je sais que votre fils et vous n'étiez pas en bons termes.

— Allez au diable ! hurla Stéphanie, rouge de colère.

— Vous vous trompez, répondit Thorvaldsen, que sa remarque avait apparemment laissé froid.

— À quel sujet ?

— Les sujets ne manquent pas. Et il est temps que vous appreniez la vérité. »

✠

De Rochefort trouva le manoir à l'endroit précis où les informations qu'il avait demandées le lui indiquaient. Une fois qu'il avait appris l'identité de celui qui collaborait avec Peter Hansen, se procurer les renseignements n'avait pris qu'une demi-heure à son lieutenant. De Rochefort contemplait à présent la demeure du propriétaire du livre qu'il convoitait : Henrik Thorvaldsen. Logique.

C'était l'une des plus grosses fortunes du Danemark et son arbre généalogique remontait au temps des Vikings. Il détenait un volume d'actions impressionnant. En plus d'Adelgate Glasvaerker, il possédait des intérêts dans des banques britanniques, des mines polonaises, des usines allemandes et des entreprises de transport européennes. Sur un continent où vieille fortune était synonyme de milliards d'euros, Thorvaldsen arrivait en tête de tous les classements. C'était un original, un introverti, il ne s'aventurait que rarement hors de sa propriété. Il soutenait financièrement plusieurs organisations caritatives, avec une prédilection pour les survivants de l'Holocauste, les organisations anticommunistes et l'aide médicale internationale.

Âgé de soixante-deux ans, c'était un proche de la famille royale danoise, surtout de la reine. Sa femme et son fils étaient décédés, l'une d'un cancer et l'autre abattu plus d'un an auparavant à Mexico City lors d'une mission diplomatique. Un avocat et agent américain dénommé Cotton Malone avait éliminé l'un de ses assassins. Il existait même un lien entre Thorvaldsen et Lars Nelle, bien que pas très positif, puisque Thorvaldsen était censé avoir proféré publiquement des propos peu flatteurs à l'égard des recherches de Nelle. La presse française avait abondamment commenté la violente altercation qui les avait opposés quinze ans plus tôt à la bibliothèque Sainte-Geneviève, à Paris. Tout cela pouvait peut-être expliquer pourquoi la proposition de Hansen avait intéressé Henrik Thorvaldsen, mais une part du mystère demeurait.

De Rochefort voulait en avoir le cœur net.

Un vent chargé d'embruns soufflait depuis le Sund et la pluie avait laissé place à la brume. Deux de ses acolytes l'accompagnaient. Les deux autres attendaient dans la voiture garée à l'extérieur de la propriété, l'esprit embrumé par la drogue qu'on leur avait inoculée. Il se demandait encore qui avait bien pu intervenir. Il ne s'était pas senti suivi aujourd'hui, et pourtant quelqu'un surveillait ses moindres gestes. Une personne ayant accès à du matériel aussi sophistiqué que des fléchettes anesthésiantes.

Mais il fallait commencer par le commencement. Flanqué de ses acolytes, il traversa la pelouse imbibée de pluie pour gagner la haie longeant la façade de l'élégante demeure. La lumière brillait dans une pièce du rez-de-chaussée qui, pendant la journée, devait offrir une vue spectaculaire sur la mer. Il n'avait remarqué ni gardien, ni molosse, ni système d'alarme. Curieux, mais pas surprenant.

Il s'approcha de la fenêtre. Il avait noté la présence d'une voiture garée dans l'allée et se demandait si sa chance s'apprêtait à tourner. Il jeta un regard prudent à l'intérieur et aperçut Stéphanie Nelle et Cotton Malone en pleine conversation avec un homme d'un certain âge.

La chance lui souriait, en effet.

Il fit signe à l'un de ses hommes de lui passer un étui en nylon dont il tira un micro, et colla délicatement la ventouse du micro dans l'angle de la vitre humide. Le récepteur dernier cri protégé par l'étui de nylon pouvait maintenant capter la moindre parole du trio.

Il mit son oreillette.

Avant de les tuer, il avait besoin d'en savoir plus.

« Voulez-vous vous asseoir ? proposa Thorvaldsen.

— Vous êtes très aimable, *Herr* Thorvaldsen, mais je préfère rester debout », annonça Stéphanie, d'une voix méprisante.

Le vieil homme se servit une tasse de café. « Je vous déconseille l'emploi de *Herr* lorsque vous vous adressez à moi, fit-il en reposant le samovar. Tout ce qui est allemand me fait horreur. »

Malone observait la réaction de Stéphanie. Si l'unité Magellan jugeait Thorvaldsen digne d'être fiché, son ancienne patronne ne devait certainement pas ignorer que son grand-père, ses oncles, tantes et cousins avaient été victimes des nazis pendant l'occupation du Danemark. Il s'attendait à une riposte de sa part mais elle se radoucit et concéda : « Disons Henrik, alors.

— Votre caractère facétieux ne m'a pas échappé, remarqua-t-il en laissant tomber un sucre dans sa tasse et en remuant son café. J'ai appris il y a longtemps que les pires différends pouvaient se résoudre autour d'une tasse de café. Vous en saurez davantage sur quelqu'un en lui offrant un bon café plutôt qu'un magnum de champagne ou une bouteille de porto. »

Malone savait que Thorvaldsen aimait amadouer ses interlocuteurs par ses bavardages tout en évaluant la situation. Il sirotait son café brûlant.

« Comme je vous l'ai dit plus tôt, Stéphanie, il est temps pour vous d'apprendre la vérité.

— Eh bien, faites-moi oublier les idées préconçues que j'ai à votre sujet, dit-elle en s'asseyant face à Malone.

— Lesquelles ?

— Le temps me fait défaut pour les énumérer toutes. Contentons-nous de l'essentiel : il y a trois ans, votre nom a été lié à une bande de voleurs d'œuvres d'art eux-mêmes en rapport avec certains extrémistes israéliens. L'année dernière, vous vous êtes mêlé des élections allemandes en soutenant illégalement certains candidats. Bizarrement, pourtant, ni les Allemands ni les Israéliens ne vous ont traîné en justice.

— Coupable des deux chefs d'accusation, admit le vieil homme avec une certaine impatience. Ces "extrémistes israéliens", comme vous les appelez, sont des colons qui n'ont pas envie de voir leur terre bradée par un gouvernement corrompu. Nous leur avons versé des fonds provenant de millionnaires arabes se livrant au trafic d'œuvres d'art. Les pièces en question ont simplement été subtilisées aux voleurs. Peut-être avez-vous lu sur votre fiche que les œuvres ont été restituées à leurs propriétaires.

— Moyennant une commission.

— N'importe quel enquêteur privé chargé de les retrouver en aurait touché une lui aussi. Nous nous sommes contentés d'investir l'argent récolté dans certaines causes plus valables. J'ai vu une certaine justice dans cet acte. Quant aux élections allemandes, j'ai financé la campagne de certains candidats qui luttaient bec et ongles contre l'extrême droite. Grâce à mon soutien, ils ont tous été élus. Je ne vois aucune raison de permettre au fascisme de gagner du terrain. Et vous ?

— Vous vous êtes mis dans l'illégalité et avez causé une foule de problèmes.

— Je n'ai fait que résoudre un problème. On ne peut en dire autant des Américains.

— Pourquoi vous mêlez-vous de mes affaires ? fit Stéphanie que les paroles de Thorvaldsen n'avaient pas impressionnée.

— En quoi cette histoire vous concerne-t-elle ?

— Il est question du travail de mon mari.

— Si mes souvenirs sont exacts, du vivant de Lars, vous n'avez pas manifesté le moindre intérêt pour ses travaux », rétorqua Thorvaldsen, de marbre.

Malone releva la critique. Le vieil homme devait en savoir long sur Lars Nelle. Bizarrement, Stéphanie semblait ailleurs.

« Je n'ai aucune intention de discuter de ma vie privée avec vous. Dites-moi simplement pourquoi vous vous êtes porté acquéreur de ce livre ce soir.

— Peter Hansen m'a fait part de votre intérêt pour l'ouvrage. Il m'a également appris qu'un individu voulait vous voir entrer en sa possession, lui aussi, mais pas avant d'avoir pu en faire une copie. Il a versé une commission à Hansen pour s'assurer que les choses se dérouleraient selon son désir.

— Vous a-t-il donné un nom ? » intervint Stéphanie.

Thorvaldsen secoua la tête.

« Hansen est mort, intervint Malone.

— Pas étonnant », répondit le vieil homme sans aucune émotion dans la voix.

Malone lui raconta les circonstances de la mort de Hansen.

« Hansen était avide, reprit le vieil homme. L'ouvrage était de grande valeur selon lui ; il souhaitait que je l'achète en secret pour pouvoir l'offrir à l'autre homme en échange d'une certaine somme.

— Ce que vous avez accepté de faire, étant donné votre humanisme légendaire, ironisa Stéphanie, apparemment peu disposée à lui faire des cadeaux.

— Hansen et moi travaillions souvent ensemble. Il m'a expliqué ce qui se passait et je lui ai proposé mon aide. Je craignais qu'il n'essaie de trouver un autre acquéreur. Je souhaitais moi aussi que vous ayez le livre, aussi ai-je accepté ses conditions sans avoir cependant l'intention de le lui remettre.

— Honnêtement, vous ne croyez pas...

— Comment trouvez-vous le gâteau, Malone ? demanda Thorvaldsen qui tentait de contrôler la conversation.

— Excellent, répondit-il, la bouche pleine.

— Abrégez ! ordonna Stéphanie. Et cette vérité que je suis censée apprendre ?

— Votre mari et moi étions proches.

— Lars n'y a jamais fait allusion, s'exclama-t-elle, l'air dégoûté.

— Étant donné vos relations tendues, c'est tout à fait compréhensible. Et puis, les secrets vont de pair avec sa profession, comme avec la vôtre, d'ailleurs. »

Malone avala les dernières bouchées de son gâteau tout en observant Stéphanie ; elle ne croyait pas un mot des révélations du vieil homme.

« Vous mentez, finit-elle par déclarer.

— Je peux vous faire lire certaines lettres qui prouveront ce que j'avance. Lars et moi étions en contact fréquent. Nous collaborions à certains projets. J'ai financé ses premiers travaux et je lui donnais un coup de main lorsque les temps étaient durs. J'ai acheté sa maison de Rennes-le-Château. Nous partagions la même passion et cela me faisait plaisir de l'aider.

— Quelle passion ?

— Vous le connaissiez si mal ! répliqua Thorvaldsen en la dévisageant. Vos regrets doivent être insupportables.

— Je n'ai pas besoin d'une analyse.

— Vraiment ? Vous vous déplacez au Danemark pour faire l'acquisition d'un livre dont vous ne savez rien en rapport avec les travaux d'un homme décédé depuis plus de dix ans. Et vous n'avez pas de regrets ?

— Épargnez-moi vos leçons de morale, je veux le livre.

— Il faudra d'abord écouter ce que j'ai à dire.

— Dépêchez-vous.

— Le premier livre de Lars a connu un succès retentissant. Des millions d'exemplaires vendus dans le monde entier, même si les ventes américaines ont été modestes. Les suivants n'ont pas été reçus avec le même enthousiasme, mais ils se sont vendus, suffisamment en tout cas pour financer ses recherches. Lars pensait qu'un point de vue contraire au sien pourrait contribuer à populariser la légende de Rennes-le-Château. Alors j'ai financé plusieurs auteurs pour qu'ils écrivent des ouvrages critiquant ses théories, des livres qui analysaient ses conclusions à propos de Rennes-le-Château et soulignaient ses erreurs. Un livre en entraînait un autre. Certains étaient bons, d'autres pas. Un jour, je l'ai même critiqué publiquement. Et très vite, comme il le souhaitait, un genre est né.

— Vous êtes malade ? s'écria Stéphanie en le mitraillant du regard.

— La controverse est source de publicité. Lars ne s'adressait pas à un public de masse et devait donc s'arranger pour faire parler de lui. Au bout de quelque temps, cependant, les événements ont commencé à suivre leur cours propre. Rennes-le-Château passionne les foules. Des émissions de télévision sont tournées sur le sujet, des magazines y consacrent leurs pages, Internet est truffé de sites relatifs aux mystères du village. Le tourisme est la principale ressource de la région. Grâce à Lars, le village lui-même est une entreprise florissante aujourd'hui. »

Malone savait que des centaines d'ouvrages avaient été écrits sur le village. Les exemplaires d'occasion occupaient plusieurs étagères de sa librairie. « Henrik, deux hommes sont morts aujourd'hui. L'un s'est jeté de la Tour ronde et s'est tranché la gorge avant de s'écraser au sol. L'autre a été défenestré. Ça n'a rien à voir avec une combine marketing.

— À mon avis, à la Tour ronde aujourd'hui, vous vous êtes retrouvé face à face avec un chevalier de l'ordre du Temple.

— En d'autres circonstances, je vous aurais traité de fou mais l'homme a crié "Baussant" avant de sauter.

— Le cri de ralliement des Templiers, expliqua Thorvaldsen avec un hochement de tête. Entendre une foule de chevaliers crier ce mot à l'unisson en donnant l'assaut suffisait à paralyser leurs ennemis. »

Malone se souvint de ce qu'il avait lu un peu plus tôt. « L'ordre a été supprimé en 1312. Les Templiers ont disparu.

— Faux, Cotton. On a tenté de faire disparaître l'ordre mais le pape a fait volte-face. Le parchemin de Chinon absout les Templiers de toute hérésie. Le pape Clément V en personne publia cette bulle en secret en 1308. Beaucoup pensaient le document perdu au moment du pillage du Vatican par Napoléon, mais il vient d'être retrouvé. Non. Lars était persuadé que l'ordre existait toujours, et je partage son avis.

— Lars faisait souvent référence aux Templiers dans ses ouvrages, dit Malone, mais, d'après mon souvenir, il n'a jamais écrit qu'il croyait à la survivance de l'ordre.

— C'était intentionnel de sa part, opina Thorvaldsen. Ils étaient, et sont toujours, pétris de contradictions. Ils font vœu de pauvreté mais disposent de biens et d'un savoir d'une inestimable valeur. Secrets mais sociables. Moines et guerriers. Le stéréotype hollywoodien n'a pas grand-chose à voir avec la véritable nature des chevaliers du Temple. Ne vous laissez pas emporter par la fiction. C'étaient des brutes.

— Comment l'ordre a-t-il pu survivre pendant sept siècles sans que personne ne le sache ?

— Comment les insectes et les animaux survivent-ils dans la nature sans que personne ne les remarque ? Des milliers de nouvelles espèces sont pourtant répertoriées tous les jours. »

C'est juste, se dit Malone sans être pour autant tout à fait convaincu. « Qu'est-ce qui est en jeu, au fond ?

— Lars était à la recherche du trésor des Templiers.

— Quel trésor ?

— Au début de son règne, Philippe le Bel dévalua la devise pour stimuler l'économie du royaume de France. La mesure fut impopulaire au point que des émeutiers menacèrent d'attenter à sa vie. Il fuit son palais pour se réfugier au Temple. C'est à cette occasion qu'il eut un premier aperçu de la richesse de l'ordre. Des années plus tard, ayant désespérément besoin de fonds, il concocta un plan visant à faire accuser l'ordre d'hérésie. Souvenez-vous que tous les biens des hérétiques étaient saisis au profit de la couronne. Cependant, après les arrestations de 1307, Philippe le Bel découvrit que le coffre du Temple de Paris, mais aussi ceux d'autres commanderies à travers la France étaient vides. Pas une once de l'or des Templiers ne fut découverte. Jamais.

— Et Lars pensait trouver ce trésor à Rennes-le-Château ?

— Pas forcément au cœur du village, mais quelque part en Languedoc. Les indices sont suffisamment nombreux pour nous permettre de croire à cette théorie. Cela dit, les Templiers ne nous ont pas facilité la tâche.

— Et que vient faire dans cette histoire le livre que vous avez acheté ce soir ?

— Eugène Stüblein était maire de Fa, village voisin

de Rennes-le-Château. C'était un érudit, musicien et astronome amateur. Il commença par écrire un récit de voyage sur la région avant de s'attaquer à *Pierres gravées du Languedoc*. Un curieux volume décrivant les pierres tombales du cimetière de Rennes-le-Château et des environs. Étrange passion, je vous le concède, mais pas si originale que cela – le sud de la France est célèbre pour ses tombes originales. Dans le livre on trouve le croquis d'une stèle qui l'avait particulièrement frappé. Le croquis est d'autant plus intéressant que la tombe n'existe plus.

— Voulez-vous me montrer ce dont vous parlez ? » demanda Malone.

Le vieil homme se leva pour s'approcher à grand-peine d'une table d'appoint. Il revint s'asseoir le livre dans les mains. « Livré il y a une heure. »

Malone l'ouvrit à la page marquée par un signet.

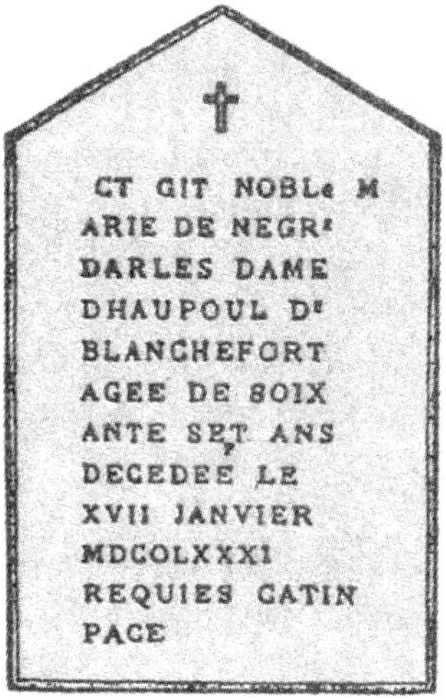

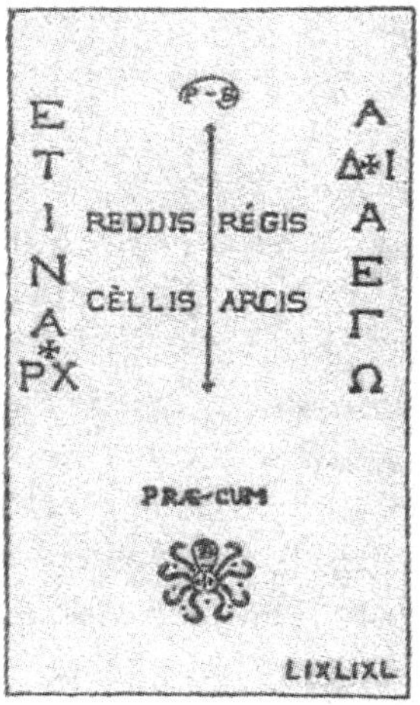

« En partant du principe que le croquis de Stüblein est fidèle à l'original, d'après Lars, cette stèle nous met sur la voie du trésor. Lars a recherché ce livre pendant des années. Un exemplaire devrait se trouver à la Bibliothèque nationale où l'on conserve une copie de tous les livres parus en France. Pourtant, bien que le titre figure au catalogue, l'exemplaire n'est pas en rayon.

— Lars était-il le seul à connaître l'existence de cet ouvrage ? demanda Malone.

— Aucune idée. La plupart des gens ne croient pas en son existence.

— D'où provient cet exemplaire ?

— J'ai vérifié auprès du commissaire-priseur. Il appartenait à un ingénieur des chemins de fer ayant conçu la ligne reliant Carcassonne au sud des Pyrénées. Il a pris sa retraite en 1927 et est décédé en 1946. L'ouvrage faisait partie des biens de sa fille. À la mort de celle-ci, son fils l'a confié à la salle des ventes. L'ingénieur s'intéressait au Languedoc, particulièrement à Rennes-le-Château, et répertoriait lui aussi les inscriptions funéraires.

— Qui a averti Stéphanie pour la vente aux enchères ? insista Malone que la réponse de Henrik avait laissé sur sa faim.

— Là est la question, répondit le vieil homme.

— Stéphanie, à l'hôtel, vous m'avez dit qu'un mot accompagnait le livre. L'avez-vous sur vous ? »

Elle fouilla dans son sac et en tira un vieux carnet tout abîmé à reliure de cuir. Entre ses pages, elle avait glissé une feuille de papier pliée de couleur taupe. Elle la tendit à Malone qui déchiffra le message.

Le 22 juin à Roskilde, un exemplaire de Pierres gravées du Languedoc *sera vendu aux enchères. Votre mari cher-*

chait à se procurer cet ouvrage. Vous avez la possibilité de réussir là où il a échoué. Le bon Dieu soit loué[1].

« D'où peut provenir ce mot, selon vous, Stéphanie ? demanda Malone.

— De l'un des associés de Lars. J'ai pensé que l'un de ses amis voulait que j'aie le journal et se disait que le livre pourrait m'intéresser.

— Au bout de onze ans ?

— Ça paraît étrange, j'en conviens. Mais il y a trois semaines, cela ne m'a pas frappée. Comme je vous l'ai dit tout à l'heure, j'ai toujours cru que la quête que poursuivait Lars était sans conséquence.

— Dans ce cas, pourquoi être venue ? intervint Thorvaldsen.

— Comme vous l'avez dit, Henrik, j'ai des regrets.

— Et loin de moi l'intention de les rendre plus vifs encore. Je ne vous connais pas, mais je connaissais bien Lars. C'était un homme bon et sa quête, bien innocente en effet, n'en était pas moins importante. Sa mort m'a peiné. Je me suis toujours demandé s'il s'était vraiment suicidé.

— Moi aussi, murmura Stéphanie. J'ai essayé de me faire à l'idée en m'efforçant de trouver des raisons valables à son suicide mais, au fond, je n'ai jamais pu l'accepter.

— Ce qui explique, plus que tout le reste, votre présence ici. »

Malone savait que Stéphanie se sentait mal à l'aise, aussi lui tendit-il une perche. « Puis-je jeter un coup d'œil au journal ? »

Elle le lui tendit et il feuilleta la centaine de pages

1. En français dans le texte. (N.d.T.)

qui le composaient, noircies d'une foule de nombres, de croquis, de symboles et de texte manuscrit. Il examina ensuite la reliure de l'œil averti du bibliophile, et un détail retint son attention. « Il manque des pages.

— Que voulez-vous dire ?

— Regardez, là, ordonna-t-il à Stéphanie en lui montrant la partie supérieure de la reliure. Vous voyez ces minuscules interstices ? » Il ouvrit le carnet pour lui en montrer un. Il ne restait plus qu'un minuscule morceau de la page d'origine à l'endroit où elle aurait dû adhérer à la reliure. « Découpées au rasoir. Je prête toujours une extrême attention à ce genre de détail. Rien ne détruit plus sûrement la valeur d'un livre que les pages arrachées. » Il étudia de nouveau le haut et le bas de la reliure et estima qu'il manquait huit pages.

« Je ne l'avais pas remarqué.

— Beaucoup de choses vous ont échappé.

— Je suis prête à admettre que je me suis plantée, fit Stéphanie en rougissant violemment.

— Cotton, intervint Thorvaldsen, tout ceci est peut-être plus sérieux que vous ne le pensez. L'enjeu pourrait bien être la découverte des archives des Templiers. À l'origine, l'ordre les a conservées à Jérusalem avant de les transférer à Acre puis à Chypre. L'histoire nous apprend que, après 1312, les archives sont passées aux mains des Hospitaliers mais rien ne prouve que le transfert ait effectivement eu lieu. Entre 1307 et 1314, Philippe le Bel tenta en vain de s'en emparer. D'aucuns racontent que ces archives constituaient la plus riche collection du monde médiéval. Imaginez ce que pourrait représenter la découverte d'une telle manne.

— La plus fantastique trouvaille de tous les temps.

— Des manuscrits que personne n'a vus depuis le

XIVe siècle, dont beaucoup d'inédits sans doute. La perspective de tomber sur un tel trésor, aussi incertaine soit-elle, mérite d'être envisagée. »

Malone était du même avis.

« Que diriez-vous d'une trêve ? proposa le vieil homme à Stéphanie. En mémoire de Lars. Je suis sûr que vos services collaborent avec plus d'une personne fichée pour parvenir à une solution satisfaisante pour les deux parties. Pourquoi ne pas collaborer cette fois ?

— Je veux voir les lettres que Lars et vous avez échangées.

— Elles sont à vous.

— Vous avez raison, Cotton, j'ai besoin d'aide. Je m'excuse de vous avoir parlé sur ce ton tout à l'heure. Je pensais pouvoir me débrouiller seule. Mais puisque nous sommes tous copains comme cochons maintenant, accompagnez-moi en France et voyons ce que nous pourrons trouver chez Lars. Je n'y suis pas allée depuis un moment. Il y a aussi quelques personnes à Rennes-le-Château qui pourront nous renseigner. Des gens qui travaillaient avec Lars. Et puis nous verrons où cela nous mène.

— Vos ombres seront peut-être du voyage, elles aussi, remarqua Malone.

— J'ai la chance de vous avoir, fit Stéphanie en souriant.

— J'aimerais me joindre à vous, déclara Thorvaldsen.

— Et que nous vaut l'honneur de votre compagnie ? fit Malone, surpris, car Henrik quittait rarement le Danemark.

— J'ai une assez bonne idée de ce que Lars cherchait. Mes connaissances peuvent s'avérer utiles.

— Ça me va.
— Très bien, Henrik, renchérit Stéphanie. Cela nous donnera l'occasion de mieux nous connaître. J'ai des choses à apprendre, semble-t-il.
— Nous en sommes tous là, Stéphanie. »

✠

De Rochefort maîtrisa son enthousiasme à grand-peine. Ses soupçons venaient d'être confirmés. Stéphanie Nelle suivait les traces de son mari. Elle était également en possession de son journal et d'une copie de *Pierres gravées du Languedoc*, peut-être l'unique exemplaire existant. Il fallait bien avouer que Lars Nelle avait eu du flair. Trop même. Et sa veuve était maintenant en possession des indices qù'il avait réunis. De Rochefort avait fait l'erreur de faire confiance à Peter Hansen. À l'époque, cela semblait logique. Il ne commettrait pas la même erreur deux fois. Les enjeux étaient bien trop importants pour s'en remettre une nouvelle fois à un inconnu.

Il continua d'écouter tandis que Malone, Thorvaldsen et Stéphanie décidaient de la marche à suivre une fois à Rennes-le-Château. Malone et Stéphanie partiraient dès le lendemain. Thorvaldsen les rejoindrait dans quelques jours. Lorsqu'il en eut appris suffisamment, de Rochefort décolla le micro et se retira avec ses hommes derrière un épais bosquet d'arbres.

Il n'y aurait pas d'autre meurtre ce soir.

Il manque des pages.

Il allait en avoir besoin. L'expéditeur du carnet avait

été malin. En divisant le butin on prévenait les actes inconsidérés. De toute évidence, cette énigme était encore plus compliquée qu'il ne l'avait cru et il avait du retard à rattraper.

Mais qu'importe : une fois en France, il n'aurait aucun mal à se débarrasser d'eux.

DEUXIÈME PARTIE

15

Abbaye des Fontaines

8 h 00

Le sénéchal se tenait près de l'autel, le regard rivé sur le cercueil de chêne. Les frères entraient dans la chapelle ; défilant avec solennité, ils psalmodiaient à l'unisson de leurs voix profondes. La mélodie millénaire accompagnait les funérailles de tous les maîtres depuis le commencement. Les paroles en latin exprimaient les sentiments de perte, de chagrin et de souffrance. On n'aborderait le sujet de la succession que plus tard dans la journée lorsque le chapitre conviendrait du choix du nouveau maître. La règle était claire. Le soleil ne pourrait se coucher une seconde fois sans que le maître ait été désigné, et, en sa qualité de sénéchal, il devait veiller au respect de la règle.

Les frères vinrent se placer devant des bancs de chêne patinés par les siècles. Ils avaient tous revêtu un manteau de toile brune sans ornement dont le capuchon leur cachait le visage ; seules leurs mains, unies pour la prière, étaient visibles.

L'église offrait un plan en croix latine, avec une nef unique et deux bas-côtés. Les ornements y étaient rares, rien ne venait distraire l'esprit des moines de la contemplation des mystères divins, mais l'édifice était néanmoins majestueux, grâce à ses chapiteaux et ses colonnes qui projetaient une image de vigueur assez saisissante. Les frères s'étaient réunis pour la première fois en ces lieux après la purge de 1307 ; ceux qui avaient réussi à échapper aux griffes de Philippe le Bel s'étaient réfugiés dans les campagnes avant de migrer secrètement vers le sud. Ils avaient fini par se retrouver ici, à l'abri de cette forteresse au cœur de la montagne, et s'étaient fondus dans le tissu de la société religieuse, se lançant dans leurs projets, jurant de ne jamais renoncer, de toujours se souvenir.

Il ferma les yeux et laissa la musique l'envahir. Aucun accompagnement, ni tintement de cloche, ni notes de l'orgue. La voix humaine, seule, qui s'enflait avant de se taire. La mélodie lui communiquait sa force, et il se prépara mentalement aux heures à venir.

Le chant prit fin. Il observa une minute de silence avant de s'approcher du cercueil.

« Notre très haut et vénéré maître a quitté ce monde après avoir administré notre ordre avec sagesse et équité, dans le respect de la règle, pendant vingt-huit années. Il a désormais sa place dans les chroniques de l'ordre.

— Je conteste ce point », s'écria l'un des frères en dévoilant son visage.

Le sénéchal frissonna. La règle autorisait les frères à marquer leur désaccord. Il s'attendait à devoir livrer bataille au moment du chapitre, mais pas pendant les funérailles du maître. Le sénéchal se tourna vers le contestataire.

C'était Raymond de Rochefort.

Personnage râblé au visage sans expression et dont la personnalité inspirait la méfiance, il appartenait à la confrérie depuis trente ans et avait atteint le grade de maréchal, ce qui le plaçait en troisième position dans la hiérarchie. Au commencement, il y avait plusieurs siècles de cela, le maréchal assurait le commandement militaire des Templiers et les chevaliers obéissaient à ses ordres sur le champ de bataille. Il était aujourd'hui chargé de la sécurité et devait s'assurer que la tranquillité de l'ordre restât inviolée. Il occupait ce poste depuis plus de vingt ans. Il partageait avec les moines qui travaillaient sous sa responsabilité le privilège de pouvoir quitter l'abbaye à son gré ; ils ne rendaient de comptes qu'au maître et le maréchal n'avait jamais caché son mépris pour le défunt.

« Nous vous écoutons, répondit le sénéchal.

— Notre défunt maître a affaibli notre ordre. Il manquait de courage politique. L'heure est venue de prendre une nouvelle direction. »

Les paroles de de Rochefort ne trahissaient pas la moindre émotion et le sénéchal le savait capable de mettre l'éloquence au service de la malhonnêteté. C'était un fanatique. Des hommes comme lui avaient permis à l'ordre de conserver sa puissance pendant des siècles. Pourtant, le maître avait maintes fois souligné qu'ils ne lui étaient plus aussi indispensables aujourd'hui. D'autres contestaient ce point de vue et deux factions étaient nées : l'une se rangeait aux vues de de Rochefort et l'autre à celles du maître. La plupart des frères taisaient leur préférence, comme l'ordre le préconisait. Mais l'interrègne était propice aux débats.

La discussion ouverte permettait au groupe de décider dans quelle direction aller.

« Avez-vous d'autres griefs à faire valoir ? s'enquit le sénéchal.

— Mes frères, nous avons trop longtemps été exclus de la prise de décision. Nous n'avons pas été consultés, nos conseils n'ont pas été pris en compte.

— Nous ne sommes pas en démocratie, remarqua le sénéchal.

— Ce n'est pas ce que je souhaite non plus. Mais nous vivons dans une confrérie. Une confrérie fondée sur des besoins et des objectifs communs. Chacun d'entre nous a fait don de sa vie, de ses biens. Nous ne méritons pas d'être ignorés. »

La voix de de Rochefort trahissait son âme calculatrice et son mépris. Le sénéchal remarqua que nul n'osait perturber la solennité du moment et, l'espace d'un instant, il lui sembla que la pureté de ce lieu sacré depuis des siècles avait été profanée. Il eut l'impression d'être entouré d'hommes à l'état d'esprit et aux préoccupations bien différents des siens. Un mot résonnait dans son esprit.

Rébellion.

« Et que proposez-vous ? demanda-t-il.

— Le défunt maître n'est pas digne du respect témoigné à ses prédécesseurs. »

Le sénéchal resta de marbre et posa la question rituelle. « Appelez-vous au vote ?

— Oui. »

Pendant l'interrègne, la règle exigeait qu'un vote ait lieu à chaque fois que la demande en était faite, quel que soit le sujet. En l'absence de maître, le groupe dans son ensemble gouvernait.

« Si vous refusez au maître la place qu'il mérite dans

les chroniques de l'ordre, levez la main », ordonna le sénéchal aux frères dont le visage était toujours dissimulé sous leur capuchon.

Certains n'hésitèrent pas, contrairement à d'autres. Conformément à la règle, le sénéchal attendit deux minutes pour les laisser prendre leur décision. Puis il procéda au décompte.

Deux cent quatre-vingt-onze voix.

« Le quota de plus de soixante-dix pour cent est atteint, annonça-t-il en réprimant sa colère. Conformément au vote, il sera inscrit dans les chroniques que le bilan de notre maître est contesté. » Il n'arrivait pas à croire qu'il venait de prononcer ces paroles. Puisse son vieil ami les lui pardonner. « Puisque vous ne faites preuve d'aucun respect pour notre défunt maître, vous pouvez vous retirer, ajouta-t-il en s'approchant de l'autel. Ceux qui souhaitent participer à la cérémonie pourront me rejoindre au panthéon dans une heure. »

Les moines sortirent en silence et bientôt ne resta plus que de Rochefort. Il s'approcha du cercueil. L'assurance se lisait sur son visage taillé à la serpe. « C'est le prix à payer pour sa lâcheté », siffla-t-il.

Les masques tombaient. « Vous allez regretter ce que vous venez de faire.

— L'élève se prendrait-il pour le maître ? J'ai hâte que le chapitre se tienne.

— Vous mènerez l'ordre à sa perte.

— L'ordre renaîtra, grâce à moi. La vérité doit être révélée aux yeux du monde. On nous a fait du tort il y a plusieurs siècles, et l'heure est venue de le réparer. »

Le sénéchal n'était pas en désaccord avec cette conclusion, mais il n'y avait pas que cela. « Était-il nécessaire de salir la mémoire d'un homme bon ?

— Bon pour qui ? Pour vous, peut-être ? J'ai été traité avec le plus grand mépris.

— C'est bien plus que vous ne méritez.

— Votre protecteur est mort, souligna de Rochefort, un sourire sinistre éclairant son visage pâle. Il ne reste que vous et moi désormais.

— J'ai hâte de me mesurer à vous.

— Moi aussi, rétorqua de Rochefort avant d'observer une pause. Trente pour cent de nos frères ne m'ont pas apporté leur soutien. Dites donc adieu à notre maître en leur compagnie. »

Sur ces mots, il tourna les talons et sortit de la chapelle. Le sénéchal attendit que les portes se soient refermées pour poser une main tremblante sur le cercueil du maître. Un réseau de haine, de traîtrise et de fanatisme se resserrait sur lui. Il entendit de nouveau les paroles qu'il lui avait dites la veille.

« Je respecte le pouvoir de nos adversaires. »

Il venait de perdre sa première bataille.

Ce qui n'augurait rien de bon pour les heures à venir.

16

Rennes-le-Château,

Sud de la France
11 h 30

Au volant de sa voiture de location, Malone quitta l'autoroute, prit vers le sud jusqu'à Couiza, et emprunta la route qui serpentait jusqu'au sommet d'une colline. Elle offrait un point de vue époustouflant sur les vallons aux teintes fauves foisonnant d'hélianthèmes, de lavande et de thym. Les ruines éparses d'une forteresse, dont les murs calcinés se dressaient comme des doigts décharnés, s'élevaient au loin. De cette terre qui s'étendait à perte de vue émanait un profond romantisme et l'on s'imaginait sans peine les chevaliers en maraude s'abattre comme des oiseaux de proie sur leurs ennemis du haut de leurs forteresses.

Stéphanie et Malone s'étaient envolés pour Paris vers quatre heures du matin ; là, ils avaient attrapé le premier vol Air France pour Toulouse. Une heure plus tard, ils roulaient en direction du Languedoc.

Dans la voiture, Stéphanie lui parla du village construit à plus de quatre cent cinquante mètres d'altitude sur le sinistre éperon rocheux qu'ils étaient en train de gravir. Les Gaulois avaient été les premiers à s'établir sur la colline, alléchés par la perspective qu'elle offrait sur la vallée de l'Aude. Mais c'étaient les Wisigoths qui, au Vᵉ siècle, y avaient construit une citadelle et l'avaient baptisée du nom antique d'origine celte Rhedae, qui signifie chariot. Sous leur influence, la cité était devenue un haut lieu de commerce. Deux siècles plus tard, lorsque les Wisigoths avaient été repoussés jusqu'en Espagne, les Francs avaient fait de Rhedae une cité royale. Au XIIᵉ siècle, cependant, la ville avait décliné et avait fini par être rasée vers 1170. Elle était successivement passée dans le giron de différentes maisons françaises et espagnoles avant de devenir la propriété de l'un des lieutenants de Simon de Montfort, qui en avait fait une baronnie. La famille avait alors fait élever un château autour duquel un petit hameau était né et la ville avait été rebaptisée Rennes-le-Château. Les descendants des barons de Rennes-le-Château avaient régné sur le village et ses environs jusqu'à la mort de la dernière héritière, Marie d'Hautpoul de Blanchefort, en 1781.

« Selon la rumeur, lui avait raconté Stéphanie, Marie d'Hautpoul aurait révélé un grand secret avant de mourir, secret que sa famille gardait depuis des siècles. Veuve et sans enfant, elle l'aurait confié à son confesseur l'abbé Antoine Bigou, prêtre de la paroisse de Rennes-le-Château. »

En regardant le dernier lacet de l'étroite route se dessiner au loin, Malone s'imaginait ce que devait être la vie dans un endroit si isolé à l'époque. Les vallées reculées constituaient le refuge idéal des fugitifs et des pèlerins toujours en partance. Facile de comprendre pourquoi la région avait enflammé les imaginations, était devenue la Mecque des amoureux de mystères et des hippies, un endroit où les écrivains aux théories originales pouvaient se forger une réputation.

Ç'avait été le cas de Lars Nelle.

Ils arrivaient au village. Malone ralentit et franchit un portail soutenu par deux piliers de travertin. FOUILLES INTERDITES, lut-il sur un panneau.

« Ils ont dû interdire formellement les fouilles ?

— Il y a quelques années, expliqua Stéphanie, les gens creusaient dans tous les coins à la recherche d'un trésor. Ils employaient même de la dynamite. Il était devenu indispensable de faire respecter certaines règles. »

Au loin, derrière les portes de la ville, une faible lueur éclairait le ciel. Certaines maisons de travertin, serrées les unes contre les autres comme des livres sur une étagère, arboraient des toits pentus, des portes épaisses et des balcons rouillés. Une grand-rue étroite et caillouteuse serpentait le long d'une petite côte. Des touristes, sac au dos et guide Michelin en main, se serraient contre les murs de part et d'autre de la rue, marchant en file indienne d'un bout à l'autre du village. Malone repéra un ou deux magasins, une librairie et un restaurant. Quelques ruelles bifurquaient vers de rares îlots d'habitations. La commune s'étendait sur moins de cinq cents mètres.

« Le village ne compte qu'une centaine d'habitants à l'année, précisa Stéphanie. En revanche, il reçoit cinquante mille visiteurs par an.

— Lars a eu une certaine influence dans le coin, on dirait.

— Plus d'influence que je n'aurais jamais pu l'imaginer. »

Sur les indications de Stéphanie, Malone prit à gauche. Ils se faufilèrent entre les kiosques des marchands de rosaires, médailles, photos et souvenirs où se pressaient d'autres touristes armés de leurs appareils photo.

« Ils débarquent par cars entiers, remarqua Stéphanie. Ils veulent croire à l'impossible. »

Ils grimpèrent une dernière côte et Malone gara la Peugeot dans un parking sablonneux. Les chauffeurs de deux cars stationnés à proximité faisaient les cent pas en fumant. D'un côté se dressait un château d'eau dont la pierre usée était ornée d'un signe zodiacal.

« Si les touristes arrivent tôt, remarqua Stéphanie en sortant de la voiture, c'est pour visiter le domaine de l'abbé Saunière construit grâce au mystérieux trésor qu'il aurait découvert. »

Malone s'approcha d'un parapet. Il avait un point de vue imprenable sur la vallée, patchwork de champs, de forêts et de roche qui couvrait plusieurs kilomètres. Sur les collines plantées de pins argentés, on distinguait çà et là quelques spécimens de châtaigniers et de chênes. Malone s'assura de la solidité du parapet. Au sud, la masse des Pyrénées et leurs sommets enneigés dominait l'horizon. De l'ouest soufflait un vent violent que le chaud soleil d'été rendait heureusement moins âpre.

Le bâtiment néogothique au toit crénelé et flanqué d'une unique tourelle qu'il apercevait à cent mètres sur sa droite avait orné la couverture d'innombrables livres et brochures touristiques. Sinistre et altier, il se dressait au bord d'une falaise, comme accroché à la roche. Derrière, un long belvédère permettait d'accéder à une orangeraie et à d'autres édifices anciens aux toits de tuiles ocre. Les visiteurs allaient et venaient sur les remparts, appareils photo en main, admirant le point de vue sur la vallée.

« La tour Magdala, indiqua Stéphanie. C'est quelque chose, n'est-ce pas ?

— Elle n'a pas l'air à sa place.

— C'est ce que j'ai toujours pensé, moi aussi. »

À droite de la tour, un jardin ornemental permettait d'accéder à un bâtiment compact de style Renaissance, incongru lui aussi.

« La villa Béthanie. Saunière l'a fait construire elle aussi.

— Un nom biblique qui signifie "maison des dates" ou "maison de l'affligé".

— Saunière avait un don pour baptiser les lieux, reconnut Stéphanie. La maison de Lars se trouve au bout de cette ruelle, indiqua-t-elle en se retournant. Avant d'y aller, il faut que je vous raconte ce qui s'est passé ici en 1891. Je l'ai lu la semaine dernière. C'est ce qui a fait sortir cet endroit de l'ombre. »

L'abbé Béranger Saunière considéra la tâche décourageante qui l'attendait. L'église Sainte-Marie-Madeleine avait été érigée sur des vestiges wisigothiques et consacrée en 1059. Aujourd'hui, huit siècles plus tard, l'intérieur était en ruine à cause des fuites du toit, qui n'avait de toit que le nom, d'ailleurs. Les murs s'effondraient, quant à eux, et les fondations s'enfonçaient. Il faudrait de la patience et de l'énergie pour réparer les dommages, mais il se sentait à la hauteur.

C'était un homme robuste, athlétique, aux larges

épaules, aux cheveux noirs coupés ras. L'unique trait physique qui le rendait attachant et dont il jouait était la fossette à son menton. Elle contrebalançait la sévérité de ses yeux noirs et de ses sourcils broussailleux en lui donnant l'air malicieux. Né dans le village voisin de Montazels, il connaissait bien la géographie des Corbières et venait à Rennes-le-Château depuis l'enfance. L'église de la commune, consacrée à Marie Madeleine, ne servait plus guère depuis des décennies, et il n'aurait jamais imaginé qu'un jour il aurait à se colleter avec ses innombrables défauts.

« Un véritable désastre, lui dit le maçon, un dénommé Rousset.

— C'est aussi mon avis. »

Babou, un collègue de Rousset, s'efforçait de consolider l'un des murs. L'architecte des monuments nationaux avait récemment recommandé de raser l'édifice, mais Saunière n'aurait jamais pu s'y résoudre. Il devait sauver cette vieille église de la destruction.

« Les réparations coûteront très cher, reprit Rousset.

— Des sommes astronomiques », renchérit l'abbé avec un sourire pour montrer au vieil homme qu'il était conscient de l'ampleur de la tâche. « Mais cet endroit redeviendra digne du Seigneur. »

Ce qu'il ne dit pas, c'est qu'il avait déjà réuni une coquette somme. L'un de ses prédécesseurs avait laissé six cents francs à investir dans des réparations. Il avait également réussi à convaincre le conseil municipal de lui prêter quatorze cents francs. Mais le gros de la somme lui était parvenu secrètement cinq ans plus tôt. La comtesse de Chambord, veuve de Henri, dernier représentant des Bourbon et prétendant au trône de France, lui avait fait une donation de trois mille francs. À l'époque, Saunière était parvenu à faire parler de lui en délivrant des sermons antirépublicains qui réveillaient les sentiments monarchistes chez ses paroissiens. Le gouvernement, qui s'était ému de ces commentaires, lui avait coupé les vivres et exigé qu'on lui retire sa chaire. L'évêque ne l'avait suspendu que pendant neuf mois, et il avait attiré l'attention de la comtesse qui avait chargé un intermédiaire de le contacter.

« Par quoi voulez-vous commencer ? » demanda Rousset.

L'abbé avait longuement réfléchi à la question. Les vitraux avaient déjà été remplacés et le porche neuf, devant l'entrée principale, serait bientôt achevé. Le mur nord, sur lequel travaillait Babou, devrait évidemment être réparé, il faudrait installer un autel neuf et refaire le toit. Mais il y avait une priorité.

« Nous allons commencer par l'autel », répondit-il.

Rousset eut l'air étonné.

« C'est le point de mire, pour les fidèles.

— Comme vous voulez, monsieur le curé. »

Il aimait le respect que lui témoignaient ses paroissiens les plus âgés bien qu'il n'ait que trente-huit ans. Il avait appris à aimer Rennes-le-Château ces cinq dernières années. Il n'était pas loin de chez lui, avait tout loisir d'étudier les Saintes Écritures et de se perfectionner en latin, en grec et en hébreu. Il aimait également faire des promenades dans la montagne, s'adonner à la pêche et à la chasse. Mais l'heure était venue de se montrer constructif.

Il s'approcha de l'autel.

La dalle de marbre avait été grêlée par les gouttes qui traversaient le plafond poreux depuis des siècles. Deux colonnes ouvragées, ornées des croix wisigothiques et de lettres grecques, la soutenaient.

« Nous allons remplacer la dalle et les colonnes, expliqua le prêtre.

— Comment allons-nous nous y prendre, l'abbé ? demanda Rousset. Nous n'arriverons jamais à les soulever.

— Servez-vous de la masse. Inutile de les épargner. »

Babou s'empara de l'outil et évalua la situation. Puis, avec un grand soupir, il souleva le marteau et l'abattit au centre de l'autel.

La dalle se fendit mais ne se brisa pas.

« C'est du solide, s'exclama Babou.

— Recommencez », l'encouragea Saunière.

La pierre éclata sous le coup suivant, les deux morceaux s'effondrant l'un sur l'autre, entre les piliers toujours dressés à chaque bout.

« Finissons-en. »

Le marbre vola bientôt en éclats.

« Débarrassons-nous de tout ceci, fit Saunière en se baissant.

— On va s'en occuper, monsieur le curé, intervint Babou en posant la masse. Entassez les morceaux pour nous. »

Les deux maçons soulevèrent de gros morceaux de marbre et se dirigèrent vers la sortie.

« Entreposez-les dans le cimetière, derrière l'église. Ils devraient nous être utiles là-bas. »

Au moment où les deux hommes s'éloignaient, Saunière vit que les deux piliers avaient résisté à la démolition. D'un geste, il balaya la poussière et les débris de pierre qui recouvraient l'un des piliers. L'autre était toujours recouvert d'un morceau de travertin et lorsqu'il le jeta sur la pile, il remarqua dessous une petite mortaise. L'entaille n'était pas plus large que sa main et était certainement destinée à accueillir le goujon de fixation ; mais, à l'intérieur du trou, il aperçut une lueur.

Il se pencha et souffla sur la poussière avec précaution.

Oui, il y avait quelque chose.

Une fiole.

Pas plus longue que son index et à peine plus large, scellée grâce à de la cire à cacheter rouge. En l'examinant avec attention, il s'aperçut qu'elle contenait un rouleau de papier. Il se demanda depuis combien de temps elle était là. Il n'avait jamais entendu parler de travaux entrepris récemment pour restaurer l'autel ; cela devait faire un moment qu'elle était cachée là.

Il tira l'objet de sa cachette.

« C'est à cause de cette fiole que tout a commencé, commenta Stéphanie.

— J'ai lu les livres de Lars, moi aussi, acquiesça Malone. Mais je croyais que Saunière était censé avoir découvert trois parchemins renfermant certains messages secrets.

— L'histoire a été très embellie. La plupart des détails farfelus datent des années cinquante, lorsqu'un aubergiste du village s'est employé à attirer la clientèle. Un mensonge en entraînant un autre... Lars n'a jamais cru à l'existence de ces parchemins. Les fameux messages secrets ont été reproduits dans d'innombrables ouvrages, mais personne n'a jamais vu les originaux.

— Pourquoi Lars y faisait-il allusion s'il n'y croyait pas ?

— Pour vendre des livres. Je sais que cela le dérangeait, mais il le faisait tout de même. Il a toujours dit que la fortune de Saunière remontait à l'année 1891 et était liée au contenu de cette fiole en verre. Mais il était le seul à soutenir cette thèse. Voilà le presbytère où vivait Saunière, expliqua Stéphanie en désignant un bâtiment. Aujourd'hui, il abrite un musée qui lui est consacré. Le pilier y est exposé. »

Ils passèrent devant les kiosques bondés et suivirent la rue grossièrement pavée.

« L'église Sainte-Marie-Madeleine, annonça Stéphanie en désignant un édifice roman. Autrefois la chapelle des comtes locaux. Désormais, pour quelques euros, on peut admirer la fabuleuse création de l'abbé Saunière.

— Vous n'aimez pas ?

— Je n'ai jamais aimé, fit-elle avec un hochement de tête. C'était bien ça le problème. »

À leur droite, Malone aperçut un château en ruine

aux murs ocre brûlés par le soleil. « La propriété des Hautpoul. L'État s'en est emparé à la Révolution et, depuis, c'est un désastre. »

Ils contournèrent l'arrière de l'église et passèrent un portail de pierre orné d'une tête de mort ressemblant à l'emblème des pirates. La veille au soir, Malone avait lu que ce symbole ornait fréquemment les tombes des Templiers.

Des gravillons recouvraient le sol. Ils entraient dans l'enclos paroissial dont la configuration semblait tout à fait classique : délimité à une extrémité par un muret, à une autre par l'église, on y accédait par une arche de pierre. Le cimetière abritait une profusion de caveaux, de pierres tombales et de monuments. Des gerbes de fleurs ornaient certaines tombes et, conformément à la tradition française, nombreuses étaient celles sur lesquelles était exposée la photo du défunt.

Stéphanie se dirigea vers l'un des monuments que n'ornait ni fleur ni photographie, et Malone resta en retrait. Il savait que le respect que les habitants du village témoignaient à Lars Nelle lui avait valu d'être inhumé dans leur cimetière bien-aimé.

Sa pierre tombale était simple et ne comportait que son nom, ses dates de naissance et de décès et l'épitaphe suivante : ÉPOUX, PÈRE, ÉRUDIT.

Malone s'approcha de Stéphanie à pas feutrés.

« Ils n'ont pas hésité une seconde avant de l'inhumer ici », murmura-t-elle.

Il savait ce qu'elle voulait dire. Ce lieu était sacré.

« D'après le maire de l'époque, aucune preuve formelle ne permettait de conclure au suicide. C'était un proche de Lars, il souhaitait que son ami repose ici.

— C'est l'endroit idéal », convint Malone.

Il savait que Stéphanie souffrait ; mais valider cette douleur serait perçu comme une intrusion dans sa vie privée.

« J'ai commis beaucoup d'erreurs avec Lars, admit Stéphanie, et elles ont fini par me coûter Mark.

— Ce n'est pas simple, le mariage », reconnut Malone. Après tout, l'égoïsme avait brisé son couple. « Être parent non plus.

— J'avais toujours trouvé la passion de Lars ridicule. J'étais avocate, employée du gouvernement, chargée d'importantes missions. Il s'était mis en quête de l'impossible.

— Que faites-vous ici, dans ce cas ?

— J'ai compris que j'avais une dette envers lui, répondit Stéphanie sans quitter la tombe des yeux.

— Une dette envers vous-même ?

— Envers notre couple, peut-être. »

Malone se tut.

« La maîtresse de Saunière est inhumée là-bas », expliqua Stéphanie en désignant un coin reculé du cimetière.

Malone avait découvert son existence grâce aux livres de Lars. L'abbé était de seize ans son aîné, et elle avait à peine dix-huit ans lorsqu'elle était entrée à son service. Elle était restée auprès de lui pendant trente et un ans jusqu'à sa mort, en 1917. Elle avait alors hérité de tous les biens de Saunière, y compris ses terres et le contenu de ses comptes en banque, ce qui interdisait à quiconque, même à l'Église, de se les approprier. Jusqu'à sa mort en 1953, elle avait vécu à Rennes-le-Château, portant le deuil, se comportant de manière aussi étrange que du vivant de son amant.

« C'était une originale, reprit Stéphanie. Bien après

le décès de Saunière, elle déclara que ce qu'il avait laissé suffirait à nourrir le village pendant cent ans mais vécut dans le dénuement jusqu'à la fin.

— A-t-on jamais su pourquoi ?

— "Je ne peux pas y toucher" : voilà son seul commentaire sur le sujet.

— Je croyais que vous ne saviez pas grand-chose de cette histoire.

— C'était le cas jusqu'à la semaine dernière. Les livres et le journal de Lars ont été très instructifs. Mon mari a consacré beaucoup de temps à interroger les habitants de la région.

— Il n'a obtenu que des renseignements de deuxième ou troisième main, sans doute.

— En ce qui concerne Saunière, effectivement. Il est mort depuis longtemps. Mais sa maîtresse a vécu jusqu'aux années cinquante et, dans les années soixante-dix et quatre-vingt, beaucoup de monde se souvenait encore d'elle. En 1946, elle vendit la villa Béthanie à un certain Noël Corbu. Il l'a transformée en hôtel – c'est l'aubergiste dont je parlais tout à l'heure, à l'origine de la plupart des mensonges sur Rennes-le-Château. La bonne de Saunière lui avait promis de lui révéler son grand secret mais, à la fin de sa vie, elle eut une attaque et devint incapable de communiquer. »

Ils traversaient lentement le cimetière, en faisant crisser le gravier sous leurs pas.

« Saunière reposait ici autrefois, auprès d'elle, mais d'après le maire, les chercheurs de trésor menaçaient de détruire la tombe. Alors, il y a quelques années, on a exhumé le prêtre pour l'enterrer dans un mausolée, dans le jardin. Il faut débourser trois euros aujourd'hui pour se rendre sur sa tombe... le prix de la sécurité pour un cadavre, je suppose, fit Stéphanie, sarcastique. Je me rappelle être venue ici il y a des années, reprit-elle. À la fin des années soixante, quand Lars est arrivé à Rennes-le-Château, il n'y avait sur les tombes que deux croix minables et recouvertes d'herbes grimpantes. Personne n'en prenait soin. Elles n'intéressaient personne. Saunière et sa maîtresse étaient tombés dans l'oubli. »

Une chaîne métallique encerclait la concession et les vases de béton avaient été remplis de fleurs fraîches. Malone eut du mal à déchiffrer l'épitaphe à peine lisible sur l'une des stèles :

CI-GÎT BÉRENGER SAUNIÈRE
PRÊTRE DE RENNES-LE-CHÂTEAU
1852-1917
DÉCÉDÉ LE 22 JANVIER 1917 À L'ÂGE DE 64 ANS

« J'ai lu quelque part que la stèle était trop fragile pour pouvoir être déplacée, expliqua Stéphanie, alors on l'a laissée ici. C'est toujours ça de pris pour les touristes.

— Les opportunistes ne l'ont pas prise pour cible, elle aussi ? s'étonna Malone en remarquant la tombe de la maîtresse.

— Apparemment pas puisqu'on l'a laissée ici.

— Leur relation ne faisait-elle pas scandale ?

— Saunière faisait profiter les gens de sa fortune, soupira Stéphanie. Le château d'eau sur le parking, il l'a fait construire pour le village. Il a aussi fait paver certaines rues, réparer des maisons, consenti des prêts à certains villageois dans l'embarras. Alors, on lui pardonnait ses faiblesses. Et si l'on se fie à l'un des livres de Lars, il n'était pas rare pour un prêtre d'avoir une bonne, à l'époque. »

Un groupe de touristes fort peu discrets se dirigeait vers la tombe.

« Ils viennent ici assouvir leur curiosité, dit Stéphanie, un soupçon de mépris dans la voix. Est-ce qu'ils se comporteraient de la même façon chez eux, là où leurs êtres chers sont inhumés ? »

Le groupe approchait et un guide se lança dans des explications sur la maîtresse de Saunière. Stéphanie s'éloigna, Malone sur ses talons.

« Le village n'est rien d'autre qu'une attraction pour eux, murmura-t-elle, un jeu de piste menant au trésor de Saunière. Difficile de croire que l'on puisse gober ces insanités.

— Lars abordait le sujet dans ses livres, non ?

— En quelque sorte, oui. Mais réfléchissez, Cotton : même si le prêtre a bien trouvé un trésor, pourquoi permettre à quelqu'un de faire main basse dessus en le conduisant directement jusqu'à lui ? Ce domaine est l'œuvre de sa vie et la dernière chose qu'il devait souhaiter, c'est de voir quelqu'un s'en emparer illégalement. Cette histoire fait un bon sujet de livre, mais n'a rien à voir avec la réalité. »

Malone s'apprêtait à lui poser une question lorsqu'elle se tourna vers une autre partie du cimetière, derrière un escalier de pierre menant à plusieurs tombes à l'ombre d'un grand chêne. Il remarqua un caveau neuf orné de bouquets colorés et de lettres argentées se détachant sur le marbre gris.

Stéphanie s'en approcha, Malone sur les talons.

« Oh, mon Dieu », s'exclama-t-elle, angoissée.

ERNST SCOVILLE, lut-il sur la stèle. Un rapide calcul lui permit d'apprendre que l'homme était décédé à l'âge de soixante-treize ans.

Une semaine plus tôt.

« Vous le connaissiez ? demanda Malone.

— Je l'ai appelé il y a trois semaines. Juste après avoir reçu le journal de Lars. Il faisait partie des collaborateurs de Lars à qui nous devions parler.

— Avez-vous évoqué vos projets avec lui ? »

Stéphanie hocha lentement la tête : « Je lui ai parlé de la vente aux enchères, du livre et je lui ai appris que je venais en Europe. »

Malone n'en croyait pas ses oreilles. « Hier soir, vous m'avez affirmé que personne n'était au courant de vos projets.

— J'ai menti. »

17

Abbaye des Fontaines

13 h 00

De Rochefort était ravi. Sa première confrontation avec le sénéchal s'était soldée par une retentissante victoire. Dans toute l'histoire de l'ordre, six maîtres seulement avaient vu leur bilan contesté parce qu'ils s'étaient laissés aller au vol, à la lâcheté, à la luxure ; leurs péchés remontaient à plusieurs siècles, quelques décennies après la purge, lorsque la confrérie était affaiblie, en proie au chaos. Malheureusement, cette punition avait une portée plus symbolique que réelle. Le nom du maître apparaîtrait tout de même dans les chroniques, ses échecs et ses succès seraient dûment répertoriés ; mention serait faite cependant que ses frères le trouvaient indigne de rester présent dans leur mémoire.

Dans les semaines qui venaient de s'écouler, ses lieutenants s'étaient assurés que les deux tiers des voix requis seraient atteints à l'occasion du vote pour envoyer un message au sénéchal. Cet usurpateur devait savoir à quel point la lutte qui s'annonçait serait dure.

Certes, l'insulte de voir son autorité contestée importait peu au maître désormais. Il serait inhumé auprès de ses prédécesseurs, quoi qu'il advienne. Non, en lançant ce défi, de Rochefort cherchait plutôt à rabattre le caquet du successeur désigné et à motiver ses alliés. Il se servait d'un outil ancien que la règle mettait à la disposition des frères, héritage d'une époque où les mots honneur et mémoire avaient encore un sens. Et il en avait ressuscité l'usage avec succès à l'occasion de la première bataille d'une guerre qui prendrait fin au coucher du soleil.

Le prochain maître, ce serait lui.

L'ordre des Pauvres Chevaliers du Christ et du Temple de Salomon existait, égal à lui-même, depuis 1119. Philippe IV, roi de France, qui portait le sobriquet méprisable et inapproprié de Philippe le Bel, avait tenté en 1307 de le faire disparaître. Mais, à l'instar du sénéchal, le roi avait lui aussi sous-estimé ses adversaires et avait fait de l'ordre une organisation secrète.

Jadis, des dizaines de milliers de frères administraient commanderies, fermes, temples et châteaux situés sur les neuf mille propriétés disséminées à travers l'Europe et la Terre sainte. La simple vision d'un chevalier vêtu de son habit blanc frappé de la croix pattée effrayait l'ennemi. Les Templiers ne pouvaient encourir l'excommunication et étaient exemptés des devoirs féodaux. L'ordre était autorisé à conserver tous les butins de guerre. Ne rendant de comptes qu'au seul pape, l'ordre des Templiers était une nation en soi.

Mais l'ordre n'avait pas eu à livrer bataille depuis sept siècles. Il s'était retiré dans une abbaye pyrénéenne et se faisait passer pour une communauté monastique comme tant d'autres. Les contacts avec les évêques de

Toulouse et Perpignan avaient été maintenus et tous les devoirs requis par l'Église catholique romaine étaient accomplis. Rien n'aurait pu distinguer l'abbaye, ni attirer l'attention sur la confrérie, ni pousser les gens à s'interroger sur ses activités. Les frères prononçaient deux vœux : l'un, par nécessité, les engageait envers l'Église ; l'autre, primordial, les engageait envers la confrérie. Les rites séculaires avaient toujours cours, même si, aujourd'hui, c'était à la faveur de la nuit, à l'abri d'épais remparts, derrière le portail cadenassé de l'abbaye.

Et tout ça pour le legs des Templiers.

La futilité et le côté paradoxal de cette responsabilité l'écœuraient. L'ordre existait pour sauvegarder ce trésor qui n'existerait pas sans l'ordre.

Quel dilemme !

Mais c'était la responsabilité de la confrérie.

Sa vie entière n'avait été qu'un prélude aux heures qui approchaient. Né de parents inconnus, il avait été élevé par les jésuites dans un pensionnat de la région bordelaise. Au commencement de l'ordre, criminels repentis, amoureux éconduits, marginaux venaient grossir les rangs des Templiers. Aujourd'hui, les chevaliers venaient de tous horizons. C'est dans le monde séculier que la majorité des recrues étaient repérées, mais c'étaient des sociétés religieuses qu'étaient issus les véritables chefs. Les dix derniers maîtres avaient tous été formés dans des monastères. Lui avait d'abord étudié dans une université parisienne avant d'intégrer le séminaire d'Avignon. Il y enseignait depuis trois ans quand l'ordre l'avait contacté. Il s'était alors soumis à la règle avec un enthousiasme sans bornes.

En cinquante-six années, il n'avait jamais connu la chair d'une femme et n'avait jamais été tenté par celle des hommes non plus. En le promouvant au rang de maréchal, le défunt maître avait tenté de mettre un frein à son ambition, il en était conscient ; peut-être lui tendait-il même un piège en espérant qu'il se ferait une multitude d'ennemis, ce qui aurait rendu toute promotion ultérieure impossible. Mais il avait usé de sa position avec sagesse en multipliant les amitiés, les alliances et les faveurs rendues. La vie monastique lui convenait. Ces dix dernières années, il avait épluché les chroniques de l'ordre, et les moindres détails – positifs ou négatifs – de son histoire n'avaient plus aujourd'hui aucun secret pour lui. Il ne répéterait pas les erreurs du passé. Il était intimement persuadé que l'isolement auquel s'était elle-même contrainte la confrérie avait précipité sa chute. Le secret engendrait à la fois mystère et suspicion, et, de là, il n'y avait qu'un pas vers la diffamation. Il fallait que cela cesse. Il fallait rompre ce silence de sept cents ans.

Son heure était venue.

La règle était claire.

« Lorsqu'une chose sera commandée par le maître, qu'elle soit faite sans aucune réserve, comme si c'était Dieu qui l'avait commandée. »

La sonnerie du téléphone placé sur son bureau retentit et il décrocha le combiné.

« Les deux frères qui se trouvent à Rennes-le-Château nous signalent l'arrivée de Stéphanie Nelle et de Malone, lui annonça son second. Comme vous l'aviez prédit, elle s'est rendue directement au cimetière et a découvert la tombe d'Ernst Scoville. »

Il était bon de connaître son ennemi. « Que nos frères se contentent d'observer, mais qu'ils soient prêts à agir.

— Au sujet de l'autre problème sur lequel vous nous

avez demandé d'enquêter, nous ignorons toujours qui a agressé nos frères à Copenhague. »

Le maréchal détestait entendre parler d'échec. « Les préparatifs sont-ils achevés pour ce soir ?

— Nous serons prêts.

— Combien de frères ont-ils rejoint le sénéchal au panthéon ?

— Trente-quatre.

— Les avez-vous tous identifiés ?

— Tous sans exception.

— Offrons-leur la possibilité de se joindre à nous. S'ils refusent, occupez-vous d'eux. Assurons-nous cependant que la majorité d'entre eux s'engage à nos côtés. Cela ne devrait pas poser de problème. Personne n'aime soutenir une cause perdue d'avance.

— Le chapitre se réunit à dix-huit heures. »

Au moins, le sénéchal renonçait à ses fonctions en appelant les frères à se réunir avant la tombée de la nuit. La seule inconnue dans l'équation, c'était le chapitre, assemblée censée prévenir toute manipulation ; mais il avait longuement étudié les principes qui en régissaient le fonctionnement et avait hâte qu'il se tienne.

« Soyez prêts, ordonna de Rochefort. Le sénéchal agira vite pour créer la confusion. C'est ainsi que son maître gérait les élections.

— Il ne se laissera pas vaincre aisément.

— Ce serait étonnant de sa part, en effet. Voilà pourquoi je lui réserve une surprise. »

18

Rennes-le-Château

13 h 30

Malone et Stéphanie traversèrent le village aux rues grouillantes de monde. Un car cahota le long de la grand-rue, se dirigeant prudemment vers le parking. À mi-côte, Stéphanie entra dans un restaurant pour parler au patron. Malone jeta un coup d'œil concupiscent aux assiettes appétissantes des clients attablés, tout en comprenant que le déjeuner devrait attendre.

Il en voulait à Stéphanie de lui avoir menti. Elle n'avait pas l'air de se rendre compte de la gravité de la situation. Des hommes déterminés, prêts à mourir et à tuer, poursuivaient une quête. Malone avait maintes fois eu affaire à ce genre d'individus, et c'est en rassemblant le maximum d'informations qu'il multiplierait ses chances de succès. Il était déjà difficile de s'occuper de ses ennemis, mais s'il devait en prime s'inquiéter pour ses amis, la tâche devenait impossible.

« Ernst Scoville a été percuté par une voiture la semaine dernière pendant sa promenade quotidienne à l'extérieur des remparts, annonça Stéphanie en sortant du restaurant. Les villageois l'appréciaient. Il vivait ici depuis longtemps.

— Des pistes concernant la voiture ?

— Aucun témoin. Rien de concret à exploiter.

— Vous connaissiez Scoville personnellement ?

— Oui, mais il ne m'appréciait pas, précisa Stéphanie. Nous nous parlions rarement. Il avait pris le parti de Lars.

— Alors pourquoi l'avoir contacté ?

— J'ai pensé qu'il était le seul à pouvoir m'éclairer sur le journal de Lars. Il s'est montré poli étant donné que nous ne nous étions pas parlé depuis des années. Il souhaitait voir le carnet. Je comptais me racheter à ses yeux pendant mon séjour ici. »

Il y avait de quoi se poser des questions sur son ancienne patronne. Elle ne s'entendait ni avec son fils, ni avec son mari, ni avec les amis de ce dernier. Il n'était pas difficile de voir pourquoi elle culpabilisait, mais ce qu'elle comptait faire pour y remédier était beaucoup plus nébuleux.

« J'aimerais aller chez Ernst, déclara Stéphanie en reprenant son chemin. Il possédait une assez belle bibliothèque. J'aimerais vérifier si ses livres sont toujours là.

— Était-il marié ?

— C'était un solitaire, fit Stéphanie en secouant la tête. Il aurait fait un parfait ermite. »

Ils empruntèrent une ruelle longeant des bâtiments qui avaient l'air inoccupés depuis longtemps.

« Pensez-vous sérieusement qu'un trésor soit dissimulé dans les parages ? demanda Malone.

— Difficile à dire, Cotton. Pour Lars, quatre-vingt-dix pour cent de l'histoire de Saunière était fictive. Je lui reprochais toujours de consacrer sa vie à quelque chose d'aussi dérisoire. "Et les dix pour cent de vérité ?" me répondait-il toujours. C'est ce qui le fascinait et fascinait Mark pour une grande part. Certains événements étranges se seraient déroulés ici il y a un siècle.

— Vous faites de nouveau allusion à Saunière ? »

Stéphanie hocha la tête.

« Expliquez-moi tout.

— J'ai moi aussi besoin d'explications, à vrai dire. Mais je peux vous en dire un peu plus long sur Béranger Saunière. »

« Je ne puis quitter une paroisse où mes intérêts me retiennent », déclara Saunière à l'évêque. Les deux hommes se trouvaient dans le palais épiscopal de Carcassonne, à une quarantaine de kilomètres au nord de Rennes-le-Château.

Il avait évité la confrontation pendant des mois en fournissant des certificats médicaux stipulant que sa maladie l'empêchait de voyager. Mais l'évêque était tenace et la dernière convocation lui avait été délivrée par un gendarme ayant reçu l'ordre de ne pas revenir sans lui.

« Votre train de vie est bien plus fastueux que le mien, souligna l'évêque. J'aimerais que vous m'expliquiez l'origine de votre fortune qui paraît à la fois providentielle et considérable.

— Hélas, monseigneur, vous m'interrogez sur le seul détail que je ne puis vous révéler. De grands pécheurs à qui, avec l'aide de Dieu, j'ai montré la voie de la pénitence m'ont versé ces sommes. Je ne veux pas trahir le secret de la confession en révélant leur nom. »

L'évêque réfléchit à cet argument habile. Il était recevable.

« Dans ce cas, parlons de votre train de vie et nous ne trahirons aucun secret.

— J'ai un train de vie plutôt modeste, rétorqua Saunière en feignant l'innocence.

— Ce n'est pas ce que l'on me rapporte.

— Vos informations doivent être erronées.

— Voyons, fit l'évêque en ouvrant l'épais registre placé devant lui. J'ai fait procéder à un inventaire qui s'est révélé très instructif. »

Saunière n'aimait pas ça. Il entretenait avec le prédécesseur de l'évêque des relations informelles et cordiales, et jouissait alors d'une grande liberté. Avec celui-ci, c'était autre chose.

« En 1891, vous vous êtes lancé dans la rénovation de l'église de la paroisse. À l'époque, vous avez fait remplacer les vitraux, construire un porche, transformer l'autel et la chaire et réparer le toit. Le coût des travaux s'élevait approximativement à vingt-deux mille francs. L'année suivante, les ouvriers se sont occupés des murs extérieurs et du dallage. Puis un nouveau confessionnal a été installé : sept cents francs. Les statues et la station de la Croix, moulées chez Giscard à Toulouse, posées : trente-deux mille francs. En 1898, un tronc a été installé : quatre cents francs. Puis en 1900, un bas-relief représentant Marie-Madeleine, très élaboré d'après ce que j'ai entendu dire, a été placé devant l'autel. »

Saunière se contentait d'écouter. De toute évidence, les finances de la paroisse n'avaient aucun secret pour l'évêque. L'ancien trésorier avait démissionné quelques années auparavant, arguant que ses responsabilités étaient en désaccord avec ses principes. Apparemment, il avait repris du service.

« J'ai pris mes fonctions en 1902, reprit l'évêque.

Depuis huit ans, je m'efforce, en vain d'ailleurs, de vous faire comparaître ici pour que vous dissipiez mes doutes. Au cours de ces huit années, vous avez fait construire la villa Béthanie, adjacente à l'église. C'est, d'après ce que l'on m'a dit, un édifice bourgeois de style composite, en pierre de taille. Elle est ornée de vitraux, dispose d'un salon, d'une salle à manger et de chambres d'invités qui viennent nombreux, d'après ce que je me suis laissé dire. C'est là que vous recevez. »

Le commentaire visait sans doute à provoquer une réaction chez Saunière qui garda cependant le silence.

« Et puis, il y a la tour Magdala, votre folie, une bibliothèque qui surplombe la vallée. On y trouve parmi les plus belles boiseries de la région, m'a-t-on dit. Tout ceci s'ajoute à vos collections de timbres et de cartes postales, considérables, et à l'achat de quelques animaux exotiques pour un coût s'élevant à plusieurs milliers de francs, conclut l'évêque en refermant le registre. Les revenus de votre paroisse ne dépassent pas deux cent cinquante francs par an, comment avez-vous pu amasser de telles sommes ?

— Comme je vous l'ai déjà dit, monseigneur, des donations m'ont été faites par un certain nombre de personnes qui souhaitent voir ma paroisse prospérer.

— Vous vous livrez au trafic de messes, déclara l'évêque. Vous monnayez les sacrements. Vous vous rendez coupable du crime de simonie. »

On l'avait averti que cette charge pesait contre lui. « Pourquoi tous ces reproches ? À mon arrivée, la paroisse était dans un état lamentable. Après tout, il incombe à mes supérieurs de s'assurer que les fidèles de Rennes-le-Château disposent d'une église digne de ce nom, et son prêtre, d'un logement décent. Pourtant, je travaille depuis un quart de siècle à reconstruire et embellir l'église sans avoir demandé un centime au diocèse. Je pense mériter vos félicitations au lieu de faire l'objet de ces accusations.

— À combien estimez-vous les sommes investies dans ces travaux ? »

Saunière décida de répondre : « Cent quatre-vingt-treize mille francs. »

L'évêque éclata de rire. « L'abbé, cela n'aurait pas suffi à payer les meubles, les statues et les vitraux. Selon mes calculs, vous avez déboursé plus de sept cent mille francs.

— J'ignore tout des méthodes comptables, et je serais bien en peine de dire combien ces travaux ont coûté. Tout ce que je sais, c'est que les fidèles de Rennes-le-Château adorent leur église.

— D'après les autorités, vous recevez entre cent et cent cinquante virements postaux quotidiens en provenance de Belgique, d'Italie, de Rhénanie, de Suisse et de la France entière. Les sommes vont de cinq à quarante francs. Vous fréquentez la banque de Couiza où ils sont convertis en espèces. Comment expliquez-vous cela ?

— Ma bonne s'occupe de mon courrier. Elle en prend connaissance et répond aux requêtes qui me sont adressées. Vous devriez lui poser la question directement.

— C'est vous qui vous présentez à la banque, pas elle.

— Posez-lui la question, fit Saunière en maintenant sa version.

— Malheureusement, elle n'est pas soumise à mon autorité. »

Le prêtre eut un haussement d'épaules.

« L'abbé, vous vous livrez au trafic de messes. Tout est clair. En ce qui me concerne en tout cas : les enveloppes que vous recevez ne contiennent pas les messages de vos soi-disant bienfaiteurs. Mais il y a encore plus inquiétant. »

Saunière attendait en silence.

« J'ai fait mes calculs : à moins que l'on ne vous paie des sommes exorbitantes pour chaque messe dite – et aux dernières nouvelles, le montant habituellement pratiqué est de cinquante centimes –, il vous faudrait officier vingt-quatre heures sur vingt-quatre pendant trois siècles pour accumuler la fortune que vous avez dépensée. Non, l'abbé, le trafic de messes n'est qu'une façade, façade dont vous vous servez pour dissimuler la véritable origine de votre fortune. »

Cet homme était bien plus intelligent qu'il n'y paraissait.

« Qu'avez-vous à répondre ?

— Rien, monseigneur.

— Dans ce cas, vous êtes immédiatement relevé de vos fonctions à Rennes-le-Château. Vous prendrez sans attendre votre service dans la paroisse de Coustouge. Qui plus est, vous êtes suspendu, avec interdiction de dire la messe jusqu'à nouvel ordre.

— Combien de temps cette suspension durera-t-elle ? demanda calmement Saunière.

— Jusqu'à ce que le tribunal ecclésiastique puisse examiner la demande d'annulation que vous ne manquerez pas de présenter sans attendre, j'en suis sûr. »

« Saunière a bien fait appel, précisa Stéphanie, sa requête a même été examinée par le Vatican, mais il est mort en 1917 avant d'avoir eu gain de cause. En revanche, il a préféré démissionner de ses fonctions que de quitter Rennes-le-Château. Il s'est mis à dire la messe à la villa Béthanie. Les habitants du village l'adoraient, aussi ont-ils boycotté le nouveau curé. N'oubliez pas que la propriété qui entourait l'église, villa comprise, appartenait à la maîtresse de Saunière – il a été malin – et l'Église ne pouvait donc rien contre lui.

— Comment a-t-il financé tous ces travaux ?

— C'est un mystère que beaucoup ont tenté d'élucider, y compris mon mari. »

Malone et Stéphanie longeaient l'une des nombreuses ruelles tortueuses bordées de pauvres maisons aux façades couleur de bois mort.

« Ernst vivait au bout de la rue », indiqua Stéphanie.

Ils s'arrêtèrent devant une vieille bâtisse qu'égayaient des roses couleur pastel grimpant le long d'une pergola en fer forgé. Trois marches de pierre conduisaient à la porte d'entrée. Malone monta les marches, jeta un coup d'œil par la porte vitrée et ne vit aucun signe d'abandon. « C'est mignon.

— Ernst était très maniaque. »

Malone actionna la poignée. La porte était verrouillée.

« J'aurais aimé entrer », dit Stéphanie.

Malone jeta un coup d'œil alentour. À quelques mètres de là, sur la gauche, la rue donnait sur le mur d'enceinte. Au-delà des remparts, on distinguait le ciel bleu pommelé de nuées vaporeuses. Personne en vue. Il revint sur ses pas et, d'un coup de coude, brisa la vitre avant de déverrouiller la porte.

Stéphanie lui emboîta le pas.

« Je vous en prie », dit Malone.

19

Abbaye des Fontaines

14 h 00

Le sénéchal ouvrit la grille en fer forgé et guida le cortège funèbre sous l'antique voûte. L'entrée du panthéon souterrain était située au cœur de l'abbaye, au fond d'un long corridor où l'un des bâtiments les plus anciens butait sur la roche. Quinze cents ans plus tôt, les moines avaient commencé par occuper les nombreux recoins sombres de ces cavernes. À mesure que les pénitents devenaient plus nombreux, des bâtiments avaient été édifiés. Les abbayes avaient en général tendance à prospérer ou à péricliter de façon spectaculaire ; l'édification de celle-ci avait pris plusieurs siècles, et lorsque les chevaliers du Temple en avaient discrètement pris possession à la fin du XIIIe siècle, ils avaient poursuivi la tâche des bâtisseurs. La maison mère de l'ordre – la maison *chèvetaine*, comme la règle la qualifiait – avait d'abord été située à Jérusalem, à Acre, à Chypre, avant de s'établir ici après la purge. On avait fini par construire des murs crénelés autour du bâtiment, élever des tourelles, et le monastère était devenu l'un des plus vastes d'Europe, perché sur les sommets pyrénéens, isolé de par sa situation géographique et son observance de la règle. L'abbaye des Fontaines devait son nom à la rivière et aux cascades voisines et à l'abondance des eaux souterraines.

Le sénéchal descendit les marches étroites creusées à même la roche. La semelle de ses sandales de corde glissait sur la pierre humide. À la place des flambeaux de jadis, des appliques électriques éclairaient aujourd'hui le chemin. Les trente-quatre frères qui avaient décidé de se joindre à lui l'escortaient. Arrivé au bas des marches, il avança à pas feutrés dans un passage jusqu'à une salle voûtée au centre de laquelle se dressait un pilier semblable au tronc d'un arbre séculaire.

Les frères se réunirent lentement autour du cercueil déjà installé sur une dalle de pierre. Des chants mélancoliques s'élevaient à travers les vapeurs d'encens.

Les chants cessèrent lorsque le sénéchal s'avança. « Nous sommes ici pour honorer notre maître. Prions », ordonna-t-il.

Après la prière, ils entonnèrent un hymne à la gloire du défunt.

« Notre maître a accompli une tâche exemplaire. Vous qui êtes fidèles à sa mémoire, rassurez-vous. Il aurait été fier. »

Il y eut un silence.

« Qu'est-ce qui nous attend ? » murmura l'un des frères.

Le panthéon n'était pas le lieu le plus approprié pour parler politique mais, étant donné l'inquiétude ambiante, le sénéchal fit une entorse à la règle.

« L'incertitude, annonça-t-il. Frère de Rochefort est

prêt à prendre les commandes. Ceux d'entre vous qui participerez au chapitre devront tout faire pour l'en empêcher.

— Il mènera l'ordre à sa perte, murmura un autre moine.

— Je le crois, moi aussi, reconnut le sénéchal. Il pense pouvoir venger un outrage vieux de sept siècles. Même si c'était vrai, pourquoi le ferions-nous ? Nous avons survécu.

— Ses disciples nous harcèlent. Ceux qui lui résistent seront punis. »

Voilà pourquoi si peu de frères s'étaient joints à lui, songea le sénéchal. « Nos ancêtres ont dû faire face à une multitude d'ennemis. En Terre sainte, ils ont affronté les Sarrasins et sont morts avec dignité. Ici, ils ont enduré la torture infligée par l'Inquisition. Notre maître Jacques de Molay est mort sur le bûcher. Rester fidèle à notre idéal, telle est notre mission. » Des paroles peu convaincantes, il le savait, qui devaient malgré tout être prononcées.

« De Rochefort veut en découdre avec nos ennemis. L'un de ses comparses est allé jusqu'à dire qu'il comptait reprendre possession du saint suaire. »

Le sénéchal tressaillit. D'autres penseurs radicaux avaient déjà proposé de relever ce défi par le passé, mais les maîtres successifs s'y étaient opposés. « Nous devons lui barrer la route au moment du chapitre. Il ne peut heureusement pas contrôler le processus de sélection.

— Il m'effraie », déclara l'un des frères, et le silence qui fit suite à ses paroles montrait qu'il exprimait un sentiment unanime.

Au bout d'une heure de prière, le sénéchal donna le signal. Quatre moines vêtus d'une robe écarlate emportèrent le cercueil du maître.

Le sénéchal s'approcha de la porte d'or, flanquée de deux colonnes en porphyre rouge. Elle ne tirait pas son nom du matériau qui la composait mais de ce qui jadis était entreposé derrière ses vantaux.

Chacun des maîtres reposait dans son propre *loculus*, sous la voûte de pierre bleu foncé constellée d'étoiles dorées qui étincelaient à la lueur des lampes. Les corps étaient depuis longtemps redevenus poussière. Des maîtres, ne restaient que les ossements conservés dans des châsses portant leur nom et la durée de leur mandat. À sa droite, il aperçut une niche vide où la dépouille de son maître reposerait pendant un an. C'est alors qu'un frère transférerait le squelette dans l'ossuaire. Ces rites funéraires, que l'ordre pratiquait depuis longtemps, avaient été ceux des Juifs en Terre sainte du temps du Christ.

Les quatre porteurs déposèrent le cercueil dans la niche désignée. Dans la pénombre du panthéon régnait un calme profond.

Les souvenirs de son ami se bousculaient dans l'esprit du sénéchal. Le maître était le plus jeune fils d'un riche marchand belge. Les raisons qui l'avaient poussé vers l'Église restaient mystérieuses, c'était simplement quelque chose qu'il devait faire. Il avait été recruté par l'un des nombreux émissaires de l'ordre disséminés aux quatre coins du monde qui s'y entendaient pour sélectionner les futurs membres de la confrérie. La vie monastique lui convenait et, en dépit de ses fonctions subalternes, au décès de son prédécesseur, c'était lui que les frères réunis en chapitre avaient désigné comme nouveau maître. C'est ainsi qu'il avait prêté serment. « Je fais don de ma vie à Dieu tout-puissant et à la Vierge Marie pour le salut de mon âme, pour vivre cette sainte existence tous les jours de ma vie jusqu'à mon dernier souffle. » Le sénéchal avait prononcé ces mêmes paroles.

Il repensa au commencement de l'ordre, aux cris de ralliement sur les champs de bataille, aux gémissements des frères blessés, à l'agonie, à l'angoisse d'enterrer ceux qui n'avaient pas survécu au conflit. Telle était la vie des Templiers. Les premiers à se jeter dans la bataille, les derniers à se retirer. Le sénéchal se demandait pourquoi Raymond de Rochefort regrettait cette époque. La futilité de leur condition avait été prouvée lorsque l'Église et le roi s'étaient retournés contre l'ordre au moment de la purge, sans aucun égard pour les bons et loyaux services rendus pendant deux siècles. Certains avaient péri sur le bûcher, d'autres avaient été torturés, irrémédiablement mutilés, tout cela par simple convoitise. Une véritable légende entourait les chevaliers du Temple aujourd'hui. Mémoire d'un passé révolu. Personne ne se préoccupait de savoir si l'ordre existait toujours, et réparer les injustices du passé semblait impossible.

Il fallait laisser les morts dormir en paix.

Il jeta un dernier coup d'œil au panthéon avant de renvoyer les frères à leurs occupations – tous, sauf un. Son assistant. Il fallait qu'ils s'entretiennent en privé. Le jeune homme approcha.

« Dis-moi, Geoffrey, que complotiez-vous, le maître et toi ?

— Que voulez-vous dire ? fit le jeune homme, éberlué.

— Le maître t'a-t-il demandé de lui rendre un service récemment ? Allons, ne me mens pas. Il est mort, mais moi je suis bien là. » Il se disait qu'en rappelant au jeune homme qui était le chef, il lui serait plus facile de découvrir la vérité.

« Oui, sénéchal. J'ai envoyé deux courriers pour le maître.

— Parle-moi du premier.

— Épais et lourd comme un livre. Je l'ai posté depuis Avignon il y a plus d'un mois.

— Et le second ?

— Expédié lundi dernier depuis Perpignan. Une lettre.

— À qui était-elle adressée ?

— Ernst Scoville, à Rennes-le-Château. »

Le jeune homme se signa furtivement et le sénéchal sentit de la confusion et de la méfiance chez lui. « Qu'y a-t-il ?

— Le maître m'avait averti que vous me poseriez ces questions. »

Voilà qui était intéressant.

« Il m'a dit que lorsque vous le feriez, reprit Geoffrey, je devrais vous dire la vérité. Mais il m'a également demandé de vous prévenir. Nombreux sont ceux qui se sont engagés sur la voie que vous vous apprêtez à prendre, mais aucun n'est jamais parvenu à ses fins. Il espère que vous réussirez et vous souhaite bonne route. »

Son mentor était un homme brillant qui en savait bien plus qu'il ne l'avait jamais dit.

« Il a également dit que vous deviez aller au bout de votre quête. Tel est votre destin. Que vous en soyez conscient ou pas. »

Il en avait suffisamment entendu. Cela expliquait pourquoi la cassette enfermée dans l'armoire du maître était vide. Le livre qu'il cherchait n'était plus à l'abbaye. Le maître l'avait fait expédier ailleurs. D'un geste bienveillant, il ordonna à Geoffrey de se retirer. Celui-ci s'inclina et se dirigea promptement vers la porte d'or.

Le sénéchal avait oublié un détail. « Attends ! Tu ne m'as pas dit où tu avais expédié le livre. »

Geoffrey s'arrêta, se retourna mais garda le silence.

« Pourquoi ne réponds-tu pas ?

— Il ne faut pas que nous parlions de ça. Pas ici. Pas en sa présence, dit le jeune homme en regardant furtivement le cercueil.

— Il voulait que je sache, tu me l'as dit toi-même. »

Le jeune homme lui lança un regard plein d'angoisse.

« Où as-tu envoyé le livre ? » Il avait besoin de se l'entendre dire, même s'il connaissait déjà la réponse.

« Aux États-Unis. Chez une certaine Stéphanie Nelle. »

20

Rennes-le-Château

14 h 30

Malone inspecta le modeste intérieur d'Ernst Scoville dont le décor était composé d'un mélange éclectique d'antiquités britanniques, d'art hispanique du XIIe siècle et de quelques tableaux français sans grand intérêt. Selon ses premières estimations, la bibliothèque contenait un millier de livres, éditions de poche aux pages jaunies et livres aux reliures défraîchies, pour la plupart. Les étagères étaient posées sur les murs porteurs de la maison et les livres méticuleusement rangés par sujet et par taille. De vieux journaux étaient classés par année de publication, par ordre chronologique. Idem pour les magazines. Ils avaient tous pour sujet Rennes-le-Château, Saunière, l'histoire de France, l'Église, les Templiers et Jésus-Christ.

« Scoville était un spécialiste de la Bible, on dirait, fit Malone en désignant plusieurs rangées consacrées à la critique biblique.

— Il a passé sa vie à étudier le Nouveau Testament.

Lars faisait appel à lui lorsqu'il avait des questions à ce sujet.

— À première vue, la maison n'a pas été fouillée.

— Cela aurait pu être fait sans laisser de trace.

— C'est vrai. Mais que pourrait-on bien chercher ici ? Et nous, que cherchons-nous ?

— Je ne sais pas. Tout ce que je sais, c'est que Scoville est mort quinze jours après notre conversation.

— Quelle information aurait pu causer sa mort ?

— Notre entretien a été des plus agréables. J'étais sincèrement persuadée que l'expéditeur du journal, c'était lui. Lars et lui collaboraient étroitement. En fait, il ignorait que je l'avais reçu, mais avait envie de le lire. Regardez tout ça. Quelle obsession ! Lars et moi, nous nous sommes disputés à ce sujet précis pendant des années, fit-elle, perplexe. J'ai toujours cru qu'il gâchait son potentiel. C'était un historien de premier ordre. Il aurait dû enseigner à l'université et gagner un salaire décent, publier le fruit de recherches crédibles au lieu de chasser des fantômes d'un bout à l'autre de la planète.

— C'était un auteur à succès.

— Seul son premier livre s'est bien vendu. L'argent était un autre de nos grands sujets de dispute.

— Vous semblez avoir beaucoup de regrets.

— Vous n'en avez pas, vous ? Si mes souvenirs sont exacts, vous avez plutôt mal encaissé votre divorce.

— Échouer n'est agréable pour personne.

— Au moins, votre femme ne s'est pas suicidée, elle. »

Elle marquait un point.

« En chemin, vous m'avez expliqué que, selon Lars,

Saunière aurait trouvé un message dans la fiole dissimulée dans l'autel. De qui provenait ce message ?

— Dans son carnet, Lars écrit qu'il provient certainement de l'un des prédécesseurs de Saunière, Antoine Bigou, prêtre de la paroisse à la fin du XVIIIe siècle, au moment de la Révolution. J'y ai fait allusion dans la voiture. C'est à lui que Marie d'Hautpoul de Blanchefort aurait révélé son secret de famille avant de mourir.

— Et Lars croyait le secret caché dans la fiole ?

— Ce n'est pas si simple. L'histoire est plus compliquée que ça. Marie d'Hautpoul avait épousé le dernier marquis de Blanchefort en 1732. L'histoire de la famille de Blanchefort remonte au temps des Templiers. Elle participa à la fois aux croisades en Terre sainte et à celle contre les albigeois. L'un des ancêtres de la famille fut même maître de l'ordre du Temple au milieu du XIIe siècle, et le village de Rennes-le-Château ainsi que les terres environnantes furent administrés par les Blanchefort pendant des siècles. Lorsque les templiers furent arrêtés en 1307, la famille donna asile à de nombreux fugitifs qui tentaient d'échapper aux hommes de Philippe le Bel. On raconte que, depuis lors, les Blanchefort ont toujours appartenu à l'ordre du Temple.

— On croirait entendre Henrik. Vous croyez sincèrement que l'ordre existe toujours ?

— Je l'ignore complètement. Mais je n'arrête pas de repenser à ce que l'homme m'a dit dans la cathédrale, à Copenhague. Il a cité Bernard de Clairvaux, le religieux qui, au XIIe siècle, a joué un grand rôle dans la montée en puissance des Templiers. J'ai fait comme si je ne savais pas de quoi il parlait, mais c'était l'un des sujets de prédilection de Lars. »

Malone se rappelait avoir lu ce nom dans le livre qu'il

avait consulté à Copenhague. Né à Fontaine, près de Dijon, Bernard, moine cistercien, avait fondé l'abbaye de Clairvaux au XIIe siècle. Grand penseur, il exerçait une énorme influence au sein de l'Église et était devenu proche conseiller du pape Innocent II. Son neveu faisait partie des neuf membres fondateurs de l'ordre du Temple et c'est Bernard qui persuada le pape d'accorder aux Templiers leur règle hors du commun.

« L'homme de la cathédrale connaissait Lars, reprit Stéphanie. Il m'a même laissé entendre qu'il lui avait parlé du journal et que Lars lui avait résisté. L'homme qui a sauté de la Tour ronde travaillait aussi pour lui – il tenait à ce que je le sache –, et il a prononcé le cri de ralliement des Templiers avant de sauter.

— Il bluffe peut-être pour vous faire perdre vos moyens.

— Je commence à en douter. »

Malone aussi, surtout au vu de ce qu'il avait remarqué sur le chemin du cimetière. Mais pour le moment, il préférait garder ce détail pour lui.

« Dans son journal, Lars parle du secret des Blanchefort qui daterait apparemment de 1307, au moment de l'arrestation des templiers. Il a trouvé dans des documents d'époque tout un tas de références à la mission censée avoir été accomplie par cette famille, mais jamais de détails explicites. Il a apparemment passé de longues heures à compulser les registres des monastères de la région. Mais il semblerait que la clé de l'énigme soit la tombe de Marie, celle qui est représentée dans le livre acheté par Thorvaldsen. Marie est décédée en 1781, mais ce n'est qu'en 1791 que l'abbé Bigou érigea une stèle marquant l'emplacement de sa dépouille. Souvenez-vous que, à l'époque, la Révolution venait d'avoir lieu et les églises étaient mises à sac. Monarchiste, Bigou s'enfuit en Espagne en 1793 ; il mourut là-bas deux ans plus tard sans jamais avoir revu Rennes-le-Château.

— Qu'avait caché Bigou dans la fiole, d'après Lars ?

— Probablement pas le secret des Blanchefort, mais plutôt un indice permettant de le découvrir. Lars était persuadé que la tombe de Marie mènerait au secret, il l'écrit dans son journal.

— Voilà pourquoi le livre de Stüblein est tellement précieux, conclut Malone qui commençait à comprendre.

— Saunière a détruit une bonne partie des tombes du cimetière de Rennes-le-Château, a fait exhumer les ossements des défunts qu'il a placés dans un ossuaire communal qui se trouve toujours derrière l'église. C'est ce qui explique qu'il n'existe aucune tombe antérieure à 1885 dans ce cimetière. Les villageois protestèrent violemment contre les agissements de Saunière et le conseil municipal lui ordonna de tout arrêter. Les restes de Marie de Blanchefort n'ont pas été exhumés ; en revanche, Saunière a rendu illisibles toutes les lettres et les symboles gravés sur sa tombe. Il ignorait cependant que le maire d'un village voisin, Eugène Stüblein, avait fait un croquis de la stèle. Lars en avait entendu parler mais n'avait jamais pu mettre la main sur une copie de son livre.

— Comment Lars savait-il que Saunière avait saccagé la tombe ?

— Un registre de l'époque rapporte que la tombe a été vandalisée. Personne n'a attaché de signification particulière à cet acte à l'époque, mais qui aurait pu en être l'auteur si ce n'est Saunière ?

— Et d'après Lars, tout ceci mènerait à un trésor ?

— Saunière avait déchiffré le message laissé par l'abbé Bigou et avait découvert la cache des Templiers ; il n'aurait révélé son secret qu'à sa maîtresse, disparue sans l'avoir trahi.

— Alors que comptiez-vous faire ? Vous servir du carnet et du livre pour tenter de le découvrir à votre tour ?

— Je ne sais pas ce que j'avais l'intention de faire. Quelque chose m'a poussée à venir, à acheter le livre et à essayer d'en apprendre davantage. Cela me donnait aussi une excuse pour faire le voyage, ajouta-t-elle après une pause, passer quelque temps chez lui et me souvenir. »

Il la comprenait. « Pourquoi impliquer Peter Hansen ? Pourquoi ne pas simplement acheter le livre vous-même ?

— Je suis toujours employée du gouvernement américain. Je pensais que Hansen pourrait me protéger. Grâce à lui, il n'y aurait pas eu trace de mon nom. Je n'avais évidemment aucune idée de ce qui m'attendait.

— Lars suivait la trace de Saunière qui suivait lui-même celle de Bigou.

— Oui, et il semblerait que quelqu'un suive celle de mon mari, aujourd'hui.

— Il va falloir passer tout ça au peigne fin pour espérer découvrir quelque chose », fit Malone en jetant un nouveau coup d'œil autour de lui.

Près de la porte d'entrée, un détail attira son attention. En ouvrant la porte, ils avaient poussé contre le mur un tas de courrier que le facteur avait dû glisser à l'intérieur. Malone ramassa une douzaine de lettres.

« Faites voir celle-ci », demanda Stéphanie qui l'avait rejoint.

Malone lui tendit une enveloppe couleur taupe couverte d'une écriture à l'encre noire.

« Le message que j'ai reçu en même temps que le carnet de Lars était rédigé sur le même genre de papier et l'écriture paraît similaire, elle aussi. » Elle tira le message de son sac et ils comparèrent les deux écritures.

« Identiques ! s'exclama Stéphanie.

— Je suis sûr que Scoville ne nous en voudra pas », fit Malone en ouvrant l'enveloppe.

Neuf feuillets s'en échappèrent. Sur l'un d'eux, ils découvrirent un message rédigé de la même écriture que le billet envoyé à Stéphanie.

> Elle va venir. Soyez indulgent. Votre quête a été longue et vous méritez de comprendre. Ensemble, ce sera peut-être possible. En Avignon, trouvez Claridon. Il vous guidera. Mais prenez garde à l'Ingénieur.

« Qu'est-ce que ça signifie ? s'interrogea Malone en relisant la dernière ligne.

— Bonne question.

— Le journal fait-il allusion à un certain Ingénieur ?

— Aucune.

— "Soyez indulgent." Apparemment, l'expéditeur savait que Scoville et vous n'étiez pas en bons termes.

— C'est déroutant. J'ignorais que quelqu'un fût au courant.

— Ces pages proviennent du journal de Lars, fit Malone en examinant les autres feuillets. Les pages arrachées. » Il vérifia le cachet de la poste : la lettre avait été expédiée depuis Perpignan cinq jours plus tôt. « Scoville était déjà mort lorsqu'elle est arrivée. Il était trop tard.

— Ernst a été assassiné, Cotton. Cela ne fait plus aucun doute à présent. »

Il était du même avis, cependant un autre détail le tracassait. Il avança jusqu'à l'une des fenêtres et jeta un coup d'œil prudent dehors.

« Nous devons nous rendre en Avignon », dit Stéphanie.

Son ancienne patronne avait raison, mais lorsqu'il regarda dans la rue déserte et aperçut ce qu'il pensait y voir, il répondit : « Il nous reste un problème à régler, avant. »

21

Abbaye des Fontaines

18 h 00

De Rochefort faisait face à la congrégation. Les moines portaient rarement leur tenue de cérémonie. La règle préconisait d'être vêtu « sans superflu et sans orgueil » la majorité du temps. L'organisation d'un chapitre, cependant, allait de pair avec une certaine solennité et chaque frère devait revêtir l'habit correspondant à son rang.

Le spectacle était impressionnant. Les frères chevaliers portaient leur manteau de drap de laine blanc par-dessus une courte soutane à l'ourlet souligné d'un orfroi pourpre et des bas couleur argent. Un capuchon blanc leur couvrait la tête. Ils arboraient tous la croix pattée sur l'épaule gauche. Une corde pourpre leur ceignait la taille et l'épée de jadis avait été remplacée par une bourse qui seule permettait de différencier les chevaliers des frères artisans, fermiers, clercs, prêtres et assistants qui portaient le même type de tenue mais dans différentes teintes de vert, de brun et de noir, les clercs se distinguant par leurs gants blancs.

Une fois le chapitre réuni, la règle exigeait que le maréchal présidât la cérémonie, ce qui visait à contrebalancer l'influence du sénéchal qui, en tant que second dans la hiérarchie, aurait aisément pu dominer les débats.

« Mes frères... » annonça de Rochefort.

Le silence se fit.

« L'heure du renouveau est venue. Il nous faut désigner notre nouveau maître. Avant de commencer, beaux seigneurs, priez Notre-Seigneur afin qu'il transmette aujourd'hui sa sainte grâce en nous. »

À la lueur des chandeliers de bronze, de Rochefort vit quatre cent quatre-vingt-huit frères baisser la tête. Ils avaient appris la nouvelle juste après le coucher du soleil et la plupart de ceux qui servaient à l'extérieur de l'abbaye avaient fait le déplacement. Ils s'étaient réunis dans la grande salle du palais. Érigée au XVIe siècle, l'imposante citadelle circulaire de trente mètres de haut sur vingt mètres de large était entourée de murs de plus de trois mètres d'épaisseur. C'était là que la confrérie se réfugiait autrefois en cas d'attaque, mais elle s'était muée depuis en salle de réception fort sophistiquée. Les meurtrières étaient à présent fermées par des vitraux, le stuc jaune des murs était couvert d'images de saint Martin, de Charlemagne et de la Vierge Marie. La salle, au-dessus de laquelle couraient deux galeries, n'avait aucun mal à accueillir la confrérie de près de cinq cents moines ; en outre, elle disposait d'une acoustique quasi parfaite.

De Rochefort releva la tête et regarda les quatre autres officiers dans les yeux. Le commandeur, également intendant et trésorier, était un ami. De Rochefort avait passé des années à cultiver sa relation avec cet homme distant et espérait que ses efforts seraient bientôt récompensés. Le frère drapier, chargé de gérer la garde-robe des frères, était prêt à soutenir sa cause. En revanche, il avait une relation problématique avec le frère chapelain qui supervisait toutes les affaires spirituelles de l'ordre. De Rochefort n'était pas parvenu à obtenir d'engagement tangible de la part du Vénitien qui s'en était tenu à énoncer quelques lieux communs. Et puis il y avait le sénéchal qui portait le gonfanon Baussant, précieuse bannière noire et blanche de l'ordre. Il avait l'air à son aise dans sa tunique et son manteau blancs, l'insigne brodé qu'il arborait à l'épaule gauche indiquant ses hautes fonctions. À sa vue, l'estomac de de Rochefort se souleva. Cet homme n'avait aucun droit de revêtir ces précieux atours.

« Chers frères, nous voici réunis en chapitre. Il est temps de constituer le collège d'électeurs. »

La simplicité de la procédure était trompeuse. On tirait un nom au sort parmi ceux de tous les frères. Ce templier désignait alors librement l'un de ses compagnons. On alternait tirage au sort et choix libre jusqu'à ce que onze frères aient été désignés. Le système mêlait hasard et relations personnelles, ce qui diminuait fortement le risque de complot. En sa qualité de maréchal, de Rochefort faisait automatiquement partie du collège d'électeurs, tout comme le sénéchal, ce qui portait le nombre de participants à treize. Il fallait une majorité de deux tiers pour être élu maître.

De Rochefort attendait que le processus prenne fin. Lorsqu'il fut parvenu à son terme, quatre chevaliers, un prêtre, un clerc, un fermier, deux artisans et un ouvrier avaient été sélectionnés. Il avait le soutien d'un bon nombre d'entre eux. Mais un hasard diabolique avait permis à des frères dont il n'était pas sûr d'être choisis.

Les onze hommes s'avancèrent pour former un demi-cercle.

« Le collège d'électeurs est constitué, déclara le maréchal, nous avons terminé. Les débats peuvent commencer. »

Les frères ôtèrent leur capuchon, signalant par ce geste le début des discussions. L'élection du maître n'avait rien de secret. Au contraire, la nomination, les débats et le vote se dérouleraient devant la confrérie au grand complet. En revanche, la règle exigeait le silence des spectateurs.

De Rochefort et le sénéchal rejoignirent les autres électeurs. Le maréchal ne présidait plus le débat. Lorsque le chapitre se réunissait, tous les frères étaient égaux. « Notre maréchal, l'homme qui a protégé cet ordre pendant de nombreuses années, devrait être élu maître, déclara un chevalier dont l'épaisse barbe grise trahissait l'âge. Je soumets sa candidature. »

Deux autres lui apportèrent leur soutien. Puisqu'il disposait des trois voix nécessaires, la candidature du maréchal fut acceptée.

L'un des artisans, un armurier, s'avança et dit : « Je réprouve l'affront qui a été fait au maître. C'était un homme bon qui aimait notre ordre. Son autorité n'aurait pas dû être contestée. Je soumets la candidature du sénéchal. »

Deux autres frères acquiescèrent d'un signe de tête.

De Rochefort se raidit. Les deux camps se faisaient face.

La bataille pouvait s'engager.

On entrait dans la deuxième heure de débat. La règle ne limitait pas le processus dans le temps mais stipulait qu'aucun des frères qui assistaient à l'élection ne pouvaient s'asseoir, ce qui laissait entendre que l'endurance des participants jouait un rôle décisif dans son déroulement. Personne n'avait encore appelé au vote. Chacun des treize en avait le droit, mais personne n'avait envie de perdre ; aussi appelait-on au vote lorsque la majorité des deux tiers semblait assurée.

« Votre projet ne m'impressionne guère, lança le prêtre au sénéchal.

— J'ignorais que j'en avais un.

— Vos méthodes seront celles du défunt maître. Des méthodes d'un autre âge. N'est-ce pas ?

— Je serai fidèle à mes vœux, comme vous devriez l'être, cher frère.

— Je n'ai pas fait vœu de faiblesse, rétorqua le prêtre. Ni de complaisance à l'égard d'un monde qui languit dans l'ignorance.

— Nous avons protégé notre savoir pendant des siècles. Pourquoi changer de méthode ?

— Assez d'hypocrisie ! s'écria un autre membre du chapitre. Elle me rend malade. La convoitise et l'ignorance ont failli avoir raison de nous. Il est temps de nous venger.

— Dans quel but ? demanda le sénéchal. Qu'avons-nous à y gagner ?

— La justice ! » s'écria un autre chevalier, emportant l'adhésion de plusieurs autres électeurs.

De Rochefort décida qu'il était temps d'intervenir. « L'Évangile de Thomas dit : "Que celui qui cherche soit toujours en quête jusqu'à ce qu'il trouve, et quand il aura trouvé, il sera dans le trouble, ayant été trouvé, il s'émerveillera, il régnera sur le Tout."

— Thomas dit aussi : "Si ceux qui vous guident affirment : Voici, le Royaume de Dieu est dans le ciel, alors les oiseaux en sont plus près que vous ; s'ils vous disent : Voici, il est dans la mer, alors les poissons le connaissent déjà..." rétorqua le sénéchal.

— Nous n'avancerons pas si nous continuons comme aujourd'hui », déclara de Rochefort. Des hochements de tête accueillirent ses paroles, mais pas suffisamment pour appeler au vote.

Le sénéchal hésita un moment avant de demander : « Maréchal, que comptez-vous faire si vous êtes élu ? Pouvez-vous nous éclairer sur vos projets ? Ou faites-vous comme Jésus en ne révélant vos mystères qu'à ceux qui en sont dignes, en ne disant jamais à la main gauche ce que fait la droite ? »

Le maréchal était trop heureux d'avoir l'opportunité d'expliquer à la congrégation ce qu'il envisageait de faire. « Jésus a dit : "Car il n'est rien de caché qui ne doive être découvert."

— Que suggérez-vous, dans ce cas ? »

Le maréchal balaya la pièce du regard, du sol aux galeries. C'était le moment ou jamais. « Souvenez-vous. Du commencement. Lorsque des milliers de frères prononçaient leurs vœux. Des braves qui partaient à la conquête de la Terre sainte. Dans les chroniques, on raconte qu'un contingent fut un jour vaincu par les Sarrasins. Après la bataille, on proposa à deux cents de ces chevaliers de les épargner à condition de renier le Christ et de se convertir à l'islam. Ils préférèrent s'agenouiller devant les musulmans pour être décapités.

Voilà notre héritage. Nous ne participions pas simplement aux croisades, elles étaient *notre* combat. »

Il fit une pause pour donner davantage de poids à ses paroles.

« Voilà ce qui rend les événements du vendredi 13 octobre 1307 – jour sinistre, infâme, toujours synonyme de malchance pour la civilisation occidentale – si difficiles à accepter. Des milliers de nos frères furent arrêtés à tort. La veille encore, c'étaient les Pauvres Chevaliers du Christ et du Temple de Salomon, symboles du bien, prêts à mourir pour l'Église, le pape et leur Dieu. Du jour au lendemain, on les accusait d'hérésie. Et de quoi les accusait-on précisément ? D'avoir craché sur la Croix, échangé des baisers impudiques, tenu des réunions secrètes, adoré un chat, pratiqué la sodomie, vénéré une tête d'homme barbu. Pas un mot de vrai dans tout cela, ajouta de Rochefort après une pause. Pourtant, nos frères furent torturés et beaucoup capitulèrent en avouant des crimes imaginaires. Cent vingt d'entre eux périrent sur le bûcher. »

Il observa une nouvelle pause.

« Notre héritage est fait de honte et le nom de notre ordre suscite la suspicion.

— Et que diriez-vous aux gens ? s'enquit calmement le sénéchal.

— La vérité.

— Pourquoi vous croiraient-ils ?

— Ils n'auront pas le choix.

— Que voulez-vous dire ?

— J'aurai des preuves.

— Avez-vous localisé le legs des Templiers ? »

Le sénéchal essayait d'exploiter son point faible, mais il ne pouvait faire preuve de faiblesse.

« Il est à ma portée. »

La surprise submergea la salle.

« Vous êtes en train de nous dire que vous avez découvert nos archives perdues depuis sept siècles ? fit le sénéchal, de marbre. Avez-vous également découvert les richesses qui ont échappé à Philippe le Bel ?

— Elles sont elles aussi à ma portée.

— Quelle impudence, maréchal.

— Je mène des recherches depuis dix ans, expliqua de Rochefort. Les indices sont rares mais je serai bientôt en possession d'une preuve irréfutable. Peu m'importe que les gens changent d'avis. La véritable victoire, ce sera de prouver que nos frères n'avaient rien d'hérétiques, qu'ils étaient tous des saints hommes. »

Des applaudissements retentirent dans la salle. De Rochefort saisit l'opportunité qui s'offrait à lui. « L'Église catholique romaine a supprimé notre ordre en prétendant que ses membres vénéraient des idoles, alors qu'elle vénère ses propres idoles en grande pompe. Je m'emparerai du saint suaire », s'écria-t-il.

Les applaudissements redoublèrent. Plus sonores. Soutenus. En complète violation de la règle, ce dont personne ne semblait se soucier.

« L'Église n'a aucun droit sur le suaire ! hurla de Rochefort par-dessus les applaudissements. Jacques de Molay, notre maître, a été torturé, brutalisé et brûlé vif. Et quel était son crime ? S'être montré d'une absolue loyauté envers Dieu et le pape. Son héritage ne leur appartient pas. Il est à nous. Nous avons les moyens d'atteindre ce but. Et c'est ce que nous ferons dès que je serai élu maître. »

Le sénéchal tendit le gonfanon à son voisin, s'approcha de de Rochefort et attendit que les applaudissements se calment. « Et qu'adviendra-t-il de ceux qui ne partagent pas votre avis ?

— "Celui qui cherche trouvera, à celui qui frappe, à l'intérieur on ouvrira."

— Et ceux qui ne souhaitent pas entrer ?

— L'Évangile est clair sur ce point aussi : "Malheur à toi qui te laisses égarer par les démons."

— Vous êtes dangereux.

— Non, sénéchal, le danger, c'est vous. Vous nous avez rejoints sur le tard et sans conviction. Vous n'avez aucune idée de nos véritables besoins, seulement de ce que votre maître et vous considériez comme tels. J'ai consacré ma vie à cet ordre. Personne avant vous n'avait mis en doute mes capacités. J'ai toujours cru qu'il valait mieux rompre que plier. En voilà assez. J'appelle au vote. »

Conformément à la règle, la discussion était terminée.

« Je voterai le premier, annonça de Rochefort. Pour moi. Que tous ceux qui me soutiennent votent à leur tour. »

Les onze autres électeurs réfléchissaient. Ils avaient gardé le silence pendant sa confrontation avec le sénéchal, mais chacun d'eux avait été attentif à leurs arguments, prenant la mesure des enjeux. De Rochefort les fusilla du regard avant de dévisager les quelques membres du chapitre qui étaient acquis à sa cause.

Les mains se levèrent progressivement.

Une. Trois. Quatre. Six.

Sept.

Le quota des deux tiers était atteint, mais cela ne suffisait pas, aussi attendit-il avant de proclamer sa victoire.

Les onze électeurs finirent par voter pour lui.

Des cris de joie retentirent dans la salle.

Autrefois, on l'aurait soulevé et entraîné dans la chapelle où une messe aurait été dite en son honneur. Un banquet aurait eu lieu par la suite, donnant ainsi à la congrégation l'une des rares occasions de se laisser aller à la joie. Mais cela n'était plus d'actualité, aujourd'hui. On scandait le nom du nouveau maître, et ces moines qui d'habitude évoluaient dans un monde où l'émotion n'avait pas sa place se mirent à applaudir pour témoigner leur approbation. « Baussant ! » hurlèrent-ils, et leur cri fut emporté à travers le hall.

Alors que les moines continuaient à scander son nom, de Rochefort se tourna vers le sénéchal, toujours debout à ses côtés. Leurs regards se croisèrent et, par ce regard, de Rochefort signifia au successeur désigné du maître qu'il avait non seulement perdu la bataille, mais qu'il était désormais en danger de mort.

22

Rennes-le-Château

21 h 30

Stéphanie arpentait la maison de son défunt mari.

Typique de la région avec ses planchers rustiques, ses poutres apparentes, sa cheminée de pierre, elle avait été meublée très simplement. L'espace était réduit, mais les deux chambres, le salon, la salle de bains, la cuisine et l'atelier étaient bien agencés. Lars avait une passion pour la menuiserie et, tout à l'heure, Stéphanie avait remarqué que ses tours à bois, ses ciseaux, ses gouges étaient toujours là, sur leur présentoir, recouverts d'une fine couche de poussière. Il savait manier le tour et Stéphanie possédait encore les bols, les boîtes et les chandeliers qu'il avait fabriqués à partir d'essences locales.

Elle ne lui avait rendu visite ici qu'à de rares occasions. Elle avait vécu avec Mark à Washington, avant de s'installer à Atlanta. Lars avait surtout vécu en Europe et avait passé les dix dernières années de sa vie à Rennes-le-Château. Ni l'un ni l'autre n'avait jamais empiété sur l'espace vital de son conjoint sans sa permission. Ils avaient beau ne pas être d'accord sur certains points, ils étaient toujours restés courtois l'un avec l'autre. Une courtoisie sans doute excessive, avait-elle souvent songé.

Elle avait toujours cru que les royalties rapportées par le premier livre de Lars lui avaient permis d'acheter la maison, mais elle venait de découvrir que Henrik Thorvaldsen l'y avait aidé. C'était du Lars tout craché. Il faisait peu de cas de l'argent, dépensait tout ce qu'il gagnait dans ses voyages et ses lubies, lui laissant la responsabilité de payer les factures. Elle venait à peine de rembourser un prêt contracté pour payer les études universitaires de Mark. Son fils lui avait maintes fois proposé de prendre le relais, surtout depuis qu'ils ne s'entendaient plus, mais elle avait toujours refusé. Les parents étaient responsables de l'éducation de leurs enfants, et Stéphanie prenait ses responsabilités très au sérieux. Trop, peut-être, se disait-elle aujourd'hui avec le recul.

Lars et elle ne s'étaient pas du tout donné de nouvelles pendant les mois qui avaient précédé sa mort. Ils avaient eu une dernière entrevue désastreuse qui s'était soldée par une dispute de plus à propos d'argent, de responsabilités, de la famille. Lorsqu'elle avait tenté de se défendre hier auprès de Henrik Thorvaldsen, ses mots sonnaient creux, mais elle n'aurait jamais cru que quelqu'un fût au courant de ses déboires conjugaux. Thorvaldsen semblait en savoir long sur le sujet, pourtant. Lars et lui étaient-ils proches ? Malheureusement, elle ne le saurait jamais. C'était ça, le pire, avec le suicide : en mettant fin à ses souffrances, le désespéré ne faisait que prolonger la douleur de ceux qui lui survivaient. Elle aurait tant aimé se débarrasser de la sensation d'écœurement nichée au creux de son estomac. La douleur de l'échec, pour reprendre la formule d'un écrivain. C'était exactement ça.

Elle rejoignit Malone au salon et s'installa face à lui ; après le dîner, il s'était plongé dans la lecture du journal de Lars.

« Votre mari était très méticuleux dans ses recherches, commenta-t-il.

— La plupart des notes sont bien mystérieuses. À l'image de l'homme, constata Stéphanie, de la frustration dans la voix.

— Pourquoi vous sentez-vous responsable de son suicide ? » demanda Malone.

Stéphanie accepta son indiscrétion. Elle avait besoin de se confier. « Je me sens moins responsable que simplement concernée. Nous étions très fiers, tous les deux. Têtus, aussi. Je travaillais pour le ministère de la Justice, Mark était adulte, et on parlait de me donner mon propre département, alors je me suis concentrée sur ce qui me paraissait important. Lars a fait la même chose. Malheureusement, nous ne partagions pas nos passions respectives.

— Il est facile de se faire des reproches avec le recul. Impossible de s'en rendre compte sur le moment.

— Mais c'est là tout le problème, Cotton. Je suis toujours là, pas lui », s'écria-t-elle. Parler d'elle la rendait mal à l'aise, mais il fallait que certaines choses soient dites. « Lars était un écrivain talentueux, un chercheur doué. Tout ce que je vous ai appris tout à l'heure sur Saunière et le village, c'est passionnant. Si j'avais montré de l'intérêt pour tout ça de son vivant, il serait peut-être toujours là. » Elle hésita. « Il était tellement calme. Il n'élevait jamais la voix, ne se montrait jamais critique. Son arme, c'était le silence. Il pouvait passer des semaines sans parler. Cela me rendait furieuse.

— Ça ne m'étonne pas, répondit Malone avec un sourire.

— Je sais, j'ai mauvais caractère. Lars n'a jamais pu le supporter non plus. Au bout du compte, nous avons décidé d'un commun accord que la meilleure chose à faire, c'était de vivre notre vie chacun de notre côté. Ni lui ni moi ne souhaitions divorcer.

— Ce qui en dit long sur ce qu'il pensait de vous, au fond.

— Je n'y ai jamais accordé d'importance. Tout ce que je voyais, moi, c'était Mark, tiraillé entre ses parents. Il préférait Lars. J'ai du mal à montrer mes émotions, contrairement à Lars. Et Mark partageait l'intérêt de son père pour la théologie. Ils se ressemblaient tant. Mon fils a choisi son père plutôt que moi, mais je lui ai forcé la main. Thorvaldsen avait raison. Pour quelqu'un de si prudent au travail, j'étais incapable de mener ma vie privée correctement. Avant que Mark ait son accident, nous ne nous étions pas parlé depuis trois ans », s'écria-t-elle. Cette douloureuse vérité l'obsédait. « Vous vous rendez compte, Cotton ? Mon fils et moi, nous ne nous sommes pas adressé la parole pendant trois ans.

— Qu'est-ce qui a causé votre dispute ?

— Il a pris le parti de son père, alors ils s'en sont allés de leur côté et moi du mien. Mark vivait ici, en France. Je suis restée aux États-Unis. Au bout d'un moment, il est devenu facile de l'ignorer. Faites tout ce qui est en votre pouvoir pour que cela ne vous arrive jamais, à vous et Gary. Évitez cela à tout prix.

— Je viens de déménager à plus de six mille kilomètres de lui.

— Mais votre fils vous adore. Ces kilomètres n'ont aucune importance.

— Je me suis vraiment demandé si je prenais la bonne décision.

— Vous devez vivre votre vie, Cotton. Comme vous l'entendez. Votre fils semble respecter votre choix malgré son jeune âge. Le mien était beaucoup plus âgé et bien plus dur avec moi.

— Le soleil s'est couché il y a vingt minutes, fit Malone en jetant un coup d'œil à sa montre. C'est bientôt l'heure.

— Quand vous êtes-vous aperçu que nous étions suivis ?

— Tout de suite après notre arrivée. Deux hommes. Ils ressemblent à ceux de la cathédrale. Ils nous ont suivis jusqu'au cimetière puis dans tout le village. Ils se trouvent dehors en ce moment.

— Ils ne risquent pas d'entrer ?

— Non, ils sont là pour observer.

— Maintenant, je comprends pourquoi vous avez quitté l'unité Magellan. Cette angoisse est difficile à supporter. Vous ne pouvez jamais baisser la garde. Vous aviez raison : je n'ai rien à faire sur le terrain.

— Le problème, c'est qu'au bout d'un moment j'ai commencé à avoir besoin de la décharge d'adrénaline que l'on ressent dans ces moments-là. Cette dépendance peut vous coûter la vie.

— Nous vivons une existence relativement protégée. Mais quand vos moindres gestes sont épiés par des individus prêts à vous éliminer... Je comprends que cela puisse user. Un jour ou l'autre, il faut y échapper.

— L'entraînement permet de surmonter l'appréhension. On apprend à gérer l'incertitude. Mais vous,

Stéphanie, vous n'avez jamais subi d'entraînement, souligna-t-il en souriant. Vous vous contentez de commander.

— Je n'ai jamais eu l'intention de vous mêler à tout ça, j'espère que vous le savez.

— Vous avez été très claire sur ce point.

— Cela dit, je suis contente que vous soyez là.

— Je n'aurais raté ça pour rien au monde.

— Vous êtes le meilleur agent que j'aie jamais eu, dit Stéphanie en souriant.

— Le plus chanceux, c'est tout. Et j'ai eu l'intelligence de me retirer à temps.

— Peter Hansen et Ernst Scoville ont été assassinés tous les deux. Lars aussi, peut-être », ajouta-t-elle après une pause. Elle en était convaincue, à présent. « L'homme de la cathédrale voulait que je le sache. C'était sa façon de m'avertir.

— Vous allez un peu vite en besogne.

— Je sais. Je n'ai aucune preuve. Mais je le sens, et même si je n'ai rien d'un agent de terrain, je fais confiance à mon instinct. Cela dit, comme je vous l'ai toujours répété, nos conclusions ne doivent pas être fondées sur des suppositions. Nous avons besoin de faits. Toute cette histoire est bizarre.

— Je ne vous le fais pas dire. Les Templiers, des secrets gravés sur des pierres tombales, des prêtres qui mettent au jour des trésors cachés... »

Stéphanie jeta un coup d'œil à la photo de Mark, prise quelques mois avant sa mort, qui trônait sur la table basse. Dans le visage expressif du jeune homme, elle voyait Lars. Même fossette au menton, même regard vif, même teint mat. Comment avait-elle pu laisser les choses se dégrader à ce point entre eux ?

« Bizarre de trouver ça ici, déclara Malone en remarquant son intérêt.

— Je l'ai posée là à l'occasion de ma dernière visite. C'était il y a cinq ans, juste après l'avalanche. »

Difficile de croire que son unique enfant était mort depuis cinq ans. Les enfants ne devraient pas mourir en pensant que leurs parents ne les aiment pas. Contrairement à son mari qui possédait une sépulture, son fils était enseveli sous des tonnes de neige à une cinquantaine de kilomètres du village, dans les Pyrénées. « Il faut que j'en finisse avec ça, murmura-t-elle, la voix brisée par l'émotion.

— Je ne suis pas sûr de bien comprendre. »

Elle non plus.

« Au moins, grâce à ce carnet, nous savons où trouver Claridon, conformément aux recommandations de la lettre adressée à Scoville. Royce Claridon. Il y a une référence et une adresse ici. C'était un ami de Lars.

— Je me demandais quand vous alliez le découvrir.

— Je suis passé à côté d'autres informations ?

— Difficile de déterminer ce qui est important. Il y a tant de détails là-dedans.

— Il faut cesser de me mentir.

— Je sais, répondit-elle, s'attendant à des remontrances.

— Je ne pourrai pas vous aider si vous me cachez des choses. »

Elle comprenait. « Avez-vous trouvé quelque chose d'intéressant dans les pages envoyées à Scoville ?

— À vous de me le dire », fit Malone en lui tendant les huit feuillets.

Réfléchir lui éviterait de broyer du noir à propos de Lars et Mark, aussi se plongea-t-elle dans la lecture des paragraphes manuscrits. La plupart n'avaient pas grand intérêt à ses yeux, mais son cœur se serra en déchiffrant certains passages.

Il ne fait aucun doute que Saunière aimait sa maîtresse. La jeune fille s'était présentée chez lui à l'arrivée de sa famille à Rennes-le-Château. Son père et son frère étaient des artisans de talent et sa mère, la bonne du curé d'un village voisin. C'était en 1892, un an après la fameuse découverte de Saunière. Lorsque la famille de la jeune fille quitta Rennes-le-Château pour travailler à l'usine toute proche, elle resta auprès du curé et ne le quitta pas jusqu'à sa mort, vingt ans plus tard. Au bout de quelque temps, il lui légua tous les biens dont il avait fait l'acquisition, geste qui prouve la confiance absolue qu'il avait en elle. Elle lui était entièrement dévouée et lui survécut trente-six années sans révéler ses secrets. J'envie Saunière. Cet homme a connu l'amour inconditionnel d'une femme et, en retour, lui a témoigné une confiance et un respect absolus. C'était un individu difficile à vivre, qui désirait passer à la postérité. Il semble que nous lui devions le décor criard de l'église Sainte-Marie-Madeleine. Rien n'indique que sa maîtresse ait ne serait-ce qu'une fois exprimé son désaccord concernant ses activités. Tout porte à croire que c'était une femme dévouée qui soutenait son bienfaiteur dans tout ce qu'il faisait. Ils étaient sans doute en désaccord parfois, mais, au bout du compte, elle demeura auprès de lui jusqu'à son dernier souffle, et même par-delà la mort, pendant près de quarante ans. C'est beau, le dévouement. Un homme peut accomplir de grandes choses quand celle qu'il aime le soutient. Et ce, en dépit de ses réserves. L'absurdité des créations de l'abbé a dû bien souvent laisser sa maîtresse perplexe. Le style de la villa Béthanie et de la tour Magdala était ridicule à l'époque. Pourtant, elle n'essaya jamais d'étouffer son enthousiasme. Elle l'aimait suffisamment pour le laisser être lui-même, et les milliers de touristes qui se pressent à Rennes-le-Château chaque année peuvent y contempler le fruit de cet amour. L'église est l'œuvre de Saunière ; celle de sa maîtresse, c'est de lui avoir permis d'exister.

« Pourquoi me faire lire ça ? demanda-t-elle à Malone en achevant sa lecture.

— Vous en aviez besoin. »

D'où sortaient tous ces fantômes du passé ? Il n'y avait peut-être pas de trésor à Rennes-le-Château, mais le village abritait des démons résolus à la tourmenter.

« Lorsque j'ai reçu le journal par la poste et que je l'ai lu, j'ai compris que je n'avais été juste ni envers Lars ni envers Mark. Ils croyaient en leur quête autant que je croyais en mon travail. Mark me disait toujours que j'avais une influence négative. » Elle observa une pause en espérant que les fantômes l'entendraient. « En voyant ce journal après tant d'années, j'ai su que j'avais eu tort. La quête de Lars comptait beaucoup pour lui et, par conséquent, elle aurait dû compter pour moi. Voilà la véritable raison de mon voyage, Cotton. Je le leur devais. Dieu seul sait combien ma dette envers eux est grande, dit-elle, le regard las. Mais je ne m'étais jamais rendu compte que les enjeux étaient si importants. »

Malone jeta un nouveau coup d'œil à sa montre, puis par la vitre assombrie. « Il est temps de découvrir à quel point, annonça-t-il. Vous pensez pouvoir vous en sortir ?

— Je vais tâcher d'en occuper un, répondit Stéphanie en se ressaisissant. Occupez-vous de l'autre. »

23

Malone sortit sans chercher à se cacher. Les deux hommes dont il avait remarqué la présence tout à l'heure attendaient au bout de la rue, à l'angle des remparts, d'où l'on avait vue sur la maison de Lars Nelle. Le problème, c'était que, pour le suivre, ils allaient devoir traverser cette même rue déserte. Il avait affaire à des amateurs. Des professionnels se seraient séparés. Un à chaque bout de la rue, prêts à se diriger dans n'importe quelle direction. Comme à Roskilde, cela le rassurait. Mais il restait tendu, les sens en alerte. Qui pouvait bien s'intéresser aux affaires de Stéphanie ?

Les héritiers modernes des chevaliers du Temple ?

Les états d'âme de Stéphanie lui avaient fait penser à Gary. La mort d'un enfant était un drame inadmissible. Il avait du mal à imaginer l'ampleur de sa souffrance. Peut-être aurait-il dû rester en Géorgie lorsqu'il avait pris sa retraite ; pourtant, Gary ne voulait pas en entendre parler. « T'inquiète pas pour moi, lui avait-il dit. Je viendrai te voir. » Son fils était extrêmement clairvoyant pour un garçon de quatorze ans. Cependant, sa décision continuait de le hanter, en particulier maintenant qu'il risquait encore une fois sa peau pour quelqu'un d'autre. Son propre père avait agi de la même manière ; au cours de manœuvres, il avait sombré dans l'Atlantique nord aux commandes de son sous-marin. Malone avait dix ans à l'époque, et il se rappelait à quel point sa mère avait souffert. Aux obsèques, elle avait même refusé d'accepter le drapeau que lui tendait le soldat, membre de la garde d'honneur. Malone l'avait accepté, lui, et, depuis, le petit paquet rouge, blanc, bleu, l'accompagnait partout où il allait. À défaut d'une tombe sur laquelle se recueillir, ce drapeau représentait l'unique souvenir tangible d'un homme qu'il avait à peine connu.

Il arriva au bout de la rue. Il n'eut pas besoin de se retourner pour savoir que l'un des deux hommes le suivait, alors que l'autre surveillait Stéphanie.

Il prit à gauche en direction du domaine de Saunière.

Il ne se passait pas grand-chose le soir, à Rennes-le-Château. Sur son chemin, il ne croisa que portes verrouillées et volets clos. Le restaurant, la librairie et les kiosques étaient tous fermés. L'obscurité enveloppait la rue. Derrière le mur d'enceinte, le vent gémissait comme une âme en peine. La scène semblait sortir d'un roman de Dumas, comme si tout n'était que chuchotis dans ce village.

Il gravit lentement la côte conduisant à l'église. La villa Béthanie et le presbytère étaient barricadés. Un croissant de lune, voilé par les nuages qui couraient dans le ciel, illuminait le verger qui s'étendait derrière.

Le portail du cimetière était resté ouvert, comme le lui avait indiqué Stéphanie. Il entra sans hésiter, sachant que l'homme l'y suivrait. Là, il profita de l'obscurité grandissante pour se cacher derrière un grand orme. Il vit son poursuivant presser le pas et entrer à son tour. Lorsque l'homme passa à sa portée, Malone bondit et lui assena un grand coup de poing dans l'estomac, soulagé que le choc ne soit pas amorti par un gilet pare-balles. Un autre coup de poing dans la mâchoire jeta son poursuivant à terre ; Malone le releva sans ménagement.

Il était plutôt jeune, petit, râblé, rasé de près ; ses cheveux clairs étaient coupés ras. Hébété, il laissa Malone le fouiller ; celui-ci eut vite fait de repérer l'arme qu'il portait sous sa veste, un pistolet Beretta Bobcat. Marque italienne. Un minuscule semi-automatique, conçu comme le dernier recours de son utilisateur. Il en portait un autrefois. Il braqua le canon sur le cou de l'homme qu'il plaquait contre l'arbre derrière lui.

« Nom de votre employeur, s'il vous plaît ? »

Pas de réponse.

« Vous parlez français ? »

L'homme opina du chef tout en essayant de reprendre ses esprits.

« Puisque vous avez compris ma question, voyons si vous comprenez ceci », le menaça Malone en armant le pistolet.

Le jeune homme se raidit. Il avait saisi le message.

« Nom de votre employeur ? »

Un coup de feu retentit et une balle vint s'enfoncer avec un bruit sourd dans le tronc d'arbre juste au-dessus de la tête de Malone. Celui-ci se retourna et aperçut une silhouette armée d'un fusil perchée à l'endroit où la promenade rejoignait le mur du cimetière, à une centaine de mètres de là.

Un autre tir résonna et une balle ricocha par terre à

quelques centimètres de ses pieds. Il relâcha son étreinte et son poursuivant détala comme un lapin.

C'était le tireur qui le préoccupait, à présent.

La silhouette sauta du promontoire et disparut en direction du belvédère. Une décharge d'adrénaline lui donna un regain d'énergie. Pistolet au poing, il gagna le passage étroit, repéré plus tôt, qui courait entre la villa Béthanie et l'église. Encerclant le verger, une terrasse donnait sur la tour Magdala.

Malone se précipita dans le jardin et vit l'inconnu courir le long de la terrasse dont l'unique accès était un escalier de pierre. Il monta les marches quatre à quatre et aspira goulûment l'air frais du soir ; le vent violent, déchaîné, le malmenait et gênait sa progression.

Il vit son assaillant se diriger droit vers la tour Magdala. Il s'apprêtait à tirer lorsqu'une bourrasque l'en dissuada. Il se demandait ce qu'allait faire l'inconnu. Aucun autre escalier ne lui permettrait de descendre, et la tour devait être fermée pour la soirée. À sa gauche, derrière une balustrade en fer forgé, il aperçut des arbres et un dénivelé d'environ trois mètres donnant sur le jardin. À sa droite, derrière un muret, il découvrit un dénivelé de quatre cent cinquante mètres. À un moment où un autre, il se retrouverait face à face avec l'inconnu.

Il fit le tour de la terrasse, traversa la serre et vit la silhouette entrer dans la tour Magdala.

Il s'arrêta, décontenancé.

Il se souvenait des explications de Stéphanie concernant la configuration de l'édifice. Mesurant environ cinq mètres quarante de côté, surmontée d'un donjon dont l'escalier en colimaçon menait à un toit crénelé, la bâtisse abritait autrefois la bibliothèque de Saunière.

Il n'avait pas le choix. Il trottina jusqu'à la porte et, voyant qu'elle était entrouverte, se mit sur le côté. Il donna un coup de pied dans le lourd vantail et attendit qu'on lui tire dessus.

Rien.

Il risqua un coup d'œil à l'intérieur et vit que la pièce était déserte. Les fenêtres occupaient deux pans de mur. Il n'y avait ni meuble ni livre, mais seulement des caisses de bois et deux bancs recouverts de tissu. Une cheminée de brique éteinte. Soudain, il comprit.

Le toit.

Il courut vers l'escalier de pierre, grimpa les marches étroites et peu profondes et se retrouva face à une porte métallique qu'il essaya d'ouvrir. En vain. Il appuya plus fort sur la poignée. Elle était fermée de l'extérieur.

La porte d'entrée claqua.

Il redescendit l'escalier et découvrit que le seul autre accès à la tour était désormais fermé de l'extérieur lui aussi. Il approcha d'une fenêtre aux vitres scellées qui donnait sur le jardin et aperçut l'inconnu sauter de la terrasse, agripper une branche épaisse pour se retrouver sur le sol avec une agilité déconcertante. Il traversa le jardin en direction du parking où Malone avait garé sa Peugeot en arrivant, à une trentaine de mètres de là.

Malone recula et tira trois coups de feu sur la vitre à sa gauche. Le verre au plomb se brisa en mille morceaux. Il se servit de son arme pour faire tomber les éclats, se hissa sur le banc placé sous le rebord de la fenêtre et se glissa par l'ouverture. Il n'était qu'à deux mètres du sol. Il sauta et se mit à courir vers le parking.

Il sortait du jardin quand il perçut le vrombissement d'un moteur et vit la silhouette vêtue de noir s'éloigner à moto. L'inconnu s'engouffra à vive allure dans une ruelle latérale, évitant la grand-rue qui débouchait sur le parking.

Malone décida d'utiliser le plan compact du village à son avantage et se précipita dans une allée, sur sa gauche, avant de tourner dans la rue principale. Une petite pente lui fit gagner du temps, et il entendit la moto approcher sur sa droite. C'était l'occasion ou jamais : il leva son arme et ralentit sa course.

Dès que la moto surgit de l'allée, il tira deux coups de feu.

L'un d'eux rata sa cible, mais l'autre heurta le cadre dans une gerbe d'étincelles avant de ricocher par terre.

La moto s'éloigna dans un vrombissement de moteur.

Des lumières s'allumèrent. On ne devait pas entendre beaucoup de coups de feu par ici. Malone glissa l'arme sous sa veste, se cacha au fond d'une ruelle et regagna la maison de Lars Nelle. Des voix s'élevèrent derrière lui. Les villageois sortaient de chez eux pour voir ce qui se passait. Dans un moment, il serait à l'abri. Il doutait que les deux hommes fussent encore dans le coin, et, dans le cas contraire, qu'ils lui chercheraient des noises.

Mais une idée l'obnubilait.

Un détail qu'il avait cru remarquer lorsque la silhouette avait sauté de la terrasse avant de s'éloigner en courant. Quelque chose dans ses gestes.

Difficile d'être catégorique, mais il en avait vu assez.

Son agresseur était une femme.

24

Abbaye des Fontaines

22 h 00

Le sénéchal rejoignit Geoffrey, disparu à la fin de l'élection, dans l'une des petites chapelles de l'aile nord, derrière la bibliothèque, où le jeune homme s'était retiré ; c'était l'un des nombreux endroits calmes qu'offrait l'abbaye.

Il entra dans la salle éclairée par la seule lueur des cierges et trouva Geoffrey étendu par terre. Les frères se prosternaient souvent devant l'autel de Dieu. Au moment de l'initiation, ce geste témoignait de l'humilité, de l'insignifiance de la nouvelle recrue face à la puissance divine. Pratiquer ce rituel de manière régulière permettait aux moines de ne pas l'oublier.

« Nous devons parler », murmura le sénéchal.

Son jeune ami resta immobile un moment avant de se signer et de se relever.

« Dis-moi exactement ce dont il retourne. » Il n'était pas d'humeur à se contenter de réponses évasives et, grâce à Dieu, son jeune assistant avait l'air plus calme que tout à l'heure au panthéon.

« Le maître voulait être sûr que ces deux paquets seraient bien expédiés.

— T'a-t-il dit pourquoi ?

— Pourquoi l'aurait-il fait ? C'était le maître. Je ne suis qu'un simple moine.

— Il te faisait suffisamment confiance pour te demander ton aide, apparemment.

— Il m'a dit que vous auriez du mal à l'accepter.

— Je ne suis pas mesquin à ce point. » Le sénéchal sentait que le jeune homme en savait plus long qu'il ne le disait. « Raconte.

— Je ne peux pas.

— Pourquoi pas ?

— Le maître m'a demandé de répondre aux questions concernant l'envoi des paquets. Mais j'ai pour instruction de ne rien dire de plus... jusqu'à ce que d'autres événements se produisent.

— Geoffrey, que peut-il arriver de plus ? De Rochefort est au pouvoir. Nous sommes pratiquement seuls, toi et moi. Les frères ont pris son parti. À quel événement le maître faisait-il allusion ?

— Je ne peux rien dire.

— De Rochefort ne peut réussir sans le legs des Templiers. Tu as entendu les réactions pendant le chapitre ? Les frères cesseront de le soutenir dès lors qu'il n'accomplira pas la tâche qu'il s'est fixée. C'est de ça dont il s'agit ? Le maître en savait-il plus long qu'il ne me l'avait laissé croire ? »

Geoffrey se ferma et le sénéchal vit alors chez son assistant une maturité qu'il n'avait jamais remarquée auparavant. « J'ai honte d'avouer que le maître m'avait annoncé votre défaite.

— Que t'a-t-il dit d'autre ?

— Rien qu'il me soit permis de révéler pour l'instant. »

Ces réponses évasives agaçaient le sénéchal. « Notre maître était un esprit brillant, souligna-t-il. Comme tu viens de le dire, il avait prévu le cours des événements. Il avait apparemment vu assez loin pour te confier cet oracle. Dis-moi ce que je dois faire, supplia-t-il.

— Il m'a dit de répondre à votre supplique par les paroles de Jésus : "Celui qui ne haïra pas son père et sa mère, comme moi, ne peut pas devenir mon disciple." »

Un aphorisme tiré de l'Évangile de Thomas. Mais que voulait-il dire en l'occurrence ? Il pensa à une autre citation du même Évangile : « Et celui qui n'aimera pas son père et sa mère, comme moi, ne pourra devenir mon disciple. »

« Il voulait aussi que je vous rappelle une autre parole de Jésus : "Que celui qui cherche soit toujours en quête jusqu'à ce qu'il trouve...

— Et quand il aura trouvé, poursuivit le sénéchal, il sera dans le trouble, ayant été trouvé, il s'émerveillera, il régnera sur le Tout." Il ne s'est exprimé que par le biais de paraboles ? » demanda-t-il.

Geoffrey ne répondit pas. Le statut du jeune homme dans la hiérarchie de l'ordre était bien inférieur à celui du sénéchal ; il venait à peine de s'engager sur le chemin du savoir. Devenir membre de l'ordre n'était qu'une étape sur la voie du gnosticisme, parcours qui prendrait normalement trois années. Geoffrey n'était arrivé à l'abbaye que dix-huit mois plus tôt en provenance du monastère normand où il avait étudié auprès des jésuites qui l'avaient recueilli encore enfant. Le maître l'avait immédiatement remarqué et avait exigé que certaines responsabilités lui soient confiées. Le sénéchal avait trouvé cette décision hâtive. « Je n'ai pas agi différemment avec vous », s'était contenté de répondre le vieil homme en souriant.

« Pour que le maître fasse appel à toi, il devait avoir une haute opinion de tes capacités, souligna le sénéchal en plaçant la main sur l'épaule de son assistant.

— Et je ne trahirai pas sa confiance », fit Geoffrey, d'un ton résolu.

Les frères empruntaient différentes voies. Certains se destinaient à l'administration, d'autres devenaient artisans. Nombreux étaient ceux qui assuraient l'autonomie de l'abbaye en tant qu'ouvriers ou fermiers. Certains se consacraient exclusivement à la religion. Seulement un tiers d'entre eux devenaient chevaliers. Geoffrey était destiné à accéder à ce grade d'ici cinq ans, en fonction de ses progrès. Il avait déjà achevé son apprentissage et l'entraînement élémentaire requis. Il allait devoir se consacrer à l'étude des Saintes Écritures pendant un an avant de pouvoir prêter le premier serment de fidélité à l'ordre. Quel dommage, songea le sénéchal : il allait peut-être perdre tout ce pour quoi il avait travaillé.

« Sénéchal, et le legs des Templiers ? Est-il possible de le retrouver comme l'a dit le maréchal ?

— C'est ce qui nous sauve. Il n'est pas encore en la possession de de Rochefort qui croit certainement que nous savons où le trouver. Est-ce le cas ?

— Le maître y a fait allusion », bredouilla Geoffrey. Les mots se bousculaient dans sa bouche comme s'il n'était pas censé les prononcer.

Le sénéchal était tout ouïe.

« Il m'a dit qu'un certain Lars Nelle était proche du but. »

Le maître et le sénéchal avaient maintes fois abordé le sujet du trésor des Templiers. Ses origines dataient d'avant 1307, mais il avait été mis en sécurité après la purge afin de priver Philippe le Bel de la richesse et des connaissances des Templiers. Dans les mois ayant précédé son arrestation, Jacques de Molay s'était empressé de dissimuler tout ce que l'ordre avait de plus cher. Malheureusement, il était impossible de découvrir le moindre indice permettant de localiser le trésor, et la peste noire avait décimé tous ceux qui auraient pu savoir où il se trouvait. Le seul élément disponible figurait dans un passage des chroniques de l'ordre daté du 4 juin 1307 : « Quel est le meilleur endroit pour cacher un caillou ? » Les maîtres successifs s'étaient efforcés de répondre à cette question mais leurs recherches avaient été vaines. Jusqu'à ce qu'au XIXe siècle de nouveaux indices soient mis au jour. Ils n'émanaient pas de l'ordre mais de deux prêtres de la paroisse de Rennes-le-Château, l'abbé Antoine Bigou et l'abbé Béranger Saunière. Le sénéchal savait que Lars Nelle avait exhumé leur étonnante histoire dans les années soixante-dix en écrivant un livre qui avait fait sortir de l'ombre le minuscule village pyrénéen et sa mystique soi-disant millénaire. Apprendre aujourd'hui qu'il avait été très près du but, qu'il était sur la bonne voie, selon les termes du maître, semblait presque surréaliste.

Le sénéchal s'apprêtait à poser une nouvelle question à Geoffrey lorsque des pas résonnèrent dans la chapelle. Quatre chevaliers, des hommes qu'il connaissait bien, firent irruption dans la salle. De Rochefort, désormais vêtu de la soutane blanche du maître, les accompagnait.

« Vous complotez, sénéchal ? » De Rochefort avait posé sa question d'un air triomphant.

« Nous avions terminé. » Pourquoi une telle démonstration de force ? se demanda le sénéchal. « Souhaitiez-vous me parler ?

— Ils sont ici pour vous, et j'espère que nous saurons rester courtois. Vous êtes en état d'arrestation.

— Pour quel motif ? répondit le sénéchal sans s'alarmer le moins du monde.

— Violation de vos vœux.

— Vous comptez vous justifier ?

— Devant le tribunal approprié. Les frères ici présents vont vous escorter jusqu'à vos appartements où vous passerez la nuit. Demain, je vous trouverai des quartiers plus adaptés car votre remplaçant aura besoin de votre chambre.

— Quelle délicate attention.

— N'est-ce pas ? Mais réjouissez-vous. Vous pourriez croupir depuis longtemps déjà dans une cellule de pénitent. »

Le sénéchal savait bien de quoi le maître parlait. Plus proches de cages métalliques que de véritables cellules, elles étaient trop exiguës pour qu'un prisonnier puisse se lever ou s'étendre. Il devait s'accroupir, et la privation de nourriture et d'eau rendait son supplice plus pénible encore. « Vous pensez réhabiliter l'usage de la cellule ? »

De Rochefort n'appréciait pas l'affront, mais se contenta de sourire, chose rare chez cet être maléfique. « Mes partisans sont fidèles à leurs vœux, contrairement aux vôtres. De telles mesures seront inutiles.

— Vous paraissez presque convaincu par votre propre discours.

— Voyez-vous, c'est précisément ce genre d'insolence qui m'a poussé à vous défier. Ceux d'entre nous qui possèdent la discipline requise par notre foi ne feront jamais preuve d'un tel irrespect envers nos frères. Mais les individus issus comme vous du monde séculier croient l'arrogance acceptable.

— Et refuser à notre maître les honneurs auxquels il pouvait prétendre, c'était faire preuve de respect ?

— C'était le prix à payer pour son arrogance.

— Il a reçu la même éducation que vous.

— C'est la preuve que nous aussi sommes capables d'erreurs. »

Le sénéchal commençait à se lasser de de Rochefort, aussi se reprit-il et annonça : « J'exige de comparaître devant un tribunal, comme la règle m'y autorise.

— Ce sera bientôt chose faite. En attendant, vous serez cantonné dans vos appartements. »

Au signal du nouveau maître, les quatre moines s'avancèrent. Malgré sa peur, le sénéchal décida de faire preuve de dignité.

Il quitta la chapelle, flanqué de ses geôliers, mais, au moment de passer la porte, il hésita et lança un coup d'œil à Geoffrey. Le jeune homme avait gardé le silence pendant l'altercation avec de Rochefort. Le nouveau maître n'avait cure d'un novice dans son genre. Il faudrait des années avant que Geoffrey ne représente une réelle menace. Cependant, le jeune homme étonnait le sénéchal.

Sur son visage, il n'y avait nulle trace de peur, de honte ou d'appréhension.

Au contraire, on y lisait une extrême détermination.

25

Rennes-le-Château

Samedi 24 juin
9 h 30

Malone glissa sa grande carcasse dans la Peugeot où Stéphanie l'attendait.

« Vous avez vu quelqu'un ? voulut-elle savoir.

— Nos deux camarades d'hier soir sont de retour. Ils ne se laissent pas facilement abattre, ces deux-là.

— Aucun signe de la motarde ? demanda Stéphanie, déjà informée de ses soupçons.

— Le contraire m'eût étonné.

— Où sont les deux types en question ?

— Dans une Renault rouge, à l'autre bout du parking, près du château d'eau. Ne vous retournez pas. Essayons de ne pas les effrayer. »

Il ajusta le rétroviseur extérieur pour pouvoir les surveiller. Des cars de tourisme et une dizaine de voitures étaient déjà garés sur le parking sablonneux. Le temps clair de la veille avait laissé place à un ciel souillé par des nuages d'orage couleur de plomb. Il ne tarderait pas à pleuvoir. Ils se rendaient à Avignon, à environ deux cent soixante-dix kilomètres de là, à la recherche de Royce Claridon. Malone avait déjà consulté la carte routière et décidé du meilleur itinéraire pour semer d'éventuels poursuivants.

Il démarra et ils se mirent en route. Une fois les portes du village franchies et la voiture lancée dans les lacets qui les mèneraient dans la vallée, il vit que la Renault les suivait aussi discrètement que possible.

« Comment comptez-vous vous débarrasser d'eux ?

— À l'ancienne, rétorqua Malone avec un sourire.

— Toujours savoir où l'on va, c'est ça ?

— Un tuyau de mon ancien patron. »

Ils s'engagèrent sur la D 118 en direction de Carcassonne. D'après la carte, ils pourraient prendre l'A 61 à une quarantaine de kilomètres de là, juste au sud de Carcassonne, pour gagner Avignon. D'ici moins de vingt kilomètres, ils tomberaient sur un embranchement au niveau de Limoux ; la D 118 continuait vers Rouffiac tandis que l'autre route traversait l'Aude en passant par la ville. Ce serait le moment d'agir.

La pluie se mit à tomber. Quelques gouttes d'abord puis des cordes.

Il enclencha les essuie-glaces. La route était déserte. En ce samedi matin, les automobilistes avaient apparemment préféré rester chez eux. La Renault, dont les phares antibrouillards trouaient le rideau de pluie, roulait à vive allure pour ne pas perdre Malone de vue. Il la vit doubler la voiture qui le suivait avant de se déporter sur la voie de gauche au niveau de la Peugeot.

La vitre du côté passager descendit et une arme apparut par l'interstice.

« Accrochez-vous, Stéphanie », ordonna Malone.

Il appuya sur l'accélérateur et prit un virage sur les chapeaux de roues. Distancée, la Renault se rabattit derrière eux.

« Il y a eu changement de programme, on dirait. Nos ombres deviennent agressives. Couchez-vous sur le plancher.

— Je suis une grande fille. Contentez-vous de conduire. »

Il prit un autre virage, mais la Renault réduisait son écart. Les pneus avaient du mal à adhérer à l'asphalte de plus en plus détrempé. Il n'y avait pas de ligne continue et l'accotement disparaissait en partie sous des flaques qui risquaient de faire déraper le véhicule.

Une balle brisa la lunette arrière de la Peugeot.

Le verre trempé n'éclata pas, mais Malone doutait qu'il puisse résister à un nouveau tir. Il se mit à zigzaguer en s'efforçant de deviner où finissait la chaussée. Il vit un automobiliste arriver en sens inverse et se rabattit sur sa voie.

« Vous savez vous servir d'une arme, Stéphanie ? fit-il sans quitter la route des yeux.

— Où l'avez-vous mise ?

— Sous le siège. Je l'ai prise au type d'hier soir. Le chargeur est plein. Occupez-les. Il faut que ces types me lâchent un peu. »

Stéphanie s'empara du pistolet et baissa la vitre côté passager. Elle tendit le bras, visa et tira cinq coups de feu.

Ils eurent l'effet escompté. La Renault ralentit sans pour autant abandonner la filature. Malone fit une queue de poisson en plein virage en se servant du frein et de l'accélérateur, comme on l'avait entraîné à le faire des années auparavant.

Il en avait assez de jouer le rôle de la proie.

Il écrasa les freins et fit demi-tour sur la voie d'en face. Les pneus crissèrent sur la chaussée détrempée. La Renault les dépassa à toute allure. Malone passa en seconde et mit le pied au plancher.

Les roues tournèrent à vide puis la voiture bondit.

Il accéléra progressivement, passa la cinquième.

La Renault les devançait à présent. Malone accéléra encore. Quatre-vingt-quinze. Cent. Cent dix kilomètres-heure. Étrange à quel point cette expérience le revigorait. Cela faisait un moment qu'il n'y avait pas eu autant d'action dans sa vie.

Il se déporta sur la voie de gauche pour venir se placer au niveau de la Renault.

Les deux voitures faisaient désormais du cent vingt kilomètres-heure sur une route relativement rectiligne. Soudain, la Peugeot décolla légèrement de la chaussée en gravissant une butte ; puis les pneus rebondirent violemment au contact du macadam humide. Malone fut projeté d'avant en arrière, un peu sonné, mais la ceinture de sécurité avait rempli son office.

« Qu'est-ce qu'on s'amuse », commenta Stéphanie.

Des champs verdoyants s'étendaient de part et d'autre de la route, si bien que la campagne environnante ressemblait à un océan de lavande, de fougères et de vignes. Le vrombissement du moteur de la Renault était assourdissant. Malone jeta un nouveau coup d'œil dans l'habitacle. Le passager se hissait par la vitre, se contorsionnait pour grimper sur le toit où il serait plus à l'aise pour leur tirer dessus.

« Visez les pneus », ordonna Malone à Stéphanie.

Elle s'apprêtait à tirer quand il aperçut un camion sur la voie de la Renault. Il connaissait suffisamment bien l'Europe pour savoir que, contrairement aux États-Unis où les camionneurs se laissaient aller à des excès de vitesse, ici, ils allaient à pas de tortue. Il avait espéré en trouver un sur sa route plus près de Limoux, mais il fallait savoir saisir l'occasion lorsqu'elle se présentait. Le camion se trouvait à deux cents mètres à peine. Ils le rattraperaient dans un instant et, par chance, la file de Malone était déserte.

« Attendez ! » s'écria-t-il.

Il resta parallèle à la Renault qui se trouvait piégée. Trois options se présentaient au conducteur : freiner, percuter le camion ou foncer dans le champ, sur sa droite. Malone espérait que le camion ne se déporterait pas, ce qui lui éviterait de devoir en faire autant.

Conscient de sa situation, le chauffeur de la Renault quitta la chaussée.

Malone accéléra pour dépasser le camion en roulant sur le bas-côté. Un coup d'œil dans le rétroviseur confirma que la Renault s'était embourbée.

Malone se détendit un peu sans toutefois ralentir et quitta la départementale à la hauteur de Limoux, comme prévu.

Stéphanie et Malone arrivèrent à Avignon un peu après onze heures. La pluie avait cessé à environ quatre-vingts kilomètres de la ville et un grand soleil inondait les collines boisées qui s'habillaient de reflets vert et or, telles les enluminures d'un vieux manuscrit. La ville entourée de remparts avait été la capitale de la chrétienté pendant près d'un siècle. Après avoir parcouru un dédale de rues étroites, Stéphanie et Malone se garèrent dans un parking souterrain.

Ils regagnèrent le rez-de-chaussée et Malone remarqua immédiatement les églises gothiques flanquées d'édifices brûlés par le soleil aux toits et aux murs ocre qui donnaient l'impression d'être en Italie. Week-end oblige, une foule animée se pressait dans les rues et aux terrasses des cafés, protégées du soleil par les auvents bigarrés et les platanes de la place de l'Horloge.

Ils se mirent en quête de l'adresse indiquée dans le journal de Lars Nelle. En chemin, Malone s'imagina l'époque où, au XIVe siècle, les papes avaient quitté les rives du Tibre pour celles du Rhône et investi le palais monumental perché sur la colline. Avignon était alors devenue le refuge des hérétiques. Les Juifs achetaient des indulgences contre une somme modeste, les criminels de droit commun étaient libres d'aller et venir à leur guise, les maisons de jeu et les bordels prospéraient. Il y régnait un certain laxisme et, la nuit tombée, on risquait sa vie à chaque coin de rue. Quelle était la formule de Pétrarque déjà ? « Égout de la Terre [...], tout y respire le mensonge [...] » Malone espérait que les choses avaient changé en six cents ans.

L'adresse de Royce Claridon était celle d'une boutique d'antiquités – livres et meubles – dont la devanture était remplie de volumes de Jules Verne datant du début du XXe siècle, édition riche en couleur avec laquelle Malone était familier. La porte d'entrée était verrouillée, mais une affichette indiquait que ce jour-là le propriétaire participait à la foire aux livres mensuelle, cours Jean-Jaurès.

Malone et Stéphanie se firent indiquer le chemin jusqu'au marché proche d'un grand boulevard de la ville. Des tables en métal branlantes parsemaient la place ombragée. Les caisses en plastique regorgeaient de livres en français et l'on y trouvait une poignée de titres anglais, des livres de photos sur des films ou des séries télévisées surtout. La foire aux livres semblait attirer des badauds d'un autre style que ceux qui arpentaient les artères touristiques ; ici, pas un appareil photo ni une caméra en vue.

Les cars de tourisme se succédaient sur l'avenue menant au palais des Papes, et le vrombissement des moteurs diesel couvrait les notes d'un groupe de jazz qui jouait sur le trottoir d'en face. Malone sursauta lorsqu'une canette de Coca-Cola roula sur la chaussée avec un cliquetis. Il était à cran.

« Quelque chose ne va pas ?

— Trop de sollicitations par ici. »

Ils flânèrent sur la place ; Malone étudiait les ouvrages d'un œil averti. Les volumes intéressants étaient sous plastique. Une carte indiquait leur provenance et leur prix, élevé, songeait Malone, étant donné leur piètre qualité. L'un des vendeurs lui apprit que le stand de Royce Claridon se trouvait à l'autre bout de l'avenue. Une petite femme rondelette aux cheveux blonds décolorés remontés en chignon tenait le stand. Elle portait des lunettes de soleil et la cigarette qui lui pendait aux lèvres lui faisait perdre tout charme aux yeux de Malone qui n'avait jamais trouvé la cigarette sexy.

Les deux amis examinèrent ses ouvrages exposés sur une vieille desserte délabrée ; la plupart des volumes à reliure de tissu étaient dans un état pitoyable. Malone aurait été surpris qu'ils trouvent preneur.

Il se présenta, ainsi que Stéphanie. La femme ne répondit pas, se contentant de fumer sa cigarette.

« Nous sommes passés à la boutique, expliqua Malone.

— Fermée pour la journée, rétorqua la vendeuse d'un ton tranchant signifiant qu'elle n'avait pas envie qu'on la dérange.

— Rien de ce que vous y vendez ne nous intéresse, de toute façon, précisa Malone.

— Alors régalez-vous avec ces merveilleux ouvrages, je vous en prie.

— Les affaires vont si mal que ça ?

— Pire que ça, fit la vendeuse en avalant une nouvelle bouffée.

— Pourquoi êtes-vous ici, dans ce cas, au lieu de vous mettre au vert pour la journée ?

— Je n'aime pas les questions, répliqua-t-elle en lançant à Malone un regard méfiant. Surtout celles d'Américains qui baragouinent le français.

— Je croyais bien me débrouiller.

— Vous vous trompiez. »

Il décida d'en venir aux faits. « Nous sommes à la recherche de Royce Claridon.

— Comme tout le monde, dit-elle en éclatant de rire.

— Auriez-vous l'obligeance de nous dire qui d'autre est à sa recherche ? » Cette mégère commençait à l'agacer.

Elle ne répondit pas tout de suite, attentive aux gestes des quelques curieux qui examinaient son stock. Le groupe de jazz attaqua un nouveau morceau. Les clients en puissance s'éloignèrent.

« Il ne faut pas les quitter des yeux, maugréa-t-elle. Ils voleraient n'importe quoi.

— J'ai une proposition à vous faire. Je vous prends une caisse entière de livres si vous répondez à une seule question.

— Que souhaitez-vous savoir ? demanda-t-elle, apparemment intéressée par l'offre de Malone.

— Où est Royce Claridon ?

— Je ne l'ai pas vu depuis cinq ans.

— Ce n'est pas une réponse, ça.

— Il est parti.

— Où ça ?

— C'est tout ce que vous saurez pour une caisse de livres. »

De toute évidence, elle ne leur apprendrait rien et Malone n'avait aucune intention de lui donner davantage. Aussi jeta-t-il un billet de cinquante euros sur la table et ramassa-t-il sa caisse de livres. « Votre réponse ne valait pas un clou, mais je vais respecter ma part du marché. »

Il s'approcha d'une poubelle, y vida le contenu de la caisse avant de la jeter sur la table.

« Allons-y », ordonna-t-il à Stéphanie. Ils s'éloignèrent.

« Hé, l'Américain ! »

Malone se retourna.

La femme se leva de sa chaise. « Ça m'a plu, ça. »

Il attendit.

« Les nombreux créanciers de Royce sont à ses trousses, mais vous n'aurez aucun mal à le trouver. Essayez l'asile de Villeneuve-lès-Avignon. Un vrai dingue, ce Royce », fit-elle avec un geste de l'index.

26

Abbaye des Fontaines

11 h 30

Le sénéchal reposait dans ses appartements. Il avait très peu dormi la nuit précédente, obnubilé par le dilemme qu'il avait à résoudre. Deux moines gardaient sa porte et personne n'était autorisé à entrer sauf pour lui apporter ses repas. Il ne supportait pas d'être enfermé même si, pour le moment du moins, sa prison était confortable. Ses appartements n'étaient pas aussi vastes que ceux du maréchal ou du maître, mais ils lui permettaient de s'isoler et disposaient d'une salle de bains privée et d'une vue. Il était exclu qu'il s'échappe par la fenêtre qui donnait sur un profond précipice.

Cependant, sa chance s'apprêtait à tourner aujourd'hui, à n'en point douter, car de Rochefort ne l'autoriserait pas éternellement à sillonner l'abbaye à son gré. Il serait sans doute retenu dans l'une des pièces du sous-sol depuis longtemps utilisée comme réserve, l'endroit idéal pour isoler un ennemi. Et Dieu seul savait ce qui adviendrait de lui alors.

Les choses avaient bien changé depuis son initiation. La règle était claire :

> Si un chevalier séculier, ou tout autre homme, veut s'en aller de la masse de perdition et abandonner ce siècle et choisir la vie commune du Temple, ne vous pressez pas trop de le recevoir. Car ainsi le dit saint Paul : *Probate spiritus si ex Deo sunt*. C'est-à-dire « Éprouvez l'esprit pour voir s'il vient de Dieu. » Mais pour que la compagnie des frères lui soit donnée, que la règle soit lue devant lui et s'il veut obéir à ses commandements, s'il plaît au maître et aux frères de le recevoir, qu'il montre sa volonté et son désir aux frères assemblés en chapitre et devant tous et qu'il fasse sa demande avec courage.

Le rituel avait été respecté et il avait intégré l'ordre. Il avait volontiers prêté serment et était heureux d'être au service de la confrérie. Il était désormais retenu prisonnier à la suite de fausses accusations portées contre lui par un homme dévoré d'ambition. Sa situation n'était pas très éloignée de celle des templiers victimes de l'odieux Philippe le Bel. Le sénéchal avait toujours trouvé ce surnom étrange. En vérité, le roi de France était un homme froid, secret, qui désirait maintenir l'Église catholique sous sa coupe. Son sobriquet faisait référence à son teint clair et ses yeux bleus. Les apparences étaient trompeuses dans le cas du roi comme dans le sien, songea-t-il.

Il se leva et fit les cent pas, habitude prise à l'université. Ces allées et venues l'aidaient à réfléchir. Les deux livres dérobés dans la bibliothèque deux nuits auparavant étaient posés sur son bureau. Les quelques heures qu'il avait devant lui lui offriraient peut-être la dernière occasion de les feuilleter. Dès que l'on découvrirait leur absence, on ajouterait sans doute le vol d'un bien de l'ordre sur la liste des charges qui pesaient contre lui. Il serait ravi que la punition prévue – le bannissement – soit appliquée, mais il savait que son ennemi juré ne le laisserait jamais s'en tirer à si bon compte.

Il attrapa le codex du XVIe siècle, trésor que les bibliothèques du monde entier se seraient volontiers arraché. Le texte était manuscrit en gothique rotunda, script élégant très couramment employé à l'époque pour les ouvrages savants. Les signes de ponctuation y étaient rares, les pages noircies de texte, sans place perdue. Un scribe avait dû passer des semaines à le recopier assis à son écritoire, enfermé dans le scriptorium de l'abbaye, plume à la main, dessinant patiemment chaque lettre sur le parchemin. Hormis quelques traces de brûlure sur la reliure et les taches de cire sur un grand nombre de pages, le codex était dans un état de conservation remarquable. L'une des grandes missions de l'ordre consistait à préserver le savoir qu'il avait accumulé, et le sénéchal avait eu la chance de tomber sur cette mine de connaissances enfouie parmi les milliers de volumes que contenait la bibliothèque de l'abbaye.

« Vous devez aller au bout de votre quête. Tel est votre destin. Que vous en soyez conscient ou pas. » Voilà ce qu'avait dit le maître à Geoffrey. « Nombreux sont ceux qui se sont engagés sur la voie que vous vous apprêtez à prendre, mais aucun n'est jamais parvenu à ses fins », avait-il cependant ajouté.

Le maître et Geoffrey en savaient-ils aussi long que lui ? Certainement pas.

Il attrapa l'autre volume au texte également manuscrit, pas par des copistes celui-là. Il datait de 1897 et on le devait au maréchal de l'époque qui avait été en contact direct avec l'abbé Jean Antoine Maurice Gélis, prêtre de la paroisse de Coustaussa, village de la vallée de l'Aude voisin de Rennes-le-Château. Leur rencontre s'était révélée providentielle car elle avait permis au maréchal d'obtenir certaines informations cruciales.

Le sénéchal s'assit et feuilleta une nouvelle fois le compte rendu.

Certains passages qui l'avaient passionné lorsqu'il les avait lus pour la première fois trois ans plus tôt retinrent son attention. Il se dirigea vers la fenêtre, livre à la main.

J'ai été bouleversé d'apprendre l'assassinat de l'abbé Gélis le jour de la Toussaint. On l'a retrouvé vêtu de sa soutane, coiffé de son couvre-chef, baignant dans son sang sur le sol de sa cuisine. Sa montre s'était arrêtée à minuit quinze, mais on estime qu'il est mort autour de trois ou quatre heures du matin. J'ai pu parler aux villageois et au gendarme du village en me faisant passer pour l'émissaire de l'évêque. Gélis était peureux, gardait ses fenêtres fermées et ses volets clos même au cœur de l'été. Il n'ouvrait jamais la porte du presbytère à des inconnus et comme il n'y avait pas trace d'effraction, les gendarmes ont conclu qu'il connaissait son agresseur.

Gélis avait soixante et onze ans. On l'a frappé à la tête avec un tisonnier avant de le frapper d'un coup de hache. Un véritable bain de sang : on a découvert des éclaboussures par terre et sur le plafond mais pas la moindre empreinte. Ce détail a complètement désarçonné le gendarme. On l'a délibérément couché sur le dos, bras croisés sur la poitrine selon la tradition funéraire. La somme de six cent trois francs en pièces d'or et en billets, ainsi que cent six francs supplémentaires, ont été découverts dans le presbytère. Selon toute vraisemblance, le coupable n'en avait pas après l'argent de Gélis. L'unique preuve matérielle est un paquet de papier à cigarette dont l'une des feuilles portait la mention « Viva Angelina ». C'est un détail important car Gélis ne fumait pas et détestait l'odeur même de la cigarette.

À mon avis, le véritable motif de l'agression se trouve dans la chambre du curé. L'assassin a forcé une mallette rangée là. Il reste certains documents, mais impossible de savoir si d'autres ont disparu. Des gouttelettes de sang ont été découvertes à l'intérieur et à proximité de la mallette. Le gendarme en a conclu que l'assassin cherchait un document précis, et j'ai peut-être une idée de ce dont il s'agit.

Quinze jours avant le meurtre, j'avais rencontré l'abbé Gélis. Un mois plus tôt, l'abbé avait pris contact avec l'évêque de Carcassonne. Je me présentai chez lui en me faisant passer pour son émissaire et nous parlâmes longuement de ce qui le troublait. Il finit par me demander de l'entendre en confession. Comme je ne suis pas prêtre et ne suis donc pas tenu au secret de la confession, je puis rapporter ses confidences.

Durant l'été 1896, Gélis découvrit une fiole dans son église. La balustrade entourant le chœur avait besoin d'être remplacée et quand on retira celle d'origine, on découvrit une fiole scellée à la cire renfermant un bout de papier sur lequel était inscrit le message suivant :

Y	E	N	S	Z	N	I	M	G	L	C	Y	•	R	A	T	E	H	O	X
O	•	E	O	T	+	T	E	C	T	N	G	A	+	D	E	Z	B	O	F
V	O	U	P	H	R	P	A	+	D	Y	S	T	L	R	D	A	•	X	T
L	P	O	C	X	F	E	I	S	R	A	V	H	G	C	K	L	N	H	N
R	D	M	R	M	A	A	N	R	J	,	S	•	M	B	D	Q	A	D	P
R	I	E	U	Z	O	O	T	U	O	J	I	F	S	O	E	A	L	B	N
T	N	A	T	,	G	R	E	Y	I	O	E	,	T	R	U	X	,	W	H
K	X	V	E	V	L	A	L	P	E	N	+	L	O	Z	J	K	J	D	G
N	U	E	+	N	G	E	K	O	•	I	X	A	Z	V	R	+	S	I	Z
S	N	S	I	C	E	T	B	+	X	G	A	C	S	E	D	X	V	U	A
Y	V	L	K	B	•	,	N	B	W	V	K	T	P	I	B	•	J	T	Y
O	U	P	E	O	M	S	U	L	Z	R	V	,	J	R	S	B	+	C	E
P	A	T	S	X	E	•	F	X	,	H	N	M	Z	H	•	Y	T	B	C

La cryptographie était très répandue au siècle dernier. Gélis m'apprit que, six ans plus tôt, l'abbé Saunière de Rennes-le-Château avait lui aussi découvert un message codé dans son église. Lorsque les deux hommes les avaient comparés, ils s'étaient révélés identiques. Pour Saunière, ils avaient tous deux été rédigés par l'abbé Bigou, prêtre de Rennes-le-Château pendant la Révolution. En ce temps-là, le prêtre de Rennes-le-Château officiait également à Coustaussa et Bigou se serait donc rendu régulièrement dans l'actuelle paroisse de Gélis. D'après Saunière, il existait également un lien entre le cryptogramme et la tombe de Marie d'Hautpoul de Blanchefort, décédée en 1781. L'abbé Bigou avait été son confesseur et avait fait réaliser la pierre tombale et la stèle de Mme d'Hautpoul sur lesquelles il avait fait graver un certain nombre de termes et de symboles étranges. Malheureusement, Saunière n'avait pas réussi à décrypter le message. En revanche, après un an d'effort, Gélis y était parvenu. Il me confia qu'il n'avait pas été parfaitement sincère avec Saunière dont les motivations lui semblaient impures. Aussi n'avait-il pas révélé à son collègue la solution à laquelle il était parvenu.

L'abbé Gélis souhaitait transmettre cette information à l'évêque, et c'est ce qu'il croyait faire par mon intermédiaire.

Le maréchal ne rapportait malheureusement pas les propos de Gélis. Peut-être que l'information lui paraissait trop importante pour la consigner par écrit, ou peut-être était-il un conspirateur du genre de de Rochefort ?

Bizarrement, d'après les chroniques, le maréchal avait lui aussi disparu un an plus tard, en 1898. Il avait quitté l'abbaye un jour pour affaire et on ne l'avait jamais revu. Les recherches n'avaient rien donné. Mais Dieu soit loué, il avait recopié le cryptogramme de Gélis.

Les cloches sonnaient annonçant sexte, la messe de midi. Tous les frères, à l'exception de ceux qui officiaient en cuisine, se réuniraient dans la chapelle pour lire les Psaumes, chanter des hymnes et prier jusqu'à treize heures. Le sénéchal décida de consacrer lui aussi quelques instants à la méditation mais fut interrompu : on frappait discrètement à la porte. Geoffrey entra les bras chargés d'un plateau-repas.

« Je me suis porté volontaire pour vous amener ceci, expliqua le jeune homme. J'ai entendu dire que vous n'aviez pas pris de petit déjeuner. Vous devez être affamé. » Bizarrement, Geoffrey semblait plein d'entrain.

La porte restée ouverte permettait d'apercevoir les deux gardes toujours en faction dans le couloir.

« Je leur ai apporté à boire, à eux aussi, précisa Geoffrey.

— Tu es d'humeur bien généreuse aujourd'hui.

— Jésus a dit que la bonne parole était un mélange de foi, d'amour, de bonnes actions. Et de là naît la vie.

— C'est juste, mon ami », répondit le sénéchal avec un sourire et d'un ton résolument gai.

« Comment vous portez-vous ?

— Aussi bien que possible au vu des circonstances, dit le sénéchal en posant le plateau sur son bureau.

— J'ai prié pour vous, sénéchal.

— Si je ne m'abuse, ce titre ne m'appartient plus. De Rochefort a déjà dû nommer mon remplaçant.

— Son lieutenant.

— Pauvres de nous... »

L'un des gardes s'effondra à terre. Une seconde plus tard, les jambes du second se dérobèrent sous lui et il alla rejoindre son collègue sur le dallage. Deux gobelets roulèrent à leurs pieds avec un tintement.

« Ce n'est pas trop tôt, s'écria Geoffrey.

— Qu'as-tu fait ?

— Je leur ai donné un sédatif. Je l'ai eu par le médecin. Pas de goût, pas d'odeur, mais il agit rapidement. Le médecin est des nôtres. Il vous souhaite bonne chance. Nous devons partir tout de suite. Le maître a laissé certaines instructions, et je dois veiller à ce qu'elles soient respectées. »

Le jeune homme tira deux pistolets des plis de sa soutane. « L'armurier est des nôtres, lui aussi. Nous aurons sans doute besoin de ça. »

Le sénéchal était entraîné au maniement des armes, qui faisait partie des connaissances de base enseignées aux moines. Il s'empara d'une arme. « Nous quittons l'abbaye ?

— Il le faut si nous voulons mener à bien notre mission.

— Notre mission ?

— Oui, sénéchal. Je m'entraîne depuis longtemps dans ce but. »

L'enthousiasme du jeune homme était perceptible et, bien qu'il eût presque dix ans de plus que lui, le sénéchal eut tout à coup l'impression de ne pas être à la hauteur. La personnalité de ce frère censé lui être subordonné était décidément bien plus complexe qu'il n'y paraissait. « Comme je le disais hier, le maître a fait le bon choix en ce qui te concerne.

— En ce qui nous concerne tous les deux, je pense. »

Le sénéchal attrapa un sac à dos dans lequel il fourra quelques accessoires de toilette et objets personnels ainsi que les deux livres dérobés à la bibliothèque. « Je n'ai rien d'autre à mettre que cette soutane.

— Nous achèterons des vêtements une fois en route.

— Tu as de l'argent ?

— Le maître avait tout prévu. »

Geoffrey avança à pas de loup jusqu'à la porte et vérifia que la voie était libre. « Nos frères sont tous à sexte. Nous ne devrions avoir aucun mal à quitter l'abbaye. »

Avant de rejoindre son assistant dans le couloir, le sénéchal jeta un dernier coup d'œil à ses appartements. Il avait passé parmi les meilleurs moments de sa vie ici et devoir dire adieu à ce lieu l'attristait. Mais dans un coin de sa tête, quelque chose le poussait à aller de l'avant, vers l'inconnu, à quitter l'abbaye pour se mettre en quête de la vérité, cette vérité que le maître ne connaissait que trop bien.

27

Villeneuve-lès-Avignon

12 h 30

Malone observait Royce Claridon. L'homme portait de larges pantalons de velours maculés de ce qui ressemblait à de la peinture turquoise. Un polo de couleur vive couvrait son torse décharné. Il devait approcher de la soixantaine et sa silhouette dégingandée lui donnait l'air d'une mante religieuse ; il avait un visage agréable aux traits réguliers. Il n'y avait plus trace d'aucune vivacité d'esprit dans ses yeux sombres, enfoncés dans leurs orbites, mais son regard n'en restait pas moins perçant. Ses pieds nus étaient sales, ses ongles négligés, sa chevelure et sa barbe grisonnantes tout emmêlées. L'infirmier les avait prévenus : malgré ses hallucinations, Claridon se montrait généralement inoffensif, mais la plupart des pensionnaires et du personnel soignant de l'institution l'évitaient.

« Qui va là ? » s'enquit Claridon en jaugeant Malone et Stéphanie, le regard distant et perplexe.

L'asile occupait les murs d'un gigantesque château,

propriété de l'État français depuis la Révolution si l'on en croyait le panonceau placardé à l'entrée. La configuration du bâtiment défiait les lois de la symétrie. Les anciens salons logeaient désormais les pensionnaires. Malone et Stéphanie se trouvaient dans le solarium dont la gigantesque baie vitrée offrait un point de vue imprenable sur la campagne environnante. Des nuages voilaient le soleil de midi. D'après l'un des infirmiers, c'était là que Claridon passait le plus clair de son temps.

« Vous venez de la commanderie ? demanda Claridon. C'est le maître qui vous envoie ? J'ai bien des informations à lui transmettre.

— Le maître nous envoie vous parler, répondit Malone qui avait décidé de jouer le jeu.

— Ah, enfin ! J'attends depuis si longtemps. »

Malone fit signe à Stéphanie de reculer. L'homme se prenait pour un templier et les frères devaient éviter tout contact avec les femmes. « Dites-moi tout, mon frère. »

Claridon gigota sur sa chaise avant de se lever d'un bond, balançant sa maigre carcasse d'avant en arrière. « Affreux, absolument terrifiant. Nous étions cernés. Des ennemis à perte de vue. Il ne nous restait plus que quelques flèches, nos vivres étaient avariés à cause de la chaleur, nous n'avions plus d'eau. Beaucoup avaient été vaincus par la maladie. Nous n'allions plus tenir bien longtemps.

— La situation semblait critique. Qu'avez-vous fait ?

— Il s'est passé quelque chose de bizarre. Un drapeau blanc a été hissé par-dessus l'enceinte. Nous nous dévisagions, décontenancés, en prononçant les paroles auxquelles nous n'osions croire : "Ils veulent parlementer." »

Malone était féru d'histoire médiévale. Il n'était pas rare de parlementer au temps des croisades. Lorsqu'elles se trouvaient dans l'impasse, les armées ennemies négociaient souvent pour pouvoir battre en retraite et revendiquer la victoire.

« Êtes-vous allés à leur rencontre ? »

Le vieil homme hocha la tête en levant quatre doigts malpropres. « Cernés par leurs hordes, nous avons chevauché jusqu'à leur campement et, à chaque nouvelle entrevue, nous avons été reçus chaleureusement ; les discussions avançaient. Nous avons fini par trouver un accord.

— Dites-moi : quel message devez-vous communiquer au maître ?

— Quelle insolence, rétorqua Claridon, l'air agacé.

— Que voulez-vous dire ? J'ai beaucoup de respect pour vous, frère. C'est la raison de ma venue. Frère Lars Nelle vous croit digne de confiance. »

Le vieil homme eut l'air tout à coup désemparé, puis soudain, il parut se rappeler. « Je me souviens de lui. Un valeureux guerrier. Il s'est battu avec beaucoup de dignité. Oui, oui. Je me souviens de lui. Frère Lars Nelle. Paix à son âme.

— Pourquoi dites-vous ça ?

— Vous n'êtes pas au courant ? fit Claridon, incrédule. Il est mort au combat.

— Où ?

— Ça, je l'ignore, je sais simplement qu'il repose auprès de Dieu, désormais. Nous avons dit une messe à sa mémoire et avons beaucoup prié pour lui.

— Avez-vous rompu le pain avec frère Nelle ?

— De nombreuses fois.

— A-t-il jamais fait allusion à sa quête ?

— Pourquoi me demander ça à moi ? » fit Claridon en se plaçant à droite de Malone, sans le quitter des yeux.

Le petit homme nerveux se mit à lui tourner autour, comme un chat. Malone décida de placer la barre plus haut, quel que soit le jeu auquel se livrait le vieil homme dérangé. Il empoigna Claridon et le souleva du sol. Stéphanie fit mine d'approcher mais, d'un regard, Malone l'en dissuada.

« Le maître est mécontent, siffla Malone. Extrêmement mécontent.

— Quelle est la cause de son déplaisir ? » Le rouge de la honte monta aux joues de Claridon.

« C'est vous.

— Je n'ai rien fait.

— Vous refusez de répondre à mes questions.

— Que désirez-vous savoir ?

— Parlez-moi de la quête de frère Nelle.

— Je ne sais rien, fit Claridon en secouant la tête. Il ne s'est jamais confié à moi. »

La peur s'insinuait dans le regard du vieil homme, accentué par une extrême perplexité. Malone relâcha son emprise. Claridon se réfugia contre la baie vitrée et s'empara d'un rouleau de papier absorbant et d'un spray dont il vaporisa le contenu sur les vitres qu'il se mit à nettoyer malgré leur propreté impeccable.

« Nous perdons notre temps avec lui, Stéphanie, constata Malone.

— Vous croyiez vraiment qu'il pouvait en être autrement ?

— Il fallait que je tente le coup. » Malone se rappela le message envoyé à Ernst Scoville et décida de faire une dernière tentative. Il tira le bout de papier de sa poche et s'approcha du vieil homme. Derrière la baie vitrée, à quelques kilomètres à l'ouest, se dressaient les murs d'enceinte gris pâle de Villeneuve-lès-Avignon.

« C'est là que résident les cardinaux, commenta Claridon sans cesser de frotter. Princes insolents, tous autant qu'ils sont. »

Malone savait que les cardinaux avaient autrefois afflué sur les collines dominant la citadelle d'Avignon où ils avaient fait ériger des livrées, lieux de villégiature leur permettant d'échapper à la ville surpeuplée et à la surveillance constante du pape. Ces signes extérieurs de richesse avaient tous disparu mais l'antique cité demeurait, elle, toujours calme, rustique et décrépite.

« Nous sommes les protecteurs des cardinaux, expliqua Malone, jouant toujours le jeu.

— Maudits soient-ils, rétorqua le vieil homme en crachant par terre.

— Lisez ces lignes. »

Claridon s'empara du message qu'il déchiffra rapidement. La surprise remplit ses grands yeux. « Je n'ai rien volé à l'ordre. Je le jure. Il s'agit d'une accusation mensongère. Je suis prêt à le jurer devant Dieu. Je n'ai rien dérobé. »

L'homme ne voyait sur la page que ce qu'il voulait bien y voir. Malone reprit le bout de papier.

« Nous perdons notre temps, Cotton, dit Stéphanie.

— Qui est cette mégère ? lança Claridon en s'approchant de Malone. Que fait-elle ici ?

— C'est la veuve de frère Nelle, fit Malone en réprimant un sourire.

— J'ignorais qu'il était marié. »

Malone se souvint de détails lus dans l'ouvrage au sujet des Templiers deux soirs plus tôt. « Comme vous le savez, de nombreux frères étaient mariés autrefois. Mais c'était une épouse infidèle : leur union a été annulée et elle a été forcée de se retirer au couvent.

— Elle a l'air revêche, renchérit Claridon en secouant la tête. Que fait-elle ici ?

— Elle cherche la vérité au sujet de son époux.

— Vous êtes mauvaise ! s'écria Claridon en désignant Stéphanie de l'un de ses doigts boudinés. C'est à cause de vos péchés que frère Nelle est venu faire pénitence au sein de notre confrérie. Honte à vous.

— Je ne cherche qu'à me faire pardonner, répondit Stéphanie en baissant la tête.

— Je vous accorde mon pardon, ma sœur, dit Claridon qui s'était radouci devant tant d'humilité. Allez en paix. »

Malone et Stéphanie se dirigèrent vers la sortie. Le vieil homme retrouva son siège.

« C'est triste, remarqua Stéphanie, et effrayant. C'est terrifiant de perdre l'esprit. La sénilité angoissait beaucoup Lars, il en parlait souvent.

— Il n'est pas le seul. » Malone tenait toujours le message découvert chez Ernst Scoville. Il relut les trois dernières phrases à haute voix :

> En Avignon, trouvez Claridon. Il saura vous guider. Mais prenez garde à l'Ingénieur.

« Comment l'expéditeur pouvait-il croire que Claridon serait capable de nous guider ? Nous n'avons aucun indice. Nous sommes dans l'impasse, je le crains.

— Pas si vite. »

À l'autre bout du solarium, quelqu'un avait parlé.

Malone se retourna et vit Claridon debout. Les traits

du vieil homme ne reflétaient plus la moindre confusion. « Je suis tout à fait capable de vous guider. Vous devriez tenir compte du conseil que vous adresse l'auteur du message et vous méfier de l'Ingénieur. Elle est l'une des raisons qui m'ont poussé à me réfugier ici. »

28

Abbaye des Fontaines

Guidé par Geoffrey, le sénéchal traversait le dédale de passages voûtés de l'abbaye. Il espérait que son jeune ami avait dit vrai et que tous les frères se trouvaient bien à la chapelle pour la messe de midi.

Jusque-là, ils n'avaient pas vu âme qui vive.

Ils se rendaient au palais qui abritait la grande salle, les bureaux de l'administration et les salles publiques. Lorsque, jadis, l'abbaye était fermée aux contacts avec l'extérieur, aucune personne étrangère à l'ordre n'était autorisée à s'aventurer plus loin que le hall d'entrée du monastère, au rez-de-chaussée. Mais au XXe siècle, avec l'explosion du tourisme, lorsque les autres monastères avaient ouvert leurs portes, l'abbaye des Fontaines les avait imités pour ne pas éveiller les soupçons ; elle offrait désormais aux curieux des visites guidées et des séances d'information dont beaucoup se tenaient au cœur du palais.

Ils pénétrèrent dans la vaste antichambre. À travers les vitres de texture grossière, teintées de vert, le soleil jetait de pâles rais de lumière sur le sol en damier. Un crucifix en bois monumental ornait l'un des murs, un autre était tendu d'une tapisserie.

À l'entrée d'un passage, à une trentaine de mètres des deux hommes, Raymond de Rochefort attendait en compagnie de cinq moines armés.

« Vous nous faussez compagnie ? » demanda de Rochefort.

Le sénéchal ne bougea pas mais Geoffrey leva son arme et tira deux coups de feu. De Rochefort et ses hommes se jetèrent au sol tandis que les balles ricochaient sur les murs avec un claquement.

« Par ici », ordonna le jeune homme en indiquant un autre passage, sur leur gauche.

Deux balles sifflèrent à leurs oreilles.

Geoffrey fit de nouveau feu en direction de leurs poursuivants alors que le sénéchal et lui se repliaient dans le corridor, tout près d'un parloir où autrefois les commerçants venaient vendre leur marchandise.

« Très bien, je vous écoute, s'exclama de Rochefort. Souhaitez-vous vraiment qu'un bain de sang se produise ?

— À vous de décider, rétorqua le sénéchal.

— Je croyais que vous mettiez un point d'honneur à respecter vos vœux. N'avez-vous pas le devoir d'obéir à votre maître ? Je vous ai ordonné de rester dans vos appartements.

— Ah oui ? Cela a dû m'échapper.

— Intéressant. Il y a deux poids, deux mesures avec vous : une règle pour vous et une autre pour nous autres. Ne pouvons-nous pas nous montrer raisonnables, malgré tout ?

— Que proposez-vous ? voulut savoir le sénéchal que tant de politesse rendait perplexe.

— Je me doutais que vous tenteriez de fuir. La messe de sexte semblait le moment le plus propice pour le faire, alors j'ai attendu. Je vous connais bien, voyez-vous. Votre allié me surprend, en revanche. Il fait preuve de courage et de loyauté. J'aimerais que vous vous ralliiez à ma cause.

— Pourquoi ?

— Pour nous aider à retrouver notre statut d'antan, au lieu de nous mettre des bâtons dans les roues. »

Il y avait quelque chose de bizarre. Le discours de de Rochefort sonnait faux. Le sénéchal comprit soudain qu'il s'efforçait de gagner du temps.

Il se retourna.

Un homme armé apparut à une quinzaine de mètres de lui. Geoffrey le vit, lui aussi. Le sénéchal tira un coup de feu, en visant le bas du corps. La balle s'enfonça dans la chair de l'homme qui hurla en tombant à terre. Puisse Dieu lui pardonner son geste. La règle lui interdisait de blesser un frère chrétien. Mais il n'avait pas le choix. Il devait fuir cette prison.

« Allons-y ! » s'écria-t-il.

Ils se précipitèrent, Geoffrey en tête, et enjambèrent le moine qui se tordait de douleur par terre.

Ils s'engouffrèrent dans le couloir de gauche.

Des bruits de pas résonnaient dans le passage.

« J'espère que tu sais ce que tu fais, Geoffrey. »

Geoffrey s'arrêta devant une porte entrouverte : les deux hommes se glissèrent dans l'embrasure et refermèrent le battant sans bruit. Une seconde plus tard, de Rochefort et ses hommes passèrent devant leur cachette sans s'arrêter ; le bruit de leurs pas finit par s'atténuer.

« Ce couloir mène au gymnase. Ils ne tarderont pas à découvrir que nous n'y sommes pas. »

Geoffrey et le sénéchal se glissèrent à pas feutrés dans le couloir, souffle coupé par l'émotion, et, à l'intersection de deux corridors, bifurquèrent vers le réfectoire.

Pourquoi les coups de feu n'avaient-ils pas alerté le reste de la communauté ? Il faut dire que la musique était toujours forte dans la chapelle et empêchait d'entendre ce qui se passait à l'extérieur. Malgré tout, si de Rochefort avait anticipé sa tentative de fuite, il fallait s'attendre à ce que d'autres moines montent la garde à travers l'abbaye.

Dans le réfectoire, les longues tables et les bancs étaient vides. Une odeur de ragoût de tomates s'échappait de la cuisine. Dans la chaire de bois sculptée réservée au frère lecteur, à un peu moins d'un mètre du sol, se tenait un moine armé d'un fusil.

Le sénéchal plongea sous une table en se servant de son sac pour amortir le choc et Geoffrey l'imita.

Une balle vint se loger dans l'épais plateau de chêne.

Geoffrey se mit à courir en tirant deux coups de feu, dont l'un toucha leur assaillant. L'homme vacilla avant de s'effondrer à terre.

« Tu l'as tué ?

— J'espère que non. Je crois que je l'ai touché à l'épaule.

— La situation nous échappe.

— Il est trop tard à présent. »

Les deux hommes se relevèrent. Des moines vêtus de tabliers tachés firent irruption dans le réfectoire. Les cuisiniers. Aucun danger.

« Retournez en cuisine tout de suite, s'écria le sénéchal et ils lui obéirent.

— Sénéchal, fit Geoffrey, d'un ton pressant.

— Après toi. »

Ils empruntèrent un couloir différent pour fuir le réfectoire. Ils perçurent des voix derrière eux accompagnées du claquement des semelles de cuir sur le dallage. L'agression par balle de deux frères suffirait à motiver même les plus pacifiques de leurs poursuivants. Le sénéchal s'en voulait d'être tombé dans le piège de de Rochefort. Le peu de crédibilité qu'il avait pu avoir venait de s'évanouir. Personne ne le soutiendrait plus maintenant et il maudit sa bêtise.

Les deux hommes pénétrèrent dans l'aile occupée par le dortoir. Geoffrey se précipita pour essayer d'ouvrir la porte au bout du couloir. Elle était verrouillée.

« Nos choix sont limités, on dirait, commenta le sénéchal.

— Venez », ordonna Geoffrey.

Ils traversèrent le dortoir au pas de course ; c'était une vaste pièce ovale où les lits superposés s'alignaient parallèlement les uns aux autres, comme dans une caserne, sous une rangée de meurtrières.

Un cri résonna dans le couloir. D'autres voix s'élevèrent. Pleines de colère. Un groupe d'hommes se dirigeait vers eux.

« Il n'y a pas d'autre issue », constata le sénéchal.

Ils se trouvaient au beau milieu de la pièce. Derrière eux, l'entrée du dortoir qui ne tarderait pas à être envahi par leurs ennemis. Droit devant, deux sanitaires.

« La salle de bains, vite. Espérons qu'ils passeront leur chemin.

— Entrons, s'écria Geoffrey.

— Non, séparons-nous. Entre, cache-toi dans les toilettes et accroupis-toi sur le siège. Je me cacherai dans l'autre sanitaire. En ne faisant aucun bruit, nous aurons peut-être de la chance. Et puis – le sénéchal hésita, la réalité ne lui plaisait guère – nous n'avons pas d'autre alternative. »

De Rochefort examina la blessure. L'épaule du templier saignait ; il souffrait atrocement mais faisait preuve d'un sang-froid admirable et luttait de toutes ses forces pour ne pas s'évanouir. Il avait posté un homme armé dans le réfectoire en pensant que le sénéchal finirait peut-être par s'y rendre. Il avait vu juste. Mais il avait sous-estimé la détermination de son adversaire. Les Templiers prenaient l'engagement de ne jamais blesser un autre membre de la confrérie. Il croyait le sénéchal assez idéaliste pour s'y conformer. Pourtant, il venait d'envoyer deux hommes à l'infirmerie. De Rochefort espérait qu'aucun d'eux n'aurait besoin d'aller à l'hôpital de Perpignan ou de Mont-Louis. Cela pourrait conduire à des questions. Le médecin de l'abbaye était diplômé en chirurgie et disposait d'un bloc opératoire bien équipé, utilisé à de multiples reprises ces dernières années, mais il y avait des limites à son efficacité.

« Emmenez-le à l'infirmerie et dites au médecin de les soigner tous les deux sur place », ordonna-t-il à son lieutenant.

Un coup d'œil à sa montre lui indiqua qu'il restait quarante minutes avant que la messe ne s'achève.

« La porte qui mène au dortoir est toujours verrouillée, conformément à vos ordres », indiqua un autre moine.

De Rochefort savait que les fugitifs n'étaient pas repassés par le réfectoire. La sentinelle désormais blessée ne les avait pas vus. Il ne restait plus qu'une possibilité. Il s'empara d'un pistolet.

« Restez ici. Que personne n'entre. Je me charge d'eux. »

Le sénéchal pénétra dans la salle de bains puissamment éclairée. Les toilettes, urinoirs et lavabos en acier encastrés dans des comptoirs de marbre s'alignaient contre le mur. Geoffrey s'était caché dans la salle de bains voisine. Tendu, le sénéchal s'efforça de se calmer. Il ne s'était jamais trouvé dans pareille situation auparavant. Il respira profondément, se retourna et saisit la poignée de la porte ; il l'entrouvrit et risqua un coup d'œil dehors.

Le dortoir était toujours désert.

Leurs poursuivants les cherchaient-ils dans une autre partie de l'abbaye ? Elle ressemblait à une véritable fourmilière avec ses centaines de couloirs. Geoffrey et lui n'avaient besoin que de quelques minutes pour s'enfuir. Il se maudit de nouveau pour sa faiblesse. Des années de méditation et de dévotion gâchées. Il était désormais en fuite et venait de se faire plus de quatre cents ennemis. « Je respecte le pouvoir de nos adversaires. » Voilà ce qu'il disait au maître hier encore. Il secoua la tête, incrédule. Drôle de façon de témoigner son respect. Jusqu'ici, il n'avait rien fait de bien malin.

La porte du dortoir s'ouvrit et Raymond de Rochefort fit irruption dans la pièce.

Il tira le volumineux verrou.

Tous les espoirs du sénéchal s'évanouirent.

La confrontation aurait lieu ici et maintenant.

Pistolet au poing, de Rochefort étudia la pièce en se

demandant certainement où sa proie pouvait bien se cacher. Il n'avait pas été dupe de leur petit jeu. Le sénéchal n'avait cependant pas l'intention de mettre la vie de Geoffrey en danger. Il devait attirer l'attention de son ennemi. Aussi lâcha-t-il la poignée de la porte qui se ferma avec un léger bruit.

De Rochefort perçut un mouvement et le bruit d'une porte venant heurter doucement un chambranle métallique. Son regard s'arrêta sur les sanitaires au fond du dortoir.

Il avait vu juste.

Ils étaient là.

Et il était temps d'en finir.

Le sénéchal jeta un regard circulaire sur la salle de bains où les néons jetaient une lumière crue. Un long miroir suspendu au mur au-dessus du comptoir agrandissait encore l'espace. Au sol, du carrelage ; les toilettes étaient séparées par des cloisons de marbre. Tout avait été conçu avec soin et pensé pour durer.

Il se rua dans le deuxième cabinet dont il referma la porte battante. Il sauta sur le siège et se pencha pardessus la cloison jusqu'à ce qu'il lui fût possible de verrouiller la porte des premier et troisième cabinets. Il se fit ensuite tout petit en espérant que de Rochefort mordrait à l'hameçon.

Il lui fallait attirer son attention. Il ôta le rouleau de papier toilette du dévidoir.

Il y eut un courant d'air lorsque la porte de la salle de bains s'ouvrit.

Des pas glissèrent sur le carrelage.

Recroquevillé sur les toilettes, arme au poing, le sénéchal s'efforça de respirer calmement.

De Rochefort pointa son automatique vers les toilettes. C'est là que le sénéchal se cachait. Il le savait. Mais où exactement ? Allait-il prendre le temps de vérifier sous les portes ? Trois d'entre elles étaient closes, trois entrouvertes.

Non.

Il décida d'ouvrir le feu.

De Rochefort s'apprêtant sans doute à tirer, le sénéchal lança le dévidoir par-dessous la cloison.

Il tomba sur le carrelage en claquant.

De Rochefort fit feu sur la première porte qu'il défonça d'un coup de pied. Un nuage de poussière de marbre voleta autour de lui. Un nouveau coup de feu détruisit la canalisation et le plâtre qui recouvrait le mur.

Une gerbe d'eau jaillit.

Les toilettes étaient inoccupées.

Avant que de Rochefort ait pu se rendre compte de son erreur, le sénéchal tira deux balles dans la poitrine de son ennemi. Les détonations assourdissantes qui se répercutèrent contre les murs lui déchirèrent les tympans.

L'impact projeta de Rochefort contre le comptoir de marbre ; il vacilla comme s'il avait reçu un coup de poing en pleine poitrine. Le sénéchal ne vit aucun sang couler. Le maître avait plutôt l'air sonné qu'autre chose. Le sénéchal remarqua alors une surface gris-bleu à travers le tissu déchiré de sa soutane blanche.

Un gilet pare-balles.

Le sénéchal se prépara à tirer de nouveau en visant la tête, cette fois.

De Rochefort comprit que le sénéchal allait tirer et parvint à rouler de côté juste au moment où le coup partait. Il se jeta sur le carrelage inondé et glissa jusqu'à la porte.

Les balles vinrent se loger dans le marbre et la pierre avec un craquement. Le miroir explosa, se brisa en mille morceaux qui tombèrent avec fracas sur le comptoir. La salle de bains était exiguë et son adversaire particulièrement courageux. Aussi se rapprocha-t-il de la porte par laquelle il s'enfuit au moment où un nouveau coup de feu partait.

Le sénéchal quitta sa cachette d'un bond, avança à pas de loup jusqu'à la porte et se prépara à sortir. De Rochefort devait certainement l'attendre de l'autre côté. Mais il n'allait pas se dérober. Pas maintenant. Il devait se battre en mémoire de son vieux maître. Les Évangiles étaient clairs sur ce point. Jésus n'était pas venu apporter la paix, mais l'épée. Lui aussi.

Il se prépara, serra la crosse de son arme et ouvrit violemment la porte.

Il vit d'abord Raymond de Rochefort, puis Geoffrey, le canon de son pistolet fermement pressé sur la gorge du nouveau maître dont l'arme était posée à terre.

29

Villeneuve-lès-Avignon

« Vous êtes fort, Claridon, s'écria Malone.

— Je suis bien entraîné. Vous êtes l'épouse de Lars ? »

Stéphanie hocha la tête.

« C'était un ami et un grand homme. D'une rare intelligence, et pourtant d'une extrême naïveté. Il sous-estimait ses adversaires. »

Ils étaient toujours seuls dans le solarium et Claridon parut remarquer l'intérêt de Malone pour la porte de sortie.

« Nous ne serons pas dérangés. Personne n'a envie d'écouter mes élucubrations, je vous le garantis. J'ai mis un point d'honneur à devenir très pénible. Chaque jour, tout le monde attend avec impatience le moment où je me retire ici.

— Depuis quand êtes-vous à l'asile ?

— Cinq ans.

— Pourquoi ? » fit Malone, étonné.

Claridon allait et venait lentement entre les plantes vertes touffues. Derrière la vitre, des nuages noirs obscurcissaient l'horizon vers l'ouest et des trouées laissaient apercevoir le soleil qui dardait des rayons ardents. « Certaines personnes cherchent la même chose que Lars. Pas ouvertement, sans attirer l'attention sur leur quête, mais ils punissent sévèrement ceux qui se mettent en travers de leur chemin. Alors, je suis venu me réfugier ici et j'ai feint la folie. On y est bien nourri, on s'occupe de vous et, plus important encore, on ne vous pose pas de question. Je n'ai pas prononcé une seule parole sensée en cinq ans, sauf quand j'étais seul. Et je peux vous assurer que parler tout seul est loin d'être gratifiant.

— Pourquoi acceptez-vous de nous parler, à nous ? demanda Stéphanie.

— Vous êtes la veuve de Lars. Pour lui, je ferais n'importe quoi. L'auteur de ce message sait beaucoup de choses, ajouta le vieil homme. Il est peut-être l'un de ceux dont je vous ai parlé tout à l'heure et qui ne laissent personne leur mettre des bâtons dans les roues.

— C'est ce qu'a fait Lars ? »

La question de Malone fut accueillie avec un hochement de tête. « Ils étaient nombreux à souhaiter en savoir autant que lui.

— Quel type de relation aviez-vous avec lui ?

— J'avais accès au marché du livre. Il avait besoin de beaucoup d'ouvrages obscurs. »

Malone savait que les boutiques des bouquinistes étaient des repères de collectionneurs et de chercheurs.

« Nous avons fini par devenir amis et, peu à peu, je me suis mis à partager sa passion. Je suis originaire de la région. Ma famille est établie ici depuis le Moyen Âge. Certains de mes ancêtres cathares ont été brûlés vifs par les catholiques. Et puis, Lars est mort. Quelle tristesse. D'autres l'ont suivi dans la tombe. Alors je suis venu ici.

— Qui d'autre ?

— Un bouquiniste à Séville, un bibliothécaire à Marseille. Un étudiant à Rome. Sans parler de Mark.

— Ernst Scoville est mort, lui aussi, ajouta Stéphanie. Renversé par une voiture la semaine dernière, juste après que je l'ai contacté. »

Claridon se signa. « Ceux qui cherchent le paient, c'est indéniable. Dites-moi, chère madame, disposez-vous de certaines informations ?

— J'ai le journal de Lars.

— Votre vie est en danger, dans ce cas, fit le vieil homme, l'air inquiet.

— Que voulez-vous dire ?

— C'est terrible, bredouilla Claridon, terrible. Vous n'auriez pas dû être mêlée à cette histoire. Vous avez perdu votre mari, votre fils...

— Que savez-vous de Mark ?

— Je suis venu me réfugier ici juste après son décès.

— Mon fils a été emporté par une avalanche.

— Non. Il a été assassiné. Comme les autres. »

Malone et Stéphanie ne disaient mot ; ils attendaient que l'étrange vieil homme s'explique.

« Mark enquêtait sur des pistes découvertes par son père des années plus tôt. Il n'était pas aussi passionné que Lars et il lui a fallu du temps pour déchiffrer ses notes mais il a fini par en comprendre le sens. Il est parti dans les Pyrénées pour ses recherches mais n'est jamais revenu. Tout comme son père.

— Mon mari a été retrouvé pendu sous un pont.

— Je le sais, ma chère dame, mais je me suis toujours demandé ce qui s'était réellement passé. »

Stéphanie ne répondit pas, mais son silence indiquait qu'en son for intérieur elle se posait la même question.

« Vous nous avez dit être venu ici pour échapper à certaines personnes. De qui s'agit-il ? Des Templiers ?

— Je me suis trouvé nez à nez avec eux à deux reprises, confirma Claridon. Cela n'avait rien de plaisant. »

Malone décida de laisser toutes ces informations mijoter un moment. Il tenait toujours le message envoyé à Ernst Scoville à son domicile de Rennes-le-Château. « Comment pouvez-vous nous aider ? Où sommes-nous supposés aller ? Et qui est cet Ingénieur dont nous sommes censés nous méfier ?

— Elle aussi cherche ce que Lars convoitait. Elle s'appelle Cassiopée Vitt.

— Elle sait manier les armes ?

— Ses talents sont multiples. Le maniement des armes en fait partie, à n'en point douter. Elle vit à Givors, sur le site d'une ancienne citadelle. C'est une femme de couleur, une musulmane, à la tête d'une fortune colossale. Elle reconstruit un château dans la forêt en mettant exclusivement en œuvre les techniques du XIIIe siècle. Son manoir se trouve à proximité du chantier qu'elle supervise elle-même. Elle se fait appeler l'Ingénieur. L'avez-vous rencontrée ?

— Je pense qu'elle m'a sauvé la mise à Copenhague. Je me demande pourquoi on nous a mis en garde contre elle.

— Ses motivations sont suspectes. Lars et elle cherchaient la même chose, mais pour des raisons différentes.

— Et que cherche-t-elle au juste ? demanda Malone, que toutes ces devinettes finissaient par lasser.

— L'héritage des Chevaliers du Temple de Salomon. Le trésor des Templiers. Celui-là même que l'abbé

Saunière avait découvert. Un trésor que la confrérie recherche depuis des siècles. »

Malone ne croyait pas un mot de tout cela mais désigna de nouveau le message adressé à Scoville. « Guidez-nous.

— Les choses ne sont pas si simples. Le chemin est semé d'embûches.

— Savez-vous par où commencer ?

— Si vous disposez du journal de Lars, vous en savez plus que moi. Il en parlait souvent, mais ne m'a jamais autorisé à le consulter.

— Nous avons aussi un exemplaire de *Pierres gravées du Languedoc*, précisa Stéphanie.

— Mais j'ai toujours cru que cet ouvrage n'existait pas ! s'écria Claridon, ébahi.

— Il existe bel et bien, dit Stéphanie en le tirant de son sac.

— Puis-je voir la stèle ? »

Elle ouvrit le volume et lui montra la reproduction que Claridon étudia avec intérêt. Il sourit et dit : « Lars aurait été content. La reproduction est fidèle.

— Expliquez-vous, intervint Malone.

— Marie d'Hautpoul de Blanchefort a révélé son secret à l'abbé Bigou juste avant de mourir. Lorsque Bigou a fui la France en 1793, il a compris qu'il ne reviendrait jamais et a laissé le témoignage de ce qu'il savait dans l'église de Rennes-le-Château. C'est cet indice, enfermé dans une fiole, qui a été découvert par Saunière en 1891.

— Nous sommes déjà au courant. Ce que nous ignorons, c'est la nature du secret de Bigou.

— Ah, mais si, vous le connaissez. Montrez-moi le journal de Lars. »

Stéphanie tendit le carnet au vieil homme. Il le feuilleta avec impatience puis leur montra une page.

Y	E	N	S	Z	N	I	M	G	L	C	Y	•	R	A	T	E	H	O	X
O	•	E	O	T	+	T	E	C	T	N	G	A	+	D	E	Z	B	O	F
V	O	U	P	H	R	P	A	+	D	Y	S	T	L	R	D	A	•	X	T
L	P	O	C	X	F	E	I	S	R	A	V	H	G	C	K	L	N	H	N
R	D	M	R	M	A	A	N	R	J	,	S	•	M	B	D	Q	A	D	P
R	I	E	U	Z	O	O	T	U	O	J	I	F	S	O	E	A	L	B	N
T	N	A	T	,	G	R	E	Y	I	O	E	,	T	R	U	X	,	W	H
K	X	V	E	V	L	A	L	P	E	N	+	L	O	Z	J	K	J	D	G
N	U	E	+	N	G	E	K	O	•	I	X	A	Z	V	R	+	S	I	Z
S	N	S	I	C	E	T	B	+	X	G	A	C	S	E	D	X	V	U	A
Y	V	L	K	B	•	,	N	B	W	V	K	T	P	I	B	•	J	T	Y
O	U	P	E	O	M	S	U	L	Z	R	V	,	J	R	S	B	+	C	E
P	A	T	S	X	E	•	F	X	,	H	N	M	Z	H	•	Y	T	B	C

« La fiole renfermait ce cryptogramme.

— Comment le savez-vous ? demanda Malone.

— Pour en être convaincu, il faut comprendre Saunière.

— Nous sommes tout ouïe.

— Du vivant de Saunière, personne n'a jamais fait allusion aux sommes investies dans la rénovation de l'église et la construction des bâtiments adjacents. Personne n'était au courant hormis les villageois. Une fois mort, le curé est tombé dans l'oubli. Ses papiers et ses biens personnels ont été volés ou détruits. En 1947, sa maîtresse a vendu la propriété à un certain Noël Corbu. Elle est morte six ans plus tard. La légende de Saunière et de son fabuleux trésor a été publiée pour la première fois en 1956 quand *La Dépêche du Midi* a relayé l'histoire – soi-disant vraie – en trois épisodes. Mais la source des journalistes n'était autre que Corbu.

— J'en ai entendu parler, s'écria Stéphanie. Il a embelli l'histoire, l'a enrichie de détails et l'a complètement remaniée, entraînant ainsi une couverture médiatique ; l'histoire est devenue de plus en plus abracadabrante au fil du temps, en somme.

— La fiction a complètement pris le pas sur les faits, ajouta Claridon.

— Vous parlez des parchemins ? voulut préciser Malone.

— Excellent exemple : Saunière n'a jamais découvert de parchemin dans le pilier de l'autel. Jamais. On doit ce détail à Corbu et d'autres après lui. Personne n'a même jamais vu ces documents et pourtant leur contenu a été imprimé dans un nombre incalculable d'ouvrages ; ils sont censés renfermer une espèce de message codé. Balivernes ! Et Lars le savait bien.

— Pourtant il a lui aussi publié le texte des parchemins dans ses livres, le reprit Malone.

— Lorsque nous en discutions, il me répondait : "Un bon mystère passionne les foules." Mais je sais qu'il n'en était pas très heureux.

— L'histoire de Saunière est donc entièrement factice ? » Malone semblait perdu.

« La version moderne l'est en grande partie. La plupart des livres écrits sur le sujet lient aussi Saunière aux tableaux de Nicolas Poussin, et en particulier aux *Bergers d'Arcadie*. En 1893, Saunière aurait emmené les deux parchemins à Paris pour les faire déchiffrer et pendant son séjour aurait fait l'acquisition d'une copie de ce tableau et de deux autres au Louvre. On dit qu'ils renferment des messages secrets. Le problème, c'est que, à l'époque, le Louvre ne vendait pas de copies de tableaux et aucun registre ne prouve que la toile de Poussin ait même fait partie de la collection du musée, en 1893. Mais ceux qui ont colporté cette fable ne se souciaient guère de la véracité historique. Ils ont dû penser que personne n'irait vérifier les faits et l'histoire leur a donné raison pendant un temps.

— Où Lars a-t-il trouvé ce cryptogramme ? demanda Malone.

— Corbu est l'auteur d'un manuscrit entièrement consacré à Saunière. »

Malone se souvint de ce qu'il avait lu dans les feuillets envoyés à Ernst Scoville, de ce que Lars avait écrit sur la maîtresse de l'abbé :

> Elle finit par révéler à Noël Corbu l'emplacement de l'une des cachettes de Saunière. Corbu y fait allusion dans un manuscrit que j'ai réussi à me procurer.

« Corbu consacrait pas mal de temps à raconter aux journalistes l'histoire fictive de Rennes-le-Château. En revanche, dans son manuscrit, il raconte de manière assez crédible la véritable histoire, telle qu'il l'a apprise de la bouche de la maîtresse de Saunière. »

Malone se remémora un autre passage du journal de Lars :

> Corbu ne révèle à aucun moment ce qu'il a découvert, et nous ne sommes pas certains qu'il ait jamais découvert quoi que ce soit. Cependant, l'abondance d'informations contenues dans son manuscrit nous pousse à nous interroger sur leur origine.

« Évidemment, Corbu n'a jamais montré son manuscrit à personne puisque la vérité était bien moins captivante que la fiction. Il est mort à la fin des années soixante dans un accident de voiture et son œuvre a disparu. Jusqu'à ce que Lars l'exhume.

— Alors, qu'est-ce que c'est que ça ? s'écria Malone en étudiant les rangées de lettres et de symboles du cryptogramme. Une espèce de code ?

— Un code assez courant aux XVIIIe et XIXe siècles. Une série de lettres et de symboles aléatoires placés dans une grille. Quelque part dans ce fouillis se cache un message. C'est basique, simple et, pour l'époque, assez difficile à déchiffrer. Ça l'est toujours aujourd'hui si l'on n'a pas la clé.

— Que voulez-vous dire ?

— Il faut une séquence numérique pour isoler les lettres nécessaires à la reconstitution du message. Parfois, pour corser un peu l'affaire, le point de départ était choisi au hasard lui aussi.

— Lars a-t-il jamais réussi à le déchiffrer ? demanda Stéphanie.

— Il n'y est jamais parvenu. Et cela le frustrait. Et puis, quelques semaines avant sa mort, il a cru être tombé sur un nouvel indice.

— Je suppose qu'il ne vous a pas dit de quoi il s'agissait, siffla Malone, à bout de patience.

— Non, monsieur. Il était comme ça.

— Alors, qu'est-ce qu'on fait maintenant ? Guidez-nous, comme vous êtes censé le faire.

— Revenez ici à dix-sept heures, attendez sur la route juste derrière le bâtiment principal. Je viendrai vous retrouver.

— Comment ferez-vous pour sortir ?

— Personne ne regrettera de me voir partir d'ici. »

Malone et Stéphanie échangèrent un coup d'œil. Elle se demandait sans doute, comme lui, s'il était judicieux de suivre les indications de Claridon. Jusque-là, ils n'avaient trouvé sur leur route que des personnages dangereux ou paranoïaques, sans parler de toutes les théories hallucinantes entendues. Mais il se tramait quelque chose et s'ils souhaitaient en savoir davantage, ils allaient devoir se conformer aux règles du jeu du vieil homme.

« Où allons-nous ? » demanda Malone.

Claridon se tourna vers la fenêtre et pointa le doigt vers l'est. Au loin, à des kilomètres de là, sur une colline dominant Avignon s'élevait une citadelle d'allure orientale, tel un palais d'Arabie. Nimbée d'une lumière dorée, elle se détachait sur le ciel avec un éclat éphémère et donnait l'apparence d'un amoncellement de bâtiments se dressant sur la roche avec insolence, reflétant celle des sept papes français qui avaient régné sur la chrétienté pendant près d'un siècle du haut de cette forteresse.

« Au palais des Papes ! » s'exclama Claridon.

30

Abbaye des Fontaines

Pour la première fois depuis qu'il le connaissait, le sénéchal vit de la haine dans le regard de Geoffrey.

« J'ai ordonné à notre nouveau maître de ne pas bouger s'il voulait rester en vie », expliqua le jeune homme en pressant un peu plus l'arme contre la gorge de de Rochefort.

Le sénéchal s'avança et tâta du doigt le gilet pare-balles sous la soutane blanche. « Si nous n'avions pas tiré les premiers, vous l'auriez fait, n'est-ce pas ? Vous aviez prévu de nous tuer pendant que nous tentions de fuir. De cette façon, votre problème aurait été résolu : m'éliminer aurait fait de vous le sauveur de l'ordre. »

De Rochefort garda le silence.

« Voilà pourquoi vous êtes venu seul ici. Pour finir le travail vous-même. Je vous ai vu verrouiller la porte du dortoir. Vous ne vouliez aucun témoin.

— Il faut y aller », indiqua Geoffrey.

Le sénéchal était conscient du risque qu'ils s'apprêtaient à courir mais doutait que les frères veuillent mettre la vie du maître en danger. « Où allons-nous ?

— Je vais vous montrer. »

Le pistolet toujours pressé sur la gorge de son otage, Geoffrey lui fit traverser le dortoir. Le sénéchal se tint prêt à tirer et déverrouilla la porte. Cinq hommes armés se tenaient dans le couloir. Voyant leur chef en danger, ils s'apprêtèrent à faire feu.

« Baissez vos armes », ordonna de Rochefort.

Les pistolets restèrent braqués sur les trois hommes.

« Je vous ordonne de baisser vos armes. Je refuse que davantage de sang soit versé aujourd'hui. »

Ce geste de grande classe eut l'effet escompté.

« Reculez », s'exclama Geoffrey.

Les moines reculèrent de quelques pas.

Geoffrey et de Rochefort s'engagèrent dans le couloir, le sénéchal sur les talons. Les cloches sonnaient, il était treize heures. La messe de sexte ne tarderait pas à prendre fin et, dans peu de temps, les moines se presseraient de nouveau dans les couloirs de l'abbaye.

« Il faut agir vite. »

Geoffrey s'engagea dans le couloir. Le sénéchal le suivit sans perdre de vue les cinq moines armés.

« Ne bougez pas, ordonna-t-il.

— Faites ce qu'il demande », renchérit de Rochefort alors qu'ils disparaissaient au fond du couloir.

Comment les deux hommes comptaient-ils fuir l'abbaye ? songeait de Rochefort. « Je vais vous montrer », avait dit Geoffrey. La seule façon d'en apprendre davantage, c'était de les accompagner ; aussi avait-il ordonné à ses hommes de ne pas bouger.

Le sénéchal lui avait tiré dessus à deux reprises et seule son agilité lui avait évité de prendre une balle dans la tête. Les enchères avaient monté, c'était clair. Les fugitifs avaient une mission à accomplir ; selon lui, elle avait un rapport avec son prédécesseur et une affaire au sujet de laquelle il devait absolument obtenir des détails. Son expédition danoise n'avait pas été très concluante. Jusque-là, il n'avait rien glané à Rennes-le-Château. Et, bien qu'il ait sali la mémoire de son prédécesseur, le vieil homme n'avait peut-être pas dit son dernier mot.

Le fait que deux frères aient été blessés lui déplaisait également. Voilà qui ne plaçait pas sa prise de fonctions sous les meilleurs auspices. La confrérie s'efforçait de maintenir l'ordre. Le chaos était synonyme de faiblesse. La dernière effusion de violence dans l'abbaye remontait à la Révolution, lorsqu'une foule en colère avait tenté d'y pénétrer ; mais après que la tentative eut coûté la vie à plusieurs émeutiers, les autres avaient battu en retraite. L'abbaye était un lieu paisible, un refuge. On y apprenait à se battre – les leçons étaient même parfois mises en pratique –, mais la violence était toujours tempérée par la discipline. Voilà ce qui avait cruellement fait défaut au sénéchal. Les graves entorses à la règle qu'il venait de commettre ouvriraient sans doute les yeux des rares traînards qui manifestaient encore envers lui un semblant de loyauté.

Mais où allaient donc les deux hommes ?

Ils poursuivaient leur chemin le long des couloirs de l'abbaye ; ils passèrent devant les ateliers, la bibliothèque, d'autres couloirs déserts. Des bruits de pas lui parvenaient : ses cinq hommes étaient prêts à intervenir à la première occasion. Mais ça allait barder s'ils le faisaient avant qu'il n'en ait donné l'ordre.

Ils s'arrêtèrent devant une porte gravée d'initiales et ornée d'une simple poignée métallique.

Les quartiers du maître.

Les appartements de de Rochefort.

« Entrons, ordonna Geoffrey.

— Pourquoi ? demanda le sénéchal. Nous serons piégés.

— Je vous en prie, entrez. »

Le sénéchal poussa la porte qu'il verrouilla derrière eux.

De Rochefort était abasourdi.

Et fort curieux d'en apprendre davantage.

Le sénéchal était inquiet. Ils étaient maintenant prisonniers dans les appartements du maître, avec pour seule issue un œil-de-bœuf ouvrant sur le vide. Il essuya son front baigné de sueur.

« Asseyez-vous ! ordonna Geoffrey à de Rochefort qui s'installa au bureau.

— Je vois que vous avez déjà fait quelques changements », commenta le sénéchal après un rapide coup d'œil à la pièce.

Quelques chaises s'alignaient contre le mur. Une table occupait un espace autrefois libre. Le linge de lit était différent, tout comme les objets posés sur la table et le bureau.

« Je suis ici chez moi, à présent », répondit de Rochefort.

Le sénéchal remarqua sur le bureau un feuillet écrit de la main de son mentor. Le message laissé à son successeur, comme le voulait la règle. Il lut :

Croyez-vous que ce que vous jugez impérissable ne périra pas ? Vous fondez vos espoirs sur le monde, et votre Dieu, c'est la vie terrestre. Ne comprenez-vous pas que vous serez détruit ? Vous vivez dans les ténèbres et la mort, ivre de feu, rempli d'amertume. Votre esprit divague car le feu vous consume, vous vous délectez du poison et des coups de vos ennemis. Les ténèbres se sont levées sur vous comme le jour, car vous avez troqué la liberté contre la servitude. Vous échouerez, c'est certain.

« Votre maître trouvait les paroles de Thomas édifiantes, on dirait, commenta de Rochefort. Il avait l'air persuadé qu'à sa mort c'est moi, et pas vous, qui porterais l'habit immaculé. Car ces mots ne pouvaient être destinés à son successeur désigné. »

Non, en effet, ils n'étaient pas destinés au sénéchal. Celui-ci se demanda pourquoi son maître avait aussi peu foi en lui, d'autant plus que, dans les heures précédant sa mort, il l'avait encouragé à briguer l'office suprême.

« Vous devriez l'écouter.

— Ce sont là les conseils d'un être faible. »

On frappait à la porte. « Maître ? Êtes-vous là ? » À moins que les cinq moines ne soient préparés à défoncer l'épaisse porte de bois, il y avait peu de risque qu'ils réussissent à entrer.

De Rochefort dévisagea le sénéchal.

« Répondez, ordonna celui-ci.

— Je vais bien. Ne bougez pas. »

Geoffrey s'approcha de la fenêtre et admira la cascade qui se jetait dans le précipice.

De Rochefort croisa les jambes et s'adossa contre sa chaise. « Qu'espérez-vous faire ? C'est de la folie.

— Taisez-vous, s'exclama le sénéchal, tout en se posant la même question.

— Le maître a laissé une autre lettre, intervint Geoffrey en tirant une enveloppe des plis de sa soutane. Voici le véritable message destiné à son successeur.

— Donnez-le-moi, s'écria de Rochefort en se levant.

— Asseyez-vous », fit Geoffrey en pointant son arme sur lui.

Il n'en fit rien. Geoffrey arma son pistolet et visa les jambes du nouveau maître. « Le gilet ne vous servira à rien.

— Vous seriez prêt à me tuer ?

— À vous estropier.

— Votre compagnon est fort courageux, remarqua de Rochefort en se rasseyant.

— C'est un frère de l'ordre du Temple.

— Dommage pour lui : il n'aura jamais l'occasion de prêter serment. »

Ces paroles, destinées à provoquer une réponse de la part du jeune homme, manquèrent leur but.

« Vous n'irez nulle part », leur lança de Rochefort.

Le jeune homme regarda de nouveau par la fenêtre comme s'il attendait quelque chose.

« J'aurai grand plaisir à vous voir tous les deux punis.

— Je vous ai dit de vous taire.

— Votre maître se croyait malin. Je sais qu'il ne l'était pas. »

Le sénéchal voyait bien que de Rochefort avait quelque chose d'autre à ajouter. « Très bien. Je vous écoute. De quoi s'agit-il ?

— De l'héritage des Templiers. Sa quête l'a consumé, comme tous ses prédécesseurs. Ils désiraient tous le mettre au jour, mais aucun d'eux n'y est parvenu. Votre maître a consacré beaucoup de temps à des recherches sur le sujet et votre jeune ami ici présent l'a assisté dans sa tâche. »

Le sénéchal dévisagea le jeune homme qui fuyait toujours son regard. « Je vous croyais sur le point de vous en emparer, fit-il remarquer à de Rochefort. C'est ce que vous avez affirmé à l'occasion du chapitre.

— C'est bien le cas. »

Le sénéchal n'en croyait pas un mot.

« Votre jeune assistant et le défunt maître formaient une belle équipe. J'ai appris qu'ils avaient récemment épluché nos archives avec un enthousiasme qui a piqué ma curiosité. »

Geoffrey traversa la pièce d'un pas lourd en fourrant l'enveloppe dans sa soutane. « Vous ne trouverez rien, s'exclama-t-il, en hurlant presque. Ce qu'il y a à découvrir ne vous est pas destiné.

— Vraiment ? Et qu'y a-t-il à découvrir ?

— Vous ne l'emporterez pas, vous et vos alliés. Le maître avait raison. Vous êtes ivre de feu et rempli d'amertume.

— Vous avez découvert quelque chose, votre maître et vous, n'est-ce pas ? Je sais que vous avez expédié deux paquets par la poste, et je sais même à qui. Je me suis occupé de l'un des destinataires, et m'occuperai bientôt de l'autre. Je ne tarderai pas à en savoir autant que vous. »

Le pistolet de Geoffrey s'abattit sur la tempe de Rochefort qui vacilla, abasourdi ; ses yeux roulèrent dans leurs orbites et il s'effondra sur le carrelage.

« Était-ce nécessaire ? lança le sénéchal.

— Il devrait s'estimer heureux que je ne l'aie pas

abattu. Mais le maître m'avait fait promettre de ne faire aucun mal à cet imbécile.

— Il va falloir que nous ayons une petite conversation, toi et moi.

— Pas avant d'être sortis d'ici.

— Je doute que les hommes postés devant la porte nous laissent faire.

— Peu importe ces types.

— Tu connais un moyen de sortir d'ici ?

— Le maître m'a tout expliqué », répondit Geoffrey avec un sourire.

TROISIÈME PARTIE

31

Abbaye des Fontaines

14 h 05

De Rochefort ouvrit les yeux. Le sang lui battait à la tempe et il se jura de faire payer à frère Geoffrey son agression. Il se releva et essaya de reprendre ses esprits. Des cris frénétiques lui parvenaient depuis le couloir. Il s'essuya la tempe du revers de la manche et constata que sa soutane était tachée de sang. Dans la salle de bains, il se nettoya le visage avec un linge humide.

Il se prépara. Il devait donner le sentiment qu'il maîtrisait la situation. Il traversa la pièce lentement et ouvrit la porte.

« Maître, vous allez bien ? demanda le nouveau maréchal.

— Entrez », répondit de Rochefort.

Les autres patientèrent dans le couloir. Ils savaient qu'il valait mieux ne pas entrer sans autorisation dans les appartements du maître.

« Fermez la porte, ordonna de Rochefort au maréchal,

qui s'exécuta. J'ai été assommé. Depuis combien de temps sont-ils partis ?

— Tout est calme depuis une vingtaine de minutes. Nous craignions le pire.

— Que voulez-vous dire ?

— Silence complet. Pas un bruit, répondit le maréchal, décontenancé.

— Où sont passés le sénéchal et frère Geoffrey ?

— Maître, ils étaient ici avec vous. Nous étions dehors.

— Regardez, vous voyez bien qu'ils ne sont plus là. Quand sont-ils partis ?

— Nous ne les avons pas vus sortir.

— Vous êtes en train de me dire qu'ils ne sont pas sortis par la porte ?

— S'ils l'avaient fait, nous les aurions abattus ! Conformément à vos instructions. »

De Rochefort éprouvait des élancements dans la tête. Il se massa le crâne avec le linge humide. Il s'était demandé pourquoi Geoffrey était venu directement ici sans aucune hésitation.

« Nous avons des nouvelles de Rennes-le-Château, annonça le maréchal. Nos deux frères ont révélé leur présence et Malone, comme vous l'aviez prévu, les a semés en route », poursuivit-il, encouragé par l'intérêt visible du maître.

Il avait vu juste : la manière la plus efficace de filer Stéphanie Nelle et Cotton Malone, c'était de leur laisser croire que personne n'était sur leurs talons.

« Et le tireur du cimetière la nuit dernière ?

— Il a pris la fuite à moto. Malone s'est lancé à sa poursuite. Cet incident et l'agression de nos frères à Copenhague sont clairement liés. »

C'était également son avis. « Vous avez une idée de qui cela peut être ?

— Pas encore. »

Il n'aimait pas entendre ce genre de chose. « Où en sommes-nous ? Où Nelle et Malone sont-ils allés ?

— Le système de surveillance que nous avons fixé sur la voiture de Malone fonctionne parfaitement. Ils sont allés directement à Avignon. Ils viennent de quitter l'asile dont Royce Claridon est pensionnaire. »

Il connaissait bien Claridon et n'avait jamais cru une seule seconde le vieil homme dérangé ; c'est ce qui l'avait poussé à rester en contact étroit avec sa source dans l'institution. Un mois plus tôt, lorsque Geoffrey s'était rendu à Avignon à la demande du maître pour expédier le paquet à Stéphanie Nelle, il avait cru que le jeune homme contacterait Claridon. Mais rien de tel ne s'était produit. Selon lui, c'était le second paquet, celui adressé à Ernst Scoville à Rennes-le-Château et dont il ne savait pas grand-chose, qui avait mené Nelle et Malone jusqu'à Claridon. Une chose était certaine. Claridon et Nelle travaillaient main dans la main et lorsque Mark Nelle avait brièvement repris les recherches de son père à la mort de celui-ci, Claridon l'avait assisté, lui aussi. Le maître savait tout cela. Et grâce à lui, la veuve de Nelle n'avait eu aucun mal à retrouver Claridon.

Il était temps de régler ce problème.

« Je partirai pour Avignon d'ici une demi-heure. Que quatre frères se tiennent prêts. Poursuivez la surveillance électronique et dites à nos hommes de faire preuve de discrétion. C'est un appareil de longue portée, utilisons-le à notre avantage. Laissez-moi, maintenant », ordonna-t-il en jetant un regard circulaire dans la pièce. Un autre problème l'obnubilait.

Le maréchal s'inclina avant de se retirer.

De Rochefort se leva, encore un peu étourdi. Deux des murs de la longue pièce étaient en pierre, les deux autres recouverts de lambris d'érable. Une armoire sculptée occupait l'un des pans de mur, une commode, un coffre, une table et des chaises en occupaient un autre. Son regard s'arrêta sur la cheminée, l'endroit le plus logique, semblait-il. Il savait que, par le passé, rares étaient les pièces ne disposant que d'un seul accès. Celle-ci servait de quartiers privés aux maîtres de l'ordre depuis le XVIe siècle et si ses souvenirs étaient exacts, le manteau en bois de la cheminée avait au XVIIe siècle remplacé un âtre en pierre plus ancien. On ne l'utilisait que rarement aujourd'hui puisque l'abbaye était équipée du chauffage central.

De Rochefort s'approcha et examina les sculptures avant de se pencher sur le foyer en pierre ; il découvrit des marques blanches à peine visibles et perpendiculaires au mur.

Il se baissa pour regarder de plus près l'âtre sombre. Il passa la main dans le conduit.

Et trouva quelque chose.

Une poignée de verre.

Il essaya de la faire tourner, mais rien ne bougea. Il la poussa vers le haut, vers le bas. Toujours rien. Il tira. La poignée bougea de quelques centimètres à peine, entraînant un déclic. Le maître lâcha la poignée et vit qu'un film gras lui recouvrait les doigts. De l'huile de graissage. On n'avait rien laissé au hasard.

Il examina l'âtre.

Une fente traversait la paroi du fond. Il poussa le

panneau de pierre, révélant une ouverture assez large pour permettre à un homme de s'y glisser. Il y entra. L'ouverture donnait sur un tunnel suffisamment haut pour pouvoir se mettre debout.

Au bout de quelques mètres, on accédait à un escalier raide dont il était impossible de dire où il menait. Il existait sans nul doute d'autres entrées et sorties dérobées à travers l'abbaye. Il était maréchal depuis vingt-deux ans et découvrait pourtant l'existence de ce passage secret.

Le maître, en revanche, en connaissait l'existence, ce qui expliquait comment Geoffrey pouvait être au courant.

Il frappa du poing contre le mur de pierre, donnant libre cours à sa colère. Il devait trouver le legs des Templiers. Sa crédibilité en tant que chef de l'ordre en dépendait. Le maître était en possession du journal de Lars Nelle, de Rochefort le savait depuis de longues années, mais il n'avait jamais réussi à s'en emparer. Il s'était dit que, une fois le vieil homme parti, la chance lui sourirait, mais le maître avait anticipé sa réaction et expédié le manuscrit à un destinataire étranger. Aujourd'hui, la veuve de Nelle et l'un de ses anciens collaborateurs, agent du gouvernement américain parfaitement entraîné, étaient entrés en contact avec Royce Claridon. Rien de bon ne sortirait de leur collaboration.

De Rochefort se calma.

Pendant des années, il avait œuvré dans l'ombre du maître. Désormais, le maître, c'était lui. Et il n'allait pas laisser un fantôme lui dicter ses faits et gestes.

Il inspira profondément deux ou trois fois et se remémora comment tout avait commencé. 1119. La

Terre sainte venait enfin d'être reprise aux Sarrasins, et les États latins d'Orient, établis, mais un grand danger subsistait toujours. C'est alors que neuf chevaliers s'allièrent en faisant au nouveau roi chrétien de Jérusalem le serment d'assurer la protection des pèlerins qui se rendaient en Terre sainte ou en revenaient. Mais comment neuf hommes d'âge mûr, ayant fait vœu de pauvreté, auraient-ils pu protéger la longue route menant de Jaffa à Jérusalem que des centaines de bandits sillonnaient ? Détail encore plus étrange, durant les dix premières années d'existence de l'ordre, aucun nouveau chevalier n'était venu grossir leurs rangs, et les chroniques ne faisaient mention d'aucune aide apportée à des pèlerins. La vérité, c'est que les neuf fondateurs de l'ordre se consacraient à une tâche beaucoup plus importante. Leur quartier général était situé à l'emplacement de l'ancien Temple, là où se trouvaient autrefois les écuries du roi Salomon, salle comptant d'innombrables arches et autres voûtes, aux proportions si gigantesques qu'elle avait jadis logé deux mille bêtes. Les templiers avaient mis au jour des passages souterrains creusés dans la roche plusieurs siècles auparavant et dont beaucoup renfermaient des manuscrits bibliques, des traités, des écrits sur l'art et les sciences et de nombreux vestiges de la civilisation juive d'Égypte.

C'est alors qu'ils firent la découverte la plus importante de toutes.

Les neuf chevaliers consacraient toute leur attention à ces fouilles. Puis, en 1127, ils chargèrent leur précieux trésor sur des bateaux et partirent pour la France. Leur butin leur valut la gloire, la fortune et le soutien de puissants alliés. Beaucoup souhaitèrent alors se rallier à leur cause et en 1128, dix ans à peine après la création de l'ordre, le pape leur attribua une autonomie sans précédent dans le monde occidental.

Et tout cela grâce au savoir dont les Templiers disposaient.

La prudence était cependant de mise : accéder à ces connaissances était un privilège réservé aux chevaliers qui s'étaient hissés au sommet de la hiérarchie et le maître était chargé de transmettre ce qu'il savait avant de mourir. C'était avant la purge. Après 1314, les maîtres successifs avaient cherché la trace de ce savoir perdu. En vain.

Il frappa de nouveau contre le mur.

C'était dans des grottes que les premiers templiers avaient forgé leur destin avec la détermination des zélotes. Il ferait de même. Le trésor était là, quelque part. Il était près du but. Il le savait.

Et c'est à Avignon qu'il trouverait les réponses.

32

Avignon

17 h 00

Malone arrêta la Peugeot. Royce Claridon attendait sur le bas-côté, derrière l'asile, à l'endroit exact indiqué plus tôt. Sa barbe broussailleuse avait disparu tout comme les vêtements tachés. Rasé de près, les ongles coupés court, il portait un jeans et un tee-shirt ras de cou. Ses longs cheveux étaient ramenés en arrière, attachés en queue-de-cheval et il marchait d'un pas vigoureux.

« Ça fait du bien de se débarrasser de cette barbe, déclara-t-il en montant à l'arrière de la voiture. Pour être crédible dans mon rôle de templier, il fallait que j'aie le physique de l'emploi. Ils n'avaient pas la même conception de l'hygiène que nous à l'époque. Et puis, il fallait éviter les scènes de nudité entre frères, si vous voyez ce que je veux dire. Ils ne devaient pas sentir la rose. »

Malone passa la première et s'engagea sur la route nationale. Un orage venait d'éclater. Le mauvais temps de Rennes-le-Château se déplaçait apparemment vers l'est. Au loin, des éclairs zébraient le ciel envahi de nuages en panache, suivis de grondements de tonnerre. La pluie ne tombait pas encore, mais cela ne tarderait plus guère. Malone échangea quelques coups d'œil avec Stéphanie et elle comprit que le vieil homme assis sur le siège arrière devait faire l'objet d'un interrogatoire.

« Monsieur Claridon, commença-t-elle en se retournant.

— Appelez-moi Royce, madame.

— Très bien, Royce, pourriez-vous nous en dire davantage sur les théories de Lars ? Il est important que nous comprenions.

— Elles ne vous sont pas familières ?

— Lars et moi n'étions plus proches depuis plusieurs années. Il ne se confiait pas beaucoup à moi. Mais récemment, j'ai lu ses livres et son journal.

— Puis-je vous demander ce que vous faites ici, dans ce cas ? Sa mort ne date pas d'hier.

— Lars aurait voulu que quelqu'un finisse le travail pour lui, du moins, c'est ce que j'aime à penser.

— Vous avez parfaitement raison sur ce point, madame. Votre mari était un chercheur brillant. Ses théories étaient tout à fait fondées et je crois qu'il aurait pu mener ses recherches à bien. S'il avait vécu.

— Expliquez-moi tout.

— Il marchait sur les traces de l'abbé Saunière. C'était un malin, celui-là. D'un côté, il voulait que personne n'en sache autant que lui mais, d'un autre, il a laissé énormément d'indices. On raconte qu'il aurait tout dit à sa maîtresse, morte sans jamais avoir rien révélé. Juste avant sa mort, Lars pensait avoir enfin fait un pas décisif. Connaissez-vous toute l'histoire, madame ? Connaissez-vous la vérité ?

— Je crains que mes connaissances ne se limitent aux notes prises par Lars dans son journal. Mais il contenait certains détails intéressants qui n'ont jamais été publiés.

— Puis-je voir ces pages ? »

Stéphanie feuilleta le carnet avant de le passer à Claridon qui se mit à le lire avidement.

« C'est incroyable ! s'exclama-t-il.

— Pourriez-vous nous éclairer ?

— Bien sûr, madame. Comme je vous l'ai dit cet après-midi, le mythe créé autour de Saunière par Noël Corbu et d'autres intrigue et passionne les foules. Mais pour moi, comme pour Lars, la vérité surpasse la fiction. »

Saunière admirait l'autel flambant neuf, ravi du résultat des travaux. Il s'était débarrassé de l'horreur en marbre dont les restes étaient désormais entassés dans le cimetière, et les piliers wisigothiques avaient été recyclés. La beauté du nouvel autel tenait à sa simplicité. Trois mois plus tôt, en juin, l'abbé avait organisé une communion en grande pompe. Une procession avait eu lieu dans les rues du village ; on avait fait défiler la statue de la Vierge Marie jusqu'à l'église où on l'avait placée sur un pilier dans le cimetière. Pour commémorer l'événement, il avait gravé les mots PÉNITENCE, PÉNITENCE sur le chapiteau d'un pilier pour rappeler aux paroissiens de faire preuve d'humilité et MISSION 1891 pour immortaliser la date à laquelle ce projet collectif avait été accompli.

Le toit de l'église était enfin réparé, les murs extérieurs consolidés. On s'était débarrassé de l'ancienne chaire et la nouvelle était en cours de construction. Bientôt, un nouveau dallage en damier serait posé, de nouveaux bancs installés. Mais la priorité, c'était de rénover les fondations de l'édifice. Le ruissellement des eaux avait sapé plusieurs blocs de pierre du soubassement. Ils avaient pu en réparer certains, mais d'autres devaient être remplacés.

Par cette journée de septembre pluvieuse et venteuse, tandis que l'aube poignait dehors, Saunière avait réussi à s'assurer l'aide d'une demi-douzaine de villageois. Ils devaient se débarrasser de plusieurs dalles de pierre endommagées pour les remplacer avant que les carreleurs ne se mettent au travail dans quinze jours. Les hommes se partageaient la tâche, éparpillés dans la nef. Devant les marches de l'autel, Saunière s'occupait d'une pierre abîmée qui avait toujours eu du jeu.

La découverte de la fiole plus tôt cette année-là l'intriguait toujours. Lorsqu'il avait fait fondre la cire pour récupérer le petit rouleau de papier, il n'avait pas trouvé de message mais treize rangées de lettres et de symboles. Quand il l'avait montré à l'abbé Gélis, prêtre dans un village voisin, celui-ci lui avait expliqué qu'il s'agissait d'un cryptogramme et que dans ce fatras de lettres apparemment dénué de sens se cachait bien un message. Tout ce dont on avait besoin pour le déchiffrer, c'était d'une clé mathématique mais, après y avoir consacré de longs mois, il n'était pas plus avancé. Il aurait voulu en découvrir le sens, savoir pourquoi on avait mis tant de soin à le dissimuler ainsi. Le message devait être de la plus haute importance. Mais il lui faudrait de la patience. C'est ce qu'il se répétait tous les soirs après avoir échoué à trouver la réponse, et s'il y avait bien une qualité qu'il possédait, c'était la patience.

Il empoigna un marteau et décida de vérifier s'il arrivait à fendre la dalle de pierre. Plus les morceaux seraient petits, plus il serait facile de les transporter dehors. Il s'agenouilla et frappa trois grands coups sur l'une des extrémités de la dalle qui se fêla immédiatement sur toute la longueur. Il frappa de nouveau et les brèches se firent plus profondes.

Il troqua le marteau pour un pied-de-biche grâce auquel

il détacha les plus petits morceaux. Il glissa alors l'outil sous un éclat long et étroit, le descella avant de le pousser du pied.

Soudain, il aperçut quelque chose.

Il posa le pied-de-biche et braqua sa lampe à pétrole sur la cavité. Il se baissa, balaya les débris de la main et remarqua des gonds. Il répéta l'opération et mit au jour une surface métallique rouillée.

La forme se précisa.

Une porte.

Un passage souterrain.

Mais où menait-il donc ?

Il jeta un regard autour de lui. Les villageois en plein travail bavardaient. Il posa la lampe et replaça calmement dans la cavité tous les morceaux de pierre qu'il venait d'enlever.

« Le bon abbé ne voulait pas partager sa découverte avec quiconque, remarqua Claridon. D'abord une fiole et puis une porte. Son église était une véritable caverne d'Ali Baba.

— Où menait la porte ? demanda Stéphanie.

— C'est là que l'histoire devient intéressante. Lars ne m'a pas tout dit, mais maintenant que j'ai lu son carnet, je comprends. »

Saunière ôta la dernière pierre dissimulant la porte métallique. L'entrée de l'église était verrouillée, le soleil s'était couché il y avait longtemps déjà. Il avait pensé toute la journée à ce qui pouvait se cacher derrière cette porte mais n'en avait pas soufflé mot aux ouvriers. Il les avait à peine remerciés pour leur dur labeur et leur avait expliqué qu'il comptait prendre quelques jours de repos et qu'ils n'avaient pas besoin de revenir avant la semaine suivante. Il n'avait même pas parlé de sa découverte à sa chère maîtresse, se contentant de lui expliquer après dîner qu'il avait envie d'inspecter l'église avant de se coucher. La pluie tambourinait sur le toit.

À la lumière de la lampe à pétrole, il calcula que la porte devait mesurer environ un mètre de long sur une quarantaine de centimètres de large. Elle était posée à ras du sol et ne portait pas de serrure. Grâce à Dieu, le chambranle était en pierre mais les gonds l'inquiétaient ; aussi s'était-il muni d'un petit bidon de pétrole. Pas le meilleur lubrifiant qui soit, mais c'était tout ce qu'il avait réussi à trouver au pied levé.

Il en arrosa les gonds en espérant que l'emprise du temps se desserrerait. Il glissa ensuite le pied-de-biche sous la porte et appuya.

Rien ne bougea.

Il appuya plus fort.

Les gonds se mirent à fonctionner.

Il remua le pied-de-biche pour donner du jeu au métal rouillé et versa un peu plus de pétrole. Au bout de plusieurs minutes d'effort, la porte pivota sur ses gonds avec un grincement et s'ouvrit en grand.

Saunière braqua sa lampe sur l'ouverture d'où sortait un courant d'air froid et humide.

D'étroites marches descendaient sur environ cinq mètres et permettaient d'accéder à un dallage grossier.

L'enthousiasme le submergea. Il avait entendu d'autres prêtres se vanter de leurs découvertes. À la Révolution, certains avaient caché reliques, icônes et objets décoratifs pour éviter que les pillards ne se les approprient. La plupart des églises du Languedoc avaient été mises à sac ; mais celle de Rennes-le-Château était dans un tel état de délabrement qu'il n'y avait tout simplement rien à piller. En apparence, du moins.

Saunière testa la première marche et en conclut qu'elle avait été creusée dans les fondations de l'église. Lampe à la main, il avança avec prudence vers un espace rectangulaire lui aussi creusé dans la roche. Une arche divisait la pièce en deux. Il aperçut des ossements. Les murs étaient percés de niches dont chacune renfermait un squelette ainsi que les vestiges des vêtements, chaussures, épée et linceul avec lesquels on l'avait inhumé.

Il approcha la lampe de quelques-unes des tombes et remarqua que tous leurs occupants étaient identifiés par une inscription gravée dans la pierre. Ils appartenaient tous à la famille d'Hautpoul. Les dates allaient du XVIe au XVIIIe siècle. Il compta vingt-trois squelettes inhumés dans la crypte. Les seigneurs de Rennes-le-Château, songea l'abbé.

Son regard s'arrêta sur un coffre posé près d'un chaudron, derrière l'arche centrale.

Il s'approcha ; quelque chose étincela soudain à la lumière de la lampe et le fit sursauter. Il crut d'abord que ses yeux lui jouaient un tour mais s'aperçut bientôt qu'il n'avait pas rêvé.

Il se baissa.

Le chaudron était rempli d'écus. Des écus d'or français dont la plupart portaient une même date : 1768. Il n'avait pas d'idée précise de leur valeur mais se dit qu'elle devait être considérable. Difficile d'évaluer combien le chaudron en contenait, mais lorsqu'il tenta de le soulever, il ne bougea pas d'un millimètre.

Saunière se pencha sur le coffre et constata que le fermoir n'était pas cadenassé. Il poussa le couvercle et découvrit d'un côté des carnets à reliures de cuir et de l'autre un morceau de toile imperméable qui enveloppait un objet. Il tâta prudemment le contenu de la toile et en conclut qu'il s'agissait en réalité de plusieurs objets de petite taille et durs. Il posa la lampe et déplia le tissu avec précaution.

Il y eut de nouveau un scintillement.

Des diamants.

Il eut le souffle coupé lorsqu'il déplia complètement la toile. Le coffre renfermait un véritable trésor en pierres précieuses.

Cent ans plus tôt, les pillards républicains avaient commis une erreur en ignorant la petite église délabrée de Rennes-le-Château. La personne – peut-être étaient-elles plusieurs ? – qui avait choisi cette cachette s'était montrée fort avisée.

« La crypte existait, précisa Claridon. D'après ce que je viens de lire dans le carnet que vous avez là, Lars avait mis la main sur des registres paroissiaux couvrant les années 1694 à 1726 qui y font allusion ; malheureusement, ils ne disent rien du moyen d'y accéder. Dans son journal, Saunière évoque sa découverte d'une porte. Puis, plus loin, il écrit : "L'année 1891 conduit vers l'éternité le fruit dont on parle ci-dessous." Lars a toujours estimé ce détail important. »

Malone se gara sur le bas-côté et se tourna vers Claridon. « Cet or et ces diamants étaient donc la source de la fortune de Saunière ? Il s'en est servi pour financer la restauration de l'église, n'est-ce pas ?

— Au début, répondit Claridon avec un rire. Mais l'histoire ne s'arrête pas là, monsieur. »

Saunière se releva.

Il n'avait jamais vu autant de richesses assemblées en un seul lieu. Quelle chance il avait. Cependant, il lui fallait les mettre en lieu sûr sans éveiller les soupçons. Pour ce faire, il aurait besoin de temps. Et personne ne devait découvrir l'existence de la crypte.

Il ramassa la lampe et décida de commencer tout de suite. Il pourrait prendre l'or et les diamants et les cacher dans le presbytère. Il déciderait plus tard d'un moyen de les convertir en espèces. Il retourna vers l'escalier en jetant un coup d'œil alentour.

L'une des tombes attira son attention.

La niche contenait le corps d'une femme. Sa robe ne

recouvrait plus que des ossements. Il approcha la lampe et à sa lumière lut :

MARIE D'HAUTPOUL DE BLANCHEFORT

Il avait entendu parler de la comtesse, ultime représentante de la dynastie. À sa mort en 1781, le contrôle du village et des terres avoisinantes avait échappé à sa famille. Quelques années plus tard, à la Révolution, les aristocrates s'étaient vu confisquer leurs biens.

Cependant, un détail posait problème.

Il remonta l'escalier à toute allure, sortit de l'église, verrouilla la porte derrière lui et, sous la pluie battante, se précipita au cimetière où il avança à travers les tombes dont les stèles semblaient flotter dans l'obscurité bruissante.

Il s'arrêta près de celle qu'il cherchait et se pencha.

À la lumière de la lampe, il lut l'épitaphe.

« Marie d'Hautpoul de Blanchefort possédait une autre sépulture au cimetière, s'exclama Claridon.

— Deux tombes pour la même personne ?

— Apparemment. Mais le corps se trouvait dans la crypte. »

Malone se souvint de ce que Stéphanie lui avait raconté la veille : Saunière et sa maîtresse avaient profané les tombes et rendu illisible l'épitaphe sur la stèle de la comtesse. « Saunière a ouvert la tombe située dans le cimetière.

— C'est la théorie de Lars.

— Et elle était vide ?

— Encore une fois, nous ne le saurons jamais ; c'est ce que Lars croyait, cependant. Et l'histoire semble lui donner raison. Une personne de la stature de la comtesse n'aurait jamais été inhumée au cimetière mais dans la crypte, et c'est bien là que le corps se trouvait. La tombe avait une tout autre fonction.

— L'épitaphe était un message codé, intervint Stéphanie, nous le savons. C'est pour cela que le livre d'Eugène Stüblein est si précieux.

— Mais à moins de connaître l'existence de la crypte, la tombe n'a strictement aucun intérêt. C'est un monument parmi tant d'autres. L'abbé Bigou était malin. Il a caché son message au vu et au su de tout le monde.

— Et Saunière l'a découvert... conclut Malone, l'air interrogatif.

— Lars pensait que oui. »

Malone reprit la route. Ils parcoururent les derniers kilomètres avant de bifurquer et de traverser les eaux tumultueuses du Rhône. Devant eux s'élevait la forteresse d'Avignon, dominée par la silhouette du palais des Papes. Malone s'engagea dans la vieille ville, passa devant la place où, un peu plus tôt, se tenait la foire aux livres. Il se dirigea vers le palais et se gara dans le même parking souterrain que la première fois.

« Monsieur Claridon, j'ai une question idiote à vous poser, annonça-t-il. Pourquoi ne fouille-t-on pas les fondations de l'église de Rennes-le-Château ? On pourrait aussi se servir d'un radar pour analyser la configuration de la crypte.

— Les autorités locales y sont fermement opposées. Réfléchissez, monsieur. S'il n'y avait rien, qu'adviendrait-il du mystère ? Rennes-le-Château tire ses ressources de la légende de Saunière. La région entière en bénéficie. La dernière chose que l'on veut, c'est trouver une preuve quelconque. Le mystère est bien trop rentable. »

Malone récupéra sous le siège l'arme confisquée à son assaillant la veille au soir et vérifia le chargeur. Il restait trois balles.

« L'arme est-elle nécessaire ? demanda Claridon.

— Je me sens beaucoup mieux avec », répondit Malone qui sortit de la voiture en fourrant le pistolet sous sa veste.

« Pourquoi devons-nous nous rendre au palais des Papes ? demanda Stéphanie.

— C'est là que se trouvent les informations.

— Expliquez-vous.

— Suivez-moi, je vais vous montrer », dit Claridon en ouvrant sa portière.

33

Lavelanet

19 h 00

Le sénéchal gara la voiture en centre-ville. Geoffrey et lui roulaient vers le nord depuis cinq heures en empruntant force détours. Ils avaient intentionnellement évité les villes de Foix, Quillan et Limoux et opté pour une pause dans une petite ville nichée au creux d'une vallée enclavée où de rares touristes s'aventuraient.

Ils avaient fui les appartements du maître en empruntant le passage secret qui aboutissait près des cuisines et dont la porte de sortie était ingénieusement dissimulée dans un mur de brique. Au fil des siècles, ce passage avait permis à de nombreux moines de s'enfuir. Depuis le début du XXe siècle, son existence n'était plus connue que des seuls maîtres et il était rarement utilisé.

Une fois dehors, ils s'étaient précipités au garage pour faire main basse sur l'une des voitures de l'abbaye qu'ils avaient quittée par le portail principal avant que les frères mécaniciens ne soient revenus de la messe. De

Rochefort était inconscient dans ses appartements et ses acolytes attendaient que quelqu'un daigne déverrouiller la porte : les fugitifs avaient pris une solide avance.

« Il faut que nous parlions, annonça le sénéchal d'un ton qui n'admettait aucun délai supplémentaire.

— Je suis prêt. »

Ils se dirigèrent vers un café dont la clientèle vieillissante était attablée en terrasse, à l'ombre d'ormes majestueux. Les deux hommes avaient troqué leur soutane pour des vêtements achetés dans un supermarché une heure plus tôt. Un serveur vint prendre leur commande. La soirée était douce et agréable.

« Tu te rends compte de ce que nous avons fait à l'abbaye ? Nous avons tiré sur deux de nos frères.

— Le maître m'avait annoncé que la violence ne pourrait être évitée.

— Je sais à quoi nous tentons d'échapper, mais que sommes-nous censés trouver ?

— Le maître m'a demandé de vous donner ceci », répondit Geoffrey en lui tendant l'enveloppe qu'il avait montrée à de Rochefort.

Le sénéchal l'ouvrit avec un mélange d'impatience et d'appréhension.

Mon fils, à bien des égards je vous considère comme tel, je savais que de Rochefort remporterait la majorité des suffrages mais il était important que vous vous opposiez à lui. Nos frères sauront s'en souvenir lorsque votre heure sera réellement venue. Pour l'instant, votre destin vous appelle ailleurs. Frère Geoffrey vous accompagnera.

Avant de quitter l'abbaye vous vous serez, je n'en doute pas, procuré les deux volumes auxquels vous vous intéressez depuis un certain nombre d'années. Oui, j'étais conscient de votre intérêt. J'ai lu ces deux ouvrages il y a longtemps, moi aussi. Le vol d'un bien de l'ordre constitue une sérieuse entorse à la règle ; considérons donc cela comme un emprunt, tout au plus, et je ne doute pas que vous les restituerez le moment venu. Les renseignements qu'ils contiennent, ajoutés à ce que vous savez déjà, sont capitaux. Malheureusement, ils ne suffiront pas à résoudre l'énigme bien trop complexe qui vous occupe. À vous de jouer, maintenant. Contrairement à ce que vous pensez, je ne connais pas la réponse. Mais on ne peut pas laisser de Rochefort s'emparer du trésor des Templiers. Il en sait long, y compris tout ce que vous êtes parvenu à tirer de nos archives, aussi ne sous-estimez pas sa détermination.

Il était capital que vous quittiez l'enceinte de notre monastère. Beaucoup de travail vous attend. J'écris ces lignes dans les ultimes semaines de ma vie, mais je présume que votre départ ne s'est pas déroulé sans violence. Faites le nécessaire pour mener votre quête à bien. Depuis des siècles, les maîtres successifs, y compris celui qui m'a précédé, ont laissé à leur successeur des instructions en ce sens. Vous seul êtes en possession de suffisamment d'indices pour résoudre l'énigme. J'aurais aimé vous seconder dans cette tâche, mais le sort en a voulu autrement. De Rochefort ne nous aurait jamais laissés faire. Aujourd'hui, avec l'aide de frère Geoffrey, vous pouvez réussir. Je vous souhaite bonne chance. Prenez soin de vous et de Geoffrey. Soyez patient avec ce garçon car il ne fait qu'honorer le serment prêté à ma demande.

« Quel âge as-tu ? demanda le sénéchal.

— Vingt-neuf ans.

— Tes responsabilités sont bien lourdes pour quelqu'un de si jeune.

— J'ai eu peur lorsque le maître m'a expliqué ce qu'il attendait de moi. Je ne voulais pas endosser un tel fardeau.

— Pourquoi ne m'a-t-il rien dit directement ?

— Le maître a dit que vous fuyez la controverse et refusez la confrontation, répondit le jeune homme après une pause. Vous ne vous connaissez pas encore suffisamment bien. »

La rebuffade piqua le sénéchal au vif, mais l'air sincère et innocent de Geoffrey donnait beaucoup de poids à ses paroles. Et il avait raison. Il n'avait jamais cherché la bagarre et l'avait évitée autant que possible.

Mais cette fois, il ne se déroberait pas.

Il s'était ouvertement opposé à de Rochefort et l'aurait tué si ses réflexes avaient été moins affûtés. Cette fois, il allait se battre. Il se racla la gorge pour faire disparaître toute trace d'émotion et demanda :

« Que dois-je faire ? »

Le serveur leur apporta des salades, du pain et du fromage.

« Mangeons d'abord, répondit Geoffrey en souriant. Je meurs de faim.

— Et puis ?

— Vous êtes le seul à pouvoir répondre à cette question. »

La ferveur et la confiance de Geoffrey le laissaient perplexe. Mais il réfléchissait à la suite des événements depuis qu'ils avaient quitté l'abbaye. Et il fut soudain rassuré en comprenant qu'il n'y avait qu'un endroit où aller.

34

Avignon

17 h 30

Malone admirait le palais des Papes qui se dressait vers le ciel à cent mètres de là. Stéphanie, Claridon et lui étaient attablés à la terrasse d'un café situé sur une place animée jouxtant l'entrée principale de l'édifice. Venu du nord et du Rhône voisin, le mistral soufflait et balayait la ville sans que rien ne l'arrête. Malone se souvint d'un proverbe médiéval évoquant les odeurs pestilentielles qui flottaient autrefois dans les rues « Avignon venteuse : avec vent ennuyeuse, sans vent pernicieuse. » Et Pétrarque ne l'avait-il pas surnommée « la plus infecte des villes » ?

Dans un guide de voyage, il avait appris que l'édifice qui se dressait sous ses yeux, à la fois palais, forteresse et tombeau, était en fait constitué de deux bâtiments – le palais vieux érigé par le pape Benoît XII et dont la construction avait commencé en 1334, et le palais neuf érigé principalement durant le pontificat de Clément VI dont la majeure partie avait été achevée en 1352. Les deux bâtiments reflétaient la personnalité de leurs créateurs. Le palais vieux était un exemple de classicisme roman sans beaucoup de style tandis que le neuf témoignait d'une certaine magnificence gothique. Malheureusement, les deux bâtiments avaient été ravagés par les flammes et saccagés pendant la Révolution, les sculptures qu'ils renfermaient détruites et toutes les fresques passées au blanc de chaux. En 1816, le palais avait été transformé en caserne. La municipalité d'Avignon l'avait récupéré en 1906 mais sa restauration ne devait pas commencer avant les années soixante. Un centre des congrès occupait désormais deux ailes du bâtiment et le reste s'était mué en attraction touristique qui, malgré ses proportions majestueuses, n'offrait qu'un aperçu de sa gloire passée.

« C'est le moment d'entrer, annonça Claridon, la dernière visite guidée commence dans dix minutes. Nous devons y prendre part.

— Qu'allons-nous faire ? » s'interrogea Malone en se levant.

L'orage arrivait au-dessus d'eux.

« L'abbé Bigou, le confident de Marie d'Hautpoul de Blanchefort, venait de temps à autre admirer les tableaux appartenant à la collection du palais. C'était avant la Révolution et de nombreuses toiles y étaient encore exposées. Bigou avait une prédilection pour l'une d'elles. Lorsque Lars a redécouvert le cryptogramme, il a également trouvé une référence à ce tableau.

— Quel genre de référence ? demanda Malone.

— En 1793, le jour où il a fui la France pour l'Espagne, Bigou a noté une dernière consigne dans le registre paroissial de Rennes-le-Château : “Lisez les règles de la Caridad.” Saunière a trouvé cette référence et l'a cachée. Heureusement, le registre n'a jamais été détruit et Lars a fini par mettre la main dessus. Saunière avait, semble-t-il, appris que Bigou se rendait souvent à Avignon. À la fin du XIXe siècle, le palais n'était plus qu'une coquille vide, mais Saunière aurait facilement pu découvrir que du temps de Bigou on pouvait y admirer *Don Miguel de Mañara leyendo la regla de la Santa Caridad* du peintre Juan de Valdés Leal.

— Je suppose que le tableau y est toujours exposé ? poursuivit Malone en évaluant la distance qui les séparait de la porte Champeaux, entrée principale du palais.

— Plus depuis longtemps, non. Détruit par un incendie il y a cinquante ans. »

Un coup de tonnerre retentit.

« Pourquoi sommes-nous ici, dans ce cas ? » s'interrogea Stéphanie, surprise.

En posant quelques euros sur la table, Malone jeta un coup d'œil en direction d'une terrasse à deux pas de là. Alors que les clients quittaient leurs tables en prévision de l'orage qui s'annonçait, une inconnue sirotait un verre, installée sous l'auvent. Il ne s'attarda qu'un instant, le temps de remarquer des traits harmonieux, une peau très mate et des yeux légèrement saillants. D'un mouvement de tête gracieux elle remercia le serveur lorsque celui-ci vint lui apporter son repas. Malone l'avait remarquée dix minutes plus tôt, juste après qu'ils s'étaient installés, et sa présence l'avait intrigué.

Allons-y pour le test, songea-t-il.

Il ramassa une serviette en papier sur la table et la roula en boule.

« Dans le manuscrit inédit que Noël Corbu a consacré à Saunière et Rennes-le-Château, expliquait Claridon, il faisait référence au tableau et à l'allusion de Bigou dans le registre paroissial. Corbu expliquait également qu'une lithographie de la toile se trouvait toujours dans les archives du palais. Il avait pu la voir. La semaine précédant sa mort, Lars l'avait enfin localisée. Nous étions censés nous introduire dans le palais pour y jeter un coup d'œil, mais il n'est jamais revenu à Avignon.

— Et il ne vous a pas dit où se trouvait la lithographie ? demanda Malone.

— Non, monsieur.

— Lars ne fait aucune allusion à ce tableau dans son carnet, précisa Malone. Je l'ai lu de bout en bout : pas un mot sur Avignon.

— Si Lars ne vous a pas dit où se trouvait la lithographie, intervint Stéphanie, pourquoi aller au palais des Papes ? Vous ne savez pas où chercher.

— Parce que votre fils me l'a appris la veille de sa mort. Nous avions prévu de nous rendre aux archives à son retour des Pyrénées. Mais, madame, comme vous le savez...

— Il n'est jamais revenu, lui non plus. »

Stéphanie essaya de contrôler ses émotions. Elle était forte, mais pas tant que ça. « Pourquoi ne pas y être allé seul ?

— Je me suis dit que rester en vie était plus important. Et je me suis réfugié à l'asile.

— Mark a été victime d'une avalanche, il n'a pas été assassiné.

— Pas si sûr. À vrai dire, nous n'avons aucune certitude, fit Claridon en jetant un regard circulaire sur la place. Dépêchons-nous. Ils sont particulièrement à cheval en ce qui concerne la dernière visite. La plupart des guides sont bénévoles. Ils verrouillent les portes à dix-neuf heures pile. Le système de sécurité du palais n'est pas très perfectionné. Aucun objet de grande valeur n'y est plus exposé aujourd'hui et, en outre, les murs du palais eux-mêmes constituent le meilleur rempart contre les vols. Nous allons traîner un peu en attendant que tout soit calme. »

Ils se dirigèrent vers le palais.

Des gouttes de pluie picotaient le crâne de Malone. Il tournait le dos à l'inconnue qui devait toujours être attablée à une trentaine de mètres de lui, en train de dîner ; il desserra le poing et la serviette en papier s'envola, emportée par le mistral. Il se retourna vivement et se précipita pour la rattraper alors qu'elle dansait sur les pavés. Au moment où il la récupérait, il jeta un coup d'œil vers le café.

L'inconnue avait quitté sa table.

Comme eux, elle marchait vers le palais des Papes.

✠

De Rochefort abaissa ses jumelles. Il se trouvait au rocher des Doms, l'endroit le plus pittoresque de la ville, habité par les hommes depuis le Néolithique. Au temps de la papauté, l'énorme éperon rocheux faisait naturellement écran à l'omniprésent mistral. Au sommet de la colline, qui jouxtait directement le palais, on avait aménagé un magnifique parc avec lacs, fontaines, statues et grottes. Le point de vue était à couper le souffle. Lorsqu'il enseignait au séminaire voisin, avant de rejoindre l'ordre, il venait ici régulièrement.

Les collines et les vallées s'étendaient à perte de vue.

Les eaux vives du Rhône se frayaient un chemin en contrebas, s'engouffraient sous les arches du pont Saint-Bénezet qui franchissait autrefois le fleuve et reliait la cité du pape à celle du roi, sur l'autre rive. Lorsque, en 1226, Avignon s'était ralliée aux albigeois contre Louis VIII pendant la croisade, le roi avait fait raser le pont en représailles. Il avait finalement été reconstruit et de Rochefort songeait aux cardinaux qui, au XIVe siècle, le traversaient à dos de mule pour rejoindre leurs demeures de Villeneuve-lès-Avignon. Au cours des deux siècles qui suivirent, les pluies et les crues du fleuve n'avaient épargné que quatre des arches et les travaux de restauration n'avaient jamais été entrepris. Encore une faiblesse à mettre au passif de la ville, avait toujours pensé de Rochefort. Cet endroit semblait abonné aux demi-succès.

« Ils se dirigent vers le palais, dit-il au moine qui l'accompagnait. Il ferme dans une heure », ajouta-t-il après avoir consulté sa montre.

Il reprit ses jumelles pour observer la place, à cinq cents mètres de là. Il était arrivé de l'abbaye quarante minutes plus tôt. D'après le système de surveillance fixé sur la voiture de Malone, ils avaient fait un crochet par Villeneuve-lès-Avignon avant de revenir à la cité des papes. Malone et Nelle étaient apparemment allés récupérer Claridon.

Depuis le palais, de Rochefort avait gravi la promenade bordée d'arbres et décidé d'attendre là, au sommet du rocher des Doms, poste d'observation idéal sur la vieille ville. La chance lui avait souri lorsque Stéphanie Nelle et ses deux compagnons étaient sortis du parking souterrain avant de s'installer à la terrasse d'un café au beau milieu de la place.

Il baissa ses jumelles.

Les bourrasques de vent fouettaient le rocher. Le mistral mugissait aujourd'hui, balayait les quais, gonflait les eaux du fleuve, poussait vers la ville les nuages d'orage qui couraient dans le ciel.

« Ils ont l'intention de rester au palais après la fermeture. Lars Nelle et Claridon avaient eu l'intention de le faire une fois déjà. Avons-nous toujours la clé ?

— Notre frère qui réside en ville la garde pour nous.

— Récupérez-la. »

Il avait depuis longtemps trouvé le moyen de pénétrer dans le palais par la cathédrale après la fermeture. Les archives du palais suscitaient l'intérêt de Lars Nelle et, par conséquent, celui de de Rochefort. Il avait par deux fois envoyé des frères fureter à l'intérieur à la faveur de la nuit pour essayer de découvrir ce qui avait attiré Nelle. Mais la masse de documents était impressionnante et il n'avait rien appris. Ce soir il en découvrirait peut-être davantage.

Il reprit sa surveillance. Malone laissa échapper un bout de papier et s'efforça de le rattraper.

Puis ses trois proies disparurent dans le palais.

35

21 h 00

Malone fut parcouru d'un frisson lorsqu'il traversa les pièces dépourvues de tout ornement. Au beau milieu de la visite guidée, ils s'étaient éclipsés et Claridon les avait guidés jusqu'à l'étage supérieur. Là, enfermés dans une tour, ils avaient patienté jusqu'à vingt heures trente, heure à laquelle la plupart des lumières s'étaient éteintes et les bruits s'étaient tus. Claridon avait l'air au fait des habitudes de la maison et avait été heureux de constater que la routine des employés n'avait pas changé en cinq ans. Le dédale de salles désertes, de longs passages et de pièces vides n'était à présent éclairé que par de rares flaques de lumière pâle. Malone ne pouvait qu'imaginer la façon dont ces lieux étaient meublés autrefois, la beauté des fresques et des tapisseries recouvrant les murs, la foule qui s'y pressait pour servir le souverain pontife ou lui adresser une supplique. Les émissaires du khan, de l'empereur byzantin, Pétrarque en personne ou sainte Catherine de Sienne, celle qui finit par convaincre le dernier des papes d'Avignon de retourner à Rome : ils s'étaient tous trouvés ici. Ces lieux étaient chargés d'une histoire dont il ne restait que de rares vestiges.

L'orage s'était enfin abattu sur la ville et la pluie frappait le toit avec violence tandis que le tonnerre faisait trembler les vitres du palais.

« Ce palais était autrefois aussi somptueux que celui du Vatican, murmura Claridon. Tout a disparu. Détruit par l'ignorance et la convoitise des hommes.

— On pourrait objecter que ce sont l'ignorance et la convoitise qui ont été à l'origine de ce palais, intervint Malone.

— Ah, vous êtes féru d'histoire, monsieur Malone ?

— J'ai beaucoup lu.

— Permettez-moi de vous montrer quelque chose, dans ce cas. »

Ils se dirigèrent vers des salles faisant partie du circuit touristique, identifiées par des panonceaux. Ils firent halte dans une gigantesque pièce rectangulaire, baptisée le Grand Tinel, dont la voûte en berceau brisé était recouverte de caissons sculptés.

« Voici la salle de réception du pape ; elle pouvait accueillir des centaines de convives, expliqua Claridon dont la voix se répercutait à travers la pièce. Clément VI avait fait tendre du tissu bleu constellé d'étoiles dorées pour figurer la voûte céleste. Des fresques ornaient les murs. Tout cela fut détruit par les flammes en 1413.

— Sans jamais être restauré ? intervint Stéphanie.

— Les papes ne résidaient déjà plus en Avignon à l'époque et le palais ne signifiait plus rien pour personne. Le pape prenait ses repas seul, là-bas, sur une cathèdre placée sur une estrade et surmontée d'un dais de velours cramoisi bordé d'hermine. Les convives s'installaient sur des bancs placés contre les murs, les cardinaux à l'est, les autres à l'ouest. Les tables à tréteaux dessinaient un U et le service se faisait depuis le centre. Tout cela était assez guindé et formel.

— À l'image de ce palais, en somme, constata Malone. On a l'impression de marcher à travers une ville bombardée où les bâtiments n'ont plus aucune âme. C'est un monde à part.

— C'était tout à fait le but recherché. Les rois de France voulaient isoler leurs papes afin de pouvoir contrôler leurs pensées, leurs faits et gestes. Aussi n'avaient-ils pas besoin d'une résidence claire et aérée. Aucun des papes d'Avignon ne se rendit jamais à Rome de crainte de se voir immédiatement exécuté. Les sept papes qui résidèrent ici se construisirent donc une forteresse sans jamais mettre en cause le pouvoir royal. C'est à ce dernier qu'ils devaient leur puissance, et ils se délectaient simplement de leur tranquillité – certains surnommèrent d'ailleurs le séjour des papes en Avignon "la captivité de Babylone". »

La pièce suivante était moins spacieuse. C'était là, dans la chambre du Parement, que se tenaient les consistoires secrets du pape et de ses cardinaux.

« C'est ici que se déroulait la cérémonie de la Rose d'or, reprit Claridon. Geste d'une arrogance folle de la part du pape. Le quatrième dimanche de carême, le souverain pontife honorait une personne, un souverain en général, en lui faisant présent d'une rose d'or.

— Vous n'approuvez pas cette cérémonie ? demanda Stéphanie.

— Le Christ n'avait nul besoin de rose d'or, pourquoi le pape en aurait-il eu besoin, lui ? Cela ne faisait qu'ajouter à l'atmosphère sacrilège du lieu. Clément VI acheta la ville à Jeanne Ire de Naples. Ce marché fut conclu en partie pour qu'elle obtienne l'absolution après avoir participé au meurtre de son époux. Pendant un siècle, criminels, aventuriers, faussaires et contrebandiers se réfugiaient ici pour échapper à la justice, à condition de rendre l'hommage adéquat au pape. »

Traversant une autre pièce, ils parvinrent à la chambre du Cerf. Claridon alluma une série de lampes halogènes. Malone s'attarda suffisamment à la porte pour jeter un coup d'œil derrière lui. Une ombre courut sur le mur ; ils n'étaient pas seuls. Il savait qui les suivait : une femme « de couleur », pour reprendre l'expression de Claridon, élancée, séduisante et athlétique. Elle les avait suivis à l'intérieur du palais.

« Nous nous trouvons au point de jonction du palais vieux et du palais neuf, expliquait Claridon. Le vieux se trouve derrière nous, le neuf au-delà de ce portail. Nous sommes dans le cabinet de travail de Clément VI. »

Malone avait glané quelques détails sur Clément VI dans le guide. C'était un passionné de peinture, de poésie, de musique et d'amour courtois qui n'appréciait guère la compagnie des animaux. « Mes prédécesseurs ne savaient pas être papes », aurait-il déclaré avant de transformer l'ancienne forteresse de Benoît XII en palais fastueux. Les fresques qui les entouraient témoignaient elles aussi de son amour du faste : champs, bosquets, ruisseaux sous un ciel sans nuage. Des hommes équipés de filets près d'un étang verdâtre envahi de piques. Des épagneuls bretons. Un jeune noble et son faucon. Un enfant en haut d'un arbre. De l'herbe, des oiseaux, des baigneurs. Les verts et les bruns prédominaient, mais une robe orange, un poisson bleu et les fruits sur les branches apportaient quelques touches de couleur.

« Clément fit réaliser ces fresques en 1344. On les a

retrouvées sous le lait de chaux appliqué par les soldats lorsque le palais a été transformé en caserne au XIXe siècle. Cette pièce permet de comprendre la papauté, et en particulier Clément VI. Certains l'avaient baptisé Clément le Magnifique. Il n'avait pas la vocation religieuse. Absolution, réintégration dans l'Église après excommunication, rémission des péchés, réduction de la durée du séjour au purgatoire pour les vivants et les morts : tout avait un prix. Avez-vous remarqué qu'il manque quelque chose ? »

Malone examina de nouveau les fresques. Les scènes de chasse témoignaient d'un clair désir de fuir le réel ; on y voyait des gens en train de s'amuser dans un paysage vallonné, mais rien de particulier n'attira son attention.

Tout à coup, il fut frappé par un détail.

« Où est Dieu ?

— Bien vu, monsieur. Vous ne trouverez pas un seul symbole religieux dans tout le palais de Clément VI. Cette omission est éloquente. Cela ressemble davantage à la chambre d'un roi qu'à celle d'un pape et c'est ainsi que se voyaient les prélats d'Avignon. C'est à ces hommes-là que l'on doit la destruction des Templiers. À partir de 1307 avec Clément V, complice de Philippe le Bel, et jusqu'en 1378 avec Grégoire XI, ces individus corrompus ont écrasé l'ordre du Temple. Lars a toujours cru, et je partage son point de vue, que cette pièce prouvait les véritables valeurs de ces individus.

— Pensez-vous que l'ordre a survécu ? demanda Stéphanie.

— Oui. Les Templiers sont là, quelque part. Je les ai rencontrés. J'ignore ce qu'ils sont réellement. Mais ils existent. »

Malone avait du mal à décider s'il s'agissait de faits ou des suppositions d'un homme qui voyait des conspirations là où il n'y en avait pas. Tout ce dont il était sûr, c'est que ses compagnons et lui étaient suivis par une femme suffisamment experte pour tirer une balle dans un tronc d'arbre à quelques centimètres de son crâne d'une distance de cent mètres en pleine nuit par vent de soixante-cinq kilomètres-heure. Elle lui avait peut-être même sauvé la vie à Copenhague. Et contrairement aux Templiers, elle était bien réelle.

« Mettons-nous au travail, proposa Malone.

— Suivez-moi », fit Claridon en éteignant les lumières.

Ils traversèrent le palais vieux jusqu'à l'aile nord et au centre des congrès. Un panonceau indiquait que la ville venait de créer ces équipements afin de récolter des fonds visant à financer de futurs travaux. La salle du Conclave, la chambre du Trésorier et le Cellier avaient été équipés de gradins, d'une estrade et de matériel audiovisuel. En empruntant d'autres couloirs, ils passèrent devant les effigies d'autres papes avignonnais.

Claridon s'arrêta devant une porte épaisse qu'il ouvrit. « Bien, ils ne verrouillent toujours pas les portes la nuit.

— Pourquoi pas ? s'étonna Malone.

— Aucun objet de valeur n'est entreposé ici, si ce n'est des informations, et rares sont les voleurs qui s'intéressent à ce genre de butin. »

Ils pénétrèrent dans une pièce où régnait une profonde obscurité.

« Nous nous trouvons dans l'ancienne chapelle de Benoît XII à qui l'on doit la majeure partie du palais vieux. À la fin du XIXe siècle, cette salle ainsi que celle qui se trouve au-dessus furent aménagées pour accueillir les archives départementales. Elle abrite également les registres du palais. »

Le flot de lumière provenant du couloir leur permit de découvrir une pièce d'une imposante hauteur sous plafond dont tous les murs étaient occupés par des rayonnages auxquels une galerie permettait d'accéder. Derrière les rayonnages, on devinait des fenêtres cintrées aux vitres noires criblées par la pluie qui tombait à verse.

« Quatre kilomètres de rayonnages, déclara Claridon, ça vous suffit comme réserve d'informations ?

— Vous savez où chercher ?

— Je l'espère. »

Claridon s'engouffra dans l'allée principale. Malone et Stéphanie patientèrent jusqu'à ce qu'une lumière s'allume une quinzaine de mètres plus loin.

« Par ici », appela le vieil homme.

Malone ferma la porte en se demandant comment l'inconnue allait pouvoir pénétrer dans la pièce sans se faire repérer. Stéphanie et lui trouvèrent Claridon debout près d'une table de lecture.

« Coup de chance pour les historiens, tous les objets du palais ont été inventoriés au début du XVIIIe siècle. Et puis, à la fin du XIXe siècle, tout ce qui avait survécu à la Révolution a fait l'objet de photos et de croquis. Lars et moi avions étudié la façon dont les informations étaient inventoriées.

— Et vous n'êtes plus revenu après la mort de Mark de peur que les Templiers ne vous tuent ? s'étonna Malone.

— Je me rends compte, monsieur, que vous ne croyez pas un mot de ce que je vous dis là, mais je vous assure que j'ai fait le bon choix. Ces archives sont enfermées ici depuis des siècles et je me suis dit qu'elles ne risquaient rien à y rester encore un peu. Ma propre survie me paraissait plus importante.

— Pourquoi être ici aujourd'hui ?

— Les temps ont changé. Sur ces murs se trouve l'inventaire du palais. J'aurai besoin de quelques minutes. Pourquoi ne pas vous asseoir et me laisser chercher ce qui nous intéresse ? fit le vieil homme en sortant de sa poche une lampe torche. Je l'ai subtilisée à l'asile. Je me suis dit que nous pourrions en avoir besoin. »

Malone tira une chaise de sous la table, bientôt imité par Stéphanie. Claridon s'enfonça dans l'obscurité. Ils l'entendaient fureter tout en suivant des yeux le ballet du faisceau lumineux sur la voûte.

« Voilà à quoi mon mari consacrait son temps, murmura Stéphanie sans pouvoir masquer son agacement, au fin fond d'un obscur palais en quête de sottises. Alors que notre couple était à la dérive, que je travaillais vingt heures par jour, voilà ce qu'il faisait. »

Un coup de tonnerre résonna à travers la pièce et fit frissonner Malone.

« Ça lui tenait à cœur, murmura-t-il, et il se peut qu'il y ait quelque chose de fondé dans tout ça, après tout.

— Comme quoi, Cotton ? Le fameux trésor ? Que Saunière soit tombé sur des bijoux dans la crypte, je veux bien l'admettre. De temps en temps, les coups de chance, ça arrive. Mais il n'y a rien d'autre. Bigou, Saunière, Lars, Mark, Claridon, ce sont tous des rêveurs.

— Les rêveurs ont bien souvent changé le monde.

— Ils courent après une chimère. »

Claridon réapparut et jeta sur la table une chemise moisie contenant une liasse de photos noir et blanc et de croquis au crayon. « Je l'ai trouvée à quelques mètres de l'endroit indiqué par Mark. Grâce à Dieu, ceux qui s'occupent de ces archives ne touchent à rien au fil des années.

— Comment Mark avait-il découvert son emplacement ?

— Il s'efforçait de réunir des indices le week-end. Il ne s'y consacrait pas aussi religieusement que son père mais se rendait souvent chez Lars, à Rennes-le-Château, et nous essayions de faire avancer les recherches. À l'université de Toulouse, il était tombé sur certaines informations concernant les archives d'Avignon. Il avait fait le lien entre les différents indices, et les réponses sont devant nous.

— Que cherchons-nous ? demanda Malone en vidant le contenu du dossier sur la table.

— Je n'ai jamais vu la toile. Espérons qu'elle sera identifiée. »

Ils se mirent à passer les documents en revue.

« Nous y voilà ! » s'exclama Claridon, enthousiaste.

Malone se pencha sur l'une des lithographies, un dessin fané en noir et blanc, aux bords abîmés. En haut de la page, une annotation manuscrite : *Don Miguel de Mañara leyendo la regla de la Santa Caridad*.

Le dessin représentait un homme d'âge mûr portant barbe et fine moustache, assis à un bureau tendu de velours. La manche de son habit religieux portait une broderie très élaborée. Sa main gauche touchait les pages d'un livre placé sur un support et sa main droite ouverte désignait un petit personnage vêtu d'un habit monacal qui, perché sur un tabouret, portait un doigt à ses lèvres, intimant le silence. Un livre ouvert reposait sur ses genoux. Un carrelage en damier recouvrait le sol, et sur le tabouret on pouvait lire l'inscription :

ACABOCE A°
DE 1687

« Tout ça est bien curieux, maugréa Claridon. Regardez ça. »

Malone porta son attention vers la partie supérieure gauche du tableau où, dans la pénombre derrière le petit personnage, on distinguait une table et une bibliothèque sur laquelle reposait un crâne humain.

« Qu'est-ce que tout cela veut dire ?

— *Caridad* signifie charité. Et également amour. L'habit noir que porte l'homme assis est celui des chevaliers de Calatrava, société religieuse espagnole consacrée à Jésus-Christ. C'est l'emblème brodé sur la manche qui me l'apprend. *Acaboce* signifie accomplissement. Le symbole A° pourrait faire référence à l'alpha et l'oméga, les première et dernière lettres de l'alphabet grec, le début et la fin. Quant au crâne, je n'en ai aucune idée. »

Malone songea à ce que Bigou était censé avoir noté dans le registre paroissial de Rennes-le-Château juste avant de fuir pour l'Espagne. « Lisez les règles de la Caridad. »

« Quelles règles sommes-nous supposés lire ?

— Avez-vous remarqué ce détail concernant le personnage assis sur le tabouret ? Regardez ses pieds : ils sont posés en diagonale sur deux carreaux noirs du dallage.

— Le sol ressemble à un échiquier, constata Stéphanie.

— Et le fou se déplace en diagonale, comme

l'indique la position des pieds du personnage, précisa Malone.

— Vous êtes un passionné d'échecs ? demanda Claridon.

— Il m'arrive d'y jouer.

— Ce personnage détient apparemment un secret concernant l'alpha et l'oméga, murmura Claridon.

— C'est l'un des surnoms du Christ, songea Malone tout haut.

— C'est exact, et lorsque vous ajoutez *acaboce*, vous obtenez : accomplissement de l'alpha et de l'oméga. Accomplissement du Christ.

— Mais qu'est-ce que ça signifie ? intervint Stéphanie.

— Puis-je voir le livre de Stüblein, madame ? Examinons de nouveau la stèle. Il existe certainement un lien avec ce tableau. N'oublions pas que nous devons les deux indices à l'abbé Bigou, fit Claridon en posant le livre sur la table. Le contexte historique permet de comprendre les inscriptions gravées sur la stèle. Les origines de la famille d'Hautpoul remontent au XIIe siècle. Marie épousa François d'Hautpoul, dernier descendant, en 1732. En 1644, l'un des ancêtres de François d'Hautpoul avait confié son testament à un notaire d'Espéraza. À sa mort, le testament resta introuvable. Il ne refit surface que plus d'un siècle plus tard. Lorsque François d'Hautpoul voulut le récupérer, il s'entendit dire par le notaire qu'il "serait mal avisé de se départir d'un document d'une telle importance". François mourut en 1753 et le testament échut à sa veuve en 1780. Pour quelle raison ? Tout le monde l'ignore. Peut-être parce qu'elle était la dernière représentante de la famille d'Hautpoul. Elle mourut un an plus tard et on raconte qu'elle confia le testament, et toutes les informations qu'il renfermait, à l'abbé Bigou.

— Et c'est ce que Saunière a découvert dans la crypte, au milieu des écus d'or et des diamants.

— Cependant, la crypte était dérobée aux regards. Voilà pourquoi Lars a toujours cru que le véritable indice se trouvait dans la fausse tombe de Marie d'Hautpoul, au cimetière. Bigou a dû se dire que le secret qu'on lui avait confié avait trop d'importance pour ne pas être transmis. Il fuyait le pays à jamais, aussi a-t-il laissé un rébus indiquant la voie à suivre. Quand vous m'avez montré le croquis de la stèle dans la voiture, un certain nombre de choses me sont venues à l'esprit, dit Claridon en attrapant un bloc-notes et un stylo posés sur la table. Maintenant, je sais que cette gravure est extrêmement riche d'indices. »

Malone étudia les lettres et les symboles gravés sur les deux stèles.

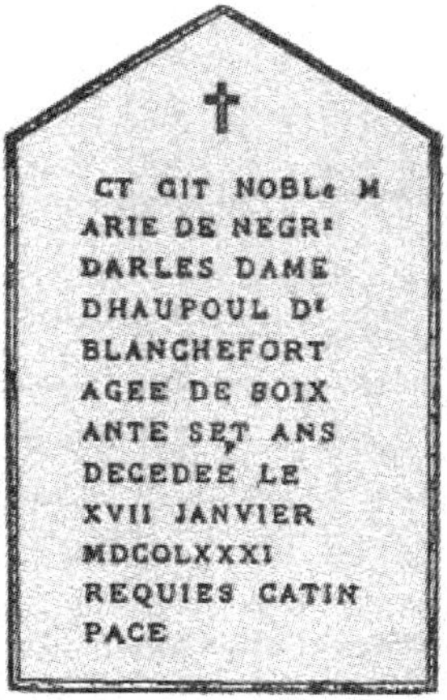

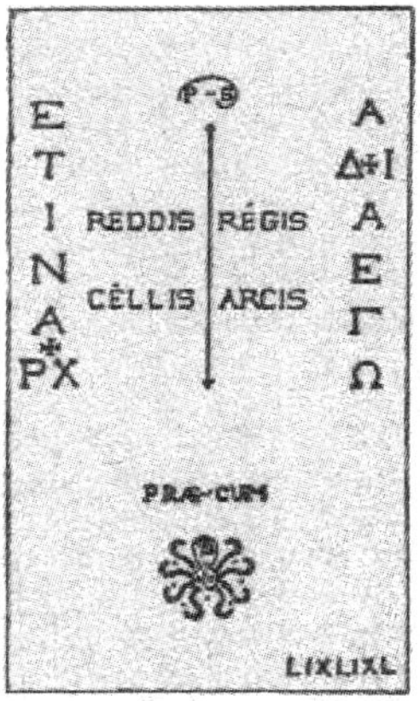

« La stèle de droite recouvrait la tombe de Marie d'Hautpoul et ne comporte pas le genre d'épitaphe que l'on y lit d'ordinaire. À gauche, on trouve une inscription en latin. ET IN PAX, écrivit Claridon. Cela signifie "et en paix", mais on repère quelques problèmes. *Pax* est le nominatif du mot, ce qui constitue une erreur grammaticale après la préposition *in*. Dans la colonne de droite, on trouve des lettres de l'alphabet grec, mais ainsi associées elles ne veulent rien dire. Cependant, j'ai réfléchi à ce problème et j'ai fini par trouver la solution. Il s'agit en fait d'une inscription latine rédigée à l'aide de l'alphabet grec. Lorsque vous passez aux caractères romains, les lettres *E*, *T*, *I*, *N* ET *A* collent, mais le *P* devient un *R*, le *X* devient un *K* et... »

Claridon griffonna sur le bloc-notes et rédigea sa traduction au bas de la page :

ET IN ARCADIA EGO

« "Et moi en Arcadie", traduisit Malone. Cela ne veut rien dire.

— Précisément, renchérit Claridon, ce qui nous permet de conclure que ces mots ont un sens caché.

— Il s'agit d'une anagramme ?

— Procédé tout à fait courant du temps de Bigou. Après tout, il serait étonnant que Bigou ait laissé un message aussi facile à décrypter.

— Et les mots au centre de la stèle ? »

« *Reddis* signifie rendre, restituer, mais c'est aussi l'appellation latine de Rennes-le-Château. *Regis* est l'accusatif de *rex*, roi. *Cella* signifie cellier, grenier. *Arcis* est l'accusatif de *arx*, hauteur fortifiée, citadelle. Pris séparément, on peut leur attribuer de multiples significations mais leur association ne veut rien dire. Et puis il y a la flèche qui relie les initiales *p-s* à *præ-cum*. Je n'ai aucune idée de ce que signifie ce *p-s*. On peut traduire *præ-cum* par "je vous prie de venir".

— Quel est ce symbole ? »

Stéphanie désigna le bas de la stèle.

« On dirait une pieuvre.

— Une araignée, madame. Mais sa signification m'échappe.

— Et l'autre stèle ? intervint Malone.

— Elle servait de pierre tombale et c'était elle la plus visible. Souvenez-vous que Bigou a été le confesseur de Marie d'Hautpoul pendant des années. Il lui était d'une absolue fidélité et il lui fallut deux ans pour faire réaliser cette stèle ; pourtant, on trouve pratiquement une erreur par ligne. Les maçons de l'époque étaient enclins aux erreurs, mais il est impensable que l'abbé en ait toléré un tel nombre.

— Les erreurs font donc partie du message ?

— Il semblerait que ce soit bien le cas. Regardez : son nom est erroné. Elle ne s'appelait pas Marie de Nègre d'Arles, dame d'Hautpoul mais Marie de Negri d'Ables d'Hautpoul. La plupart des mots sont ainsi tronqués. Les lettres deviennent des signes supérieurs ou inférieurs sans raison. Et regardez la date. »

Malone étudia les chiffres romains :

MDCOLXXXI

« Soi-disant la date de son décès : 1681, et c'est sans inclure le O, puisqu'il n'y a pas de zéro dans le système numérique romain et qu'aucun nombre n'était représenté par la lettre O. Ici, en revanche, oui. Et puis, Marie est décédée en 1781, pas un siècle plus tôt. Le O se trouve-t-il là pour prouver que Bigou savait que la date était erronée ? Son âge ne correspond pas non plus. Elle avait soixante-huit ans, pas soixante-sept, à sa mort, contrairement à ce qui est gravé sur la tombe. »

Malone désigna la stèle de droite et les chiffres romains dans le coin inférieur droit. LIXLIXL. « Cinquante. Neuf. Cinquante. Neuf. Cinquante.

— Tout à fait étrange, convint Claridon.

— Je ne vois pas ce que le tableau vient faire là-dedans.

— C'est une énigme, monsieur. Une énigme difficile à résoudre.

— J'aimerais cependant en posséder la clé », fit un homme à la voix caverneuse dissimulé dans l'obscurité.

36

Malone s'attendait à ce que l'inconnue entre en contact avec eux, mais cette voix n'était certainement pas la sienne. Il saisit son arme.

« Ne bougez pas, monsieur Malone. Nous vous tenons en joue.

— C'est l'homme de la cathédrale, annonça Stéphanie.

— Je vous avais dit que nous nous reverrions. Et vous, monsieur Claridon, vous n'étiez pas tellement convaincant à l'asile. Fou, vous ? Certainement pas. »

Malone fouillait l'obscurité du regard. Les proportions mêmes de la salle faussaient les bruits. Mais il remarqua des silhouettes au-dessus d'eux, sur la galerie qui permettait d'accéder à la dernière rangée d'étagères.

Il compta quatre hommes.

« Je suis malgré tout impressionné par votre culture, monsieur. Vos déductions concernant la pierre tombale semblent logiques. J'ai toujours cru que cette stèle avait beaucoup à nous apprendre. Je suis moi aussi déjà venu fureter dans ces rayonnages. Ce n'est pas facile. La masse d'informations est telle ! J'apprécie que vous m'ayez facilité la tâche. *Don Miguel de Mañara leyendo la regla de la Santa Caridad*. Qui y aurait pensé ?

— Que Dieu nous protège, fit Claridon en se signant et Malone vit de la peur dans son regard.

— Allons, monsieur Claridon, dit la voix, devons-nous mêler le divin à cette histoire ?

— Vous êtes ses soldats, répondit Claridon d'une voix tremblante.

— Qu'est-ce qui vous fait dire ça ?

— Qui d'autre pourriez-vous être ?

— La police, peut-être ? Non, vous ne me croiriez pas si je disais cela. Nous sommes peut-être des aventuriers, comme vous, à la recherche de quelque chose. Mais non, disons pour simplifier les choses que nous sommes les soldats de Dieu. Comment pourriez-vous soutenir notre cause, tous les trois ? »

Personne ne répondit.

« Mme Nelle est en possession du journal de son mari et du livre acquis à la vente aux enchères. Elle pourrait nous les confier, pour commencer.

— Allez vous faire voir », maugréa Stéphanie.

Un bruit sec retentit par-dessus le tonnerre et une balle se logea dans la table à quelques centimètres d'elle.

« Mauvaise réponse, dit l'inconnu.

— Donnez-les-lui », ordonna Malone.

Stéphanie lui lança un regard furieux.

« La prochaine balle est pour vous.

— Comment l'avez-vous deviné ?

— C'est ce que j'aurais fait, moi.

— Vous me plaisez, monsieur Malone, fit l'inconnu avec un petit rire. Vous êtes un vrai professionnel. »

Stéphanie tira les deux livres de son sac.

« Jetez-les vers la porte, entre les étagères. »

Elle s'exécuta.

Une silhouette vint les récupérer.

Malone ajouta mentalement un homme à sa liste. Ils étaient au moins cinq à présent dans la chapelle. Malheureusement, il n'avait aucune possibilité de s'emparer de l'arme qu'il portait toujours à la ceinture avant que l'un d'eux au moins ne soit abattu. Et il n'y avait plus que trois balles dans le chargeur.

« Madame Nelle, votre mari était parvenu à un certain nombre de conclusions et ses déductions concernant les informations manquantes étaient pour l'essentiel correctes. Il était d'une intelligence remarquable.

— Après quoi courez-vous, au juste ? demanda Malone. Je ne suis mêlé à cette histoire que depuis deux jours.

— Nous sommes en quête de justice, monsieur Malone.

— Et pour que justice soit faite, il était nécessaire d'écraser un vieil homme à Rennes-le-Château ? tenta-t-il à tout hasard, espérant en apprendre davantage.

— De qui voulez-vous parler ?

— D'Ernst Scoville, un collaborateur de Lars Nelle. Vous le connaissiez, n'est-ce pas ?

— Monsieur Malone, cette année de retraite a peut-être émoussé vos talents ? J'espère que vous étiez plus doué pour interroger les suspects lorsque vous travailliez à plein temps.

— Vous avez le journal et le livre, qu'est-ce qui vous retient ici ?

— J'ai besoin de la lithographie. Monsieur Claridon, veuillez la faire passer à mon assistant, s'il vous plaît. »

Claridon refusait de bouger.

Un autre coup sec retentit et une nouvelle balle vint se loger dans le plateau de la table.

« Je déteste me répéter ! lança l'inconnu.

— Faites ce qu'il demande », ordonna Malone à Claridon en lui tendant la reproduction.

Le vieil homme s'en saisit d'une main tremblante et s'éloigna de quelques pas de la zone éclairée par la faible lueur de la lampe. Le tonnerre résonnait dans la nuit en faisant trembler les murs. La pluie fouettait toujours les vitres.

Une détonation retentit.

La lampe explosa dans une gerbe d'étincelles.

Lorsque le coup de feu retentit, de Rochefort vit un éclair sortir du canon d'une arme près de la porte des archives. Bon sang ! Il y avait quelqu'un d'autre dans la salle.

Une profonde obscurité régnait.

« Allez-y ! » ordonna-t-il aux hommes postés sur la galerie du deuxième étage en espérant qu'ils sauraient quoi faire.

Quelqu'un avait tiré sur l'ampoule électrique. L'inconnue, comprit Malone. Elle avait découvert un autre accès.

Dans l'obscurité, il plaqua Stéphanie au sol. Il espérait que leurs assaillants s'étaient eux aussi laissé surprendre.

Il tira l'arme de sous sa veste.

Deux nouveaux coups de feu firent détaler les « soldats de Dieu », pour citer Claridon. Des bruits de pas résonnaient sur la galerie. L'homme qui se trouvait au rez-de-chaussée l'inquiétait davantage, mais il n'entendait aucun bruit dans la direction où il l'avait vu pour la dernière fois et il n'entendait pas Claridon non plus.

Les bruits de pas cessèrent.

« Qui que vous soyez, s'écria l'homme de la cathédrale, croyez-vous qu'il soit sage d'intervenir ?

— Je pourrais vous poser la même question, répondit l'inconnue, avec une certaine langueur dans la voix.

— Cette affaire ne vous regarde pas.

— Je ne partage pas cet avis.

— Vous avez agressé deux de mes frères à Copenhague.

— Disons plutôt que j'ai mis un terme à votre attaque.

— Vous serez châtiée.

— Venez, qu'est-ce que vous attendez ?

— Arrêtez-la. »

Des silhouettes se lancèrent à la poursuite de l'inconnue. Les pupilles de Malone s'étaient accoutumées à l'obscurité et il distingua un escalier au bout de la galerie.

« Restez là, ordonna-t-il en tendant l'arme à Stéphanie.

— Où allez-vous ?

— Rendre à quelqu'un la monnaie de sa pièce. »

Malone s'accroupit pour se faufiler entre les rayonnages. Il attendit puis se jeta sur l'un des hommes au moment où il descendait la dernière marche. Sa corpulence lui rappelait celle de l'homme au blouson rouge, mais cette fois, Malone n'allait pas se laisser surprendre. Il lui enfonça son genou dans l'estomac avant de lui assener un coup de poing sur la nuque.

L'homme perdit connaissance.

Malone entendit quelqu'un courir à quelques mètres de là.

« Non, je vous en prie, laissez-moi. »

Claridon.

De Rochefort descendit de la galerie et se dirigea droit vers la sortie. Il savait que l'inconnue n'allait pas traîner mais elle n'avait pas le choix : elle devrait sortir dans le couloir ou traverser le bureau du conservateur. Le templier en faction devant le bureau venait cependant de lui signaler que tout était calme.

Il avait à présent la conviction qu'elle était intervenue à Copenhague et probablement à Rennes-le-Château la veille, ce qui ne faisait que l'inciter à la rattraper. Il devait découvrir son identité.

La porte donnant sur le couloir s'ouvrit avant de se refermer aussitôt. Le rai de lumière qui filtra lui permit d'apercevoir une silhouette étendue à terre entre les étagères. Il se précipita et découvrit l'un de ses hommes sans connaissance, une fléchette plantée dans le cou. C'est lui qui avait récupéré le journal, le livre et la lithographie.

Désormais introuvables.

La garce !

« Suivez mes instructions », s'écria-t-il à l'intention du reste de son équipe en se précipitant vers la porte.

À ces mots, Malone décida de retourner auprès de Stéphanie. Il ignorait la teneur des instructions en question mais elles devaient les concerner, ce qui ne présageait rien de bon.

Il s'accroupit de nouveau et se faufila entre les étagères.

« Stéphanie, murmura-t-il.

— Par ici, Cotton. »

Il se glissa près d'elle. On n'entendait plus que la pluie à présent. « Il doit y avoir une autre sortie, dit Stéphanie à voix basse.

— Quelqu'un est sorti par la porte, répondit Malone en lui prenant l'arme des mains, l'inconnue, sans doute. Je n'ai vu qu'une ombre. Les autres ont dû rattraper Claridon et sortir par une autre porte. »

La porte s'ouvrit de nouveau.

« C'est l'homme de la cathédrale. »

Malone et Stéphanie se lancèrent à sa poursuite. Près de la porte, Malone hésita : pas de bruit, personne en vue. Ils s'engouffrèrent dans le couloir.

De Rochefort aperçut l'inconnue au bout du long corridor. Elle se retourna et, sans s'arrêter, tira un coup de feu dans sa direction.

Tandis qu'il plongeait à terre, elle disparut au détour d'un couloir.

Il se releva et se lança de nouveau sur ses traces. Avant qu'elle ne fasse feu, il l'avait vue tenir le journal et le livre.

Il devait l'arrêter.

Malone vit un homme vêtu d'un pantalon noir et d'un col roulé sombre, pistolet au poing, tourner dans le couloir à une quinzaine de mètres de lui.

« Ça devient intéressant », dit-il en se mettant à courir. Stéphanie l'imita.

De Rochefort poursuivait l'inconnue qui tentait de fuir le palais dont elle semblait connaître les moindres recoins car elle ne se trompait jamais de direction. Elle avait été suffisamment habile pour obtenir ce qu'elle était venue chercher, aussi en avait-il conclu qu'elle ne laisserait rien au hasard au moment de s'enfuir.

Il pénétra dans une salle à la voûte nervurée. L'inconnue disparaissait déjà dans un couloir, au bout de la pièce. Il aperçut un large escalier de pierre. Le grand escalier d'honneur. Avec les fresques qui ornaient ses murs, les portes de bois renforcées de métal que l'on devait franchir à chaque palier et ses marches recouvertes de tapis persans, l'escalier se prêtait jadis à la pompe des cérémonies pontificales. Désormais, murs et marches étaient nus. À une trentaine de mètres en contrebas régnait une obscurité totale. De Rochefort savait que l'escalier menait à plusieurs sorties donnant sur une cour intérieure. Les pas de l'inconnue résonnaient sur les marches mais il ne parvenait pas à distinguer sa silhouette.

Il tira au hasard.

Dix coups de feu.

Des coups de feu étouffés. Quelqu'un tirait à l'aide d'un pistolet équipé d'un silencieux.

À l'approche d'une porte, Malone ralentit sa course.

Une porte grinça au bas de l'escalier plongé dans les ténèbres. La fureur de l'orage se fit plus distincte. Les tirs aveugles de de Rochefort avaient raté leur cible. L'inconnue quittait le palais ! Il perçut un bruit de pas derrière lui et s'adressa à ses hommes grâce au micro épinglé sur sa poitrine :

« Vous avez ce qui m'intéresse ?

— Oui.

— Je me trouve dans le grand escalier. Malone et Nelle me suivent. Occupez-vous d'eux. »

Il descendit les marches quatre à quatre.

Malone vit l'homme au col roulé sortir de l'immense hall qui s'étendait devant eux. Pistolet au poing, il s'élança dans sa direction, Stéphanie sur les talons.

Trois hommes armés se matérialisèrent devant eux, leur barrant le passage.

« Jetez votre arme », ordonna l'un d'eux.

Impossible d'agir sans que Stéphanie, lui, ou même les deux ne soient immédiatement mis hors d'état de nuire. Il lâcha son arme qui glissa à terre avec un cliquetis.

Les trois hommes approchèrent.

« Que faisons-nous maintenant ? demanda Stéphanie.

— Je suis ouvert à toutes vos suggestions.

— Il n'y a rien à faire, dit l'un des hommes.

— Retournez-vous », ordonna un autre.

Malone dévisagea Stéphanie. Il s'était trouvé dans des situations difficiles par le passé, certaines similaires à celle-ci. Même s'il parvenait à maîtriser un ou deux individus, il y avait toujours le troisième, et ils étaient tous armés.

Il entendit un coup sourd suivi d'un cri et Stéphanie s'effondra à terre. Avant de pouvoir faire un pas dans sa direction, Malone reçut un coup à la nuque et perdit connaissance.

De Rochefort était toujours à la poursuite de sa proie qui traversait comme le vent la place du palais et les rues désertes d'Avignon. La pluie d'été tombait à verse. Les cieux s'ouvrirent soudain, déchirés par un immense éclair qui illumina momentanément les ténèbres. Le tonnerre résonna dans la nuit.

Leur course les amenait près de la rivière.

Il savait que, à quelques mètres de là, le pont Saint-Bénezet s'élançait sur le Rhône. À travers le rideau de pluie, il vit l'inconnue foncer vers l'entrée du pont. À quoi jouait-elle ? Pourquoi prendre cette direction ? Qu'importe, il devait la suivre. Elle était en possession de deux des objets qu'il était venu chercher et il ne comptait pas quitter la ville sans eux. Il se demandait cependant comment le papier réagirait à la pluie. Il était trempé jusqu'aux os, des pieds à la tête.

Il aperçut un éclair à dix mètres de lui lorsque l'inconnue tira un coup de feu dans la porte donnant accès au pont.

Elle disparut à l'intérieur.

De Rochefort courut vers la porte et lança un coup d'œil prudent dans l'entrée. À droite, la caisse, à gauche, sur des comptoirs, les souvenirs. Trois tourniquets barraient l'accès du pont. La structure inachevée n'était plus depuis longtemps qu'une attraction touristique.

À vingt mètres de lui, l'inconnue courait sur le pont en direction du fleuve.

Elle disparut soudain.

Il prit son élan pour sauter par-dessus les tourniquets.

Une chapelle gothique se dressait au niveau de la seconde pile du pont : c'était la chapelle Saint-Nicolas. Les reliques de saint Bénezet, à qui l'on devait la construction du pont, y étaient autrefois conservées. Mais elles avaient disparu pendant la Révolution et seule la chapelle demeurait, gothique dans sa partie supérieure et romane à la base. C'était là que l'inconnue s'était réfugiée, dans l'escalier de pierre qui descendait vers le Rhône.

Un éclair verdâtre zébra le ciel.

De Rochefort s'essuya les yeux et s'arrêta sur la première marche.

Il aperçut l'inconnue.

Elle ne se trouvait pas au-dessous de lui, cependant, mais se dirigeait vers la quatrième arche, au beau milieu du fleuve où elle se retrouverait piégée puisque le reste du pont avait été emporté par les flots trois siècles plus tôt. Elle s'était servie de l'escalier pour passer sous la chapelle et se protéger de tirs éventuels.

Il contourna la chapelle pour tenter de la rattraper.

Il ne voulait pas tirer. Il la voulait vivante. Et puis, surtout, il avait besoin du carnet et du livre. Il tira un coup de feu sur sa gauche, à ses pieds.

L'inconnue s'arrêta et se retourna.

Il avança, son pistolet braqué sur elle.

Elle était arrivée au bout du pont et rien ne se dressait plus entre elle et les eaux sombres du fleuve. Un violent coup de tonnerre déchira le silence. Les bourrasques de vent et la pluie lui fouettaient le visage.

« Qui êtes-vous ? » demanda-t-il.

Elle portait une combinaison aussi sombre que sa peau. Son corps était mince et musclé. Elle avait la tête dissimulée sous un capuchon ajusté et seul son visage était visible. Elle tenait une arme dans la main gauche et dans la droite, un sac en plastique. Elle tendit le bras droit par-dessus le parapet.

« Ne nous affolons pas, l'avertit-elle.

— Je pourrais simplement vous abattre.

— Vous avez deux raisons de ne pas le faire.

— Je vous écoute.

— Première raison, le sac tombera dans la rivière et ce que vous convoitez sera détruit. Deuxième raison, je suis chrétienne. Et il vous est interdit de tuer les chrétiens.

— Qu'est-ce qui vous fait dire ça ?

— Vous êtes un chevalier de l'ordre du Temple, tout comme vos compagnons. Vous avez fait le serment de ne pas vous en prendre aux chrétiens.

— Comment être certain que vous êtes chrétienne ?

— Dans ce cas, tenons-nous-en à la première raison. Tuez-moi et les livres tombent dans le Rhône. Le courant les emportera.

— Nous cherchons la même chose, apparemment.

— Vous êtes un rapide, vous. »

Le bras de l'inconnue était toujours tendu par-dessus le parapet et il se demanda quelle partie de son corps il vaudrait mieux viser, mais elle avait raison : le sac aurait disparu bien avant qu'il ait pu franchir les trois mètres qui le séparaient d'elle.

« Nous sommes dans l'impasse, on dirait.

— Je ne suis pas de cet avis. »

Elle lâcha le sac qui disparut dans les ténèbres. Profitant de la surprise de de Rochefort, elle tira ; mais il pivota sur sa gauche et se jeta sur les pavés humides. Il s'essuya les yeux et vit l'inconnue sauter du pont. Il se précipita vers le parapet, s'attendant à contempler les eaux tumultueuses du fleuve, mais son regard tomba sur une plateforme de pierre, à moins de trois mètres en contrebas, partie intégrante de la pile qui soutenait la dernière arche du pont. L'inconnue ramassa le sac et disparut.

Il n'hésita qu'un instant avant de sauter. Les os de ses chevilles craquèrent au moment de l'impact. Il n'était plus tout jeune.

Un moteur vrombit et un bateau surgit à l'autre bout du pont avant de s'éloigner à vive allure vers le nord. Il leva son arme pour viser, mais l'éclair d'un silencieux lui apprit que l'inconnue lui tirait dessus.

Il plongea de nouveau sur les pavés humides.

Le bateau disparut hors de sa vue.

Qui était donc cette furie ? Elle savait ce qu'il était à défaut de savoir qui il était, puisqu'elle ne l'avait pas appelé par son nom. Elle avait également compris à quel point le livre et le journal étaient essentiels. Plus important encore, elle était au courant de ses moindres faits et gestes.

Il se releva et s'abrita sous le pont, à l'endroit où la vedette était amarrée. L'inconnue avait planifié sa fuite fort intelligemment. Il s'apprêtait à remonter sur le pont grâce à une échelle métallique fixée à l'édifice lorsqu'il remarqua quelque chose dans l'obscurité.

Il se pencha.

Un livre reposait sur les pavés humides.

Il l'approcha de son visage, s'efforçant de distinguer ce qui était écrit sur les pages détrempées et parvint à déchiffrer quelques mots.

Le journal de Lars Nelle.

L'inconnue l'avait laissé tomber en s'enfuyant.

De Rochefort sourit.

Il était désormais en possession d'une partie du puzzle. Pas de toutes les pièces, mais celle-ci suffirait peut-être, et il savait exactement comment découvrir celles qui lui manquaient.

37

Malone ouvrit les yeux, tâta son cou endolori et en conclut qu'il n'avait rien de cassé. Il massa ses muscles contusionnés du plat de la main et s'efforça de retrouver ses esprits. Un coup d'œil à sa montre lui apprit qu'il était vingt-trois heures vingt. Il était resté inconscient pendant une heure environ.

Stéphanie était étendue à quelques pas de lui. Il rampa jusqu'à elle, lui souleva la tête et la secoua doucement. Elle cligna des yeux, en essayant de le regarder.

« Ça fait mal, maugréa-t-elle.

— Je ne vous le fais pas dire. » Malone lança un regard circulaire sur le hall gigantesque. La pluie avait faibli. « Sortons d'ici.

— Et nos camarades ?

— S'ils avaient voulu nous tuer, ils l'auraient fait. Je pense qu'ils en ont fini avec nous. Ils ont le journal, le livre et Claridon. Nous ne leur sommes d'aucune utilité. » Il remarqua son pistolet à quelques mètres de là et ajouta : « C'est vous dire s'ils nous considèrent comme un danger.

— C'était vraiment une mauvaise idée, Cotton, admit Stéphanie en se frottant la tête. Je n'aurais pas dû réagir lorsque j'ai reçu ce carnet. Si je n'avais pas appelé Ernst Scoville, il serait sans doute encore en vie aujourd'hui. Et je n'aurais jamais dû vous mêler à tout ça.

— J'ai pas mal insisté, il me semble, la rassura Malone en se levant lentement. Il faut y aller. Les services d'entretien finiront par passer par ici. Et je n'ai aucune envie de répondre aux questions de la police. »

Il aida Stéphanie à se relever.

« Merci, Cotton, merci pour tout. J'apprécie ce que vous avez fait.

— À vous entendre, on dirait que l'aventure est finie.

— Elle l'est en ce qui me concerne. Quelqu'un d'autre devra découvrir ce que Lars et Mark cherchaient. Je rentre chez moi.

— Et Claridon ?

— Que pouvons-nous faire ? Nous n'avons aucune idée de l'identité de ses kidnappeurs ni de l'endroit où on l'a emmené. Et puis qu'irions-nous dire à la police ? Les chevaliers du Temple ont kidnappé l'un des pensionnaires d'un asile de la région ? Soyons sérieux. J'ai bien peur qu'il ne doive se débrouiller seul.

— Nous savons qui est l'inconnue. D'après Claridon, ce serait une certaine Cassiopée Vitt. Il nous a dit où la trouver. Nous pourrions aller à Givors.

— Pour quoi faire ? La remercier d'avoir sauvé notre peau ? Je pense qu'elle se débrouille très bien toute seule. Comme vous l'avez dit, nous ne sommes plus d'aucune utilité ici. »

Elle avait raison.

« Il faut rentrer chez nous, Cotton. Rien ne nous retient plus ici. Ni vous ni moi. »

Elle avait encore raison.

Ils sortirent du palais et regagnèrent leur voiture. Après avoir semé leurs poursuivants à la sortie de Rennes-le-Château, Malone savait qu'ils n'avaient pas été suivis jusqu'à Avignon ; leurs agresseurs devaient donc déjà se trouver en ville, éventualité peu probable, ou alors c'est qu'un système de surveillance avait été utilisé pour les filer. Ce qui signifiait que la course-poursuite et les coups de feu échangés avant que la Renault ne s'embourbe sur le bas-côté n'étaient que du cinéma destiné à l'endormir.

Et cela avait marché.

Ils étaient hors jeu, désormais, aussi Malone décida-t-il de rentrer à Rennes-le-Château pour y passer la nuit.

Partis vers minuit, ils franchirent les portes du village peu avant trois heures du matin. Un vent frais balayait le sommet de la colline et la Voie lactée sillonnait le ciel au-dessus d'eux alors qu'ils quittaient le parking. Pas une lumière ne brillait dans le village dont les rues portaient encore les stigmates de la pluie de la veille.

« Reposons-nous un peu, dit Malone, épuisé. Nous partirons vers midi. Je suis sûr que vous trouverez une place sur le prochain Paris-Atlanta. »

Stéphanie ouvrit la porte. Malone alluma la lumière du salon et remarqua immédiatement un sac à dos posé sur une chaise que ni Stéphanie ni lui n'avaient amené.

Il empoigna son arme.

Il perçut un mouvement dans la chambre. Un homme apparut à la porte, un Glock pointé sur lui.

« Qui diable êtes-vous ? » s'écria Malone en levant son arme.

L'inconnu approchait la trentaine ; ses cheveux courts et sa forte carrure n'étaient pas sans lui rappeler un certain nombre d'individus croisés ces derniers jours. Bien qu'agréable, son visage était celui de quelqu'un prêt à en découdre, les yeux se détachant telles des billes de marbre noir ; il tenait son arme avec assurance. Cependant, Malone crut percevoir chez lui une espèce d'incertitude, comme s'il ne savait pas exactement à qui il avait affaire.

« Je vous ai demandé qui vous étiez.

— Baisse ton arme, Geoffrey, dit un homme depuis la chambre.

— Vous êtes sûr ?

— Fais ce que je dis. »

Il obéit. Malone baissa son arme, lui aussi.

L'autre individu sortit de l'ombre.

Élancé, large d'épaules, il avait des cheveux auburn coupés court. Lui aussi tenait une arme et il ne fallut à Malone qu'une seconde pour reconnaître la fossette, la peau mate et le regard doux qu'il avait déjà vus sur la photo toujours posée sur la table basse.

« Dieu tout-puissant », s'exclama Stéphanie, le souffle coupé.

Malone était sous le choc, lui aussi.

Mark Nelle se tenait là, sous ses yeux.

Stéphanie tremblait de tous ses membres. Son cœur battait la chamade. Pendant un instant, elle eut du mal à reprendre ses esprits.

Son fils unique se tenait à quelques mètres d'elle.

Elle aurait voulu se précipiter vers lui, lui dire à quel point elle regrettait leurs différends, comme elle était heureuse de le voir. Mais elle était tout engourdie.

« Maman, ton fils revient d'entre les morts », s'écria Mark avec froideur, et Stéphanie sut immédiatement qu'il lui en voulait toujours.

« Où étais-tu ?

— C'est une longue histoire. »

Dans son regard, elle ne lut aucune compassion. Stéphanie attendit qu'il s'explique, mais rien ne vint.

Malone s'approcha d'elle, lui toucha l'épaule et rompit le silence embarrassé : « Asseyez-vous. »

Elle se sentait étrangère à sa vie, son cerveau en proie à une intense confusion et elle avait du mal à maîtriser son angoisse. Mais après tout, bon sang, elle était à la tête de l'une des unités d'élite les plus pointues des États-Unis. Elle gérait les crises au quotidien. Aucune n'était aussi personnelle que celle qu'elle vivait en ce moment, certes, mais si Mark souhaitait que leurs retrouvailles soient aussi glaciales que cela, qu'il en soit ainsi ; elle n'allait pas donner à ces hommes la satisfaction de penser que ses émotions la dominaient.

Elle suivit donc le conseil de Malone et dit : « Très bien, Mark, raconte-nous ce qui t'est arrivé. »

Mark Nelle ouvrit les yeux. Il ne se trouvait plus à deux mille quatre cents mètres d'altitude sur le versant français des Pyrénées, cheminant dans la neige avec ses chaussures à crampons, armé d'un piolet, à la recherche de la cache de Béranger Saunière. Il se trouvait dans une pièce aux murs de pierre et aux poutres apparentes à la patine sombre. Au-dessus de lui se tenait un homme grand et émacié aux cheveux rares et à la barbe laineuse. Ses yeux étaient d'un violet qu'il ne se rappelait pas avoir vu auparavant.

L'homme le mit en garde : « Attention, vous êtes encore faible.

— Où suis-je ?

— Dans un endroit qui, depuis des siècles, est un havre de paix.

— Cet endroit a-t-il un nom ?

— L'abbaye des Fontaines.

— C'est à des kilomètres de là où je me trouvais.

— Deux de mes hommes vous suivaient et vous ont sauvé au moment où vous alliez être englouti par la neige. On m'a dit que l'avalanche était extrêmement violente. »

Il sentit de nouveau la montagne trembler, revit le sommet s'effondrer comme un gigantesque château de cartes. Une corniche s'était désintégrée au-dessus de lui et la neige s'était mise à couler comme le sang d'une plaie béante. Le froid lui glaçait encore le sang. Il se rappelait avoir dévalé la pente. Mais avait-il bien compris ce que l'homme venait de lui dire ?

« J'étais suivi ?

— J'en avais donné l'ordre. C'était déjà le cas avec votre père avant vous.

— Vous connaissiez mon père ?

— Je me suis toujours intéressé à ses théories. Aussi ai-je mis un point d'honneur à le connaître ainsi que ses idées. »

Il essaya de s'asseoir sur le lit mais ressentit une décharge électrique dans le côté droit sous l'effet de la douleur. Il grimaça en portant la main à son ventre.

« Vous avez des côtes cassées. Cela m'est arrivé à moi aussi quand j'étais jeune. C'est douloureux.

— On m'a transporté jusqu'ici ? demanda-t-il en se rallongeant.

— Mes compagnons sont bien entraînés et pleins de ressources, expliqua le vieil homme.

— Nous sommes dans un monastère ? fit Mark, ayant remarqué la soutane blanche et les sandales en corde.

— C'est l'endroit que vous cherchiez. »

Il ne savait que répondre.

« Je suis maître des Pauvres Chevaliers du Christ et du Temple de Salomon. Les Templiers. Votre père a passé des décennies à nous chercher. Vous aussi étiez à notre recherche. Aussi ai-je pensé que le moment était venu.

— De quoi faire ?

— À vous de décider. Mais j'espère que vous choisirez de vous joindre à nous ?

— Pourquoi ferais-je une chose pareille ?

— Votre existence est, pardonnez-moi de vous le dire, dans un état de chaos indescriptible. Votre père vous manque plus que vous ne sauriez le dire et sa mort remonte à six ans déjà. Vous et votre mère êtes brouillés, situation difficile à plus d'un titre. Vous enseignez, mais cela ne vous satisfait pas. Vous vous êtes efforcé de prouver que les idées de votre père étaient fondées, mais vos progrès sont minces. Voilà pourquoi vous vous trouviez dans les Pyrénées, pour essayer de découvrir pourquoi l'abbé Saunière sillonnait si souvent la région. Il cherchait quelque chose. Vous avez sans doute trouvé dans ses archives les reçus attestant des sommes versées aux loueurs de chevaux et de voitures de la région. Étonnant, n'est-ce pas, qu'un simple curé puisse s'offrir le luxe d'une voiture à cheval.

— Que savez-vous de mes parents ?

— Bien des choses.

— Vous espérez me faire croire que vous êtes le maître des Templiers ?

— J'en conviens : c'est une idée difficile à admettre. Moi aussi, j'ai eu du mal à l'accepter lorsque les frères m'ont contacté il y a des années de cela. Allons-y doucement, et tenons-nous-en pour l'instant à votre guérison. »

« Je suis resté alité pendant trois semaines, reprit Mark. Par la suite, j'ai été confiné dans certaines parties de l'abbaye mais le maître et moi nous entretenions souvent. J'ai fini par accepter de rester et par prononcer mes vœux.

— Pourquoi faire une chose pareille ? s'écria Stéphanie.

— Soyons réalistes, maman. Nous ne nous parlions plus depuis des années. Papa n'était plus là. Le maître avait raison : j'étais dans l'impasse. Papa était à la recherche du trésor des Templiers, de leurs archives et des Templiers eux-mêmes. Une part de ce qu'il recherchait venait à moi. J'ai eu envie de rester. »

Pour calmer son agitation grandissante, Stéphanie porta son attention sur le jeune homme qui se tenait en retrait. Il dégageait une grande fraîcheur mais il semblait également fasciné, comme s'il entendait ces détails pour la première fois. « Vous vous appelez Geoffrey ? » La question de Stéphanie fut accueillie par un hochement de tête.

« Vous ignoriez que j'étais la mère de Mark ?

— Je ne sais pas grand-chose des autres frères. C'est la règle qui le veut. Un templier ne se confie pas. Nous sommes membres de la confrérie et nos origines importent peu comparées à cette appartenance.

— Ce n'est pas très humain, tout ça.

— Je trouve cela stimulant.

— Geoffrey t'a envoyé un paquet, intervint Mark, le journal de papa. Tu l'as reçu ?

— C'est la raison de ma venue.

— Je l'avais avec moi le jour de l'avalanche. Je l'ai confié au maître quand j'ai prêté serment. À sa mort, j'ai découvert qu'il avait disparu.

— Votre maître est mort ? demanda Malone.

— Nous avons un nouveau chef, mais c'est le diable incarné. »

Malone décrivit l'homme qui les avait agressés dans la cathédrale de Roskilde.

« C'est Raymond de Rochefort, confirma Mark. Comment se fait-il que vous le connaissiez ?

— Nous sommes de vieux amis, dit Malone avant de leur expliquer ce qui venait de se passer en Avignon.

— Claridon est sans doute son prisonnier. Que Dieu lui vienne en aide.

— Les Templiers terrifiaient le pauvre homme.

— Il a toutes les raisons de craindre de Rochefort.

— Tu n'as toujours pas expliqué ce qui t'a poussé à passer ces cinq dernières années dans cette abbaye, insista Stéphanie.

— J'y avais trouvé ce que je cherchais. Le maître était un vrai père pour moi. C'était un homme bon et doux, plein de compassion.

— Contrairement à moi, c'est ça ?

— Ce n'est pas le moment de parler de ça.

— Quand aurons-nous cette discussion, alors ? Je te croyais mort, Mark. Mais tu te cachais dans une abbaye, au milieu des Templiers...

— Votre fils était notre sénéchal, expliqua Geoffrey. Notre maître et lui ont fait du bon travail. Son arrivée a été une véritable bénédiction pour l'ordre.

— Il secondait le maître ? Comment avez-vous pu monter les échelons aussi rapidement ? insista Malone.

— Le sénéchal est désigné par le maître. Lui seul peut déterminer qui est suffisamment qualifié. Et il a fait le bon choix.

— Vous avez là un compagnon fort dévoué, remarqua Malone avec un sourire.

— Geoffrey est une mine de renseignements, même si nous n'apprendrons rien de lui tant qu'il ne l'aura pas décidé.

— Pouvez-vous être plus clair ? »

Mark leur fit le récit des dernières quarante-huit heures. Stéphanie l'écoutait avec un mélange de fascination et de colère. Son fils parlait de la confrérie avec grand respect.

« Au départ obscur groupe composé de neuf chevaliers censés protéger les pèlerins jusqu'en Terre sainte, l'ordre des Templiers s'est rapidement mué en confrérie internationale comptant plusieurs milliers de membres disséminés dans neuf mille commanderies sur plusieurs continents. Souverains et papes les craignaient et personne avant Philippe le Bel n'avait réussi à se mesurer à eux. Savez-vous pourquoi ?

— À cause de leurs prouesses militaires, je suppose, répondit Malone.

— Non, ce n'était pas leur puissance militaire qui faisait leur force, c'était leur savoir. Ils détenaient des informations que personne d'autre ne possédait.

— Mark, fit Malone avec un soupir, nous ne nous connaissons pas mais nous sommes au beau milieu de la nuit, j'ai sommeil et ma nuque me fait atrocement souffrir. Est-ce que nous pourrions en finir avec les devinettes et aller droit au but ?

— Le trésor des Templiers recèle une information concernant la crucifixion de Jésus. »

À ces mots, un profond silence envahit la pièce.

« Une information de quelle nature ? demanda Malone.

— Je l'ignore, mais on l'a baptisée le legs des Templiers. Ce legs a été découvert en Terre sainte, sous le Temple de Jérusalem où il aurait été caché quelque temps avant l'année 70 après J.-C, date de la destruction du Temple. Les Templiers l'ont alors ramené en France pour le mettre à l'abri ; seuls les officiers supérieurs savaient où le trouver. Jacques de Molay, le maître de l'ordre au moment de la purge, a emporté ce secret dans la tombe en 1314. Philippe le Bel a tenté de le lui extorquer, mais en vain. Mon père pensait que l'abbé Bigou et l'abbé Saunière étaient parvenus à le découvrir. Il était convaincu que Saunière avait trouvé la cache des Templiers.

— Le maître était du même avis, dit Geoffrey.

— Vous voyez ce que je veux dire ? dit Mark en se tournant vers son ami. Prononcez le mot magique et vous obtenez les renseignements.

— D'après le maître, Bigou et Saunière avaient vu juste, confirma Geoffrey. Il a beaucoup insisté sur ce point.

— À quel propos avaient-ils vu juste ? intervint Mark.

— Il n'a pas précisé.

— Comme vous, monsieur Malone, je suis las des devinettes.

— Appelez-moi Cotton.

— Intéressant, ce nom. D'où le tenez-vous ?

— C'est une longue histoire. Je vous expliquerai, un jour.

— Mark, l'interrompit Stéphanie, tu ne peux pas réellement croire qu'il existe une preuve matérielle de la crucifixion de Jésus ? Ton père n'est jamais allé aussi loin.

— Comment le saurais-tu ? rétorqua-t-il, d'un ton plein d'amertume.

— Je sais qu'il...

— Tu ne sais rien du tout, maman, c'est ça le problème. Tu n'as jamais rien su des idées de papa. Tu étais persuadée qu'il poursuivait des chimères, qu'il gâchait son potentiel. Tu ne l'as jamais suffisamment aimé pour le laisser être lui-même. Tu pensais qu'il courait après la gloire et la fortune. C'était faux. Il était en quête de vérité. Le Christ est mort. Il a ressuscité. Il reviendra sur terre. Voilà ce qui l'intéressait. »

Stéphanie s'efforça de reprendre ses esprits et prit sur elle pour ne pas répondre.

« Papa était un universitaire sérieux. Son travail était tout à fait respectable ; simplement, il ne parlait jamais de sa véritable quête. En découvrant Rennes-le-Château dans les années soixante-dix, en popularisant l'histoire de Saunière, il a trouvé un moyen de se procurer des fonds. Les événements qui ont pu avoir lieu ici font un bon sujet de roman. Des millions de lecteurs se sont passionnés pour cette histoire, même si elle a été enjolivée. Tu fais partie des rares personnes que le sujet n'intéresse pas.

— Ton père et moi avons tenté de résoudre nos différends.

— Comment t'y es-tu prise ? En lui disant qu'il gâchait sa vie, qu'il détruisait sa famille ? En lui disant que c'était un raté ?

— D'accord, bon sang, j'ai eu tort, hurla Stéphanie, tu veux me l'entendre dire de nouveau ? J'ai eu tort. » Elle se leva, mue par la force du désespoir. « Je me suis plantée. C'est ça que tu veux entendre ? Ça fait cinq ans que je te crois mort, et tout d'un coup tu réapparais et ta seule exigence, c'est que j'admette mes torts. Parfait. Si je pouvais le dire à ton père, je le ferais. Si je pouvais le supplier de me pardonner, je le ferais. Mais c'est impossible. » Les mots se bousculaient dans sa bouche ; la voix chargée d'émotion, elle avait l'intention d'aller jusqu'au bout tant qu'elle en avait le courage. « Je suis venue ici avec l'intention de voir ce que je pouvais faire, pour essayer de mener à bien cette quête que Lars et toi pensiez importante. C'est la seule raison de ma présence ici. Je croyais enfin faire ce qu'il fallait. Alors cesse d'employer ce ton moralisateur avec moi. Toi aussi, tu t'es planté. La différence entre nous, c'est que moi j'ai évolué en cinq ans. »

Elle s'affala sur sa chaise, un tant soit peu soulagée. Mais elle se rendit compte que le fossé entre son fils et elle venait de se creuser un peu plus. Elle frissonna à cette idée.

« Pourquoi ne pas essayer de dormir un peu, nous réglerons tout cela dans quelques heures ? » dit Malone, rompant le silence.

38

Abbaye des Fontaines

Dimanche 25 juin
5 h 25

De Rochefort claqua la porte derrière lui ; le contact du métal contre le métal produisit une déflagration et le loquet se ferma.

« Tout est prêt ? s'informa-t-il auprès de l'un de ses assistants.

— Conformément à vos instructions. »

Bien. Il était temps de passer aux choses sérieuses. Il traversa le couloir souterrain. Il se trouvait trois étages sous le rez-de-chaussée, dans une partie de l'abbaye occupée pour la première fois trois mille ans plus tôt. Des travaux continuels avaient transformé cette partie du bâtiment en un dédale de salles oubliées que l'on employait surtout aujourd'hui pour stocker les vivres.

Il était rentré à l'abbaye trois heures plus tôt avec le journal de Lars Nelle et Royce Claridon. La perte du livre de Stüblein lui pesait. Son seul espoir était que le carnet et le vieil homme lui fourniraient une bonne partie des informations qui lui manquaient.

Quant à la brune inconnue... elle posait problème.

L'univers de de Rochefort était clairement dominé par les hommes, son expérience des femmes réduite au strict minimum. Elles appartenaient à une espèce différente, il en était convaincu, mais celle à qui il avait eu affaire sur le pont Saint-Bénezet était presque une extraterrestre. Elle n'avait jamais laissé voir la moindre crainte et avait agi avec la ruse d'une lionne. Elle l'avait attiré jusqu'au pont, en ayant planifié sa fuite avec soin. Sa seule erreur avait été de perdre le journal.

Il lui fallait découvrir son identité.

Mais chaque chose en son temps.

Il pénétra dans la salle dont les chevrons n'avaient pas bougé depuis l'époque napoléonienne. Une longue table occupait le centre de la pièce ; poignets et chevilles entravés, Royce Claridon était étendu dessus.

« Monsieur Claridon, j'ai peu de temps et bien des questions à vous poser. Votre coopération me simplifiera grandement la tâche.

— Que voulez-vous que je vous dise ?

— La vérité, tout simplement.

— Je ne sais pas grand-chose.

— Allons, ne commençons pas par un mensonge.

— Je ne sais rien.

— J'ai surpris vos explications dans la salle des archives. Vous êtes une mine d'informations.

— Tout ce que j'ai dit à Avignon m'est venu sur le moment. »

De Rochefort fit signe à un moine, qui traversa la pièce et posa une boîte de conserve sur la table, dans laquelle il préleva une noix d'une matière blanchâtre.

De Rochefort retira les chaussures et les chaussettes de Claridon.

« Que faites-vous ? demanda le vieil homme en relevant la tête. Qu'est-ce que c'est que ça ?

— De la graisse. »

Le moine en enduisit les pieds de Claridon.

« Que faites-vous ?

— Vous connaissez certainement l'histoire de France. Lorsque les templiers ont été arrêtés en 1307, leurs geôliers ont fait preuve de beaucoup d'imagination pour leur extorquer des aveux. Dents arrachées, instruments de métal enfoncés dans les gencives à vif. Échardes enfoncées sous les ongles. Le feu a été mis à profit de multiples façons toutes plus originales les unes que les autres. Une des techniques consistait à enduire de graisse les pieds du condamné avant de les exposer à la flamme. Les pieds cuisaient lentement, la peau se détachait comme sur une pièce de viande. Beaucoup de nos frères ont succombé à ce supplice. Tous ceux qui ont survécu ont avoué. Même Jacques de Molay. »

L'assistant de de Rochefort, qui en avait fini avec la graisse, se retira.

« Dans nos chroniques, on rapporte que, après avoir subi une séance de torture et après avoir avoué, un templier fut conduit devant ses inquisiteurs ; il transportait un sac contenant les os de ses pieds noirs de suie. On l'autorisa à les conserver en souvenir de son supplice. Quelle belle preuve de générosité. »

De Rochefort approcha d'un brasero qui brûlait dans un coin de la salle. Il avait ordonné qu'on l'allume une heure plus tôt, et les braises étaient à présent chauffées à blanc.

« Vous croyiez sans doute que ce feu servait à

réchauffer la pièce. Il fait froid sous terre, en montagne. Mais ce feu vous était personnellement destiné. »

Il approcha le brasero tout près des pieds nus de Claridon.

« L'idée, d'après ce que je me suis laissé dire, c'est d'obtenir une chaleur douce et constante. Une chaleur intense a tendance à faire évaporer la graisse trop rapidement. Comme avec une pièce de bœuf, une température douce donne les meilleurs résultats. »

Les yeux de Claridon s'élargirent de terreur.

« Au XIVe siècle, l'Inquisition pensait que Dieu donnerait aux innocents la force de résister à la douleur et que seuls les coupables avoueraient. Qui plus est, détail assez pratique si vous voulez mon avis, on ne pouvait revenir sur les confessions faites au cours d'une séance de torture. Une fois le crime avoué, on n'en parlait plus. »

Il poussa le brasero à trente centimètres des pieds de Claridon.

Le vieil homme hurla.

« Déjà, monsieur ? Nous n'avons pas encore commencé. Vous n'êtes guère courageux.

— Que voulez-vous ?

— Beaucoup de choses. Mais nous pourrions commencer par la signification du tableau de Valdés Leal.

— La toile contient un indice en rapport avec l'abbé Bigou et la tombe de Marie d'Hautpoul de Blanchefort. Lars Nelle avait découvert un cryptogramme. Il était convaincu que le tableau renfermait la clé permettant de le déchiffrer. » Les mots se bousculaient dans la bouche du vieil homme.

« J'ai déjà entendu tout cela dans les archives. Je veux savoir tout ce que vous avez gardé pour vous.

— Je ne sais rien de plus. Je vous en prie, mes pieds sont en train de griller.

— C'est le but recherché, fit de Rochefort en tirant le journal de Lars Nelle de sa soutane.

— Vous avez le carnet ? s'exclama Claridon, ébahi.

— Pourquoi une telle surprise ?

— Sa veuve. C'est elle qui l'avait.

— Plus maintenant. » De Rochefort l'avait parcouru sur le chemin du retour. Il le feuilleta jusqu'à ce qu'il tombe sur le cryptogramme qu'il montra à Claridon. « C'est le message découvert par Lars Nelle ?

— Oui.

— Quel en est le sens ?

— Je l'ignore, je vous assure. Pouvez-vous éloigner le poêle ? Je vous en supplie, mes pieds me font atrocement souffrir. »

De Rochefort décida qu'un geste de compassion délierait peut-être la langue du vieil homme. Il repoussa le brasero.

« Merci. Merci.

— Continuez.

— Lars a trouvé le cryptogramme dans un manuscrit rédigé par Noël Corbu dans les années soixante.

— Personne n'a jamais pu mettre la main sur ce manuscrit.

— Lars y était parvenu. Il appartenait à un prêtre à qui Corbu l'avait confié avant sa mort, en 1968. »

De Rochefort connaissait Corbu pour avoir lu le rapport de l'un de ses prédécesseurs, lui aussi en quête de l'héritage des Templiers. « Que pouvez-vous me dire sur ce cryptogramme ?

— L'abbé Bigou en personne a fait allusion au tableau de Valdés Leal dans le registre paroissial peu de temps avant de fuir pour l'Espagne ; voilà pourquoi Lars était convaincu qu'il renfermait la clé du cryptogramme. Mais il est mort avant d'avoir pu le déchiffrer. »

De Rochefort ne disposait pas de la lithographie. L'inconnue s'en était emparée, comme du livre de Stüblein. Cela dit, ce ne devait pas être l'unique reproduction du tableau en question. Il savait quoi chercher maintenant, il en trouverait une autre.

« Que savait son fils, Mark Nelle ?

— Pas grand-chose. Il enseignait à Toulouse. Les recherches n'étaient pour lui qu'un passe-temps auquel il consacrait ses week-ends. Rien de bien sérieux. Il cherchait la cache de Saunière dans les Pyrénées lorsqu'il a été tué dans une avalanche.

— Il n'est pas mort en montagne.

— Bien sûr que si. C'était il y a cinq ans.

— Mark Nelle a vécu ici, entre les murs de cette abbaye pendant ces cinq dernières années ! s'écria de Rochefort en s'approchant de Claridon. Il a été sauvé et ramené ici. Notre maître l'a recueilli et en a fait notre sénéchal. Il voulait en faire son successeur mais, grâce à moi, il a échoué. Mark Nelle s'est enfui d'ici cet après-midi. Pendant cinq ans, il a épluché nos archives à la recherche d'indices tandis que vous vous réfugiiez dans un asile comme une poule mouillée.

— C'est absurde !

— C'est la vérité. Il vivait ici alors que vous vous terriez comme un animal.

— C'est de vous et de vos frères dont j'avais peur. Lars vous craignait, lui aussi.

— Et il avait toutes les raisons de nous craindre. Il m'a menti plusieurs fois et je déteste être trompé. Il a eu l'occasion de se repentir, mais il a préféré s'enferrer dans ses mensonges.

— C'est vous qui l'avez pendu sous ce pont, n'est-ce pas ? Je l'ai toujours su.

— Nelle ne croyait pas en Dieu. Vous avez compris, je crois, que je ferai tout ce qui est nécessaire pour atteindre mon but. Je porte la soutane blanche. Je suis le maître de cette confrérie. Près de cinq cents moines attendent mes ordres. Notre règle est claire. Un ordre du maître équivaut à un ordre du Christ, car c'est le Christ qui a dit par la bouche de David : "*Ob auditu auris obedivit mihi.*" Il m'a obéi dès qu'il m'a entendu. Voilà qui devrait vous pousser à nous craindre encore davantage. À présent, dites-moi ce que signifie cette énigme.

— Lars pensait qu'elle permettrait de retrouver la cache de Saunière.

— Je vous jure que vous allez finir avec des moignons si vous ne répondez pas à ma question, s'écria de Rochefort en faisant mine d'approcher le brasero.

— Que dois-je faire pour vous prouver ma sincérité ? fit Claridon, de la panique dans le regard. Je ne connais que certains détails de l'histoire. Lars était comme ça. Il se confiait rarement. Vous êtes en possession de son journal. »

Le désespoir perceptible dans les dernières paroles du vieil homme les rendait crédibles. « Je vous écoute, l'encouragea de Rochefort.

— Je sais que Saunière a découvert le cryptogramme dans l'église de Rennes-le-Château lorsqu'il faisait remplacer l'autel. Il a également découvert une crypte renfermant la dépouille de Marie d'Hautpoul de Blanchefort qui n'était donc pas inhumée dans le cimetière.

— Comment Lars Nelle a-t-il appris tout ça ?

— Il a découvert l'existence de la crypte en consultant de vieux ouvrages sur lesquels il était tombé à Montfort-l'Amaury, le fief de Simon de Montfort, et qui décrivaient l'église de Rennes-le-Château avec force détails. Et puis, le manuscrit de Noël Corbu lui a fourni d'autres renseignements. »

De Rochefort détestait entendre prononcer le nom de Simon de Montfort. Encore un opportuniste qui, au XIIIe siècle, avait conduit la croisade contre les albigeois et ravagé le Languedoc au nom de l'Église. Sans son intervention, les Templiers seraient parvenus à l'autonomie totale, ce qui aurait sans doute permis d'éviter leur anéantissement. Le seul défaut de l'ordre à l'époque était sa sujétion au pouvoir séculier. Il n'avait jamais compris ce qui avait poussé les premiers maîtres à unir leur sort de façon si intime à celui de la royauté.

« Saunière avait découvert que son prédécesseur, l'abbé Bigou, avait érigé la tombe de Marie d'Hautpoul. Il en a conclu que les inscriptions funéraires et la référence au tableau de Valdés Leal trouvée dans le registre paroissial constituaient des indices.

— Pourquoi les laisser au vu et au su de tout le monde ? C'est ridicule.

— Pas pour un homme du XVIIIe siècle. La plupart des gens étaient illettrés à l'époque. Alors le code le plus simple ou même la phrase exacte se seraient révélés efficaces. Et c'est le cas d'ailleurs, puisque le sens de ces inscriptions nous a échappé jusqu'à aujourd'hui. »

De Rochefort se remémora une phrase lue dans les chroniques, seule référence à la cachette du legs des Templiers. « Quel est le meilleur endroit pour cacher un caillou ? » La réponse lui apparut soudain d'une grande évidence.

« Dans un tas de pierres, murmura-t-il.

— Qu'avez-vous dit ?

— Pourriez-vous me décrire le tableau ? s'écria-t-il en reprenant ses esprits.

— Oui, monsieur, dans les moindres détails. »

Voilà qui donnait à l'imbécile une certaine valeur.

« Et j'ai aussi le croquis, ajouta le vieil homme.

— Le croquis de la pierre tombale ?

— J'ai pris des notes dans la salle des archives. J'ai profité de l'obscurité pour m'emparer du feuillet.

— Où est-il ?

— Dans ma poche. »

De Rochefort décida de passer un accord avec le vieil homme. « Que diriez-vous d'une collaboration ? Chacun de nous dispose de certaines informations. Unissons nos efforts.

— Qu'ai-je à y gagner ?

— Des pieds intacts, n'est-ce pas une belle récompense ?

— Tout à fait, monsieur. Cette idée me plaît beaucoup.

— Nous sommes à la recherche du legs des Templiers pour des raisons différentes des vôtres, expliqua de Rochefort, s'efforçant de prendre Claridon par les sentiments. Une fois que nous l'aurons trouvé, je suis persuadé que vous recevrez une compensation financière pour votre peine. En outre, je ne vais pas vous laisser partir. Et si vous réussissez à vous enfuir, je vous retrouverai.

— Je n'ai guère le choix, on dirait.

— Vous êtes conscient qu'ils vous ont laissé entre nos mains. »

Les paroles de de Rochefort se heurtèrent au silence de Claridon.

« Malone et Stéphanie Nelle n'ont pas fait la moindre tentative pour vous secourir. Ils ne se sont occupés que d'eux-mêmes. J'ai entendu vos appels à l'aide, dans les archives, et eux aussi. Pourtant, ils n'ont pas bougé le petit doigt. » Il laissa le vieil homme mesurer la portée de ses paroles en espérant ne pas s'être mépris sur sa veulerie. « Ensemble, monsieur Claridon, nous pourrions réussir. Je dispose du journal de Lars Nelle et j'ai accès à une masse d'archives dont vous n'avez même pas idée. Vous avez le croquis de la stèle et des connaissances différentes des miennes. Nous voulons la même chose, alors associons-nous pour la découvrir. »

De Rochefort empoigna un couteau posé sur la table entre les jambes de Claridon et le libéra.

« Venez, nous avons fort à faire. »

39

Rennes-le-Château

10 h 40

Malone et Mark approchaient de l'église Sainte-Marie-Madeleine. Aucune messe n'y était dite pendant la saison estivale. Le dimanche, elle faisait apparemment le plein, au vu du parvis grouillant de touristes occupés à prendre des photos et tourner des vidéos.

« Nous aurons besoin d'un billet d'entrée, annonça Mark. Impossible de visiter l'église sans payer. »

Dans la villa Béthanie, Malone fit la queue quelques minutes avant de retrouver Mark. Le jeune homme l'attendait devant un jardinet fermé par une grille où se dressaient le pilier wisigothique et la statue de la Vierge dont Royce Claridon lui avait parlé. Sur le pilier il lut les mots PÉNITENCE, PÉNITENCE et MISSION 1891.

« Notre-Dame de Lourdes, expliqua Mark en désignant la statue. Cette ville fascinait Saunière. C'est là que s'est produite la première vision mariale de son temps, avant celle de Fatima. Il voulait que Rennes-le-Château devienne un lieu de pèlerinage, aussi a-t-il créé ce jardin où il a placé le pilier et la statue.

— Son vœu a été exaucé, on dirait.

— C'est vrai. Mais pas pour la raison qu'il avait imaginée. Je suis certain qu'aucun touriste ne sait qu'il ne s'agit pas du pilier d'origine mais d'une copie placée là il y a des années. Il est difficile de déchiffrer l'inscription sur l'original ; il a subi les outrages du mauvais temps et est aujourd'hui exposé dans le musée du presbytère. D'ailleurs, il n'y a pas grand-chose ici qui soit fidèle à l'époque de Saunière. »

Ils approchaient de l'entrée principale de l'église. TERRIBILIS EST LOCUS ISTE, lut Malone sous le tympan doré. Des mots tirés de la Genèse, de l'histoire de Jacob qui voit en rêve une échelle par laquelle les anges montent et descendent. Lorsqu'il s'éveille, Jacob s'écrie : « Que ce lieu est redoutable », avant de baptiser l'endroit Béthel, la maison de Dieu. Une autre idée traversa l'esprit de Malone. « Dans le Nouveau Testament, Béthel devient la rivale de Jérusalem en tant que centre religieux.

— Précisément. Un indice de plus discrètement semé par Saunière. Il y en a d'autres à l'intérieur. »

Ils avaient tous fait la grasse matinée et ne s'étaient levés qu'une demi-heure plus tôt. Stéphanie avait pris la chambre de son mari et s'y trouvait toujours enfermée lorsque Malone avait suggéré à Mark de l'accompagner à l'église. Il voulait lui parler en l'absence de Stéphanie, qui aurait ainsi le temps de se calmer. Elle avait envie d'en découdre, il le savait, et, tôt ou tard, le jeune homme devrait l'affronter. Retarder un peu ce moment n'était peut-être pas une mauvaise idée, songeait Malone. Geoffrey avait proposé de les accompagner mais Mark avait refusé. Malone avait senti qu'il souhaitait lui parler seul à seul, lui aussi.

Ils entrèrent dans l'église.

Elle ne disposait que d'une seule allée mais la nef était de belles proportions. Ils furent accueillis par la statue hideuse d'un démon accroupi et vêtu d'une toge verte, qui grimaçait sous le poids d'un bénitier.

« Il s'agit du démon Asmodée, pas du diable, expliqua Mark.

— Encore un message ?

— Vous le connaissez, on dirait ?

— Le gardien des secrets, si mes souvenirs sont exacts.

— En effet. Regardez les autres détails. »

Au-dessus du bénitier se tenaient quatre anges dont chacun exécutait une partie du signe de la croix. Sous leurs pieds on pouvait lire l'inscription : PAR CE SIGNE TU LE VAINCRAS.

Malone connaissait l'origine de ces mots. « L'empereur Constantin Ier aurait eu une vision avant de livrer bataille à Maxence, son rival ; l'histoire raconte qu'il aurait vu apparaître sur le soleil une croix frappée de cette devise.

— Il existe une différence, nota Mark. Dans la phrase originale, "par ce signe tu vaincras", le pronom *le* n'apparaît pas.

— C'est important ?

— Mon père a découvert une ancienne légende juive qui raconte comment le roi Salomon réussit à empêcher les démons de gêner l'édification de son temple. Il put contrôler Asmodée, l'un des démons, en le forçant à transporter de l'eau, élément dont il avait horreur. Aussi la symbolique de ce bénitier correspond-elle au personnage. Le pronom *le* a été ajouté par Saunière, cela ne fait aucun doute. Pour certains, il voulait simplement dire que, en se signant avec de l'eau bénite, ce que font tous les catholiques, le diable – c'est à lui que le pronom fait référence – sera vaincu. Mais d'autres font valoir la position du pronom dans la phrase. Le pronom *le* représente les treizième et quatorzième lettres de la phrase. 1314.

— L'année où Jacques de Molay a été exécuté.

— S'agit-il d'une coïncidence ? » s'interrogea Mark avec un haussement d'épaules.

Une vingtaine de touristes allaient et venaient, prenaient des photos et examinaient les images religieuses criardes bourrées de symboles cryptiques. Des vitraux illuminés par le soleil égayaient le mur extérieur de l'église et Malone reconnut certaines scènes du Nouveau Testament : Marie et Marthe à Béthanie. Marie-Madeleine et le Christ ressuscité. La résurrection de Lazare.

« On se croirait dans une espèce de parc d'attraction religieux, murmura-t-il.

— C'est une manière de voir les choses. »

Mark désigna le carrelage en damier devant l'autel. « C'est là que se trouve l'entrée de la crypte, juste devant la grille en fer forgé, dissimulée sous les carreaux. Il y a quelques années, un groupe de géomètres français a réussi à faire quelques mesures à l'aide d'un radar avant que les autorités locales ne les arrêtent. Les résultats démontrent l'existence d'une anomalie souterraine située sous l'autel qui pourrait correspondre à la présence d'une crypte.

— On n'a pas procédé à des fouilles ?

— Les villageois s'y opposent catégoriquement. Le danger serait trop grand pour l'industrie touristique.

— C'est exactement ce que Claridon nous a dit hier », fit Malone avec un sourire.

Ils s'installèrent sur un banc.

« Une chose est certaine, murmura Mark, rien ici ne mène à un trésor. En revanche, Saunière s'est servi de son église pour rendre ses convictions publiques. Et d'après ce que j'ai lu à son sujet, il était tout à fait capable de ce genre d'impertinence. »

Il n'y avait dans ce qui entourait les deux hommes aucune finesse ni délicatesse. Les couleurs trop vives et les dorures trop brillantes gâchaient la beauté de l'endroit. Malone se rendit compte que ce décor manquait totalement d'harmonie. Chaque œuvre, des statues aux bas-reliefs en passant par les vitraux, avait ses caractéristiques artistiques propres. On n'y trouvait aucun fil conducteur, comme si l'unité s'avérait insultante d'une certaine manière.

Un étrange assemblage de saints l'observaient de leur regard las, comme si les détails criards leur faisaient honte à eux aussi. Saint Roch montrait sa blessure à la cuisse. Sainte Germaine laissait tomber une brassée de fleurs de son tablier. Sainte Madeleine portait un vase de forme étrange. Malone avait beau essayer de se détendre, il n'y arrivait pas. Il avait visité de nombreuses églises européennes dans lesquelles la plupart du temps on ressentait le poids du temps et de l'histoire. Cette église-ci n'inspirait que répulsion.

« Saunière a supervisé les moindres détails de la décoration, expliquait Mark. Rien n'a été placé ici sans son accord. Regardez saint Antoine de Padoue ; c'est lui que l'on prie lorsqu'on a perdu quelque chose.

— Encore un message ? demanda Malone à qui l'ironie du jeune homme n'avait pas échappé.

— C'est tout à fait clair. Regardez le chemin de croix. »

Les bas-reliefs commençaient près de l'autel ; sept d'entre eux étaient placés sur le mur nord, et sept autres sur le mur sud, chaque station décrivant une étape de la crucifixion du Christ. La patine vive et les détails dignes d'une bande dessinée semblaient déplacés pour un monument aussi solennel.

« Étrange, n'est-ce pas ? Lorsqu'ils ont été installés en 1887, ils n'étaient pas d'une grande originalité. On trouve pratiquement les mêmes à Rocamadour. C'est la maison Giscard de Toulouse qui a moulé les deux séries. On a tout dit à leur sujet. Pour ceux qui voient des complots partout, ils auraient une origine franc-maçonne ou représenteraient une espèce de carte au trésor. Rien de tout cela n'est vrai. Mais ils véhiculent certains messages. »

Malone nota certains détails curieux : l'esclave noir qui présente une cuvette d'eau à Ponce Pilate ; le voile recouvrant la chevelure de Ponce Pilate ; un personnage qui sonne de la trompe au moment où le Christ tombe avec sa croix ; un fanion frappé de trois disques d'argent ; un enfant que l'on présente à Jésus drapé dans un tissu écossais ; un soldat romain jouant aux dés la tunique rouge de Jésus, les nombres trois, quatre et cinq clairement lisibles.

« Cotton, regardez la quatorzième station », l'encouragea Mark en désignant le mur sud.

Malone s'approcha de l'entrée. La flamme des cierges dansait devant l'autel et il aperçut le bas-relief placé devant. Une femme, Marie-Madeleine, supposa-t-il, éplorée, agenouillée dans une grotte devant une croix faite de branchages. Au pied de la croix, un crâne ; Malone pensa immédiatement à celui du tableau de Valdés Leal vu la veille en Avignon.

Il se retourna pour étudier la quatorzième station : on y voyait deux hommes transportant le corps du Christ sous les yeux de trois femmes éplorées, le tout sur fond de montagne éclairée par la pleine lune.

« Jésus est mis au tombeau, murmura Malone.

— Selon la loi romaine, un crucifié n'avait pas droit à une sépulture. Ce mode d'exécution était réservé aux individus coupables de crimes contre l'empire ; l'accusé mourait à petit feu sur la croix – la crucifixion, exécution publique, prenait plusieurs jours – et son corps était finalement livré aux charognards. Pourtant, Ponce Pilate aurait accepté que Joseph d'Arimathie récupère le corps de Jésus pour pouvoir l'inhumer. Vous êtes-vous jamais demandé pourquoi ?

— Pas vraiment, non.

— D'autres l'ont fait. N'oubliez pas que le Christ a été tué la veille du sabbat et ne pouvait donc, conformément à la Loi, être inhumé après le coucher du soleil. »

Malone ne comprenait toujours pas où Mark voulait en venir.

« Et si, au lieu d'être mis au tombeau, on l'en tirait à la faveur de la nuit ? fit Mark, sans provoquer de réaction chez Malone. Les Évangiles gnostiques vous sont-ils familiers ? »

Malone en avait entendu parler, en effet. En 1945, sur les rives du Nil, un paysan bédouin à la recherche d'engrais naturel découvrit un squelette humain et une jarre de terre cuite scellée. Pensant qu'elle contenait de l'or, il la brisa et découvrit treize codex à reliure de cuir. Pas vraiment des livres, mais des ancêtres assez proches. Les pages abîmées, couvertes de texte en copte ancien, avaient été méticuleusement copiées, vraisemblablement par les moines du monastère pacomien voisin. Il s'agissait de quarante-cinq manuscrits chrétiens composés au IIe siècle ; les codex eux-mêmes dataient du IVe siècle. Certains furent ensuite égarés, utilisés comme combustible, on se débarrassa de certains autres, mais, en 1947, un musée local fit l'acquisition de ce qu'il en restait.

Il fit part à Mark de ce qu'il savait.

« L'histoire nous permet d'expliquer pourquoi les moines ont enterré les codex, continua le jeune homme. Au IVe siècle, Athanase, évêque d'Alexandrie, fit parvenir à toutes les églises d'Égypte une encyclique par laquelle il décrétait que seuls les vingt-sept livres récemment choisis pour constituer le Nouveau Testament pouvaient porter l'appellation de Saintes Écritures. Tous les autres livres hérétiques devaient être détruits. Aucun des quarante-cinq livres contenus dans cette jarre n'était conforme à cet édit, aussi les moines du monastère édifié par saint Pacôme décidèrent-ils de les cacher au lieu de les brûler, en attendant qu'un changement s'opère au sommet de l'Église. Mais, bien évidemment, aucun changement ne se produisit. L'Église romaine catholique prospéra. Grâce à Dieu, les codex ont été sauvés. Ce sont les Évangiles gnostiques que nous connaissons aujourd'hui. Dans l'Évangile de Pierre, il est écrit : "Tandis qu'ils racontaient ce qu'ils avaient vu, de nouveau ils virent sortir du sépulcre trois hommes, et deux d'entre eux soutenaient l'autre [...]" »

Malone jeta un nouveau coup d'œil à la quatorzième station. Deux hommes en soutenaient un troisième.

« Les Évangiles gnostiques sont des textes extraordinaires, reprit Mark. De nombreux chercheurs pensent aujourd'hui que l'Évangile de Thomas qui en fait partie est peut-être le texte le plus fidèle aux paroles du Christ dont nous disposions. Les gnostiques terrifiaient les premiers chrétiens. Leur nom dérive du grec *gnosis* qui signifie connaissance. Les gnostiques étaient simplement des gens qui possédaient une certaine connaissance, mais les adeptes du catholicisme émergent ont fini par occulter tous leurs enseignements et leur pensée.

— Les Templiers ont-ils préservé ces enseignements ?

— Tout à fait. On trouve dans la bibliothèque de l'abbaye les Évangiles gnostiques et plusieurs autres textes inconnus des théologiens modernes. Les Templiers avaient l'esprit large en ce qui concerne les Saintes Écritures. Ces textes prétendument hérétiques ont beaucoup à nous apprendre.

— Comment Saunière aurait-il pu apprendre l'existence de ces textes ? Ils ont été découverts près de trente ans après sa disparition.

— Peut-être avait-il accès à des informations plus précises encore. Je vais vous montrer autre chose. »

Malone suivit Mark devant le porche de l'église. Au-dessus de la porte, des mots étaient peints sur un cartouche de pierre.

« Lisez l'inscription », l'enjoignit Mark.

Malone s'efforça de distinguer les lettres, dont beaucoup étaient effacées et difficiles à déchiffrer. La phrase était en latin :

REGNUM MUNDĪ ET OMNEM ORNATUM SOECULI CONIEMPSI PROPTER ANOREM DOMINI MEI JESU CHRISTI QUEM VIDI, QUEM AMAVI, IN QUEM CREMINI, QUEM DILEXI

« Cela signifie : "J'ai méprisé le royaume terrestre et toutes ses vanités pour l'amour de mon Seigneur Jésus-Christ, que j'ai vu, que j'ai aimé, en qui j'ai cru et que j'ai estimé." Déclaration intéressante en soi, mais qui contient cependant un certain nombre d'erreurs flagrantes. Les mots *scœculi*, *amorem* et *credidi* sont tous mal orthographiés. Saunière a dépensé cent quatre-vingts francs, somme considérable à l'époque, pour faire graver le tympan de l'église et y faire peindre cette inscription. Nous le savons d'après les reçus retrouvés dans ses archives. Il s'est donné beaucoup de mal pour concevoir ce porche et aurait pourtant toléré que de telles erreurs demeurent ? Il aurait été facile de les corriger puisque l'inscription est simplement peinte.

— Il n'y a peut-être pas fait attention.

— Saunière ? C'était un maniaque du détail, rien ne lui échappait. »

Les deux hommes s'éloignèrent de l'entrée au moment où une deuxième vague de touristes pénétrait dans l'église. Ils s'arrêtèrent devant le pilier wisigothique et la statue de la Vierge.

« L'inscription au-dessus de la porte n'est pas tirée de la Bible mais d'un répons écrit au début du XIVe siècle par un certain Jean Tauler. Les répons étaient des refrains psalmodiés en alternance avec les versets des Saintes Écritures pendant les messes, et le bréviaire de Tauler était utilisé couramment à l'époque de Saunière.

Il est possible que cette phrase ait simplement plu à l'abbé. Mais c'est assez inhabituel. »

Malone était du même avis.

« Les erreurs orthographiques peuvent sans doute nous éclairer sur la raison pour laquelle Saunière a cité cette phrase. Sur l'inscription, on lit *quem cremini*, alors que l'on aurait dû avoir *credidi*, pourtant Saunière a toléré l'erreur. Cela voudrait-il dire qu'il ne croyait pas en Lui ? Et le plus intéressant, c'est l'expression *quem vidi*, "que j'ai vu".

— Le trésor qu'il a découvert, quel qu'il soit, l'a conduit au Christ, qu'il a vu, conclut Malone.

— C'est ce que pensait mon père et je partage son point de vue. Saunière sème des indices dans tous les coins, il semble incapable de résister. Il voulait partager son savoir avec le monde entier, mais il semblait penser que ses contemporains ne comprendraient pas. Et il avait raison. Il a fallu quarante ans pour que quelqu'un remarque les signes. C'est un endroit paradoxal, déclara Mark en jetant un coup d'œil à l'église. Le chemin de croix est posé à l'envers de tous les autres chemins de croix du monde. Le diable à l'entrée : il est le contraire du bien. Ce pilier est posé à l'envers. Regardez la croix et les détails gravés dessus. »

Malone les examina.

« Saunière a posé le pilier à l'envers avant de graver les mots MISSION 1891 en bas et PÉNITENCE, PÉNITENCE en haut. »

Malone remarqua un V avec un cercle en son centre dans l'angle inférieur droit du pilier. Il pencha la tête pour visualiser l'image à l'endroit. « Alpha et oméga ?

— Certains le pensent. C'était le cas de mon père.

— L'un des noms du Christ.
— Exactement.
— Pourquoi Saunière a-t-il posé le pilier à l'envers ?
— Personne n'a trouvé de raison plausible. »

Mark s'éloigna de la grille pour laisser sa place à des touristes venus prendre des photos. Il se dirigea ensuite vers l'arrière de l'église, dans un coin du calvaire où se dressait une petite grotte.

« Il s'agit d'une réplique, là aussi. Pour les touristes. La Seconde Guerre mondiale a eu raison de l'original.

Saunière l'avait érigée à l'aide de pierres qu'il ramenait de ses pérégrinations. Sa maîtresse et lui partaient plusieurs jours d'affilée et revenaient avec une hotte remplie de pierres. Vous ne trouvez pas ça étrange ?

— Cela dépend de ce que cette hotte contenait d'autre.

— Un bon moyen de ramener de l'or sans paraître suspect.

— Saunière était un peu spécial. Il aurait très bien pu ne transporter que des pierres.

— Tous ceux qui viennent ici sont un peu spéciaux.

— Votre père aussi ?

— Sans aucun doute, répondit Mark, sérieux. Il était obsédé. Il a consacré sa vie à cet endroit, il adorait chaque centimètre carré de ce village. Il était ici chez lui, à tous les points de vue.

— Mais pas vous ?

— J'ai essayé de poursuivre ses recherches, mais je n'étais pas aussi passionné que lui. J'ai peut-être compris que tout ça était futile.

— Dans ce cas, pourquoi vous cacher dans une abbaye pendant cinq ans ?

— J'avais besoin d'être seul. Cela m'a été profitable. Mais le maître avait des projets plus ambitieux pour moi. Et me voilà en train d'essayer d'échapper aux templiers.

— Que faisiez-vous en montagne lorsque l'avalanche s'est produite ? »

La question de Malone resta sans réponse.

« Vous faisiez ce que votre mère tente de faire ici aujourd'hui. Elle s'efforce de se racheter. Vous ne saviez pas que vous étiez suivi.

— Heureusement que je l'étais.

— Votre mère souffre.

— Vous avez travaillé ensemble ? fit Mark, changeant de sujet.
— Pendant des années. C'est une amie.
— Elle ne se laisse pas facilement apprivoiser.
— À qui le dites-vous ! Mais c'est possible. Elle souffre terriblement. Elle éprouve énormément de culpabilité et de regrets. Vous avez l'occasion de repartir à zéro, tous les deux.
— Ma mère et moi ne nous sommes pas parlé depuis des années. Cela valait mieux, pour elle comme pour moi.
— Que faites-vous ici alors ?
— Je suis venu chez mon père.
— Et à votre arrivée, vous avez trouvé les bagages d'étrangers dans la maison. Vous avez sans doute vu nos passeports parmi nos affaires. Pourtant, vous êtes resté. »
Mark lui tourna le dos, et Malone en conclut qu'il tentait de dissimuler le trouble qui grandissait en lui. Il ressemblait davantage à sa mère qu'il ne voulait bien l'admettre.
« J'ai trente-huit ans et encore l'impression d'être un enfant. J'ai vécu ces cinq dernières années dans le cocon douillet d'une abbaye où la vie est régie par une règle stricte. L'homme que je considérais comme un père m'a témoigné de la gentillesse et j'occupais une position nouvelle pour moi.
— Pourtant, vous vous retrouvez ici aujourd'hui, au beau milieu de cette pagaille. »
Mark sourit.
« Votre mère et vous avez besoin de régler vos différends », ajouta Malone.
Le jeune homme était sombre, quelque chose le préoccupait.

« L'inconnue dont vous avez parlé la nuit dernière, Cassiopée Vitt, je connais son nom. Mon père et elle se sont bagarrés pendant des années. Ne devrait-on pas essayer de la retrouver ? »

Mark aimait répondre aux questions par d'autres questions, exactement comme sa mère.

« Cela dépend, répondit-il. Représente-t-elle une menace ?

— Difficile à dire. Elle était toujours dans les parages, et mon père ne l'aimait pas.

— De Rochefort non plus.

— Cela ne m'étonne pas.

— Dans la salle des archives, la nuit dernière, elle n'a pas décliné son identité et de Rochefort ne l'a pas reconnue. Mais si Claridon est son prisonnier, il doit désormais savoir qui elle est.

— C'est son problème, non ?

— Elle m'a sauvé la peau deux fois, je dois la prévenir. D'après Claridon, elle vit près d'ici, à Givors. Votre mère et moi devions quitter Rennes-le-Château aujourd'hui, pensant que l'aventure était terminée. Mais les choses ont changé. Il faut que je rende visite à Cassiopée Vitt. Je pense que, pour l'instant, mieux vaut que j'y aille seul.

— Parfait, nous attendrons ici. J'ai moi aussi une visite à rendre à quelqu'un. Cela fait cinq ans que je ne me suis pas recueilli sur la tombe de mon père. »

À ces mots, Mark se dirigea vers le cimetière.

40

11 h 05

Stéphanie se versa une tasse de café avant de proposer à Geoffrey de le resservir, mais le jeune homme refusa.

« Nous n'avons droit qu'à une tasse par jour, expliqua-t-il.

— Les moindres détails de votre vie sont-ils régis par la règle ? demanda-t-elle en s'asseyant à table.

— C'est notre manière de fonctionner.

— J'avais toujours cru que la confrérie accordait beaucoup d'importance au secret. Pourquoi en parlez-vous si librement ?

— Mon maître, qui repose désormais auprès du Seigneur, m'a demandé d'être honnête avec vous.

— Votre maître me connaissait ? Comment est-ce possible ?

— Il s'intéressait de près aux recherches de votre mari. C'était bien avant mon arrivée à l'abbaye, mais le maître m'en a parlé. Votre mari et lui se sont vus à plusieurs reprises. Le maître était le confesseur de votre mari.

— Lars est entré en contact avec les Templiers ? » Stéphanie semblait abasourdie par cette nouvelle.

« Disons que ce sont plutôt les Templiers qui l'ont contacté. Mon maître a fait le premier pas et si votre mari savait à qui il avait affaire, il ne l'a jamais montré. Peut-être a-t-il pensé qu'en parler mettrait un terme à leur relation. Il devait sans doute être au courant.

— Votre maître devait être un homme étonnant.

— C'était un sage qui s'est efforcé de faire les bons choix pour notre ordre, expliqua le jeune homme, le visage soudain radieux.

— Mon fils l'a-t-il soutenu dans ses efforts ? voulut savoir Stéphanie, se souvenant que Geoffrey avait pris la défense de son fils la veille.

— C'est dans ce but qu'il a été nommé sénéchal.

— Et le fait que Lars Nelle ait été son père n'a pas pesé dans ce choix ?

— Je ne peux pas me prononcer sur ce point, madame. J'ai appris sa véritable identité il y a quelques heures à peine, ici, dans cette maison. Je l'ignore.

— Vous ne savez rien les uns des autres ?

— Le strict minimum, et certains d'entre nous en souffrent. D'autres savourent cet anonymat. Cela dit, nous passons notre vie ensemble, comme des prisonniers. Trop d'intimité pourrait devenir problématique. Aussi nous est-elle interdite par la règle. Nous ne nous confions pas, et notre silence nous est imposé par le service de Dieu.

— Ça a l'air difficile.

— C'est notre choix de vie. Cette aventure, en revanche... fit-il, perplexe. Mon maître m'avait dit que j'allais découvrir un tas de choses, et il avait raison.

— Votre maître était persuadé que nous allions nous

rencontrer ? s'étonna Stéphanie avant d'avaler une gorgée de café.

— Il vous a adressé le journal en espérant que vous viendriez. Il a également adressé une lettre à Ernst Scoville contenant certaines pages du journal vous concernant, en espérant qu'elles vous réuniraient. Le maître savait que Scoville ne vous portait pas dans son cœur, c'est votre mari qui le lui avait appris. Mais il avait compris que vous étiez pleine de ressources et souhaitait qu'Ernst et vous, avec l'aide du sénéchal et la mienne, découvriez le legs des Templiers.

— Votre confrérie croit vraiment que l'humanité ne sait pas tout de l'histoire du Christ ?

— Je ne possède pas encore les connaissances suffisantes pour répondre à votre question. Il me faudra consacrer de nombreuses années au service de Dieu avant d'être jugé digne d'apprendre de quelles connaissances dispose réellement l'ordre. Selon moi, et d'après ce que l'on m'a enseigné jusqu'ici, la mort est un état irrévocable. Des milliers de frères templiers sont morts sur le champ de bataille en Terre sainte et aucun d'eux n'a ressuscité.

— L'Église catholique considérerait vos propos comme une hérésie.

— L'Église est une institution créée par l'homme et régie par l'homme. Les pouvoirs que certains peuvent lui prêter sont eux aussi une création humaine. »

Stéphanie décida de tenter le sort. « Que dois-je faire, Geoffrey ?

— Aider votre fils.

— Comment ?

— Il doit mener à bien la tâche entreprise par son père. Nous devons à tout prix empêcher Raymond de

Rochefort de s'emparer du legs des Templiers. Le maître a beaucoup insisté sur ce point. Voilà pourquoi il a tout prévu, pourquoi il m'a formé.

— Mark me déteste.

— Il vous adore.

— Qu'en savez-vous ?

— Mon maître me l'a dit.

— Comment pouvait-il en être aussi certain ?

— Mon maître savait tout, insista le jeune homme en tirant une enveloppe scellée de la poche de son pantalon. Il m'a demandé de vous remettre ceci au moment opportun, ajouta-t-il en tendant à Stéphanie la lettre froissée avant de se lever. Le sénéchal et M. Malone se sont rendus à l'église. Je vous laisse. »

Stéphanie apprécia le geste. Qui sait quelles émotions ce message provoquerait en elle ? Aussi attendit-elle que Geoffrey soit entré au salon pour décacheter l'enveloppe.

> Madame Nelle, nous ne nous connaissons pas et pourtant j'ai l'impression d'en savoir long à votre sujet ; tout ce que je sais, je le tiens de Lars qui m'a confié ses tourments. Votre fils est différent. Il les garde pour lui, est avare de confidence. À quelques rares occasions, j'ai réussi à en savoir davantage, mais ses émotions ne sont pas aussi transparentes que celles de son père. Peut-être a-t-il hérité ce trait de caractère de sa mère ? Je ne veux pas vous sembler désinvolte en disant cela. Au moment où vous lisez ces lignes, il se produit sans aucun doute des événements graves. Raymond de Rochefort est un homme dangereux. Il est victime d'un aveuglement qui, au fil des siècles, a frappé bien de nos frères templiers. Son obsession l'égare. Votre fils a tenté de lui barrer la route, mais en vain. Malheureusement, Mark n'a pas la volonté nécessaire pour

mener à bien ses combats. Se lancer paraît facile, continuer l'est encore plus, mais aller jusqu'au bout s'avère difficile. Ses combats avec vous, avec de Rochefort, avec sa conscience, le paralysent. J'ai pensé que vous réunir pouvait être décisif, pour lui comme pour vous. Encore une fois, je ne vous connais pas, mais je crois pouvoir dire que je vous comprends. Votre époux est mort et beaucoup d'interrogations demeurent. Cette quête y répondra peut-être. Permettez-moi de vous donner un conseil : faites confiance à votre fils, oubliez le passé, ne pensez qu'à l'avenir. Cela pourrait vous aider à trouver la paix. L'ordre auquel j'appartiens est sans équivalent dans le monde chrétien. Les connaissances transmises par les fondateurs de l'ordre rendent nos croyances différentes. Font-elles de nous de meilleurs ou de moins bons chrétiens ? Ni l'un ni l'autre, à mon sens. La découverte du legs des Templiers répondra à maintes questions, mais je crains qu'elle n'en soulève bien d'autres. Au moment crucial où ce choix se présentera à vous, si tel est le cas, et j'espère que ce le sera car j'ai une grande confiance en vous, votre fils et vous aurez à décider de ce qu'il vaut mieux faire. Une résurrection s'est produite. Une seconde chance a été offerte. Un homme est revenu d'entre les morts. Profitez de ce miracle. Mais encore un conseil : libérez votre esprit de sa carapace de préjugés. Ouvrez votre cœur à des concepts plus vastes et raisonnez selon des méthodes plus sûres. C'est alors, et alors seulement, que vous réussirez. Que le Seigneur soit avec vous.

Une larme coula sur la joue de Stéphanie. Quelle sensation étrange de pleurer ; elle ne se rappelait pas l'avoir fait depuis l'enfance. Elle était hautement qualifiée, possédait l'expérience acquise au prix de décennies passées dans les hautes sphères du monde du renseignement. Elle avait passé sa carrière à gérer les situations délicates les unes après les autres et avait dû à plusieurs reprises prendre des décisions cruciales. Mais tout cela ne lui servait à rien cette fois. Fini le manichéisme d'un monde en noir et blanc où les gentils combattaient les méchants, les forces du bien combattaient celles du mal : elle venait de pénétrer dans un univers où ses pensées les plus intimes étaient non seulement connues, mais comprises. Car ce maître avec qui elle n'avait jamais échangé un mot semblait avoir parfaitement compris sa souffrance.

Et il avait raison.

Mark était ressuscité. Sa réapparition était un merveilleux miracle offrant d'infinies possibilités.

« Ces mots vous rendent triste ? »

Stéphanie leva les yeux et aperçut Geoffrey dans l'embrasure de la porte. Elle essuya ses larmes. « En un sens, oui. Mais ils me procurent de la joie aussi.

— Le maître était comme ça. Capable de joie et de souffrance. La fin de sa vie a été très pénible.

— Comment est-il mort ?

— Le cancer l'a emporté il y a deux nuits de cela.

— Il vous manque ?

— J'ai grandi seul, privé du bonheur de la vie de famille. Les religieux m'ont élevé. Ils étaient bons, mais aucun d'eux ne m'a jamais témoigné d'affection. C'est très dur de grandir sans l'amour d'un parent. »

Stéphanie fut touchée par cet aveu.

« Le maître a fait preuve de beaucoup de gentillesse à mon égard, peut-être même d'amour, mais ce qui compte par-dessus tout, c'est qu'il m'a fait confiance.

— Alors honorez-la.

— J'y compte bien.

— Puis-je la garder ? fit-elle en montrant la lettre.

— Je n'étais que le messager.

— Pourquoi Mark et Cotton se sont-ils rendus à l'église ? demanda Stéphanie en se reprenant.

— J'ai senti que le sénéchal voulait parler à M. Malone.

— Peut-être devrions-nous, nous aussi... »

On frappait à la porte. Stéphanie se raidit en remarquant qu'elle n'était pas verrouillée. Cotton et Mark seraient entrés directement. Sur la défensive lui aussi, Geoffrey saisit son arme. Stéphanie s'approcha et regarda à travers la porte vitrée.

Elle reconnut un visage familier.

Celui de Royce Claridon.

41

De Rochefort fulminait. Quatre heures plus tôt, on l'avait informé que la nuit où le maître était décédé, le système de sécurité des archives avait enregistré une visite à vingt-trois heures cinquante et une. Le sénéchal avait passé douze minutes à l'intérieur avant de quitter les lieux en possession de deux ouvrages. Le système d'identification électronique avait permis d'identifier les deux volumes : un codex du XVIe siècle qu'il connaissait bien et le compte rendu qu'un maréchal avait rédigé à la fin du XIXe siècle et que de Rochefort avait également lu.

Au cours de l'interrogatoire qu'il avait fait subir à Royce Claridon quelques heures plus tôt, il n'avait pas révélé que le cryptogramme recopié par Lars Nelle dans son journal lui était familier. Dans le compte rendu, son prédécesseur avait recopié le cryptogramme découvert par l'abbé Gélis dans son église de Coustaussa, non loin de Rennes-le-Château. Il se rappelait avoir lu que le maréchal s'était entretenu avec Gélis peu avant l'assassinat du prêtre et avait appris que Saunière avait lui aussi découvert un cryptogramme dans son église. Une fois comparés, les deux cryptogrammes se révélèrent identiques. Gélis avait apparemment déchiffré le cryptogramme et en avait confié la solution au maréchal qui ne l'avait pas notée dans son rapport, si bien qu'elle avait disparu à la mort du curé. Selon la police locale et le maréchal, le meurtrier voulait faire main basse sur un document que Gélis gardait dans sa mallette. Le code, sans doute. Saunière était-il le meurtrier ? Difficile à dire. Le crime n'avait jamais été élucidé. Pourtant, d'après ce que de Rochefort savait, le prêtre de Rennes-le-Château faisait partie des suspects.

Désormais, le compte rendu du maréchal avait disparu lui aussi. Ce n'était pas trop grave puisque de Rochefort était en possession du journal de Lars Nelle qui contenait le cryptogramme de Saunière. Mais les deux cryptogrammes étaient-ils réellement identiques comme l'avait rapporté le maréchal ? Impossible d'en être sûr sans le compte rendu que le sénéchal avait sans doute eu une bonne raison de voler.

Cinq minutes plus tôt, tandis qu'il espionnait Stéphanie Nelle et Geoffrey grâce au micro collé sur une vitre, de Rochefort avait appris que Mark Nelle et Cotton Malone s'étaient rendus à l'église. Stéphanie Nelle avait même pleuré en lisant le mot du défunt maître. Comme c'était touchant. Le maître avait vraiment tout prévu et de Rochefort avait de plus en plus de mal à maîtriser la situation. Il fallait reprendre les rênes et calmer le jeu. Tandis que Royce Claridon s'occupait de Stéphanie Nelle et Geoffrey, lui s'occuperait des deux autres.

Le transpondeur toujours fixé à la voiture de location de Malone lui avait appris que ses occupants avaient regagné Rennes-le-Château au petit matin. Mark Nelle avait dû venir directement de l'abbaye, ce qui n'avait rien d'étonnant.

Après ses démêlés avec l'inconnue, la veille au soir, de Rochefort s'était dit que Malone et Stéphanie Nelle n'avaient plus rien à lui apporter ; voilà pourquoi ses hommes s'étaient contentés de les maîtriser, conformément à ses ordres. L'assassinat de deux agents américains, dont l'un toujours en activité, ne serait certainement pas passé inaperçu. Il s'était rendu en Avignon pour découvrir quels secrets les archives du palais des Papes pouvaient bien receler et pour enlever Claridon, pas pour attirer l'attention de l'ensemble des services secrets américains sur lui. Il avait atteint ses trois objectifs et avait réussi à s'approprier le journal de Lars Nelle, en prime. Tout ça en une seule soirée. Pas mal. Il était même prêt à laisser Mark Nelle et Geoffrey partir puisque, loin de l'abbaye, ils représentaient une menace bien moins grave. Cependant, après avoir appris que les deux volumes avaient disparu des archives, il devait changer son fusil d'épaule.

« Nous sommes prêts, annonça une voix dans son oreillette.

— Ne bougez pas jusqu'à ce que je vous contacte. »

Six templiers l'accompagnaient, désormais déployés dans le village, se mêlant à la foule des dimanches qui ne cessait de grossir. Il faisait une belle journée ensoleillée et le vent soufflait, comme d'habitude. Alors que dans la vallée de l'Aude le temps était chaud et agréable, les sommets étaient continuellement balayés par le vent.

Il prit la rue principale en direction de l'église Sainte-

Marie-Madeleine sans faire le moindre effort pour se cacher.

Il voulait que Mark Nelle sache qu'il était là.

Mark se recueillait sur la tombe de son père. Le monument était en bon état, comme tous les autres, depuis que le cimetière était devenu une étape incontournable dans la visite du village.

Pendant six ans après le décès de Lars, il s'était personnellement occupé de son entretien, était venu s'y recueillir pratiquement tous les week-ends. Il s'était également occupé de l'entretien de la maison. Les villageois aimaient son père car il s'était lui-même pris d'affection pour le village et faisait preuve de respect pour la mémoire de Saunière. C'était peut-être ce qui le poussait à inclure autant d'anecdotes fictives sur Rennes-le-Château dans ses livres. Le mythe construit autour du village était une manne pour la région, et les écrivains qui essayaient de casser ce mythe n'étaient pas bien vus. Comme il n'existait aucun détail fiable sur lequel s'appuyer, on pouvait laisser libre cours à son imagination. Autre avantage : on considérait que son père avait popularisé l'histoire, même si c'était un livre relativement obscur écrit par Gérard de Sède à la fin des années soixante, *Le Trésor maudit de Rennes-le-Château*, qui avait tout déclenché. Mark avait toujours trouvé ce titre approprié, surtout après la mort inopinée de Lars. À l'adolescence, Mark avait découvert les livres de son père qui ne lui avait révélé les véritables enjeux de ses recherches que bien des années plus tard, alors qu'il écrivait sa thèse et peaufinait ses connaissances de l'histoire médiévale et de la philosophie religieuse.

« Le cœur du christianisme, c'est la résurrection des corps, la promesse de l'Ancien Testament exaucée. Sans la résurrection, la foi chrétienne est inutile. Sans elle, les Évangiles ne sont plus qu'un tas de mensonges, la foi chrétienne ne vaut que pour la vie terrestre, et la vie par-delà la mort n'est qu'une chimère. C'est ce concept qui justifie tout ce qui a été accompli au nom du Christ. D'autres religions parlent du paradis et de la vie dans l'au-delà, mais seul le christianisme nous parle d'un Dieu devenu humain, mort pour ses adeptes, qui revient d'entre les morts pour régner éternellement.

« Réfléchis, lui avait dit son père. Les chrétiens n'ont pas tous les mêmes croyances, mais s'accordent sur un point : la résurrection. C'est leur constante universelle. Jésus est ressuscité pour eux seuls. La mort a été vaincue pour eux seuls. Le Christ est vivant et œuvre à leur rédemption. Le royaume des cieux les attend car eux aussi seront ressuscités d'entre les morts pour vivre éternellement auprès du Seigneur. La résurrection donne un sens aux drames du quotidien et l'espoir d'un avenir. »

C'est alors que son père avait posé la question qui l'obsédait depuis.

« Et si la résurrection ne s'était jamais produite ? Et si le Christ était mort et simplement *retourné à la poussière* ? »

Bonne question.

« Pense aux millions d'êtres humains massacrés au nom du Christ ressuscité. Pendant la croisade contre les albigeois elle seule, quinze mille hommes, femmes et enfants ont été brûlés vifs pour avoir simplement refusé d'admettre le principe de la crucifixion. L'Inquisition en a massacré des milliers d'autres. Les croisades en Terre sainte ont coûté la vie à des centaines de milliers d'êtres humains. Tout ça au nom du soi-disant Christ ressuscité. Pendant des siècles, les papes successifs ont invoqué le sacrifice du Christ pour galvaniser les soldats. Si la résurrection ne s'est jamais produite et que la promesse d'une existence après la mort est vaine, combien de vies humaines auraient-elles pu être épargnées selon toi ? »

La réponse était simple. Des millions.

Et si la résurrection ne s'était jamais produite ?

Mark venait de passer cinq ans à essayer de répondre à cette question, caché au sein d'un ordre que le monde croyait disparu depuis sept cents ans. Pourtant, il était tout aussi perplexe aujourd'hui que lorsqu'il était arrivé à l'abbaye.

Qu'avait-il tiré de sa retraite ?

Et plus important, qu'avait-il perdu au change ?

Il reprit ses esprits et porta de nouveau son attention sur la tombe de son père. Il avait commandé la stèle et avait assisté aux obsèques de Lars par une lugubre après-midi de mai. On avait découvert son père une semaine plus tôt, pendu sous un pont à une demi-heure au sud de Rennes-le-Château. Mark était chez lui à Toulouse lorsque la police l'avait prévenu. Il se souvenait du visage de son père dont il avait dû identifier le corps, la peau grisâtre, la bouche grande ouverte, les yeux sans vie, masque grotesque qu'il craignait de ne jamais oublier.

Sa mère était rentrée à Atlanta tout de suite après les obsèques. Ils n'avaient pratiquement pas parlé au cours des trois jours qu'elle avait passés en France. Il avait vingt-sept ans et venait à peine de prendre ses fonctions de chargé de cours à l'université de Toulouse, mal préparé pour la vie. Aujourd'hui, il se demandait s'il était mieux préparé que onze ans plus tôt. La veille, il avait failli tuer Raymond de Rochefort. Qu'avait-il fait de tout ce qu'on lui avait appris ? Où était passée la discipline qu'il pensait avoir acquise ? Les défauts de de Rochefort étaient faciles à expliquer – un prétendu sens du devoir motivé par l'ambition personnelle – mais ses faiblesses à lui étaient déconcertantes. En l'espace de trois jours, il avait troqué son statut de sénéchal pour celui de fugitif, la sécurité pour le chaos, la détermination pour l'errance.

Et tout ça dans quel but ?

Il sentit le contact de l'arme sous sa veste. Le réconfort qu'elle lui procurait le troublait – encore une sensation inédite et étrange.

Il s'éloigna de la tombe de son père pour se diriger vers celle d'Ernst Scoville. Il connaissait et appréciait ce Belge solitaire. Le maître le connaissait aussi, apparemment, puisqu'il lui avait fait parvenir une lettre une semaine plus tôt. Quelle avait été la remarque de de Rochefort à propos de ces lettres ? « Je me suis déjà occupé de l'un des destinataires. » Effectivement. Et qu'avait-il ajouté ? « Et je m'occuperai bientôt de l'autre. » Sa mère était en danger. Ils l'étaient tous, mais il n'y avait pas grand-chose à faire. Prévenir la police ? Personne ne les croirait. L'abbaye suscitait le respect et pas un frère templier ne dénigrerait l'ordre. Tout ce que l'on découvrirait, ce serait un monastère tranquille qui se consacrait à Dieu. Les dispositions seraient prises pour dissimuler tout ce qui avait trait à l'ordre et nul dans l'abbaye ne manquerait à son devoir de réserve.

Il en avait la certitude.

Non, ils ne pouvaient compter que sur eux-mêmes.

✠

Malone attendit le retour de Mark dans le jardin du calvaire. Il avait préféré respecter sa solitude, comprenant parfaitement combien le jeune homme devait être perturbé par les événements auxquels il était confronté. Il n'avait que dix ans lorsque son père était décédé, mais le chagrin qu'il éprouvait à l'idée de ne jamais le revoir ne s'était jamais effacé. Contrairement à Mark, il n'avait aucune tombe sur laquelle se recueillir. Son père reposait au fin fond de l'Atlantique nord dans l'épave fracassée d'un sous-marin. Il avait un jour essayé d'en savoir davantage sur ce qui s'était passé, mais le dossier concernant l'accident était classé secret défense.

Son père aimait la Marine et les États-Unis ; c'était un patriote qui s'était sacrifié pour son pays. Cette certitude faisait la fierté de Malone. Mark Nelle avait eu la chance de pouvoir côtoyer son père pendant de longues années. Ils avaient appris à se connaître et partagé des expériences. Mais à bien des égards, Mark et lui se ressemblaient : leurs pères respectifs s'étaient consacrés corps et âme à leur travail. Et il n'existait aucune explication satisfaisante de leur décès.

Debout près du calvaire, Malone observait les files de touristes entrer et sortir du cimetière. Il remarqua enfin Mark derrière un groupe de Japonais.

« C'était pénible, expliqua le jeune homme. Il me manque.

— Votre mère et vous allez devoir trouver un terrain d'entente, insista Malone, reprenant la conversation là où ils l'avaient laissée.

— J'éprouve beaucoup d'animosité à son égard et revoir la tombe de mon père n'a fait que la raviver.

— Mais elle a un cœur, bien à l'abri derrière sa carapace, certes, mais un cœur quand même.

— Vous la connaissez bien, on dirait, dit Mark avec un sourire.

— J'ai de l'expérience.

— Pour l'instant nous devons nous concentrer sur les projets du maître.

— L'esquive, ça vous connaît tous les deux.

— C'est génétique.

— Il est onze heures trente, annonça Malone. Il faut que j'y aille. Je veux rendre visite à Cassiopée Vitt avant la tombée de la nuit.

— Je vais vous dessiner un plan. Ce n'est pas loin d'ici. »

Ils quittèrent le calvaire pour aller vers la rue principale. À une trentaine de mètres de là, Malone repéra un homme au physique râblé, aux traits taillés à la serpe ; les mains dans les poches de sa veste en cuir, il marchait droit vers l'église.

« Nous avons de la compagnie », annonça-t-il en posant la main sur l'épaule de Mark.

Le jeune homme suivit son regard et, à son tour, reconnut de Rochefort.

Malone évalua rapidement la situation ; il venait de repérer trois des acolytes du maître templier. Il s'adressa à Mark : « Que proposez-vous ?

— Suivez-moi », répondit Mark en partant vers l'église.

Royce Claridon entra dans la pièce. « Où étiez-vous passé ? lui lança Stéphanie en faisant signe à Geoffrey de baisser son arme.

— Ils m'ont enlevé au palais des Papes hier soir et m'ont amené ici en voiture. Ils m'ont retenu dans un appartement, à deux rues d'ici, mais j'ai réussi à leur échapper il y a quelques minutes.

— Combien de moines se trouvent-ils dans le village ? demanda Geoffrey.

— Qui êtes-vous ?

— Il s'appelle Geoffrey, expliqua Stéphanie en espérant que le jeune homme comprendrait qu'il valait mieux rester discret.

— Combien de moines ?

— Quatre. »

Stéphanie jeta un coup d'œil par la fenêtre de la cuisine. La rue était déserte. Mais elle s'inquiétait pour Mark et Malone. « Où sont-ils ?

— Je l'ignore. Je les ai entendus dire que vous étiez chez Lars et je suis venu directement.

— On n'a rien pu faire pour vous hier soir, expliqua Stéphanie que la réponse de Claridon laissait sur sa faim. Nous ignorions ce qu'ils avaient fait de vous. Nous avons été assommés alors que nous essayions de rattraper de Rochefort et l'inconnue. Quand nous sommes revenus à nous, il n'y avait plus personne.

— Ce n'est pas grave, madame, je comprends. Vous ne pouviez pas faire grand-chose.

— De Rochefort est-il là, lui aussi ? intervint Geoffrey.

— Qui ?
— Le maître. Il est là ?
— Personne n'a prononcé de nom », dit Claridon. Puis, se tournant vers Stéphanie : « Mais je les ai entendus dire que Mark était vivant. Est-ce vrai ?
— Cotton et lui se sont rendus à l'église, ils ne tarderont plus, maintenant.
— Quel miracle. Je croyais ne jamais le revoir.
— Et moi donc.
— Je ne suis pas venu ici depuis un bon moment. Lars et moi avons passé bien des heures dans cette maison. »
Stéphanie offrit un siège au vieil homme. Geoffrey alla se placer près de la fenêtre et, malgré son calme apparent, elle remarqua une légère tension.
« Que vous est-il arrivé ? s'informa Stéphanie.
— Je suis resté ligoté jusqu'à ce matin. Ils m'ont détaché pour que je puisse me soulager. Je me suis glissé par la fenêtre de la salle de bains et j'ai couru ici. Ils vont certainement se lancer à mes trousses, mais je n'avais pas le choix. Étant donné qu'il n'existe qu'un accès au village, s'en échapper est assez difficile. Auriez-vous la gentillesse de me donner un peu d'eau ? » la pria Claridon, mal à l'aise sur sa chaise.
Stéphanie lui servit un verre qu'il vida d'un seul trait. Elle le resservit.
« J'étais terrorisé par ces hommes.
— Que veulent-ils ?
— Ils sont en quête du legs des Templiers, comme Lars.
— Et que leur avez-vous dit ? intervint Geoffrey, avec une pointe de mépris dans la voix.
— Rien du tout, mais ils ne m'ont pas demandé

grand-chose non plus. On m'a annoncé que je serais interrogé aujourd'hui, une fois qu'ils auraient réglé un autre détail. Ils n'ont pas précisé de quoi il s'agissait. Vous savez ce qu'ils attendent de vous ? demanda Claridon à Stéphanie.

— Ils ont le journal de Lars, le livre de Stüblein et la lithographie. Que leur faut-il de plus ?

— Mark, je pense. »

À ces mots, Geoffrey se raidit.

« Que lui veulent-ils ?

— Je n'en ai aucune idée, madame. Mais je me demande si cela mérite un bain de sang.

— Des frères templiers meurent depuis près de neuf siècles pour défendre leurs croyances ! s'écria Geoffrey. La situation dans laquelle nous nous trouvons n'est pas différente.

— À vous entendre, on dirait que vous appartenez à l'ordre du Temple.

— Je me réfère simplement à l'histoire.

— Lars Nelle et moi avons étudié l'histoire des Templiers pendant de longues années. Je sais ce que vous voulez dire.

— Qu'avez-vous lu exactement ? fit le jeune homme éberlué. Les livres d'ignares qui parlent d'hérésie et d'idolâtrie, de baisers immoraux, de sodomie, d'apostasie ? Rien de tout cela n'est vrai. Tous ces mensonges ont été forgés de toutes pièces pour détruire l'ordre et s'emparer de ses richesses.

— Là, vous parlez vraiment comme un templier.

— Je parle comme un homme épris de justice.

— N'est-ce pas ce qui définit les Templiers ?

— L'humanité entière devrait être éprise de justice. »

Stéphanie sourit. Geoffrey avait de la répartie.

Mark entra dans l'église Sainte-Marie-Madeleine, Malone sur les talons. Ils remontèrent à pas rapides l'allée centrale vers l'autel en passant devant les badauds et les neuf rangées de bancs. Mark prit à droite et pénétra dans une petite antichambre que visitaient trois touristes armés d'appareils photo.

« Excusez-moi, fit Mark en anglais. Je travaille au musée du village et nous avons besoin de la pièce un moment. »

Aucun des touristes ne remit en cause son autorité naturelle et le jeune homme referma doucement la porte. Malone jeta un coup d'œil alentour. La lumière qui filtrait par un vitrail illuminait la pièce. Contre l'un des murs s'alignait une série de placards vides ; les trois autres étaient lambrissés. Il n'y avait pas un seul meuble.

« C'était la sacristie autrefois », expliqua Mark.

De Rochefort s'apprêtant à les rejoindre, Malone demanda : « Je suppose que vous avez un plan ?

— Comme je vous l'ai expliqué, répondit le jeune homme en s'approchant de l'un des placards et en tâtonnant sur l'étagère supérieure, lorsque Saunière a créé le jardin du calvaire, il a construit une grotte à l'aide des pierres que sa maîtresse et lui ramassaient dans la montagne. » Mark cherchait quelque chose. « Ils en ramenaient des hottes pleines. Là ! »

Le jeune homme saisit la porte du placard qui, une fois ouvert, révéla un réduit aveugle. « Voici la cachette de Saunière. Ce qu'il ramenait dissimulé sous les pierres était entreposé ici. Rares sont ceux qui en connaissent l'existence. Elle a été créée au moment de la rénovation de l'église. Les plans du bâtiment antérieurs à 1891 montrent une pièce ouverte. Nous allons attendre ici et voir ce qui se passe, ajouta-t-il en tirant un pistolet automatique de sous sa veste.

— De Rochefort connaît-il l'existence de ce réduit ?

— Nous n'allons pas tarder à le savoir. »

42

De Rochefort s'arrêta devant l'église. Bizarre que ses proies s'y soient réfugiées. Mais qu'importe. Il allait s'occuper de Mark Nelle personnellement. Il était à bout de patience. Il avait pris la précaution de consulter ses officiers avant de quitter l'abbaye ; il n'allait pas répéter les erreurs de son prédécesseur. Son mandat donnerait au moins l'illusion d'une démocratie. Heureusement, la fuite d'hier et l'agression par balle des deux frères avaient soudé la confrérie. Tous les frères templiers s'accordaient à dire que le sénéchal et son complice devaient être ramenés à l'abbaye pour y subir leur châtiment.

De Rochefort n'avait pas l'intention de les décevoir.

Il jeta un coup d'œil alentour.

La foule se faisait plus compacte. Le temps agréable avait attiré les touristes et leurs guides.

« Allez voir comment cela se présente », ordonna-t-il au moine qui l'accompagnait.

L'homme hocha la tête avant de s'éloigner.

De Rochefort connaissait la configuration de l'église. Il n'y avait qu'un seul accès. Les vitraux étaient tous scellés et les fugitifs devraient en briser un pour pouvoir s'échapper. Il ne voyait aucun policier à l'horizon, ce qui était normal pour Rennes-le-Château. Rien ne troublait jamais la tranquillité des lieux, si ce n'est le bruit des tiroirs-caisses. Ce mercantilisme le rendait malade. Si cela ne tenait qu'à lui, il mettrait immédiatement fin aux visites guidées de l'abbaye. Il se rendait compte que l'évêque remettrait cette décision en question mais avait déjà décidé de limiter les visites à quelques heures le samedi en prétextant un plus grand besoin de solitude de la part des frères. L'évêque pourrait le comprendre. Il avait l'intention de réinstaurer les anciennes coutumes, des pratiques abandonnées depuis longtemps, des rites qui distinguaient jadis les Templiers des autres ordres religieux. Et pour ce faire, il faudrait que les portes de l'abbaye restent plus souvent verrouillées qu'ouvertes.

Le frère qu'il avait envoyé en reconnaissance s'avançait vers lui.

« Ils ne sont pas à l'intérieur.

— Comment ça ?

— J'ai fouillé la nef, la sacristie, les confessionnaux. Rien.

— Il n'existe pas d'autre sortie.

— Maître, il n'y a personne. »

Il examina l'église. Les idées se bousculaient dans sa tête.

Et la solution lui apparut tout à coup.

« Venez, ordonna-t-il, je sais exactement où ils se trouvent. »

Stéphanie écoutait Royce Claridon non en épouse et mère chargée d'une mission importante pour sa famille, mais en qualité de chef d'une unité de services secrets qui gérait quotidiennement des missions d'espionnage et de contre-espionnage. Quelque chose n'allait pas. L'apparition soudaine de Claridon manquait de vraisemblance. Elle ne savait pas grand-chose de Raymond de Rochefort, mais elle en savait suffisamment long pour se rendre compte qu'on avait laissé Claridon s'échapper ou, pire, que le vieil homme nerveux assis en face d'elle était de mèche avec l'ennemi. Dans l'un ou l'autre des cas, il faudrait faire attention à ce qu'elle dirait. Geoffrey avait lui aussi eu la même impression car il ne donnait pas beaucoup de grain à moudre au vieil homme qui le bombardait de questions. Il était trop curieux pour quelqu'un qui venait de frôler la mort.

« Au palais, hier soir, avons-nous croisé le chemin de Cassiopée Vitt, "l'Ingénieur" mentionné dans la lettre adressée à Ernst Scoville ? demanda Stéphanie.

— Je suppose, oui. Le diable en jupons.

— Elle nous a certainement sauvé la vie à tous.

— Vraiment ? Elle s'est mêlée de ce qui ne la regardait pas, comme elle le faisait avec Lars.

— Vous lui devez d'être en vie.

— Non, madame. Je suis en vie parce qu'ils ont besoin de renseignements.

— Je me demande vraiment ce que vous faites ici, intervint Geoffrey, toujours appuyé à la fenêtre. Échapper à de Rochefort n'est pas chose aisée.

— Vous y êtes bien arrivé, vous.

— Qu'est-ce qui vous fait dire ça ?

— Ils ont parlé de vous et de Mark. Il y a apparemment eu des coups de feu. Des moines ont été blessés. Ils sont en colère.

— Ont-ils précisé qu'ils avaient tenté de nous tuer ? »

Un silence gêné s'installa.

« Royce, que peuvent-ils vouloir d'autre ?

— Tout ce que je sais, c'est que deux ouvrages ont disparu des archives. Ils y ont fait allusion.

— Vous venez de dire il y a un instant que vous n'aviez aucune idée de la raison pour laquelle ils recherchaient le fils de Mme Nelle, s'écria Geoffrey, méfiant.

— C'est la vérité. Mais je sais qu'ils veulent récupérer les deux livres. »

Stéphanie jeta un coup d'œil à Geoffrey, impassible. Si Mark et lui étaient réellement en possession des livres que recherchait de Rochefort, il n'en laissait rien paraître.

« Hier, reprit Claridon, vous m'avez montré le journal de Lars et le livre...

— Que de Rochefort nous a dérobés.

— Non, Cassiopée Vitt s'en est emparée la nuit dernière. »

Décidément, Claridon en savait beaucoup pour quelqu'un que ses geôliers étaient censés avoir ignoré.

« De Rochefort doit donc la retrouver. Nous aussi.

— Il semblerait, madame, que l'un des livres que Mark a subtilisés dans les archives contienne lui aussi un cryptogramme. De Rochefort veut récupérer ce volume.

— Encore une information entendue par hasard ?

— Oui, ils me croyaient endormi, mais je les écoutais. Un maréchal de l'ordre du temps de Saunière a découvert le cryptogramme et l'a consigné dans son compte rendu.

— Nous n'avons pas les livres, dit Geoffrey.

— Que voulez-vous dire ?

— Nous n'avons pas les livres. Nous avons quitté l'abbaye précipitamment sans rien emporter.

— Vous mentez, s'exclama Claridon en se levant.

— Quelle audace ! Pouvez-vous prouver ce que vous avancez ?

— Vous êtes membre de l'ordre, un soldat du Christ. Un templier. Le serment que vous avez prêté devrait vous empêcher de mentir.

— Et qu'est-ce qui vous en empêche, vous ?

— Je ne mens pas. J'ai vécu un calvaire. Je me suis caché dans un asile pendant cinq ans pour échapper aux Templiers. Savez-vous ce qu'ils avaient l'intention de me faire ? De m'enduire les pieds de graisse avant de les exposer à des braises chauffées à blanc jusqu'à ce que ma peau se détache de l'os.

— Nous n'avons pas les livres. De Rochefort poursuit une chimère.

— Mais c'est faux. Les deux moines blessés ont déclaré que Mark portait un sac à dos. »

Stéphanie dressa l'oreille à ces mots.

« Et comment pouvez-vous connaître ce détail ? »

Geoffrey avait eu la même réaction.

De Rochefort entra dans l'église, suivi de son assistant. Le maître descendit l'allée principale et pénétra dans la sacristie. Il fallait bien qu'il reconnaisse à Mark Nelle ce mérite : rares étaient ceux qui connaissaient l'existence de la pièce secrète. Aucune visite guidée n'y faisait étape et seuls les fanatiques de Rennes-le-Château auraient pu imaginer ce genre de détail. Il trouvait bizarre que les exploitants du domaine n'essaient pas de tirer profit de l'apport de Saunière à l'architecture de l'église – les cachettes ajoutaient toujours au mystère d'un lieu –, mais ce n'était pas le seul élément concernant l'église, la ville et l'histoire de l'abbé qui défiait l'entendement.

« Quand vous êtes entré tout à l'heure, cette porte était-elle ouverte ?

— Fermée, maître, répondit le moine en secouant la tête.

— Que personne n'entre », ordonna de Rochefort en refermant doucement le battant.

Il se dirigea vers le placard en empoignant son arme. Il n'avait jamais vu le réduit de ses yeux, mais avait lu suffisamment de comptes rendus d'enquêtes menées par ses prédécesseurs pour savoir qu'il était bien là. Si sa mémoire ne lui faisait pas défaut, le mécanisme d'ouverture se trouvait en haut à droite.

De Rochefort tendit la main et trouva le levier métallique.

Il savait qu'en l'abaissant il alerterait les deux hommes et devait partir du principe qu'ils seraient armés. Malone savait certainement s'y prendre et Mark Nelle avait prouvé qu'il ne fallait pas le sous-estimer.

« Tenez-vous prêt. »

Le moine pointa son pistolet automatique sur le placard. De Rochefort leva le loquet et recula rapidement, pistolet braqué devant lui, en attendant de voir ce qui allait se produire.

La porte du placard s'entrouvrit.

Sans s'exposer, de Rochefort la poussa du bout du pied.

La cachette était vide.

Le confessionnal était tout juste assez large pour Malone et Mark. Ils avaient attendu quelques minutes dans le réduit et avaient pu observer la sacristie à travers le minuscule judas percé à un endroit stratégique du placard. Le moine était entré, avait constaté que la sacristie était vide avant de ressortir. Malone et Mark avaient attendu qu'il quitte l'église pour sortir de leur cachette. Ne voyant pas d'autre templier dans le bâtiment, ils s'étaient précipités vers le confessionnal et s'y étaient réfugiés au moment où de Rochefort et son acolyte revenaient.

Le maître devait connaître l'existence du réduit et ne mettrait personne au courant à moins d'y être contraint. En voyant que de Rochefort attendait son assistant dehors, Mark et Malone avaient essayé de gagner quelques secondes car, dès l'instant où le maître apprendrait que la sacristie était vide, il saurait où les trouver. Après tout, il n'y avait qu'un seul accès à l'église.

« Connais ton ennemi et connais-toi toi-même, murmura Mark lorsque de Rochefort et son laquais entrèrent.

— Sun Zi était un grand philosophe », remarqua Malone.

La porte de la sacristie se ferma.

« Attendons quelques secondes et puis allons-y, ordonna Mark.

— Il y a peut-être d'autres hommes dehors.

— C'est même sûr. Prenons le risque. Il me reste neuf balles.

— Ne provoquons pas de fusillade à moins d'y être obligé. »

La porte de la sacristie restait fermée.

« Il faut y aller », ordonna Malone.

Ils sortirent du confessionnal, prirent à droite et se précipitèrent vers la sortie.

Stéphanie se leva lentement, s'approcha de Geoffrey et lui prit doucement l'arme des mains. Elle se retourna, arma le pistolet et pressa le canon contre le crâne de Claridon. « Espèce de petite ordure. Vous êtes avec eux.

— Non, madame, s'écria Claridon, de la panique dans le regard, je vous jure que non !

— Déboutonnez sa chemise, Geoffrey. »

Le jeune homme s'exécuta, révélant un micro collé sur la poitrine décharnée du vieil homme.

« Venez, vite, j'ai besoin d'aide », hurla Claridon.

Geoffrey lui assena un coup de poing en plein visage qui le projeta à terre. En se retournant, arme au poing, Stéphanie aperçut un homme aux cheveux ras se précipiter vers la porte d'entrée.

D'un coup de pied, il défonça la porte.

Geoffrey se tenait prêt.

Il s'était placé à gauche de l'entrée et lorsque l'homme fit irruption dans la pièce, il se jeta sur lui. Stéphanie aperçut un pistolet dans la main de l'homme mais Geoffrey parvint adroitement à maintenir le canon vers le sol, pivota sur les talons et, d'un coup de pied, envoya l'homme contre le mur. Sans lui donner le temps de réagir, il le frappa de nouveau à l'estomac. L'homme hurla et lorsqu'il se pencha en avant, le souffle coupé, Geoffrey le poussa au sol d'un coup de pied.

« C'est à l'abbaye qu'on vous apprend tout ça ? demanda Stéphanie, impressionnée.

— Et bien d'autres choses encore.

— Sortons d'ici.

— Une seconde. »

Le jeune homme courut vers la chambre dont il sortit avec le sac à dos de Mark. « Claridon avait raison. Nous avons les livres et je ne peux pas partir sans eux.

— Il écoutait Claridon, fit Stéphanie en remarquant une oreillette sur l'homme que Geoffrey avait maîtrisé, et il doit certainement communiquer avec ses acolytes.

— De Rochefort est là.

— Il faut retrouver Mark et Cotton », s'écria Stéphanie en attrapant son téléphone sur le comptoir de la cuisine.

Geoffrey s'approcha de la porte et jeta un coup d'œil prudent dans la rue. « Étonnant que d'autres frères templiers ne soient pas déjà là, dit-il.

— Ils sont peut-être occupés dans l'église. Nous allons longer le bâtiment et traverser le parking en évitant la rue principale, ordonna Stéphanie en rendant son arme à Geoffrey. Couvrez-moi.

— Avec plaisir, madame. »

De Rochefort s'aperçut que la cachette était vide. Où étaient-ils donc ? Il n'y avait aucun autre endroit où se réfugier dans toute l'église.

Il referma violemment la porte du placard.

Son assistant avait certainement lu le doute sur son visage. Il se ressaisit.

« Où sont-ils, maître ? »

Tout en réfléchissant, de Rochefort regarda par l'un

des vitraux de la sacristie. Les touristes se pressaient toujours devant le calvaire. Il vit soudain Mark Nelle et Cotton Malone traverser précipitamment le jardin pour regagner le cimetière.

« Dehors », annonça-t-il calmement en marchant vers la sortie.

Mark avait espéré que l'astuce du réduit leur ferait gagner suffisamment de temps pour pouvoir s'enfuir. Il espérait aussi que de Rochefort viendrait avec une escorte réduite. Mais trois autres frères templiers attendaient dehors : un dans la rue principale, un autre bloquant l'accès à la ruelle menant au parking et le dernier posté devant la villa Béthanie qui les empêchait de fuir par le verger. De Rochefort n'avait apparemment pas considéré le cimetière comme une issue possible puisqu'il était entouré d'un mur donnant sur un précipice de quatre cent cinquante mètres.

Mais c'était précisément cette direction que prenait Mark.

Il remerciait le ciel à présent pour les innombrables expéditions menées avec son père à la faveur de la nuit. Les villageois acceptaient mal les visites au cimetière après la tombée de la nuit, mais c'était le meilleur moment, d'après Lars. Aussi l'avaient-ils exploré à maintes reprises à la recherche d'indices et en s'efforçant de comprendre Saunière et son comportement apparemment inexplicable. Ils avaient été interrompus au cours de plusieurs de leurs incursions et avaient dû trouver une alternative au portail surmonté d'une tête de mort.

L'heure était venue pour Mark de mettre à profit ses connaissances.

« J'ai peur de vous demander comment nous allons sortir d'ici, dit Malone.

— C'est un peu effrayant, mais au moins il fait jour. Chaque fois que j'ai emprunté ce chemin, il faisait nuit noire. »

Mark tourna à droite et descendit quatre à quatre les marches menant au fond du cimetière où une cinquantaine de personnes examinaient les pierres tombales. Derrière le mur, on apercevait un ciel sans nuage et le vent gémissait comme une âme en peine. Par beau temps, il soufflait toujours fort à Rennes-le-Château ; au cimetière, cependant, l'air était immobile puisque l'église et le presbytère faisaient barrage aux plus fortes rafales venues du sud et de l'ouest.

Mark se dirigea à la hâte vers un monument adjacent au mur, côté est, sous une voûte d'ormes qui drapaient le sol d'ombres vaporeuses. La foule se cantonnait à la partie haute du cimetière où la maîtresse de Saunière était inhumée. Mark sauta sur une épaisse pierre tombale pour escalader le mur.

« Suivez-moi », ordonna-t-il en se jetant de l'autre côté. Il fit une cabriole et se releva en époussetant ses vêtements.

Il se retourna au moment où Malone retombait sur un étroit sentier caillouteux au pied du mur.

La pente était soutenue par des hêtres et des pins fouettés par le vent, aux troncs tortueux, aux branches tordues et entrelacées, dont les racines se faufilaient entre les brèches qui couraient dans la roche.

« Ce sentier s'arrête dans quelques mètres, dans un cul-de-sac, derrière le château, expliqua Mark en pointant sur sa gauche. Il faut prendre par là. Ce détour mène au parking. Il n'est pas difficile d'y accéder.

— Nous sommes protégés du vent, ici, mais j'imagine que lorsque nous aurons contourné le mur ce sera une autre histoire.

— Un véritable ouragan. Mais nous n'avons guère le choix. »

43

De Rochefort pénétra dans le cimetière suivi d'un de ses hommes tandis que les trois autres attendaient dehors. Malin de se servir de la pièce secrète pour créer une diversion, comme l'avait fait Mark Nelle. Ils n'y étaient restés que le temps de voir son assistant quitter l'église. Puis ils s'étaient cachés dans le confessionnal jusqu'à ce que de Rochefort se soit enfermé dans la sacristie.

Le maître s'arrêta pour examiner calmement les tombes mais n'aperçut pas sa proie. Il ordonna au frère templier de chercher du côté gauche tandis qu'il fouillerait à droite. Il passa devant la tombe d'Ernst Scoville.

Quatre mois plus tôt, lorsqu'il avait appris l'intérêt que le défunt maître portait aux activités du chercheur belge, il avait envoyé un de ses hommes le surveiller. En mettant Scoville sur écoute, de Rochefort avait appris l'existence de Stéphanie Nelle, son intention de se rendre au Danemark puis en France et son désir de faire l'acquisition du livre de Stüblein. Mais lorsqu'il était devenu clair que Scoville n'aimait pas la veuve de

Nelle et se contentait de la faire marcher afin de lui mettre des bâtons dans les roues, un excès de vitesse sur une rue en pente du village l'avait à jamais empêché de contrecarrer les projets de de Rochefort. Scoville ne faisait pas partie des acteurs principaux de l'histoire, contrairement à Stéphanie Nelle qui, à l'époque, devait avoir le champ libre. De Rochefort s'était occupé en personne de l'assassinat de Scoville sans que quiconque à l'abbaye n'y soit mêlé car il pouvait difficilement justifier un meurtre de sang-froid.

« Rien », annonça son assistant après avoir fouillé la partie gauche du cimetière.

Où pouvaient-ils bien être ?

Le regard de de Rochefort s'arrêta sur le mur gris envahi par le lichen, au fond du cimetière. Il s'approcha. Rennes-le-Château était construite sur un éperon rocheux aussi escarpé qu'une pyramide. À ses pieds, dans la vallée, la terre ocre disparaissait sous une couverture grisâtre et l'on aurait pu se prendre pour un géant tant le bassin de l'Aude, les routes et les villes paraissaient minuscules. Le vent qui soufflait derrière le mur lui fouettait le visage et lui séchait les yeux. Il s'appuya sur le muret, se hissa par-dessus. À sa droite, la saillie était déserte. En jetant un coup d'œil à gauche, il vit Cotton Malone prendre vers l'ouest.

Il se laissa retomber.

« Ils contournent le cimetière en direction de la tour Magdala. Arrêtez-les, ordonna-t-il. Je serai au belvédère. »

Stéphanie et Geoffrey s'engouffrèrent dans une rue parallèle au mur d'enceinte, écrasée par le soleil ; elle menait au parking et continuait jusqu'au domaine de l'abbé Saunière. L'impatience de Geoffrey se lisait sur son visage et, pour un homme si jeune, il venait de faire preuve de beaucoup de professionnalisme et d'aisance.

Cette partie du village ne comptait que de rares habitations. Quelques bouquets de sapins et de pins dressaient leurs branches vers le ciel.

Stéphanie entendit un sifflement sur sa droite et quelque chose ricocha sur le mur face à elle. En se retournant, elle aperçut leur assaillant à cinquante mètres derrière eux se préparant à tirer. Elle plongea derrière une voiture stationnée tout contre l'arrière d'une maison. Geoffrey se jeta à terre, roula sur lui-même, se redressa et tira deux coups de feu dans ses jambes. Le hurlement du vent couvrit le bruit sec de la détonation. L'une des balles fit mouche : sa cible hurla de douleur et tomba à terre en se tenant la cuisse.

« Bien joué, s'exclama Stéphanie.

— Je ne pouvais pas le tuer, j'ai prêté serment. »

Ils se relevèrent et coururent vers l'église.

Malone suivait Mark le long de l'escarpement bordé de longues herbes brunes ; le sentier avait rétréci et le vent qu'ils trouvaient simplement gênant quelques minutes plus tôt les mettait désormais en danger, ballottés qu'ils étaient par les bourrasques dont le gémissement monotone couvrait tout autre bruit.

Ils contournaient le village par l'ouest. Les troncs graciles des taillis qui couvraient la pente nord avaient disparu, cédant la place à la roche nue qui dégringolait vers la vallée, embrasée par le soleil de l'après-midi, colorée ci et là de quelques touches de mousse et de bruyère.

Le belvédère sur lequel Malone s'était livré à une course-poursuite avec Cassiopée Vitt deux nuits plus tôt se trouvait six mètres au-dessus de leur tête. Au loin se dressait la tour Magdala et il distingua des touristes en train d'admirer le point de vue sur la vallée. Il n'était pas fou de ce genre de spectacle, quant à lui : l'altitude lui tournait la tête, comme le vin – c'était l'une des faiblesses qu'il avait cachées aux psychologues du gouvernement qui devaient de temps à autre évaluer ses performances. Il risqua un coup d'œil vers la pente : de rares broussailles parsemaient l'escarpement sur plusieurs dizaines de mètres ; puis au-dessous d'une petite saillie commençait une pente encore plus raide.

Mark, qui se trouvait à trois mètres devant Malone, lui lança un coup d'œil, s'arrêta avant de lever son arme et de la pointer dans sa direction.

« J'ai dit quelque chose qu'il ne fallait pas ? » hurla Malone.

Le vent fouettait la main avec laquelle Mark tenait son arme. Il se servit de son autre main pour la stabiliser. Ayant surpris le regard furieux du jeune homme, Malone se retourna et vit l'un des acolytes de de Rochefort se précipiter sur eux.

« N'approchez pas, mon frère », hurla Mark en essayant de couvrir le vacarme du vent.

L'homme était armé d'un Glock 17 semblable à celui de Mark.

« Baissez votre arme, ou je tire. »

L'homme s'exécuta.

Malone n'appréciait guère la situation peu enviable

dans laquelle il se trouvait ; aussi se plaqua-t-il contre le mur pour leur laisser le champ libre.

« Cette bataille n'est pas la vôtre, mon frère. Vous ne faites que suivre les ordres du maître, j'en suis conscient. Pourtant, si je vous tire dessus, même dans la jambe, vous serez précipité dans le vide. Le jeu en vaut-il la chandelle ?

— Je me dois d'obéir au maître.

— Il vous mène à votre perte. Avez-vous même réfléchi à ce que vous faites ?

— Là n'est pas ma responsabilité.

— Rester en vie est de votre responsabilité.

— Me tireriez-vous dessus, sénéchal ?

— Sans hésiter.

— L'objet de votre quête justifie-t-il de blesser un frère chrétien ? »

Mark réfléchit à la question, et Malone se demanda si, malgré la détermination qu'il lisait dans le regard du jeune homme, il aurait le courage d'aller jusqu'au bout. Lui aussi avait eu à résoudre pareil dilemme, à plusieurs reprises. Tirer sur quelqu'un n'était jamais chose aisée. Mais parfois, c'était tout simplement inévitable.

« Non, mon frère, il ne vaut pas le sacrifice d'une vie humaine », répondit Mark en abaissant son arme.

Du coin de l'œil, Malone vit quelque chose bouger. Il se retourna : l'homme profitait de la faveur faite par Mark, levait son arme et approchait vivement l'autre main de la crosse pour stabiliser son tir.

Il n'eut pas le temps de faire feu.

Un bruit étouffé par le vent retentit et le templier fut projeté en arrière par la balle qui lui transperça la poitrine. Malone n'arrivait pas à déterminer s'il portait un gilet pare-balles, ce qui importait peu de toute façon. Le tir à bout portant lui avait fait perdre l'équilibre et, en dépit de sa forte carrure, il vacilla. Malone se précipita vers lui pour l'empêcher de tomber, croisant son regard serein ; il lui rappela celui de l'homme au blouson rouge, en haut de la Tour ronde. Plus que deux pas à faire pour le rattraper, mais, soudain, le vent fit basculer l'homme.

Un cri retentit du haut des remparts. Certains touristes avaient été témoins de la fin tragique du templier. Malone vit le corps dévaler la pente avant de s'arrêter sur une saillie à plusieurs dizaines de mètres de là.

Il se tourna vers Mark dont le pistolet était toujours en position de tir.

« Ça va ?

— Pas vraiment, mais il faut y aller », répondit le jeune homme en baissant son arme.

Il était du même avis.

Ils reprirent leur course sur le sentier caillouteux.

De Rochefort monta quatre à quatre les marches menant au belvédère. Il entendit un cri de femme et vit une certaine agitation s'emparer de la foule qui se pressait sur les remparts. « Que se passe-t-il ? demanda-t-il en s'approchant.

— Un homme est tombé dans le vide. Son corps a dévalé la pente sur une bonne distance. »

Il joua des coudes pour s'approcher. Comme celui du cimetière, le mur mesurait près d'un mètre d'épaisseur ce qui ne permettait pas d'apercevoir la base des remparts.

« Où est-il tombé ?

— Là », indiqua un inconnu.

Il reconnut la silhouette vêtue d'une veste sombre et

de pantalons clairs, immobile sur la pente aride. Bon sang. Il se hissa sur le mur et, en se penchant sur la gauche, vit Mark Nelle et Cotton Malone courir vers le parking.

Il se laissa tomber à terre et regagna l'escalier.

« Ils arrivent par les remparts, chuchota-t-il dans le micro de la radio accrochée à sa taille. Maîtrisez-les. »

Stéphanie entendit un coup de feu ; on aurait dit qu'il avait été tiré de l'autre côté des remparts, mais c'était complètement insensé. Qu'irait-on faire là ? Geoffrey et elle se trouvaient à une trentaine de mètres du parking qui affichait complet.

Ils ralentirent. Le jeune homme cacha son arme derrière sa cuisse en poursuivant tranquillement son chemin.

« Là », chuchota-t-il.

Stéphanie aperçut l'homme qui barrait l'accès à la ruelle menant à l'église. En se retournant, elle repéra un de ses comparses qui remontait la rue derrière eux.

C'est alors qu'elle aperçut Mark et Malone : ils remontaient en courant le sentier escarpé et enjambaient le muret.

« Où étiez-vous ? fit-elle en les rejoignant.

— On faisait une petite balade, répondit Malone.

— J'ai entendu tirer.

— On vous expliquera plus tard.

— Nous avons de la compagnie, dit-elle en désignant les deux hommes.

— C'est de Rochefort qui orchestre tout ça. Il est temps d'y aller. Le problème, c'est que je n'ai pas les clés de ma voiture.

— J'ai les miennes », dit Malone.

Geoffrey tendit son sac à dos à Mark.

« Bien joué, s'exclama ce dernier. En route. »

De Rochefort passa au pas de course devant la villa Béthanie, ignorant la multitude de touristes qui se pressaient vers la tour Magdala, le verger et le belvédère.

À l'église, il prit à droite.

« Ils tentent de fuir en voiture, annonça une voix dans son oreillette.

— Laissez-les faire. »

Malone recula et contourna les voitures garées sur le parking pour accéder à la ruelle donnant sur la grand-rue. Les complices de de Rochefort ne tentèrent rien pour l'en empêcher.

Ce détail l'inquiéta.

On essayait de les pousser dans une certaine direction.

Mais laquelle ?

Il avança au pas dans la venelle, dépassa les kiosques des vendeurs de souvenirs et tourna à droite dans la rue principale, descendant en roue libre vers les portes du village.

Après le restaurant, la foule se faisait plus rare et la rue se dégageait.

À quelques mètres de là, Malone vit que Raymond de Rochefort lui barrait la route.

« Il vous lance un défi, expliqua Mark, depuis la banquette arrière.

— Tant mieux, parce que, justement, je suis spécialiste du jeu de celui qui se dégonfle en premier. »

Malone appuya doucement sur l'accélérateur.

La voiture n'était plus qu'à une soixantaine de mètres de de Rochefort.

Ce dernier ne bougea pas.

Malone ne distinguait pas d'arme. Le maître avait apparemment conclu que sa seule présence suffirait à les arrêter. Derrière lui, la route était libre mais, dès la sortie du village, ils auraient à prendre un virage en épingle à cheveux et il espérait qu'aucun automobiliste ne se trouverait sur leur chemin dans les secondes qui allaient suivre.

Il mit le pied au plancher.

Les pneus crissèrent sur la chaussée ; la voiture fit une embardée et fonça vers la sortie du village.

Trente mètres.

« Vous avez l'intention de le tuer ? demanda Stéphanie.

— S'il le faut, je n'hésiterai pas. »

Quinze mètres.

Malone maîtrisait la voiture tout en regardant droit devant. La silhouette se rapprochait. Il se prépara à l'impact en se forçant à ne pas lâcher le volant.

Tout à coup, une silhouette bondit sur de Rochefort et le poussa hors de la trajectoire de la voiture qui sortit en trombe du village.

Le maître comprit ce qui venait de se passer et n'en éprouva aucune joie. Il était résolu à défier son adversaire, quoi qu'il advienne, et cette intrusion le contrariait.

C'est alors qu'il reconnut son sauveur.

Royce Claridon.

« Cette voiture a failli vous tuer ! s'écria le vieil homme.

— Cela reste à prouver, fit le maître en le repoussant pour se relever. Avez-vous appris quelque chose ?

— Ils ont découvert mon stratagème et j'ai dû appeler à l'aide. »

De Rochefort bouillait de colère. Rien n'avait marché comme prévu, encore une fois. Mais tout n'était pas perdu, malgré tout.

Ils avaient pris la fuite dans la voiture de Malone.

Elle était toujours équipée du système de surveillance.

Au moins saurait-il exactement où ils se trouvaient.

44

Malone descendait à vive allure la route sinueuse vers la vallée. Arrivé au pied de la colline, il prit la route départementale avant de tourner un kilomètre et demi plus loin dans la direction des Pyrénées.

« Où allons-nous ? demanda Stéphanie.

— Rendre une petite visite à Cassiopée Vitt. Je voulais y aller seul, mais je pense qu'il est temps que nous fassions tous connaissance. » Il avait besoin de se changer les idées. « Dites-m'en davantage à son sujet, Mark.

— Je ne sais pas grand-chose. J'ai entendu dire que son père était un riche entrepreneur espagnol, sa mère une musulmane tanzanienne. C'est un esprit brillant, diplômée d'histoire, de théologie, d'histoire de l'art. Et fortunée. Elle a hérité de beaucoup d'argent et en a gagné encore davantage. Mon père et elle ont eu plusieurs échanges assez vifs.

— À quel propos ?

— Elle s'est mis en tête de prouver que le Christ n'est pas mort sur la croix. Il y a douze ans, les gens portaient un regard différent sur le fanatisme religieux. Ils ne se souciaient guère des talibans ou d'Al-Qaïda. Israël était une zone névralgique à l'époque, et Cassiopée n'acceptait pas que les musulmans soient toujours représentés comme des extrémistes. Elle détestait l'arrogance des chrétiens et les certitudes des Juifs. Elle était en quête de vérité, d'après mon père. Elle voulait mettre le mythe à nu et déterminer à quel point Jésus-Christ et Mahomet se ressemblaient vraiment, montrer leurs points communs, ce qui les réunissait. Ce genre de choses.

— N'est-ce pas exactement ce que votre père cherchait à faire ?

— Je lui en avais fait plusieurs fois la remarque.

— À quelle distance se situe son château ?

— Nous y serons dans moins d'une heure. Il faut prendre vers l'ouest dans quelques kilomètres. »

Malone jeta un coup d'œil dans le rétroviseur. Personne ne les suivait. Bien. Il ralentit en arrivant dans la commune de Saint-Loup. Comme c'était un dimanche, tout était fermé à l'exception d'une station-service et d'une épicerie. Il se gara devant le commerce.

« Attendez ici, dit-il en sortant. J'ai quelque chose à faire. »

Malone quitta la départementale et descendit un chemin couvert de gravillons qui s'enfonçait dans l'épaisse forêt. Un panneau indiquait que GIVORS – L'AVENTURE MÉDIÉVALE AU CŒUR DU MONDE MODERNE – se trouvait à quelques kilomètres de là. Il leur avait fallu moins de cinquante minutes pour couvrir la distance. Ils avaient roulé vers l'ouest la majeure partie du temps, avaient admiré en passant les ruines du château de Montségur avant de prendre la direction des Pyrénées qui surplombaient les vallées fluviales et les arbres majestueux.

La route, assez large pour que deux voitures puissent s'y croiser, était bien entretenue et courait sous une voûte de hêtres qui jetaient de longues ombres contribuant à l'atmosphère onirique du lieu. Ils arrivèrent dans une clairière recouverte d'un tapis d'herbe rase. Les voitures avaient envahi le champ. Des sapins et des pins graciles bordaient le périmètre. Malone se gara et la petite troupe descendit de voiture. Un panonceau expliquait en version bilingue français-anglais la vocation du lieu :

SITE ARCHÉOLOGIQUE DE GIVORS

BIENVENUE DANS LE PASSÉ. ICI, À GIVORS, SITE OCCUPÉ DEPUIS SAINT LOUIS, NOUS CONSTRUISONS UN CHÂTEAU EN RESPECTANT LES TECHNIQUES ET LES MATÉRIAUX DU XIIIE SIÈCLE. LE CHÂTEAU ÉTAIT JADIS UN SYMBOLE DE PUISSANCE POUR UN SEIGNEUR, ET CELUI-CI A ÉTÉ CONÇU COMME UN CHÂTEAU FORT, DOTÉ DE MURS ÉPAIS ET DE NOMBREUSES TOURELLES. ON TROUVE EN ABONDANCE DANS LES ENVIRONS L'EAU, LA PIERRE, LA TERRE, LE SABLE ET LE BOIS NÉCESSAIRES À SON ÉDIFICATION. DES CARRIERS, ÉQUARRISSEURS, MAÇONS, CHARPENTIERS, FORGERONS ET POTIERS ŒUVRENT ICI, VIVENT ET SONT VÊTUS COMME IL Y A SEPT SIÈCLES. LE PROJET EST FINANCÉ PAR DES FONDS PRIVÉS ET L'ON ESTIME QU'IL FAUDRA 30 ANS POUR LE MENER À BIEN. QUE VOTRE VOYAGE DANS LE XIIIE SIÈCLE SOIT AGRÉABLE.

« C'est Cassiopée Vitt qui finance tout ça de sa poche ? s'étonna Malone.

— L'histoire médiévale est l'une de ses passions, dit Mark. Elle avait une certaine réputation à l'université de Toulouse. »

Malone avait décidé que l'approche directe serait la plus appropriée. Vitt se doutait certainement qu'il finirait par la localiser.

« Où vit-elle ?

— Son château est par là-bas, dit Mark en désignant l'est où les chênes et les ormes formaient une voûte de branchage au-dessus d'un autre sentier.

— Ce sont les voitures des touristes ?

— Ils organisent des visites guidées du chantier pour récolter des fonds. J'y ai participé il y a des années, au début du projet. Ce qu'elle fait est impressionnant.

— Allons saluer notre hôtesse », s'exclama Malone en se dirigeant vers la demeure de Cassiopée Vitt.

Ils marchèrent en silence. Au loin, sur la pente raide d'une colline, Malone aperçut une tour en ruines aux pierres jaunies par le lichen. L'air immobile était sec et chaud. De la bruyère, des genêts et autres fleurs des champs tapissaient le talus. Malone s'imagina le cliquetis des armes et les cris qui devaient résonner des siècles plus tôt à travers la vallée alors que ses habitants s'en disputaient le contrôle. Une bande de corbeaux passa au-dessus d'eux en croassant.

À une trentaine de mètres se dressait le château, niché dans une cuvette qui en garantissait l'isolement. La brique et la pierre dessinaient des motifs symétriques sur le bâtiment de quatre étages flanqué de deux tourelles couronnées de lierre et surmontées d'un toit pentu. La façade était rongée par la vigne vierge comme le fer par la rouille. Les vestiges de douves, aujourd'hui recouvertes d'herbe et de feuilles, l'encerclaient sur trois côtés. Des arbres graciles s'élevaient à l'arrière et des haies de buis taillé montaient la garde devant le soubassement.

« Ça, c'est une maison ! s'écria Malone.

— Elle date du XVIe siècle, expliqua Mark. Cassiopée Vitt est propriétaire du château et du site archéologique voisin. Elle l'a baptisé Royal Champagne en hommage à l'un des régiments de l'armée de Louis XV. »

Deux véhicules étaient garés devant l'entrée. L'un des derniers modèles Bentley Continental GT qui, selon Malone, devait coûter la bagatelle de 160 000 dollars, et un roadster Porsche, bon marché par comparaison. Il y avait également une moto dont Malone s'approcha pour examiner le pneu arrière et le pot d'échappement. Le chrome était rayé.

Il savait exactement comment cela s'était produit.

« C'est là que ma balle l'a touchée.

— Exactement, monsieur Malone. »

Il se retourna. La voix distinguée provenait du portique. Debout devant la porte d'entrée ouverte, se tenait une femme, grande et mince comme une liane, dont la chevelure auburn lui tombait aux épaules. La félinité de ses traits, les fins sourcils, les pommettes saillantes, le nez épaté, étaient évocateurs des déesses égyptiennes. Elle avait la peau couleur acajou et portait un débardeur à col en V qui dévoilait ses épaules musclées et une jupe de soie à motif safari qui s'arrêtait aux genoux. À ses pieds, des sandales de cuir. Une tenue décontractée mais élégante, qui aurait pu convenir pour une balade sur les Champs-Élysées.

« Je vous attendais », lança-t-elle en adressant un sourire à Malone. Leurs regards se croisèrent et il lut de la détermination dans ses yeux de jais, profonds comme l'océan.

« C'est intéressant parce que j'ai décidé de passer vous voir il y a une heure à peine.

— Oh, monsieur Malone, je suis persuadée d'être en tête de vos priorités depuis deux jours au moins, lorsque vous avez tiré sur ma moto.

— Pourquoi m'avoir enfermé dans la tour Magdala ?

— J'espérais en profiter pour m'enfuir tranquillement. Mais vous vous en êtes tiré bien facilement.

— Pourquoi m'avoir tiré dessus ?

— Vous n'auriez rien appris de l'homme que vous aviez agressé. »

Il remarqua le ton mélodieux de sa voix, qui se voulait désarmant, sans doute. « Peut-être n'aviez-vous pas envie que je lui parle ? De toute façon, merci de m'avoir sauvé la vie à Copenhague.

— Vous auriez trouvé moyen de vous en sortir tout seul, fit-elle, minimisant son rôle. J'ai simplement accéléré le processus. »

Malone la vit jeter un coup d'œil par-dessus son épaule. « Mark Nelle. Ravie de faire enfin votre connaissance et heureuse de voir que vous n'avez pas été englouti par cette avalanche.

— Je constate que vous aimez toujours vous mêler des affaires des autres.

— Je ne vois pas les choses comme ça. Je dirais plutôt que j'aime savoir où en sont les gens qui m'intéressent. Comme votre père. Je suis ravie de vous rencontrer, fit-elle en avançant et en tendant la main à Stéphanie. Je connaissais bien votre mari.

— D'après ce que j'ai entendu dire, Lars et vous n'étiez pas les meilleurs amis du monde.

— J'ai du mal à croire que quelqu'un ait pu vous dire ça, dit Cassiopée en lançant un regard malicieux à Mark. C'est vous qui avez raconté ça à votre mère ?

— Non, ce n'est pas lui. C'est Royce Claridon.

— C'est de lui qu'il faut se méfier. Cet individu est une source de problèmes. J'avais prévenu Lars à son sujet, mais il n'a rien voulu savoir.

— Nous sommes d'accord sur ce point. »

Malone présenta Geoffrey à Cassiopée.

« Vous appartenez à l'ordre du Temple ? »

Le jeune homme ne répondit pas à la question de Cassiopée.

« Je ne m'attendais pas à ce que vous répondiez. Cela dit, vous êtes le premier templier qu'il me soit donné de rencontrer.

— C'est faux, rectifia le jeune homme en désignant Mark. Le sénéchal appartient à la confrérie et vous venez de faire sa connaissance. »

Malone fut surpris par la confidence volontairement consentie. Jusque-là, le jeune homme n'avait pas dit un mot.

« Sénéchal ? Je suis persuadée que ce doit être une histoire passionnante, s'enthousiasma Cassiopée. Entrez, voulez-vous ? J'allais déjeuner, mais lorsque je vous ai vus arriver, j'ai demandé au chambellan d'ajouter des couverts. La table doit être prête.

— Formidable, s'écria Malone, je meurs de faim.

— Mangeons, dans ce cas. Nous avons bien des choses à nous dire. »

Ils la suivirent à l'intérieur. Malone remarqua les coffres italiens coûteux, les armures rares, les torchères espagnoles, les tapisseries de Beauvais et les tableaux flamands. L'endroit était un véritable paradis pour amateur d'art.

Cassiopée les introduisit dans une spacieuse salle à manger tendue de cuir doré. Les rayons du soleil entrant par les fenêtres ornées d'élégants lambrequins inondaient la pièce et baignaient la nappe blanche et le sol de marbre de reflets émeraude. Le chandelier électrifié à douze branches n'était pas allumé. Les domestiques posaient l'argenterie sur la table.

Le décor avait beau être impressionnant, ce ne fut pas cela qui retint l'attention de Malone, mais plutôt l'homme assis en bout de table.

D'après l'édition européenne du magazine *Forbes*, il était la huitième fortune du continent. Son pouvoir et son influence étaient directement proportionnels aux millions de dollars qui remplissaient son compte en banque. Les chefs d'États et les souverains le connaissaient bien. La reine du Danemark le considérait comme un ami intime et les organisations caritatives du monde entier comptaient sur sa philanthropie. Au cours de l'année qui venait de s'écouler, Malone avait passé au moins trois jours par semaine en sa compagnie à discuter littérature, politique, à refaire le monde, à se plaindre du quotidien. Il entrait et sortait de sa propriété comme s'il faisait partie de la famille et, à bien des égards, Malone avait cru que c'était le cas.

Mais désormais, il en doutait sérieusement.

Il avait l'impression de s'être fait avoir.

« Il était temps, Malone, se contenta de dire Henrik Thorvaldsen en souriant, ça fait deux jours que j'attends. »

QUATRIÈME PARTIE

45

Assis sur le siège passager, de Rochefort se concentrait sur l'écran du système GPS. Le transpondeur fixé sur la voiture de location de Malone fonctionnait à merveille, émettant un signal d'une extrême précision. L'un des frères templiers était au volant tandis que Claridon et un autre moine occupaient la banquette arrière. De Rochefort en voulait toujours à Claridon pour son intervention à Rennes-le-Château. Il n'avait aucune intention de mourir et aurait fini par sauter sur le bas-côté mais il aurait vraiment voulu savoir si Malone aurait eu le cran de l'écraser.

Le frère templier qui avait dévalé la falaise était mort ; il avait reçu une balle en pleine poitrine avant de basculer dans le vide. Le gilet pare-balles en kevlar avait empêché la balle de le blesser, mais il s'était brisé la nuque en tombant. Heureusement, aucun d'eux n'avait ses papiers sur lui ; en revanche, le gilet posait problème. Ce type de matériel dénotait une certaine sophistication. Cela dit, rien ne liait l'homme à l'abbaye. Tous les frères connaissaient la règle : si l'un d'eux était tué à l'extérieur, personne n'irait réclamer son corps. Comme l'homme qui s'était jeté de la Tour ronde à Copenhague, celui qui avait perdu la vie à Rennes-le-Château finirait à la morgue et serait inhumé dans la fosse commune. Mais avant d'en arriver là, la procédure voulait que le maître envoie un prêtre réclamer le corps au nom de l'Église et offrir de procéder à une inhumation selon les rites catholiques sans que l'État ait à verser un centime. Aucune proposition de ce genre n'avait jamais été refusée et cette démarche garantissait au moine des obsèques dignes de ce nom sans éveiller de soupçon.

Il avait pris son temps avant de quitter Rennes-le-Château, ce qui impliquait une fouille en règle des domiciles de Nelle et Scoville. En vain. D'après ses hommes, Geoffrey portait un sac à dos qu'il avait ensuite rendu à Mark Nelle dans le parking. Il renfermait certainement les deux livres dérobés dans les archives.

« Où ont-ils pu se rendre à votre avis ? demanda Claridon.

— Nous ne tarderons pas à le savoir », répondit de Rochefort en désignant l'écran GPS.

Après avoir interrogé le frère templier blessé qui surveillait Claridon devant la maison de Lars Nelle, de Rochefort avait appris que Geoffrey n'avait pas dit grand-chose, trouvant sans doute suspectes les motivations de Claridon. Il avait fait une erreur en l'envoyant chez Nelle. « Vous m'aviez assuré pouvoir trouver ces livres.

— Pourquoi en avons-nous besoin ? Nous possédons le journal. Nous devrions analyser les informations dont nous disposons déjà. »

Peut-être, mais le fait que Mark Nelle ait choisi précisément ces deux ouvrages parmi les milliers de volumes archivés dans la bibliothèque l'obnubilait.

« Et s'ils contenaient des informations inédites ? demanda de Rochefort.

— Savez-vous sur combien de versions d'une information donnée je suis tombé ? L'histoire de Rennes-le-Château tout entière est une suite d'informations contradictoires. Laissez-moi fureter dans vos archives. Dites-moi ce que vous savez, et voyons où cela peut nous mener. »

Bonne idée, mais malheureusement, contrairement à ce qu'il avait fait croire à la confrérie, il ne savait pratiquement rien. Il comptait sur le message laissé par le maître à son successeur et dans lequel les informations les plus précieuses étaient transmises, comme du temps de Jacques de Molay. « Vous aurez bientôt l'occasion de le faire. Mais avant tout, nous devons nous occuper d'eux. »

Il repensa aux deux frères templiers qui avaient été tués. La confrérie verrait leur décès comme un mauvais présage. Cette société religieuse où régnait une discipline de fer était incroyablement superstitieuse. En outre, les morts violentes étaient rares ; pourtant, il venait de s'en produire deux en l'espace de quelques jours. Sa gestion de l'ordre risquait d'être remise en cause désormais. « Trop, trop vite », lui reprocherait-on. Et il serait forcé d'écouter toutes les objections qui lui seraient faites puisqu'il avait ouvertement rejeté la manière de procéder du défunt maître, en partie parce que cet homme ne tenait aucun cas des souhaits de la congrégation.

Il demanda au chauffeur d'interpréter les

informations affichées sur l'écran. « Quelle distance nous sépare de leur véhicule ?

— Douze kilomètres. »

Il admira la campagne par la vitre. Autrefois, il aurait été impensable de voir un coin de ciel sans qu'une tour se dessine à l'horizon. Au XIIe siècle, plus d'un tiers des propriétés des Templiers se trouvaient sur ces terres. Le Languedoc aurait dû devenir un État templier. Les chroniques faisaient état de ce projet, expliquaient comment les forteresses, les avant-postes, les entrepôts, les fermes et les monastères avaient été placés à des endroits stratégiques et étaient tous reliés par un réseau routier très bien entretenu. La puissance de l'ordre avait été soigneusement protégée et quand il avait échoué à s'établir en Terre sainte et fini par rendre Jérusalem aux musulmans, il s'était fixé pour but de réussir en Languedoc. Le projet était bien lancé quand Philippe le Bel avait porté le coup de grâce. Bizarrement, le nom de Rennes-le-Château n'apparaissait nulle part dans les chroniques. Le village n'avait joué aucun rôle dans l'histoire templière. Les vestiges des fortifications édifiées par les Templiers étaient visibles ailleurs dans la vallée de l'Aude, mais rien à Rhedae, ancien nom de ce promontoire rocheux. Aujourd'hui, en revanche, le minuscule village ressemblait à une véritable fourmilière, et tout cela, on le devait à l'ambition d'un curé et à la curiosité d'un professeur américain.

« Nous approchons de leur véhicule », annonça le chauffeur.

De Rochefort lui avait déjà recommandé la prudence. L'un des trois autres frères qui l'accompagnaient à Rennes-le-Château avait été blessé à la cuisse par Geoffrey. Deux morts et trois blessés. Il avait fait savoir qu'il tiendrait conseil avec ses officiers dès son retour à l'abbaye ; voilà qui devrait étouffer dans l'œuf les mécontentements éventuels. Mais d'abord, il devait retrouver ses proies.

« Droit devant, à cinquante mètres. »

Il jeta un coup d'œil par la vitre et se demanda pourquoi Malone et ses comparses avaient choisi de se réfugier ici. Drôle de choix.

Le chauffeur se gara et les quatre hommes descendirent.

Ils se trouvaient au beau milieu d'un parking.

« Prenez le détecteur. »

Ils se mirent en route et, à vingt mètres de leur voiture, l'homme qui tenait le détecteur s'arrêta en s'exclamant : « Là !

— Ce n'est pas la voiture avec laquelle ils ont quitté Rennes-le-Château.

— Le signal que je reçois est fort. »

D'un signe, de Rochefort ordonna à l'un des moines de chercher sous la voiture où il découvrit le transpondeur magnétique.

Perplexe, il leva les yeux sur les remparts de Carcassonne qui se dressaient vers le ciel à dix mètres de là. La zone couverte d'herbe où il se tenait faisait autrefois partie des douves du château. Elle servait aujourd'hui de parking aux milliers de touristes qui, chaque jour, venaient visiter l'une des dernières citadelles du Moyen Âge. Les remparts de pierre hâlés par des siècles de soleil s'élevaient déjà à cet endroit du temps où les templiers parcouraient la région. Ils avaient été témoins de la croisade contre les albigeois et des nombreuses guerres qui s'étaient succédé depuis. Et cette citadelle, véritable symbole de force et de résistance, symbole aussi d'intelligence, n'avait jamais été prise.

D'après la légende locale, les musulmans prirent brièvement le contrôle de la ville au VIIIe siècle. Les Francs arrivèrent bientôt du Nord pour reprendre la citadelle et, fidèles à eux-mêmes, se préparèrent à un long siège. Pendant une sortie, le roi maure fut tué et il revint donc à sa veuve de défendre la citadelle. Maligne, elle créa l'illusion d'un grand nombre de troupes en faisant installer des mannequins bourrés de paille sur les remparts. L'eau et les vivres vinrent finalement à manquer dans les deux camps. Dame Carcas ordonna alors que l'on donne à la dernière truie la dernière mesure de blé avant de la faire jeter par-dessus les remparts. Lorsque l'animal s'écrasa au sol, son ventre plein éclata. Les Francs furent abasourdis : après un si long siège, les infidèles possédaient encore suffisamment de vivres pour nourrir leurs pourceaux. Ils levèrent le siège.

Un mythe, sans doute, mais tout de même un bel exemple d'ingéniosité.

Et Cotton Malone venait lui aussi de faire preuve d'ingéniosité en fixant le système de surveillance sur un autre véhicule.

« Qu'y a-t-il ? » Claridon parut inquiet.

« Nous avons été abusés.

— Ce n'est pas leur voiture ?

— Non, monsieur », fit de Rochefort en regagnant la sienne. Où avaient-ils bien pu aller ? Une idée lui traversa l'esprit. Il s'arrêta et demanda : « Mark Nelle connaît-il Cassiopée Vitt ?

— Oui, répondit Claridon. Son père et lui en ont déjà parlé. »

Était-il possible qu'ils se soient rendus chez elle ? Vitt

était intervenue à trois reprises récemment, et toujours pour protéger Malone. Celui-ci avait peut-être vu en elle une alliée.

« Venez, ordonna de Rochefort.

— Qu'allons-nous faire maintenant ?

— Prier.

— Pourquoi ?

— Pour que mon instinct ne me trompe pas.

46

Malone était furieux. Henrik Thorvaldsen lui avait caché des choses. « C'est une amie à vous ? fit-il en désignant Cassiopée.

— Je la connais depuis longtemps.

— À l'époque où Lars Nelle était encore en vie, vous la connaissiez déjà ? »

Le vieil homme hocha la tête.

« Lars était-il au courant de votre amitié ?

— Non.

— Alors vous l'avez mené en bateau, lui aussi ? » s'écria Malone, de la colère dans la voix.

Le Danois dut capituler. Il était coincé. « Cotton, je comprends votre agacement, mais il est bon parfois de garder un secret. Dans cette affaire, toutes les pistes doivent être explorées. Je suis certain que lorsque vous travailliez pour le gouvernement américain, vous faisiez la même chose. »

Malone ne mordit pas à l'hameçon,

« Cassiopée surveillait Lars, poursuivit Thorvaldsen.

Il la connaissait et, pour lui, c'était un véritable fléau. Mais elle avait pour véritable mission de le protéger.

— Pourquoi ne pas simplement le lui dire ?

— Lars était quelqu'un de têtu. Il était plus simple pour Cassiopée de le surveiller de loin. Malheureusement, elle n'a pas pu le protéger contre lui-même. »

Stéphanie s'avança, une lueur belliqueuse dans le regard. « C'est exactement ce que soulignait son profil : motivations suspectes, alliances mouvantes, duplicité.

— Je m'insurge, s'écria Thorvaldsen, le regard mauvais, d'autant que Cassiopée veillait sur vous aussi.

— Vous auriez dû nous en avertir, dit Malone qui ne pouvait contester ce point.

— Dans quel but ? Si je me souviens bien, vous aviez tous les deux l'intention de venir en France, surtout vous, Stéphanie. Qu'avions-nous à y gagner ? J'ai simplement fait en sorte que Cassiopée soit là au cas où vous auriez besoin d'elle.

— D'abord, Henrik, dit Malone qui n'avait pas l'intention de se contenter d'une explication aussi creuse, vous auriez pu nous renseigner sur Raymond de Rochefort, que vous avez l'air de connaître tous les deux. Au lieu de ça, nous nous sommes lancés dans la bataille à l'aveugle.

— Il n'y a pas grand-chose à dire, intervint Cassiopée. Les templiers se contentaient de surveiller Lars. Je n'ai jamais été en contact direct avec de Rochefort avant ces derniers jours. Je n'en sais pas plus que vous à son sujet.

— Dans ce cas, comment avez-vous pu anticiper ses faits et gestes à Copenhague ?

— Je n'ai rien anticipé du tout, je me suis contentée de vous suivre.

— Je ne me suis jamais senti suivi.

— Je suis douée pour ce que je fais.

— Vous n'avez pas été si douée que ça, en Avignon. Je vous ai repérée, au café.

— Ah, oui ! le coup de la serviette que vous avez laissée tomber pour voir si je vous suivais ? Je voulais vous avertir de ma présence. Une fois que j'ai vu Claridon, j'ai su que de Rochefort ne serait pas loin. Il surveille le vieil homme depuis des années.

— Claridon nous a prévenus à votre sujet, déclara Malone, mais il ne vous a pas reconnue en Avignon.

— Il ne m'a jamais vue. Ce qu'il sait, il le tient de Lars.

— Il n'en a jamais rien dit, souligna Stéphanie.

— Je suis sûre que Royce a gardé beaucoup de choses pour lui. Lars ne s'en est jamais rendu compte, mais Claridon représentait pour lui un bien plus gros problème que moi.

— Mon père vous détestait, lança Mark avec dédain.

— Votre père était un esprit brillant, répondit Cassiopée sans perdre son sang-froid, mais il ne connaissait rien à la nature humaine. Il voyait le monde de façon simpliste. Les conspirations qu'il cherchait à mettre au jour, les pistes que vous avez continué à explorer à sa mort, sont bien plus complexes que vous ne pouviez l'imaginer tous les deux. La quête de ce savoir a coûté la vie à de nombreuses personnes.

— Mark, renchérit Thorvaldsen, Cassiopée a raison à propos de votre père, je suis persuadé que vous en êtes conscient.

— C'était un homme bon qui avait foi en ce qu'il faisait.

— Absolument, cela ne fait aucun doute. Mais il

était très secret aussi. Vous n'avez jamais su que nous étions proches et je regrette que nous n'ayons pas fait connaissance plus tôt. Cependant, votre père souhaitait que nos contacts restent confidentiels et j'ai respecté son désir, même après sa mort.

— Vous auriez pu m'en parler, remarqua Stéphanie.

— Non, je ne le pouvais pas.

— Pourquoi tout nous dire maintenant, dans ce cas ?

— Lorsque Cotton et vous avez quitté Copenhague il y a deux jours, je suis venu directement ici. J'ai compris que vous finiriez par trouver Cassiopée. Et c'est précisément dans ce but qu'elle se trouvait à Rennes-le-Château il y a deux soirs de cela : pour vous attirer dans sa direction. À l'origine, je devais rester dans l'ombre et vous ne deviez rien savoir de nos relations, mais j'ai changé d'avis. Cette histoire est allée trop loin. Vous devez connaître la vérité et je suis ici pour vous l'apprendre.

— Trop aimable de votre part », fit Stéphanie.

Malone croisa le regard de chien battu de Thorvaldsen : le vieil homme avait raison. Il avait lui-même joué les uns contre les autres à de multiples reprises. Et Stéphanie aussi. « Henrik, ça fait plus d'un an que je suis hors course. J'ai dit pouce parce que je n'avais plus envie de prendre part à ce jeu de dupes où les probabilités de gagner sont quasi nulles. Mais pour le moment, j'ai faim et, je dois bien l'avouer, je suis curieux d'en savoir plus. Allons déjeuner et vous nous apprendrez cette vérité que nous devons absolument connaître. »

Le menu se composait d'un lapin rôti assaisonné de persil, de thym et de marjolaine, d'asperges fraîches, de salade et de groseilles accompagnées de crème anglaise.

Tout en déjeunant, Malone tenta d'évaluer la situation. Leur hôtesse paraissait très à l'aise, mais sa cordialité ne l'impressionnait guère.

« Vous avez mis un point d'honneur à défier de Rochefort la nuit dernière au palais des Papes, lui fit-il remarquer. Où avez-vous acquis ce talent ?

— Je suis une autodidacte. J'ai hérité de l'audace de mon père et ma mère m'a transmis sa parfaite connaissance de l'âme masculine.

— Un jour, vous vous tromperez peut-être, fit Malone avec un sourire.

— Ravie d'apprendre que mon avenir vous intéresse. L'agent du gouvernement américain que vous avez été s'est-il déjà trompé ?

— À de multiples reprises, ce qui a coûté la vie à quelques personnes.

— Le fils de Henrik est-il sur la liste ? »

La pique le vexa, en particulier parce qu'elle ignorait tout du contexte. « Comme c'est le cas dans la présente affaire, les agents avaient reçu des informations erronées. Des informations erronées faussent la prise de décision.

— Ce jeune homme est mort.

— Cai Thorvaldsen se trouvait au mauvais endroit au mauvais moment, précisa Stéphanie.

— Cotton a raison, reconnut Henrik, en posant ses couverts. Mon fils est mort parce qu'il n'a pas été alerté du danger qui le menaçait. Cotton, qui se trouvait sur place, a fait ce qu'il a pu.

— Loin de moi l'intention d'insinuer que Malone était fautif, dit Cassiopée. Simplement, il semblait avoir très envie de me donner des leçons sur mon métier et je me demandais s'il savait faire le sien. Après tout, il a démissionné.

— Il faut l'excuser, Cotton, soupira Thorvaldsen. Elle est d'une grande intelligence, c'est une artiste, une mélomane, une collectionneuse d'antiquités, mais elle a hérité des manières déplorables de son père. Sa mère, paix à sa chère âme, était plus raffinée.

— Henrik se prend pour mon père adoptif.

— Vous avez de la chance, j'aurais pu vous faire tomber de moto, à Rennes-le-Château, remarqua Malone en la dévisageant.

— Je n'avais pas prévu que vous vous échapperiez aussi rapidement de la tour Magdala. Je suis sûre que les exploitants du domaine sont très contrariés par la perte de cette fenêtre. Elle était d'époque, je crois.

— Henrik, j'attends toujours que vous nous appreniez cette fameuse vérité que vous avez évoquée tout à l'heure, maugréa Stéphanie en le dévisageant. Lorsque nous étions au Danemark, vous m'avez demandé de garder l'esprit ouvert à propos de ce qui vous tenait à cœur, à Lars et à vous. Aujourd'hui, il apparaît que vous êtes bien plus impliqué dans cette affaire que nous ne le pensions au départ. Vous comprendrez certainement nos doutes.

— Très bien, déclara Thorvaldsen en posant sa fourchette. Que savez-vous exactement du Nouveau Testament ? »

Question étrange, songea Malone, mais il savait que Stéphanie était catholique pratiquante.

« Entre autres qu'il comprend les quatre Évangiles, ceux de Matthieu, Marc, Luc et Jean, qui nous parlent de Jésus-Christ.

— L'histoire est formelle, reprit Thorvaldsen, le

Nouveau Testament que nous connaissons aujourd'hui a été élaboré au cours des quatre premiers siècles après Jésus-Christ afin de rendre universel le message chrétien émergent. Après tout, au sens littéral, le terme catholique signifie "universel". N'oubliez pas qu'à l'époque, contrairement à aujourd'hui, le monde de la politique et celui de la religion étaient indissociables. Avec le déclin des cultes païens et le repli sur soi amorcé par le judaïsme, les fidèles commencèrent à se mettre en quête de croyances nouvelles. Les disciples de Jésus, des Juifs qui adoptaient simplement un point de vue différent, formulèrent leur propre version de la parole divine au même titre que les disciples de Carpocrate, que les esséniens, les naassènes et des centaines d'autres sectes, gnostiques ou pas. La raison principale qui permit au christianisme de survivre, c'est sa capacité à s'imposer de manière universelle. Les chrétiens ont investi les Saintes Écritures d'une telle autorité que, au bout du compte, plus personne ne pouvait remettre en cause leur validité sans être taxé d'hérésie. Mais à la lecture du Nouveau Testament, un certain nombre de problèmes sautent aux yeux. »

La Bible était l'un des sujets d'études préférés de Malone. Il avait également lu beaucoup d'ouvrages d'analyse historique et savait qu'elle était émaillée de nombreuses incohérences. Chaque Évangile était un mélange confus de faits, de rumeurs, de légendes et de mythes, qui avait fait l'objet de multiples traductions, retouches et récritures.

« N'oubliez pas que l'Église chrétienne voyait le jour dans un univers romain, expliqua Cassiopée. Afin d'attirer de nouveaux disciples, les Pères de l'Église devaient non seulement rivaliser avec un large éventail de cultes païens, mais aussi avec leurs propres croyances judaïques. Ils avaient également besoin de se démarquer. Jésus devait être davantage qu'un simple prophète.

— Quel rapport avec les événements qui nous intéressent ? intervint Malone, impatient.

— Réfléchissez à l'impact qu'aurait la découverte des ossements du Christ sur le christianisme. La crucifixion du Christ, suivie de sa résurrection et son ascension au paradis sont les mythes centraux de cette religion.

— C'est une question de foi, dit Geoffrey doucement.

— Il a raison, renchérit Stéphanie. C'est la foi, non les faits, qui définit cette croyance.

— Faisons disparaître cet élément de l'équation un instant, intervint Thorvaldsen, puisque la foi ne peut aller de pair avec la logique. Réfléchissez. Si un homme appelé Jésus a bien existé, comment les chroniqueurs du Nouveau Testament peuvent-ils connaître les détails de sa vie ? Considérez simplement le problème de la langue : l'Ancien Testament a été rédigé en hébreu, le Nouveau Testament en grec, et les sources, si elles existent, devaient être rédigées en araméen. Et puis s'ajoute à cela le problème des sources elles-mêmes.

« Matthieu et Luc relatent l'épisode de la tentation dans le désert alors que Jésus était seul lorsque cet événement s'est produit. Et la prière sur le mont des Oliviers ? Luc raconte que Jésus s'éloigne de Pierre, Jacques et Jean “à la distance d'environ un jet de pierre”. Lorsque Jésus revient, il trouve les disciples endormis, est immédiatement arrêté et crucifié. Nulle mention de confidences faites par Jésus concernant sa prière ou la tentation dans le désert. Pourtant nous en connaissons les moindres détails. Comment est-ce possible ?

« Les Évangiles sont unanimes : les disciples fuient au moment où Jésus est arrêté. Aucun d'eux n'était donc présent à ce moment-là, pourtant chacun des quatre apôtres fait un compte rendu précis de la crucifixion. D'où proviennent ces détails ? Ce que font les soldats romains, ce que font Ponce Pilate et Simon, tout est relaté. Comment les auteurs des Évangiles sont-ils au courant de leurs faits et gestes ? Les croyants diraient que c'est grâce à l'inspiration divine. Cependant, les quatre Évangiles qui prétendent transmettre la parole de Dieu présentent davantage de contradictions que de points communs. Pourquoi Dieu n'aurait-il à offrir que confusion ?

— Il n'est peut-être pas de notre ressort de mettre cela en question, s'exclama Stéphanie.

— Allons, reprit Thorvaldsen. Les contradictions sont trop nombreuses, nous ne pouvons pas faire comme si c'était anodin. Voyons cela d'un point de vue global. L'Évangile de Jean regorge de détails que les trois autres, les Évangiles dits synoptiques, ignorent complètement. Le ton de Jean est totalement différent lui aussi, le message plus raffiné. Il diffère en tout point des autres. Certaines des incohérences les plus frappantes trouvent leur source chez Matthieu et Luc. Ce sont les seuls à faire mention de la descendance et de la naissance de Jésus, dont ils donnent un compte rendu différent. Matthieu rapporte que Jésus est issu d'une famille aristocratique, héritière de la lignée de David, ce qui fait de lui un souverain potentiel. Luc reprend l'information sur la descendance royale mais parle d'une classe sociale inférieure. Marc adopte un point de vue diamétralement opposé en faisant de Jésus un charpentier sans le sou.

« La naissance de Jésus est elle aussi racontée selon

des perspectives différentes. Luc rapporte que les bergers rendent visite au nouveau-né. Matthieu les appelle les Rois mages. Luc raconte que la Sainte Famille, qui résidait à Nazareth, fait le voyage jusqu'à Bethléem où Jésus voit le jour dans une étable. Pour Matthieu, la Sainte Famille était aisée et vivait à Bethléem où Jésus voit le jour dans une maison, pas dans une étable.

« Mais c'est au sujet de la crucifixion que les inconsistances sont les plus nombreuses. Les Évangiles ne s'accordent même pas sur la date. Jean parle de la veille de la Pâque, les trois autres parlent du lendemain de la Pâque. Luc qualifie Jésus de doux comme l'agneau ; Matthieu dit le contraire car, pour lui, Jésus n'est pas "venu apporter la paix, mais l'épée". Même les dernières paroles du Christ diffèrent. D'après Matthieu et Marc ce serait : "Mon Dieu, mon Dieu, pourquoi m'as-tu abandonné ?" Pour Luc : "Père, je remets mon esprit entre tes mains." Et pour Jean, c'est encore plus simple : "Tout est accompli." »

Thorvaldsen sirota son vin.

« Quant à l'épisode de la résurrection, reprit-il, il est truffé de contradictions. Qui se rend au tombeau ? Qu'y trouve-t-on ? De quel jour de la semaine s'agit-il ? Chaque Évangile donne sa propre version. Quant aux apparitions de Jésus après la résurrection, les témoignages divergent totalement. Ne pensez-vous pas que Dieu aurait fait preuve d'une certaine consistance s'il avait voulu nous communiquer sa parole ?

— Des milliers d'ouvrages ont été consacrés à l'étude de ces variations, précisa Malone.

— C'est vrai, et les inconsistances sont présentes depuis le début – largement ignorées jadis puisque les quatre Évangiles étaient rarement publiés ensemble. Ils ont été disséminés séparément à travers toute la chrétienté, une histoire trouvant davantage d'écho à tel ou tel endroit, ce qui permet d'expliquer les divergences. Rappelez-vous que la raison d'être des Évangiles, c'était de prouver la nature messianique de Jésus dont l'avènement avait été annoncé par l'Ancien Testament, pas de constituer une biographie d'une absolue fidélité.

— Les Évangiles ne sont-ils pas simplement la trace écrite d'une longue tradition orale ? demanda Stéphanie. Les erreurs ne seraient-elles pas normales dans ce cas ?

— Sans aucun doute, admit Cassiopée. Les premiers chrétiens croyaient au retour prochain de Jésus et à la fin du monde, aussi ne voyaient-ils pas l'intérêt de rédiger quoi que ce soit. Mais au bout d'une quarantaine d'années, comme le Sauveur n'était toujours pas revenu sur terre, il devenait important de rendre compte de la vie de Jésus. C'est de cette époque que date l'Évangile le plus ancien, celui de Marc. Ceux de Matthieu et de Luc vinrent ensuite, aux alentours de 80 après J.-C. Celui de Jean est bien postérieur puisqu'il date de la fin du Ier siècle, ce qui explique son originalité par rapport aux trois autres.

— Ne trouveriez-vous pas plus suspect que les quatre Évangiles soient consistants de bout en bout ? demanda Malone.

— Il ne s'agit pas de simples incohérences, répondit Thorvaldsen. Ce sont littéralement quatre versions différentes de la parole divine.

— C'est une question de foi, répéta Stéphanie.

— Encore ce mot, dit Cassiopée. Chaque fois que l'on décèle un problème dans les textes bibliques, la solution est simple : on fait intervenir la notion de foi.

Monsieur Malone, dites-moi, vous qui êtes avocat, si une cour de justice devait se fier aux témoignages de Matthieu, Marc, Luc et Jean pour prouver l'existence de Jésus, conclurait-elle qu'il a réellement existé ?

— Certainement, ils parlent tous les quatre de Jésus.

— Si cette même cour devait déterminer lequel des quatre témoignages est fidèle à la réalité, quelle serait sa sentence ?

— Qu'ils le sont tous.

— Que feriez-vous des variations entre les divers témoignages ? »

Il ne sut que répondre.

« Ernst Scoville s'est un jour livré à une étude, expliquait Thorvaldsen, Lars m'en a parlé. Il a déterminé qu'il existe des variations de l'ordre de dix à quarante pour cent pour chaque passage des Évangiles synoptiques. N'importe lequel. Et avec l'Évangile de Jean, le pourcentage atteint des sommets. La question de Cassiopée est justifiée, Cotton. Ces témoignages peuvent-ils réellement avoir valeur de preuve s'ils se contentent d'établir l'existence d'un personnage appelé Jésus ?

— Les libertés prises par les auteurs des Évangiles avec la tradition orale ne peuvent-elles expliquer leurs contradictions ? demanda Malone.

— C'est une explication logique, poursuivit le vieil homme, mais ce fichu mot "foi" complique la donne. Voyez-vous, pour des millions de fidèles, les Évangiles ne reflètent pas les traditions orales de Juifs radicaux tentant d'instaurer une nouvelle religion, de convertir le maximum de fidèles en ajoutant ou en soustrayant certains détails à leur histoire en fonction de l'époque. Non. Les Évangiles transcrivent la parole de Dieu et la résurrection en est la clé de voûte. Le fait que le

Seigneur sacrifie son fils pour les hommes, le fait que celui-ci ressuscite et monte au ciel différencie le christianisme de toutes les autres religions qui tentaient de s'imposer à l'époque.

— Les Templiers croient-ils à tout cela, Mark ?

— La foi des Templiers est teintée de gnosticisme, admit-il. Le savoir est transmis aux frères par étapes, et celui qui se trouve au sommet de la hiérarchie est le seul à connaître toute la vérité. Mais personne ne dispose de ce savoir depuis la perte du legs des Templiers au moment de la purge, en 1307. Aucun des maîtres qui se sont succédé à partir de cette date n'a eu accès aux archives de l'ordre.

— Quel est aujourd'hui leur point de vue sur Jésus-Christ ?

— L'Ancien et le Nouveau Testaments ont la même valeur aux yeux des Templiers. Ils considèrent que les prophètes juifs de l'Ancien Testament ont prédit l'avènement du Messie et que les auteurs du Nouveau Testament ont rendu compte de l'accomplissement de cette prophétie.

— C'est comme avec les Juifs, renchérit Thorvaldsen, dont je puis parler en connaissance de cause, étant moi-même de confession israélite. Depuis des siècles, les chrétiens répètent que les Juifs n'ont pas su reconnaître le Messie lorsqu'il est venu ; voilà pourquoi, en créant l'Église catholique, Dieu aurait créé un nouvel Israël visant à remplacer l'Israël des Juifs.

— "Que son sang retombe sur nous et sur nos enfants", murmura Malone, citant la formule de Matthieu à propos de l'empressement des Juifs à accepter la responsabilité de la crucifixion.

« Depuis deux mille ans, on se sert de cette phrase

pour justifier les actes antisémites. Que peut espérer de Dieu un peuple qui a refusé de voir en son propre fils le Messie ? Les mots d'un auteur inconnu sont devenus, pour une raison ou une autre, le cri de ralliement de meurtriers.

— Les chrétiens ont fini par faire la coupure avec ce passé, intervint Cassiopée. Ils ont baptisé la première moitié de la Bible Ancien Testament et l'autre, Nouveau Testament. L'un est réservé aux Juifs, l'autre aux chrétiens. Les douze tribus d'Israël de l'un sont devenues les douze apôtres de l'autre. Croyances païennes et juives ont été assimilées après modification. À travers les écrits du Nouveau Testament, Jésus accomplit les prophéties de l'Ancien Testament, prouvant par là même sa nature messianique. Une théorie livrée clefs en main : le bon message fabriqué sur mesure pour le public idéal permettait au christianisme de dominer véritablement le monde occidental. »

Les domestiques apparurent et Cassiopée leur fit signe de débarrasser la table. Ils remplirent les verres et servirent le café.

« Les Templiers croient-ils à la résurrection du Christ ? demanda Malone à Mark au moment où le dernier domestique se retirait.

— Lesquels ? »

Quelle question étrange, songea Malone en haussant les épaules.

« Les Templiers modernes, oui, répondit Mark. À quelques exceptions près, l'ordre applique la doctrine catholique traditionnelle. On procède à certains ajustements pour rester en accord avec la règle, comme c'est le cas dans tous les ordres monastiques. En 1307, en revanche, je n'ai aucune idée de ce à quoi les Templiers croyaient. Les chroniques de l'époque sont laconiques. Comme je vous l'ai dit tout à l'heure, seuls les officiers les plus haut placés auraient pu s'exprimer à ce sujet. La plupart des templiers étaient illettrés. Même Jacques de Molay ne savait ni lire ni écrire. Une poignée d'hommes contrôlaient les croyances du plus grand nombre. Mais bien sûr, le legs des Templiers existait à l'époque, et je suppose que voir, c'était croire.

— En quoi consiste ce fameux legs des Templiers ?

— Si seulement je le savais. Cette information s'est perdue. Les chroniques y font de rares allusions. Je suppose qu'il s'agit d'une preuve des croyances de l'ordre.

— Est-ce la raison qui pousse l'ordre à le retrouver ?

— Les Templiers ne se sont mis en quête de ce document que très récemment. Nous n'avons pas une idée très précise de l'endroit où il pourrait se trouver. Cependant, d'après le maître, mon père était sur la bonne voie.

— Pourquoi de Rochefort est-il à ce point obsédé par l'idée de s'en emparer ?

— Retrouver le legs des Templiers, si ce qu'il contient est important, pourrait bien permettre la réémergence de l'ordre sur la scène mondiale. Le savoir qu'il renferme pourrait également changer la face du monde chrétien. De Rochefort veut venger l'ordre pour l'injustice subie, démasquer l'Église catholique, coupable d'hypocrisie, et laver le nom des Templiers.

— Que voulez-vous dire ? s'écria Malone, perplexe.

— L'une des charges retenues contre l'ordre en 1307 était celle d'idolâtrie. L'ordre aurait vénéré une tête d'homme barbu, accusation qui n'a jamais été prouvée. Cependant, aujourd'hui, les catholiques vénèrent certaines images de façon systématique, dont le suaire de Turin par exemple. »

Malone songea à ce que disait l'un des Évangiles à propos de la mort du Christ : « Ils le descendirent de la croix et l'enveloppèrent d'un linceul », symbole à ce point sacré qu'un pape avait ensuite décrété que l'autel devrait désormais être systématiquement recouvert d'un drap de lin. Le suaire de Turin dont Mark venait de parler était un morceau de drap à chevrons sur lequel apparaissait l'empreinte du corps d'un homme d'un mètre quatre-vingt-un, au nez aquilin, aux cheveux longs séparés par une raie au milieu du crâne, à la barbe fournie, qui présentait des stigmates aux mains, aux pieds, au crâne et d'innombrables marques de lacération sur le dos.

« L'image sur le suaire, reprit Mark n'est pas celle du Christ mais celle de Jacques de Molay. Il fut arrêté en octobre 1307 et, en janvier 1308, il fut crucifié à une porte du Temple de Paris de la même façon que le Christ. Ses geôliers se moquaient de son peu de foi en Jésus le Sauveur. C'est l'inquisiteur général du royaume de France, Guillaume Imbert, qui orchestra cette scène de torture. De Molay fut ensuite enveloppé dans un drap de lin que l'ordre conservait au Temple et utilisait pendant les cérémonies d'intégration. Nous savons aujourd'hui que l'acide lactique et le sang s'écoulant des plaies de Jacques de Molay se sont mêlés à l'encens qui recouvrait le tissu pour dessiner la silhouette. Il existe même un équivalent moderne. En 1981, dans un hôpital anglais, on a découvert sur des draps la trace laissée par le corps d'un patient atteint d'un cancer. »

Malone se remémora la fin des années quatre-vingt, quand l'Église avait enfin rompu avec la tradition et autorisé l'analyse au microscope et la datation au carbone 14 du suaire de Turin. Les résultats indiquaient qu'il ne s'agissait pas d'un croquis et ne révélèrent aucun coup de pinceau. La coloration était incrustée dans les fibres. Quant à la teneur en carbone 14, elle indiquait que le tissu datait non pas du Ier siècle après J.-C, mais d'une période comprise entre la fin du XIIIe siècle et le milieu du XIVe. Beaucoup avaient contesté ces résultats, arguant que l'échantillon était suspect ou avait été prélevé sur une reprise faite sur le suaire d'origine.

« L'image sur le suaire correspond aux traits physiques de Jacques de Molay, expliqua Mark. Il est décrit dans les chroniques. Quand l'Inquisition en a eu fini avec lui, ses cheveux avaient dû pousser, sa barbe était devenue broussailleuse. Le drap qui enveloppait le corps du maître fut emporté par l'un des parents de Geoffroy de Charney. De Charney mourut sur le bûcher en 1314 en compagnie de de Molay. Sa famille conserva le suaire comme une relique et remarqua par la suite l'image imprimée dessus. L'image du suaire apparut pour la première fois sur un médaillon religieux datant de 1338 et fut exhibée pour la première fois en 1357. En le voyant, les gens ont immédiatement associé l'image à celle du Christ et la famille de Charney ne fit rien pour les détromper. C'est à la fin du XVIe siècle que l'Église s'empara du suaire qui fut déclaré acheiropoïète, c'est-à-dire "non fait de main d'homme", et en fit une sainte relique. De Rochefort veut le récupérer. Il appartient à l'ordre, pas à l'Église.

— Quelle idiotie, s'exclama Thorvaldsen en secouant la tête.

— Il raisonne ainsi.

— J'ai trouvé la leçon de théologie fascinante, Henrik, s'exclama Stéphanie, agacée, mais j'attends toujours que vous me révéliez la vérité sur les événements auxquels nous assistons.

— Quel boute-en-train vous faites, fit le Danois en souriant.

— Mettez ça sur le compte de ma personnalité pétillante. Je vais être claire, fit-elle en sortant son téléphone. Si je n'obtiens pas certaines réponses dans les minutes qui viennent, j'appelle Atlanta. J'en ai soupé de Raymond de Rochefort ; je vais rendre publique notre petite chasse au trésor et mettre un terme à ces absurdités.

47

Malone tressaillit à ces mots. Il se demandait à quel moment Stéphanie perdrait patience.

« Tu ne peux pas faire ça, protesta Mark. La dernière chose dont nous ayons besoin, c'est que le gouvernement américain s'en mêle.

— Pourquoi pas ? rétorqua sa mère. On devrait faire une descente dans cette abbaye. Ses activités ne me paraissent pas très catholiques.

— Au contraire, intervint Geoffrey, visiblement ému. Elle est le refuge d'êtres d'une grande piété. Les frères Templiers se consacrent au Seigneur. Ils consacrent leur vie à vénérer le Seigneur.

— Et entre deux prières, ils apprennent le maniement des explosifs, le combat à mains nues et deviennent tireurs d'élite. C'est un peu paradoxal, vous ne trouvez pas ?

— Pas du tout, déclara Thorvaldsen. Les premiers templiers se consacraient à Dieu tout en représentant une puissance militaire phénoménale.

— Nous ne sommes plus au XIIIe siècle, rétorqua Stéphanie que l'intervention de Thorvaldsen laissait froide. De Rochefort a une idée en tête et les moyens d'aller jusqu'au bout. De nos jours, les individus dans son genre s'appellent des terroristes.

— Tu n'as pas changé d'un iota, siffla Mark.

— Non, c'est vrai. Je continue à croire que les organisations occultes qui possèdent de l'argent, des armes et des motivations politiques sont une source de problèmes. Mon travail consiste à m'en occuper.

— Cette affaire n'a rien à voir avec toi.

— Pourquoi ton maître m'a-t-il impliquée dans ce cas ? »

Bonne question, songea Malone.

« Tu ne comprenais rien du vivant de papa, et tu ne comprends toujours rien.

— Éclaire ma lanterne, je t'en prie.

— Monsieur Malone, intervint Cassiopée d'un ton aimable, aimeriez-vous voir le chantier du château fort ? »

Leur hôtesse voulait manifestement lui parler seule à seul. Pourquoi pas ? Il avait lui-même quelques questions à lui poser. « J'adorerais.

— Alors, je vais vous le montrer, annonça Cassiopée en se levant de table. Cela donnera l'occasion aux autres de bavarder tranquillement – ce qui me semble impératif. Faites comme chez vous, je vous en prie. M. Malone et moi-même serons de retour dans un moment. »

Malone suivit Cassiopée dehors ; il faisait un temps superbe. Ils flânèrent le long du sentier ombragé menant au parking puis au chantier.

« Lorsque nous aurons terminé, un château fort du

XIIIe siècle se dressera là, exactement comme s'il avait été bâti il y a sept siècles.

— C'est un projet grandiose.

— Les projets grandioses, ça me connaît. »

Ils pénétrèrent sur le chantier par un large portail en bois et entrèrent dans ce qui ressemblait à une grange aux murs de grès où se faisait l'accueil du public. Dehors montaient des odeurs de poussière, on apercevait des chevaux et des débris sur le chantier où s'affairaient une centaine de personnes.

« Toutes les fondations du périmètre ont été coulées et le mur-rideau ouest avance bien, indiqua Cassiopée en pointant tour à tour dans différentes directions. Nous nous apprêtons à entamer les tours d'angle et le bâtiment central. Mais cela prend du temps. Nous devons façonner les briques, tailler la pierre, le bois, et fabriquer le mortier exactement comme il y a sept siècles, en nous servant des mêmes techniques, des mêmes outils, vêtus comme au Moyen Âge.

— Les ouvriers mangent comme il y a sept siècles aussi ?

— Nous faisons certaines concessions à la modernité », rectifia Cassiopée en souriant.

Elle lui fit traverser le site et, après avoir gravi une pente abrupte, ils se retrouvèrent en haut d'un petit promontoire d'où l'on bénéficiait d'un point de vue imprenable sur le chantier.

« Je viens souvent ici. Cent vingt ouvriers et ouvrières travaillent à plein temps.

— Ça en fait, des salaires à verser.

— Un modeste prix à payer pour voir l'histoire revivre sous nos yeux.

— L'Ingénieur : c'est comme ça que l'on vous appelle ?

— L'équipe m'a baptisée ainsi. Je maîtrise les techniques de construction du Moyen Âge. Je suis à l'origine de ce projet.

— Vous savez, d'un côté vous êtes d'une incroyable arrogance et de l'autre vous avez une conversation passionnante.

— Je me rends compte que ma remarque au déjeuner à propos du fils de Henrik était inappropriée. Pourquoi ne vous êtes-vous pas défendu ?

— À quoi cela aurait-il servi ? Vous ne saviez pas de quoi vous parliez.

— Je vais m'efforcer de ne plus porter de jugement à partir de maintenant.

— J'en doute, gloussa-t-il, et puis je ne suis pas si susceptible que ça. Je me suis forgé une cuirasse il y a bien longtemps. C'est indispensable si l'on veut survivre dans ce métier.

— Mais vous avez quitté votre poste, non ?

— On ne quitte jamais vraiment son poste. On s'efforce simplement d'éviter de se trouver dans la ligne de mire autant que possible.

— Alors, c'est en tant qu'ami que vous prêtez main-forte à Stéphanie Nelle ?

— Choquant, n'est-ce pas ?

— Pas du tout. À vrai dire, c'est tout à fait vous.

— Comment le sauriez-vous ? demanda-t-il, curieux.

— À partir du moment où Henrik m'a demandé mon aide, j'ai appris un certain nombre de choses à votre sujet. J'ai des amis dans votre ancienne profession. Ils ont tous une haute opinion de vous.

— Ravi d'apprendre qu'ils se souviennent de moi.

— Êtes-vous bien renseigné à mon sujet ?
— Juste les grandes lignes.
— Je suis très spéciale.
— Vous devez très bien vous entendre avec Henrik, dans ce cas.
— Je vois que vous le connaissez bien, fit-elle avec un sourire.
— Et vous, le connaissez-vous depuis longtemps ?
— Depuis l'enfance, c'était un ami de mes parents. Il y a des années de cela, il m'a parlé de Lars Nelle. Son travail m'a fascinée et je suis devenue son ange gardien, même s'il voyait le diable en moi. Malheureusement, je n'ai rien pu faire pour lui pendant sa dernière journée sur terre.
— Étiez-vous présente ? »
Elle secoua la tête. « Il s'est rendu dans les Pyrénées. J'étais chez moi lorsque Henrik m'a appelée pour m'annoncer qu'on avait découvert le corps.
— S'est-il suicidé ?
— Lars était malheureux, c'était évident. Frustré aussi. Tous ces amateurs qui s'étaient emparés de son œuvre et l'avaient dénaturée... L'énigme qu'il cherchait à résoudre lui donnait du fil à retordre depuis longtemps. Alors oui, c'est possible.
— De quoi le protégiez-vous ?
— Ils étaient nombreux à vouloir marcher sur ses plates-bandes. Pour la plupart, c'étaient des chasseurs de trésors ambitieux, quelques opportunistes aussi ; et puis, les hommes de de Rochefort ont fait leur apparition. Heureusement, j'ai toujours réussi à leur cacher ma présence.
— De Rochefort est désormais maître de l'ordre.
— Cela explique qu'il redouble d'efforts, fit Cassio-

pée en fronçant les sourcils. Il dispose désormais de toutes les ressources des Templiers. »

Elle ne semblait rien savoir de Mark Nelle ni de l'endroit où il avait passé ces cinq dernières années et Malone la mit au courant. « De Rochefort a battu Mark à l'élection du nouveau maître.

— Ils en font une affaire personnelle, alors ?

— Cela joue certainement. » Mais ce n'est pas tout, songea-t-il en observant une charrette tirée par un cheval se diriger vers l'un des murs du château.

« Les travaux du jour font partie du spectacle donné pour les touristes, expliqua Cassiopée en remarquant son intérêt. Nous reprenons les choses sérieuses dès demain.

— Le panneau à l'entrée explique qu'il faudra trente ans pour achever la construction.

— Au bas mot. »

Cassiopée avait raison : elle était très spéciale.

« J'ai intentionnellement laissé le journal de Lars à de Rochefort, en Avignon.

— Pourquoi ? s'écria Malone, abasourdi par la nouvelle.

— Henrik souhaitait s'entretenir en privé avec les Nelle. Voilà pourquoi nous sommes ici. Vous êtes un homme d'honneur, d'après lui. Je peux compter sur les doigts de la main les gens à qui je fais confiance, et Henrik est l'un d'eux. Aussi vais-je le croire sur parole et vous révéler certaines informations que personne d'autre ne connaît. »

Mark Nelle écoutait avec attention les explications de Thorvaldsen. Sa mère avait l'air intéressée, elle aussi, mais Geoffrey avait le regard fixe et semblait être ailleurs.

« L'heure est venue de prendre réellement la mesure des théories de Lars, annonça Henrik à Stéphanie. Contrairement à ce que vous pensiez, ce n'était pas un cinglé en quête d'un trésor. Ses recherches reposaient sur un fondement sérieux.

— Je vais ignorer votre insulte car j'ai vraiment envie d'entendre ce que vous allez dire.

— Lars avait une thèse simple qui devait beaucoup à Ernst Scoville, reprit Henrik en lui lançant un regard agacé. Ernst avait formulé des hypothèses originales sur les Évangiles et en particulier sur leur façon d'évoquer la résurrection. Cassiopée y a fait allusion tout à l'heure.

« Commençons par l'Évangile de Marc, le plus ancien, rédigé aux environs de 70 après J.-C, peut-être le seul dont disposaient les chrétiens après la mort du Christ. Sur les six cent soixante-cinq versets qui le composent, seuls huit sont consacrés à la résurrection. Cet événement des plus remarquables ne fait l'objet que d'une brève mention. Pourquoi ? La réponse est simple : à l'époque où l'Évangile de Marc fut rédigé, l'histoire de la résurrection était encore sommaire et cet Évangile s'achève sur une ambiguïté, sans que l'on sache si les disciples croient au retour de Jésus d'entre les morts. En revanche, il raconte que les disciples s'enfuient. Marc ne fait allusion qu'à la présence des femmes qui ignorent l'ordre qui leur est donné de demander aux disciples de se rendre en Galilée où le Christ ressuscité doit les rejoindre. Déconcertées, elles s'enfuient sans rien dire à personne de ce qu'elles ont vu. Pas d'anges dans cette version, mais un jeune homme vêtu de blanc leur annonce qu'"il est ressuscité". Pas de gardes, ni de suaire, ni d'apparition du Seigneur ressuscité. »

Thorvaldsen disait vrai, Mark le savait pour avoir étudié cet Évangile en détail.

« Le témoignage de Matthieu fut rédigé une décennie plus tard. À l'époque, les Romains s'étaient déjà livrés au sac de Jérusalem et à la destruction du Temple. Bien des Juifs avaient trouvé refuge dans les territoires grecs. Les Juifs orthodoxes restés en Terre sainte voyaient la secte émergente des Juifs chrétiens d'un mauvais œil, la trouvant aussi gênante que les Romains eux-mêmes. Il existait de l'animosité entre les deux communautés. L'Évangile de Matthieu fut certainement rédigé par l'un de ces copistes anonymes appartenant à la secte des Juifs chrétiens. L'Évangile de Marc n'avait pas répondu à un certain nombre de questions et Matthieu modifia le récit pour qu'il corresponde à son époque troublée.

« Dans sa version, c'est un ange qui annonce la résurrection. Il se produit un tremblement de terre, l'ange descend, il a l'aspect d'un éclair. Les gardes sont foudroyés. L'ange fait rouler la pierre sur laquelle il s'installe. Chez les femmes, la terreur laisse rapidement place à la joie. Contrairement à ce qui se produit dans la version de Marc, dans l'Évangile de Matthieu, elles se précipitent pour avertir les disciples de ce qui vient de se produire et se trouvent confrontées au Christ ressuscité qui est décrit ici pour la première fois. Et que font les femmes ?

— Elles se jettent à ses pieds, se prosternent devant lui, répondit Mark dans un souffle. Par la suite, Jésus apparaît à ses disciples et proclame : "Tout pouvoir m'a été donné dans le ciel et sur la terre." Il leur dit qu'il sera pour toujours avec eux.

— Quelle différence ! s'exclama Thorvaldsen. Le Messie juif appelé Jésus est devenu Christ aux yeux du monde. Avec Matthieu, tout est plus vivant. Et miraculeux aussi. Et puis, vient l'Évangile de Luc, vers 80 ou 90 après J.-C. À cette époque, le fossé avec le judaïsme s'était encore creusé et Luc a radicalement modifié l'épisode de la résurrection pour correspondre à ce changement. Ce sont à nouveau les femmes qui se rendent au tombeau, mais le trouvant vide, elles vont en avertir les disciples. À l'arrivée de Pierre, il ne reste que les linges funéraires dans le sépulcre. Luc rapporte alors une histoire inédite : sur le chemin d'Emmaüs, Jésus rencontre deux de ses disciples qui ignorent sa véritable identité. C'est au cours du repas qu'il est reconnu et il disparaît aussitôt. Par la suite, il apparaît aux disciples réunis qui, effrayés, croient voir un fantôme ; il partage leur repas avant de disparaître. Luc est le seul à raconter l'ascension de Jésus. Que constate-t-on ? Un sentiment d'extase est venu s'ajouter à la figure du Christ ressuscité. »

Mark avait lu une analyse semblable des Saintes Écritures dans les archives de l'abbaye. Les érudits étudiaient la parole divine depuis des siècles, compilaient les erreurs, évaluaient les contradictions et formulaient des hypothèses sur les différences au niveau des noms, des dates, des lieux et des événements.

« Et puis, il y a le témoignage de Jean, reprit Thorvaldsen, l'Évangile le plus tardif, rédigé vers l'an 100 après J.-C. Sa description du Christ est tellement différente qu'il pourrait s'agir de quelqu'un d'autre. Selon lui, Jésus n'est pas né à Bethléem, mais à Nazareth. Selon les Évangiles synoptiques, son ministère aurait duré trois ans, mais, d'après Jean, il n'a duré qu'un an. Dans l'Évangile selon Jean, la Cène a lieu la veille de la Pâque et la crucifixion le jour du sacrifice de l'agneau pascal, contrairement à ce qu'annoncent les autres Évangiles. Pour Jean, l'épisode où Jésus chasse les marchands du Temple a lieu non pas après le dimanche des rameaux mais au début de son ministère.

« Chez Jean, Marie-Madeleine se rend seule au sépulcre et le trouve vide. Il ne lui vient même pas à l'idée qu'il ait pu ressusciter ; elle croit que le corps de Jésus a été dérobé. Ce n'est que lorsqu'elle retourne au tombeau accompagné de Pierre et de "l'autre disciple" que les deux anges lui apparaissent avant de se transformer en Jésus lui-même.

« Qui se rend vraiment au sépulcre ? Avez-vous remarqué comme ce détail a changé au fil du temps ? Le jeune homme vêtu de blanc de Marc est devenu l'ange éclatant de Matthieu, deux anges chez Luc et deux anges qui se muent en Christ sous la plume de Jean. Et le Seigneur ressuscité apparaît-il sur la montagne le premier jour de la semaine, comme on le dit à tous les chrétiens ? Non, pas d'après Marc ni d'après Luc. D'après Matthieu, oui. Jean dit d'abord que non, mais le Seigneur apparaît plus tard à Marie-Madeleine. Ce qui s'est passé est clair comme de l'eau de roche : au fil du temps, la résurrection est devenue de plus en plus miraculeuse pour mieux correspondre à l'évolution du monde.

— Je suppose, intervint Stéphanie, que vous n'adhérez pas au principe de l'infaillibilité biblique ?

— Il n'y a rien de littéral dans la Bible. C'est un conte truffé de contradictions que seule la foi permet d'expliquer. Cela devait marcher il y a mille ans, peut-être encore il y a cinq siècles, mais cette explication n'est plus acceptable aujourd'hui. L'homme moderne remet en cause ce genre de concept. C'est ce que faisait votre mari.

— Que cherchait-il à accomplir, exactement ?

— L'impossible, murmura Mark.

— Pourtant cela ne l'a jamais arrêté », remarqua sa mère en lui jetant un regard étrangement bienveillant. Sa voix était grave, mélodieuse, comme si elle venait de comprendre une vérité qui lui aurait longtemps échappé. « Si cela se trouve, il poursuivait un rêve merveilleux.

— Un rêve fondé, la reprit Mark. Les Templiers possédaient jadis le savoir que papa recherchait. Ils lisent et étudient encore à l'heure actuelle les textes apocryphes. Évangile de Philippe, Actes de Barnabé, Actes de Pierre, Épîtres des apôtres, Livre secret de Jean, Évangile de Marie, Didachè. Et l'Évangile de Thomas, peut-être à leurs yeux le plus fidèle aux paroles de Jésus puisqu'il n'a pas fait l'objet de multiples traductions. Beaucoup de ces textes – hérétiques selon certains – sont extrêmement instructifs. Voilà ce qui distinguait les Templiers. La véritable source de leur pouvoir, ce n'était ni la richesse ni la puissance, mais le savoir. »

À l'ombre des majestueux peupliers qui parsemaient le promontoire, dont le feuillage était agité par une légère brise qui atténuait la brûlure du soleil, Malone se remémorait certains après-midi d'automne à la plage. Il attendait que Cassiopée lui révèle ces fameuses informations que personne ne connaissait. « Pourquoi avoir laissé de Rochefort s'emparer du journal de Lars ?

— Parce qu'il est sans valeur, répondit-elle, une lueur d'amusement traversant ses yeux noirs.

— Je croyais qu'il renfermait les pensées intimes de Lars, des informations jamais publiées. La clé de toute l'histoire.

— Certains détails sont véridiques, mais ils ne sont la clé de rien du tout. Lars l'a écrit à l'intention des Templiers.

— Claridon était-il au courant ?

— J'en doute. Lars était un homme secret. Il ne se livrait jamais entièrement. Il a déclaré un jour que seuls les paranoïaques pouvaient survivre dans son métier.

— Comment êtes-vous au courant ?

— Henrik s'était aperçu du subterfuge. Sans entrer dans les détails, Lars lui avait parlé de ses rencontres avec les Templiers. Il a même cru s'entretenir avec le maître de l'ordre, à certaines occasions. Ils ont eu plusieurs conversations, mais au fil du temps, de Rochefort est devenu de plus en plus présent. C'était quelqu'un de complètement différent. Plus agressif, moins tolérant. Aussi Lars a-t-il imaginé ce journal pour monopoliser l'attention de de Rochefort – stratagème assez proche de ceux de Saunière, d'ailleurs.

— Le maître templier en était-il conscient ? Lorsqu'on a amené Mark à l'abbaye, il était en possession du carnet. Le maître l'a gardé sous clé jusqu'au mois dernier, date à laquelle il l'a fait parvenir à Stéphanie.

— Difficile à dire. Mais s'il a envoyé le carnet à Stéphanie, il est possible que le maître ait pensé que de Rochefort essaierait de faire main basse dessus. Il souhaitait de toute évidence impliquer Stéphanie et quel meilleur moyen de le faire que de l'allécher avec ce journal ? »

Il fallait bien admettre que c'était malin, et cela avait marché.

« Le maître devait penser que Stéphanie se servirait des moyens considérables mis à sa disposition pour faire avancer la quête, expliqua Cassiopée.

— Il ne connaissait pas Stéphanie. Une vraie tête de mule. Il ignorait qu'elle essaierait de s'en sortir seule.

— Mais vous étiez là pour l'aider.

— Je suis un sacré veinard.

— Oh, ce n'est pas si terrible. Si cela s'était passé autrement, nous ne nous serions jamais rencontrés.

— C'est bien ce que je disais, je suis un sacré veinard.

— Je prends vos paroles comme un compliment. Sinon, je pourrais me vexer.

— Je doute que vous vous froissiez si aisément.

— Vous vous êtes bien débrouillé à Copenhague. Et à Roskilde aussi.

— Vous étiez dans la cathédrale ?

— Un moment, mais j'ai pris la poudre d'escampette lorsque la fusillade a éclaté. Il m'aurait été impossible de vous aider sans révéler ma présence, ce que Henrik ne souhaitait pas.

— Que serait-il arrivé si je n'avais pas réussi à maîtriser ces hommes ?

— Vous ? Allons donc, lança-t-elle en souriant. Dites-moi, avez-vous été impressionné de voir ce moine se jeter du haut de la Tour ronde ?

— Ce n'est pas un spectacle banal.

— Il a respecté son serment. Pris au piège, il a préféré mourir que de risquer de mettre l'ordre en danger.

— J'avais dit à Henrik que Stéphanie passerait me

voir ; c'est ce qui vous a poussée à venir sur place, je suppose.

— En partie. Après le décès accidentel d'Ernst Scoville, j'ai appris par les aînés de Rennes-le-Château qu'il s'était entretenu avec Stéphanie et qu'elle venait en France. Ce sont tous des fanatiques de la légende de Rennes-le-Château qui passent leurs journées à jouer aux échecs et à élaborer des théories sur Saunière. Ils vivent dans un monde où tout n'est que conspiration. Scoville s'était vanté de pouvoir récupérer le carnet de Lars. Il n'aimait pas Stéphanie, contrairement à ce qu'il lui avait laissé croire. Lui non plus ne semblait pas savoir que le journal était en grande partie sans intérêt. J'ai trouvé sa mort suspecte et j'ai contacté Henrik. Nous avons décidé qu'il valait mieux que je me rende au Danemark.

— Et Avignon ?

— J'avais une source à l'asile. Personne ne prenait Claridon pour un fou. Pour un personnage fourbe, indigne de confiance, un opportuniste, soit. Mais pas pour un fou. Alors je l'ai surveillé jusqu'à ce que vous veniez le récupérer. Henrik et moi savions qu'il y avait quelque chose dans les archives du palais, mais nous n'avions pas d'idée plus précise sur sa nature. Comme Henrik l'a fait remarquer pendant le déjeuner, Mark et lui ne s'étaient jamais rencontrés. Mark était beaucoup plus difficile à gérer que son père. Ses recherches étaient occasionnelles, c'était une activité qui lui permettait peut-être de faire vivre la mémoire de son père. S'il a trouvé quelque chose, il l'a gardé pour lui. Claridon et lui se sont vus pendant un temps, mais de manière plutôt épisodique. Et puis, lorsque Mark a disparu dans l'avalanche et que Claridon s'est réfugié à l'asile, Henrik et moi avons tout arrêté.

— Jusqu'à aujourd'hui.

— La quête a repris et, cette fois, nous atteindrons peut-être notre but. »

Malone attendit qu'elle s'explique.

« Nous avons le livre de Stüblein ainsi que le tableau de Valdés Leal. Ensemble, nous serons peut-être capables de déterminer ce que Saunière a découvert puisque nous sommes les premiers à disposer de tant de pièces du puzzle.

— Et qu'allons-nous faire si nous découvrons quelque chose ?

— La musulmane en moi aimerait faire partager sa découverte au monde entier. La réaliste que je suis hésite. Au fil des siècles, le christianisme a fait preuve d'une arrogance écœurante. Pour lui, toute autre religion n'est qu'une imitation. C'est vraiment incroyable. Son étroitesse d'esprit a modelé toute l'histoire de l'Occident. L'art, l'architecture, la musique, les lettres, la société elle-même sont devenus les esclaves du christianisme. Cette religion a fini par modeler à elle seule la civilisation occidentale, et tout cela n'est peut-être fondé que sur un mensonge. Vous n'avez pas envie de savoir ?

— Je ne suis pas quelqu'un de très croyant. »

Un sourire se dessina de nouveau sur ses lèvres fines. « Mais vous êtes curieux. Henrik parle de votre courage et de votre intelligence avec déférence. Un bibliophile doté d'une mémoire eidétique. Association intéressante.

— Et en plus, je suis bon cuisinier.

— Je ne suis pas dupe, fit-elle en gloussant. Je suis

sûre que découvrir le legs des Templiers signifierait quelque chose pour vous.

— Disons que ce serait une trouvaille peu banale.

— Parfait, restons-en là. Mais j'ai hâte de voir votre réaction si nous réussissons.

— Vous êtes à ce point persuadée qu'il y a quelque chose à trouver ?

— Le trésor est là, quelque part, déclara Cassiopée en désignant d'un geste ample la chaîne des Pyrénées qui courait à l'horizon. Si Saunière a pu le trouver, nous en sommes capables, nous aussi. »

« La Bible n'est pas à prendre au sens littéral, précisa Stéphanie en repensant aux propos de Thorvaldsen.

— Nombre de courants religieux chrétiens seraient en désaccord avec cette déclaration, répondit le vieil homme. Pour eux, la Bible renferme la parole de Dieu.

— Mark, ton père était-il de cet avis ?

— Nous avons débattu sur ce point à maintes reprises. Au début, j'étais croyant et je contestais son point de vue. Mais j'ai fini pas me ranger à son opinion. C'est un livre de fables, d'histoires merveilleuses destinées à guider les gens sur le droit chemin. Elles sont empreintes d'une certaine grandeur si l'on s'en tient à leur morale. Peu importe qu'il s'agisse de la parole divine ; que la vérité transmise soit intemporelle suffit amplement.

— Élever Jésus au rang de divinité permettait simplement de donner davantage de poids au message, renchérit Thorvaldsen. Après que la religion organisée eut pris le dessus aux IIIe et IVe siècles après J.-C, on a ajouté tant de détails à la légende qu'il est aujourd'hui impossible d'en distinguer l'essence. Lars voulait changer tout cela. Il voulait découvrir ce que les Templiers possédaient jadis. Lorsqu'il a entendu parler de Rennes-le-Château pour la première fois il y a des années, il s'est tout de suite dit que le trésor de Saunière ne pouvait être que le legs des Templiers. Et il a consacré sa vie à résoudre l'énigme de Rennes-le-Château.

— Qu'est-ce qui vous fait croire que les Templiers ont caché certains documents ? insista Stéphanie, toujours pas convaincue. N'ont-ils pas tous été rapidement arrêtés ? Auraient-ils pu trouver le temps de cacher quoi que ce soit ?

— Ils s'étaient préparés, expliqua Mark. Les chroniques sont formelles. L'action de Philippe le Bel avait un précédent. Un siècle plus tôt, un incident s'était produit avec l'empereur Frédéric II. En 1228, il s'était rendu en Terre sainte mais, excommunié, ne pouvait mener de croisade. Les Templiers et les Hospitaliers restèrent fidèles au pape et refusèrent de lui obéir. Seuls les chevaliers teutoniques le soutinrent. Il finit par négocier la restitution partielle de Jérusalem par les Sarrasins. Selon les termes de ce traité, le Temple, qui abritait le quartier général des Templiers, restait aux mains des musulmans. On imagine ce que les Templiers pensaient de lui. Il était tout aussi amoral que Néron et universellement honni. Il tenta même d'enlever le maître de l'ordre. Et lorsqu'il quitta la Terre sainte en 1229, sur le chemin d'Acre, les autochtones le bombardèrent d'excréments. Il haïssait les Templiers pour leur manque de loyauté et, à son retour en Sicile, il s'empara de leurs biens et procéda à de nombreuses arrestations dans les rangs de l'ordre. Cet épisode est retranscrit dans les chroniques.

— L'ordre se tenait donc prêt ? demanda Thorvaldsen.

— Il avait déjà fait l'expérience directe de l'hostilité d'un souverain. Philippe le Bel était du même genre que l'empereur Frédéric II. Jeune homme, il avait émis le souhait d'entrer dans l'ordre mais n'avait pas été admis, et il en voulut toute sa vie à la confrérie. Au début de son règne, les Templiers lui sauvèrent la vie quand le peuple se révolta contre sa décision de dévaluer la monnaie. Il se réfugia au Temple, à Paris. À la suite de cet incident, il se sentit redevable envers les Templiers, sentiment que les monarques n'aiment guère. Oui, l'ordre se tenait prêt, le 13 octobre 1307. Malheureusement, aucun détail concernant les préparatifs n'apparaît dans les registres. Papa a consacré son existence à essayer de résoudre ce mystère, conclut Mark en dévisageant sa mère.

— La recherche le passionnait, n'est-ce pas ? constata Thorvaldsen.

— C'était l'une des rares sources de joie dans sa vie, répondit Mark sans quitter sa mère des yeux. Il voulait rendre sa femme heureuse tout en étant heureux lui-même mais il a malheureusement échoué. Alors, il a choisi de tirer sa révérence. Il a décidé de nous quitter.

— Je n'ai jamais voulu croire à son suicide, déclara Stéphanie.

— Le doute planera éternellement, n'est-ce pas ?

— Peut-être pas, intervint Geoffrey en levant les yeux pour la première fois. Le maître a dit que vous apprendriez peut-être la vérité sur sa mort.

— Que savez-vous ? demanda Stéphanie.

— Je ne sais que ce que le maître m'a révélé.

— Que t'a-t-il dit au sujet de mon père ? » La colère se lisait sur le visage de Mark. Stéphanie ne se rappelait pas l'avoir vu dans cet état à cause de quelqu'un d'autre qu'elle.

« C'est vous qui devrez le découvrir. Je l'ignore, dit le jeune homme d'une voix étrange, caverneuse, d'un ton conciliant. Le maître m'avait recommandé de me montrer tolérant face à votre émotion. Vous êtes mon aîné et il a bien insisté pour que je fasse preuve de respect à votre égard.

— Vous seul semblez posséder des réponses.

— Non, madame. Je ne puis que vous mettre sur la voie. Les réponses, d'après le maître, ne peuvent venir que de vous tous. »

48

Malone suivit Cassiopée dans une salle au haut plafond avec poutres apparentes, tendue de tapisseries représentant cuirasses, épées, lances, casques et boucliers. Une cheminée de marbre noir dominait la pièce illuminée par un chandelier qui brillait de mille feux. Les quatre autres se joignirent à eux directement depuis la salle à manger et Malone ne put s'empêcher de remarquer leur mine sérieuse. Il aperçut alors, placée sous un alignement de fenêtres à meneaux, une table en acajou où s'entassaient livres, documents et photographies.

« L'heure est venue de voir si nous sommes capables d'atteindre certaines conclusions, déclara Cassiopée. Sur cette table, vous trouverez tous les documents en ma possession concernant le sujet qui nous intéresse. »

Malone expliqua aux autres que certaines des informations contenues dans le journal de Lars étaient fausses.

« Cela inclut-il ses réflexions personnelles ? demanda Stéphanie. Certaines pages prélevées par le maître dans le carnet parlaient de moi.

— Vous êtes la seule à pouvoir nous dire si ce qu'elles contiennent est véridique, rétorqua Cassiopée.

— Cassiopée a raison, renchérit Thorvaldsen. La majeure partie du journal n'est pas authentique. Lars l'avait fabriqué pour attirer les Templiers.

— Encore une information que vous avez oublié de nous communiquer à Copenhague, lança Stéphanie de nouveau agacée.

— L'important, c'est que de Rochefort ait cru qu'il était authentique, poursuivit Thorvaldsen sans se démonter.

— Espèce de salaud, nous aurions pu être tués en tentant de le récupérer !

— Mais vous êtes toujours là. Cassiopée gardait un œil sur vous.

— Votre décision n'en devient pas légitime pour autant.

— Dites-moi, Stéphanie, n'avez-vous jamais caché certaines informations à vos agents ? »

Elle se retint de répliquer.

« Il a raison », renchérit Malone.

Stéphanie le dévisagea.

« Combien de fois ne m'avez-vous livré qu'une partie de l'histoire ? Combien de fois me suis-je plaint après coup d'avoir frôlé la mort à cause de ça ? Et que me répondiez-vous ? “Il faut vous y faire”. C'est la même chose cette fois, Stéphanie. Ça ne me plaît pas plus qu'à vous, mais je m'y suis fait.

— Arrêtons de nous chamailler, voulez-vous, et voyons si nous pouvons établir la nature du trésor découvert par Saunière, proposa Cassiopée.

— Par où commencer, à votre avis ?

— Je pense que la stèle de Marie d'Hautpoul de Blanchefort ferait un excellent point de départ puisque nous disposons du livre de Stüblein que Henrik a acheté aux enchères. Il est ouvert à la bonne page », indiqua-t-elle.

Ils s'approchèrent tous de la table pour examiner le croquis.

« Claridon l'a analysé pour nous en Avignon », expliqua Malone en leur parlant de la date du décès erronée – 1681 au lieu de 1781 –, de la suite de chiffres romains – MDCOLXXXI – comportant un zéro et de l'autre suite de chiffres romains – LIXLIXL – gravée dans le coin inférieur droit de la stèle.

Mark inscrivit 1681 et 59, 59, 50 sur un bloc-notes. « Voici la transcription en chiffres arabes. J'ignore le zéro dans la date puisqu'il ne fait pas partie des chiffres romains, Claridon a raison.

— Selon lui, on s'est servi de lettres grecques pour écrire des mots latins, dit Malone en désignant les lettres sur l'autre stèle. En convertissant les lettres, il a obtenu la phrase *Et in arcadia ego*. D'après lui, il pourrait s'agir d'une anagramme puisque la phrase telle quelle n'a aucun sens. »

Mark étudia la phrase avec attention, avant de demander à Geoffrey de lui faire passer le sac à dos d'où il tira une serviette soigneusement pliée. Il défit le paquet avec précaution et en sortit un petit codex aux pages pliées, cousues ensemble et protégées par une reliure : un vélin, si Malone ne se trompait pas. Il n'en avait jamais eu un entre les mains.

« J'ai trouvé cet ouvrage dans les archives de l'abbaye il y a quelques années, juste après avoir pris mes fonctions de sénéchal. Il a été rédigé en 1542 par l'un des copistes du monastère. C'est une excellente reproduction d'un manuscrit du XIVe siècle qui relate comment l'ordre s'est reformé après la purge. Il parle aussi de la période entre décembre 1306 et mai 1307 durant laquelle Jacques de Molay se trouvait en France sans que l'on sache précisément ce qu'il y fit. »

Mark ouvrit doucement le volume ancien et le feuilleta avec précaution jusqu'à ce qu'il tombe sur le passage qu'il cherchait. Le script en latin courait sur la page en une série de boucles et de fioritures. Les lettres s'imbriquaient les unes dans les autres puisque le copiste ne levait jamais la plume.

« Écoutez ceci, dit Mark :

> Notre maître, le très révérend et dévoué Jacques de Molay, a reçu l'émissaire de Sa Sainteté le pape le 6 juin 1306 avec la pompe et la courtoisie dues aux personnes de son rang. Le message transmis spécifiait que Sa Sainteté le pape Clément V exigeait la présence de maître de Molay en France. Notre maître avait l'intention d'obéir à cet ordre et préparait son départ, quand, avant de quitter Chypre où l'ordre avait établi son quartier général, il apprit que le commandeur des Hospitaliers, lui aussi convoqué, refusait d'obéir, arguant que sa présence à l'abbaye était indispensable en temps de guerre. Le maître en conçut d'énormes soupçons et consulta ses officiers. Sa Sainteté recommandait également au maître de voyager incognito avec une escorte réduite. Ce détail suscita davantage d'interrogations : pourquoi Sa Sainteté le pape se mêlait-elle des déplacements du maître ? Puis on présenta à de Molay un étrange document intitulé *De recuperatione Terrae sanctae* concernant la reconquête de la Terre sainte. Le manuscrit, rédigé par l'un des hommes de loi de Philippe le Bel, jetait les bases d'une nouvelle croisade de grande ampleur menée par un souverain guerrier dans le but de reprendre la Terre sainte aux infidèles. Affront direct aux projets de notre ordre, cette proposition poussa notre maître à s'in-

terroger sur les raisons de sa convocation à la cour du roi de France. Notre maître révéla qu'il concevait une grande méfiance à l'égard du monarque, même si la rendre publique hors de l'enceinte de l'abbaye reviendrait à faire preuve de bêtise et de grossièreté. Par précaution, en homme prudent qui gardait en mémoire la traîtrise dont avait jadis fait preuve Frédéric II, notre maître décida que notre fortune et notre savoir devraient être mis à l'abri. Il espérait se tromper mais ne voyait aucune raison d'être pris au dépourvu. Il convoqua frère Gilbert de Blanchefort et lui ordonna d'emporter le trésor sans attendre. « Nous, dirigeants de l'ordre, sommes peut-être en danger, expliqua ensuite le maître. Aussi, ne devez-vous mettre personne au courant de ce que vous savez et vous assurer de transmettre ce savoir à nos successeurs de manière appropriée. » Frère de Blanchefort, un érudit, se prépara à accomplir sa mission et mit discrètement à l'abri tous les biens de l'ordre. Quatre frères l'assistaient et leur signe de ralliement consistait en quatre mots : ET IN ARCADIA EGO. Cependant, les mots ne sont qu'une anagramme qui, une fois déchiffrée, révèle la véritable nature de leur mission I TEGO ARCANA DEI. »

« "Je dissimule les secrets de Dieu", traduisit Mark. Les anagrammes étaient courantes au XIVe siècle aussi.

— De Molay était donc prêt ? constata Malone.

— Il s'est rendu en France avec une escorte de soixante chevaliers, cent cinquante mille florins et douze chevaux tirant une charrette pleine d'argent. Il s'attendait à des ennuis. Cet argent était destiné à monnayer sa fuite. Cela dit, un détail de ce traité est encore méconnu aujourd'hui : le commandant du contingent des templiers pour le Languedoc s'appelait le seigneur de Got. Or le pape Clément V, celui qui avait convoqué de Molay, était né Bertrand de Got. Sa mère, Ida de Blanchefort, était une parente de Gilbert de Blanchefort. Grâce à lui, de Molay était donc très bien renseigné.

— Ça aide toujours, admit Malone.

— De Molay disposait d'une information sur Clément V. Avant d'être élu pape, Clément rencontra Philippe le Bel. Le roi avait le pouvoir d'offrir la papauté à qui bon lui semblait. Son appui à Clément était assorti de six conditions. La plupart d'entre elles consistaient en gros à laisser le champ libre au roi, mais la sixième concernait les Templiers : Philippe le Bel voulait obtenir la dissolution de l'ordre, condition que Clément accepta.

— C'est intéressant, tout ça, reconnut Stéphanie, mais ce qui semble plus important en ce qui nous concerne, c'est ce que savait ou pas l'abbé Bigou. C'est lui qui a commandé la stèle de Marie. Aurait-il pu être au courant du lien existant entre le secret de famille des Blanchefort et les Templiers ?

— Sans aucun doute, s'exclama Thorvaldsen. C'est Marie en personne qui s'est confiée à Bigou. Son mari était un descendant direct de Gilbert de Blanchefort. À partir du moment où l'ordre fut dissous et les templiers condamnés au bûcher, Gilbert n'aurait révélé à personne où se trouvait le legs des Templiers. Ce secret de famille doit forcément le concerner. De quoi d'autre pourrait-il s'agir ?

— Les chroniques mentionnent des charrettes de paille traversant la France en direction des Pyrénées, escortées d'hommes en armes déguisés en paysans. Elles arrivèrent toutes à bon port, sauf trois. Malheureusement, rien n'indique leur destination finale. Il n'existe qu'un indice dans toutes les chroniques : “Quel est le meilleur endroit pour cacher un caillou ?”

— Dans un tas de pierres, s'écria Malone.

— C'est exactement la réponse du maître, dit Mark. Pour un esprit du XIVe siècle, l'endroit le plus évident faisait la meilleure cachette.

— Bigou aurait donc fait graver cette pierre tombale de façon à indiquer en langage codé qu'elle dissimulait les secrets de Dieu, et il aurait pris la peine de l'exposer aux regards de tous. À quoi bon ? Il nous manque un élément.

— Voici le compte rendu d'un maréchal de l'ordre rédigé en 1897, expliqua Mark en tirant un autre volume de son sac. Au cours de son enquête sur Saunière, il fit la connaissance de l'abbé Gélis, prêtre d'un village voisin qui avait découvert un cryptogramme dans son église.

— Comme Saunière, rappela Stéphanie.

— Exactement. Gélis avait déchiffré le cryptogramme et voulait faire partager sa découverte à l'évêque. Le maréchal se fit passer pour l'émissaire de l'évêque et recopia le cryptogramme, sans cependant en révéler la solution. »

Malone étudia la suite de lettres et de symboles que Mark leur montrait. « Il faut une clé numérique pour le décoder ?

— Oui, la clé est indispensable car il existe des millions de combinaisons possibles.

— Le journal de votre père contenait également un cryptogramme.

— Je sais : il l'avait trouvé dans le manuscrit inédit de Noël Corbu.

— Claridon l'a évoqué.

— Il est certainement entre les mains de de Rochefort à présent, ajouta Stéphanie. Mais s'agit-il de l'un des éléments fictifs que renferme le carnet de Lars ?

— Tout ce qu'a touché Corbu doit être considéré comme suspect, précisa Thorvaldsen. Cet individu a embelli l'histoire de Saunière pour promouvoir son hôtel, bon sang !

— Mais mon père a toujours pensé que son manuscrit renfermait une part de vérité. Corbu est resté proche de la maîtresse de Saunière jusqu'à sa mort, en 1953. La rumeur veut qu'elle lui ait confié certaines informations. C'est pourquoi il n'a jamais rendu son manuscrit public : il contredisait sa propre version romancée de l'histoire.

— Le cryptogramme contenu dans le journal de Lars est certainement faux, n'est-ce pas ? demanda Thorvaldsen. C'est précisément le détail après lequel courait de Rochefort.

— Espérons-le », déclara Malone en remarquant une reproduction du tableau de Leal sur la table. Il étudia l'inscription placée sous le petit personnage vêtu d'une robe de moine assis sur un tabouret, le doigt posé sur les lèvres.

ACABOCE A°

DE 1681

Quelque chose clochait par rapport au souvenir qu'il avait de la lithographie.

La date ne correspondait pas.

« J'ai passé la matinée à me renseigner sur ce tableau, lui dit Cassiopée. J'ai trouvé cette image sur Internet. Le tableau a été détruit dans un incendie à la fin des années cinquante, mais, avant le drame, il avait fait l'objet d'une restauration en vue de son exposition au public. À cette occasion, on s'est aperçu que la véritable date n'était pas 1687 mais 1681. Évidemment, la lithographie datait d'avant cette découverte.

— Cette énigme est insoluble, soupira Stéphanie. Tout change de minute en minute.

— Vous faites exactement ce que voulait le maître », les encouragea Geoffrey.

Ils se tournèrent tous vers lui.

« Si vous unissez vos forces, d'après lui, tout deviendra clair.

— Mais votre maître nous a aussi recommandé de “prendre garde à l'Ingénieur”, protesta Malone.

— Vous devriez peut-être vous méfier d'elle, en effet, fit Geoffrey en désignant Cassiopée.

— Qu'est-ce que ça signifie ? demanda Thorvaldsen.

— Sa race a combattu les Templiers pendant deux siècles.

— À vrai dire, les Sarrasins ont fichu une correction aux moines soldats et les ont boutés hors de Terre sainte, rectifia Cassiopée. Et les Maures ont tenu l'ordre en échec ici, sur les terres du Languedoc, lorsqu'il a tenté d'étendre son influence vers le sud, au-delà des Pyrénées. Alors, votre maître avait raison. Méfiez-vous de l'Ingénieur.

— Que feriez-vous si vous découvriez le legs des Templiers ? lui demanda Geoffrey.

— Ma réponse dépend de la nature de notre découverte.

— Qu'est-ce que ça change ? Quelle que soit leur nature, ces documents ne vous appartiennent pas.

— Vous êtes plutôt direct pour un simple frère templier.

— Les enjeux sont énormes. L'un d'eux, et non le moindre, étant votre désir de prouver que le christianisme n'est qu'un mensonge.

— Je ne me rappelle pas avoir dit que tel était mon désir.

— Le maître le savait.

— Votre maître ignorait tout de mes motivations », rétorqua Cassiopée, le visage fermé. C'était la première fois que Malone détectait de l'affolement dans son regard.

« Et en les gardant secrètes, vous ne faites que confirmer mes soupçons, ajouta Geoffrey.

— Ce jeune homme est une source de problèmes, dit Cassiopée à Henrik.

— C'est le maître qui l'envoie, répondit le vieil homme, il n'y a pas de place pour le doute.

— Il va nous causer des ennuis, insista-t-elle.

— Peut-être bien, dit Mark, mais il est impliqué dans cette affaire. Il faudra vous y faire.

— Vous lui faites donc confiance, conclut-elle sans se démonter.

— Peu importe. Henrik a raison. Le maître lui faisait confiance, c'est tout ce qui compte. Même si le frère ici présent peut se montrer agaçant. »

Cassiopée n'insista pas, mais l'ombre de la révolte passa sur son front. Et Malone n'était pas forcément en désaccord avec son instinct.

Il se concentra de nouveau sur les documents éparpillés sur la table, en particulier les photos en couleurs prises à l'église Sainte-Marie-Madeleine de Rennes-le-Château. Le jardin où était exposée la statue de la Vierge, les mots MISSION 1891 et PÉNITENCE, PÉNITENCE gravés sur le pilier wisigothique posé à l'envers. Il passa en revue les gros plans des stations de la croix, s'attarda sur la dixième où l'on voit un soldat romain jouer aux dés la tunique de Jésus, les nombres trois, quatre et cinq parfaitement lisibles. Puis il s'attarda sur la quatorzième station où l'on voit deux hommes transporter le corps du Christ à la faveur de la nuit.

Il se remémora les paroles de Mark et ne put s'empêcher de s'interroger : l'emmènent-ils au tombeau ou l'en font-ils sortir ?

Il secoua la tête, perplexe.

Qu'est-ce que tout cela signifiait donc ?

49

17 h 30

De Rochefort trouva le site archéologique de Givors, dont l'emplacement était clairement indiqué sur la carte Michelin, et s'en approcha avec précaution. Il voulait rester discret. Même si Malone et ses complices n'étaient pas là, Cassiopée Vitt le connaissait. En arrivant, il ordonna au chauffeur de traverser lentement la clairière faisant office de parking jusqu'à ce qu'ils trouvent la Peugeot correspondant au modèle et à la couleur dont il gardait le souvenir et qui portait sur le pare-brise l'autocollant d'un loueur de voitures.

« Ils sont là, s'écria-t-il. Garez la voiture. »

Le chauffeur s'exécuta.

« Je vais faire un tour, attendez ici et ne vous montrez pas », ordonna-t-il aux deux autres moines et à Claridon.

Il sortit de la voiture. Ce bel après-midi d'été prenait fin. Le globe écarlate du soleil déclinait déjà derrière les murs de travertin qui l'entouraient. Il aspira goulûment, savoura l'air frais et vif qui lui rappelait l'abbaye. La qualité de l'air permettait immédiatement d'apprécier à quelle altitude on se trouvait.

Un coup d'œil rapide lui permit de remarquer un sentier ombragé qu'il décida d'emprunter ; il évita le sentier lui-même et marcha entre les arbres majestueux, sur les fleurs et la bruyère qui recouvraient le sol d'un tapis pourpre. La campagne environnante faisait jadis partie du domaine des Templiers. L'une des plus grandes commanderies des Pyrénées se dressait alors au sommet d'un promontoire voisin. C'était l'une des nombreuses manufactures où les moines s'échinaient nuit et jour à fabriquer les armes de l'ordre. De Rochefort savait qu'il leur fallait beaucoup de talent pour fabriquer, à partir de bois, de cuir et de métal, des boucliers qui résisteraient aux coups de l'adversaire. Mais la plus fidèle amie du chevalier, c'était son épée. Les barons préféraient parfois leur arme à leur épouse et s'efforçaient de conserver la même toute leur vie. Les Templiers faisaient preuve d'une passion similaire, encouragée par la règle. L'épée d'un templier ne ressemblait en rien à celle d'un baron, cependant. Pas de poignée incrustée de nacre ou dorée à l'or fin. Pas de pommeau en cristal renfermant des reliques. Les frères Templiers n'avaient pas besoin de talisman de ce genre, puisque la force qui les habitait venait de leur dévotion à Dieu et de leur obéissance à la règle. Ils avaient pour compagnons leurs chevaux, toujours rapides et intelligents. Chaque chevalier s'en voyait attribuer trois, nourris, peignés et parés chaque jour. C'est en partie grâce à ses montures que l'ordre avait prospéré, et les coursiers, palefrois et destriers, surtout, rendaient aux chevaliers leur affection en faisant preuve d'une fidélité à toute épreuve. On raconte que, un jour, un templier qui revenait des croisades fut immédiatement reconnu par son cheval, alors que son propre père ne le reconnaissait pas. Ils ne montaient que des étalons. Il était impensable de monter une jument. Pour reprendre la formule d'un chevalier : « Laisse la femelle à la femelle. »

De Rochefort poursuivait son chemin. L'odeur d'humus stimulait son imagination et il pouvait presque entendre le claquement des lourds sabots qui avaient jadis foulé la mousse tendre et les tapis de fleurs. Il tendit l'oreille, mais le crissement des sauterelles couvrait tout autre bruit. Il était à l'affût des systèmes de surveillance. Pour l'instant il n'en avait détecté aucun. Il se fraya un chemin parmi les pins majestueux, s'éloignant toujours davantage du sentier, s'enfonçant dans la forêt. Il avait la peau moite et des gouttes de sueur perlaient sur son front. Bien au-dessus de lui, une bourrasque de vent s'engouffra dans les crevasses de la roche en gémissant.

Des moines guerriers, voilà ce qu'étaient devenus les Templiers.

Il appréciait cette expression.

Saint Bernard de Clairvaux en personne justifiait l'existence des Templiers en glorifiant le meurtre des infidèles.

> Mais les soldats du Christ [...] n'ont point à craindre d'offenser Dieu en tuant un ennemi et ils ne courent aucun danger s'ils sont tués eux-mêmes, puisque c'est pour Jésus-Christ qu'ils donnent ou reçoivent le coup de la mort, et que non seulement ils n'offensent point Dieu, mais encore ils s'acquièrent une grande gloire. [...] Ainsi le chevalier du Christ donne la mort en pleine sécurité et la reçoit dans une sécurité plus grande encore. Ce n'est pas en vain qu'il porte l'épée ; il est le ministre de Dieu, et il l'a reçue pour

exécuter ses vengeances, en punissant ceux qui font de mauvaises actions et en récompensant ceux qui en font de bonnes. Lors donc qu'il tue un malfaiteur, il n'est point homicide mais malicide ; il exécute à la lettre les vengeances du Christ sur ceux qui font le mal.

Il connaissait bien ce texte que l'on enseignait à chaque nouvelle recrue. Il se l'était répété mentalement en regardant Lars Nelle, Ernst Scoville et Peter Hansen mourir. Tous des hérétiques. Ils s'étaient mis sur le chemin de l'ordre, ces « malfaiteurs ». Il fallait ajouter quelques noms à cette liste. Les hommes et les femmes qui occupaient le château dont il apercevait à présent la silhouette se profiler par-dessus les arbres, dans un vallon encaissé entre une succession de crêtes rocheuses.

Il avait obtenu quelques renseignements sur la bâtisse avant de quitter l'abbaye. Elle avait été résidence royale au XVIe siècle, l'une des nombreuses demeures de Catherine de Médicis, et son isolement lui avait permis de survivre à la Révolution. C'était donc un monument à la gloire de la Renaissance, accumulation pittoresque de tourelles, flèches et toits perpendiculaires. Il sautait aux yeux que Cassiopée Vitt disposait d'une énorme fortune car l'achat et l'entretien d'une demeure de ce type exigeaient des moyens colossaux ; en outre, il ne la voyait pas organiser des visites guidées pour arrondir ses fins de mois. Non, il se trouvait devant la demeure privée d'une âme solitaire qui s'était mêlée par trois fois de ses affaires et à qui il devait régler son compte.

Mais il lui fallait également les deux ouvrages que Mark Nelle avait en sa possession.

Et il ne fallait commettre aucune imprudence.

Le soleil déclinait rapidement, les ombres profondes

commençaient déjà à engloutir le château. Son esprit n'était plus qu'un tourbillon d'idées.

Il devait s'assurer qu'ils se trouvaient tous à l'intérieur. Il était trop près pour l'instant. Cependant, il repéra un épais bosquet de hêtres à deux cents mètres de là qui lui offrirait un point de vue imprenable sur l'entrée du château.

Il devait partir du principe qu'ils s'attendaient à sa visite. Après l'incident chez Lars Nelle, ils devaient avoir compris que Claridon travaillait pour son compte. Mais ils ne s'attendaient peut-être pas à le voir arriver si vite. Peu importe. Il lui fallait rentrer à l'abbaye. Ses officiers l'attendaient. Un conseil avait été décidé, sa présence était indispensable.

Il décida de laisser les deux frères templiers sur place pour surveiller le château. Cela suffirait pour le moment.

Il serait bientôt de retour cependant.

50

20 h 00

Stéphanie ne se rappelait pas la dernière fois que Mark et elle s'étaient assis ensemble pour parler. Cela devait remonter à l'adolescence du jeune homme. C'était dire à quel point le gouffre entre eux était immense.

Ils s'étaient retirés dans une pièce en haut de l'une des tours du château. Avant de s'asseoir, Mark avait ouvert quatre des fenêtres en oriel pour permettre à la douceur du soir de les envelopper.

« Que tu le croies ou non, il ne se passe pas un jour sans que je pense à toi et à ton père. Je l'aimais. Mais, lorsqu'il a découvert l'histoire de Rennes-le-Château, ses priorités ont changé. Il est devenu totalement obnubilé par cette histoire et à l'époque je lui en ai voulu.

— Je peux comprendre ce sentiment, je t'assure. Ce que je ne comprends pas, c'est pourquoi tu l'as forcé à choisir entre sa passion et toi. »

Le ton cassant de Mark la hérissait, mais elle s'efforça de se maîtriser. « Le jour de ses obsèques, reprit-elle, j'ai compris à quel point j'avais eu tort. Mais je ne pouvais pas le ramener.

— Je t'ai détestée ce jour-là.

— Je le sais.

— Pourtant, tu es rentrée chez toi en me laissant en France.

— Je croyais que c'était ce que tu voulais.

— C'est vrai. Mais j'ai eu le temps de réfléchir en cinq ans. Le maître a pris fait et cause pour toi, mais je commence à peine à comprendre certaines de ses remarques. Dans l'Évangile de Thomas, Jésus dit : "Celui qui ne hait pas son père et sa mère comme moi ne peut pas être mon disciple." Puis il ajoute : "Celui qui n'aime pas son père et sa mère comme moi ne peut pas être mon disciple." Je commence à comprendre ces déclarations contradictoires. Je t'ai détestée, maman.

— Est-ce que tu m'aimes, aussi ? »

Le silence qui se dressait entre eux lui brisait le cœur.

« Tu es ma mère, finit-il par déclarer.

— Ça n'est pas une réponse.

— C'est la seule que tu obtiendras de moi. »

Sur son visage, qui ressemblait tant à celui de Lars, se peignaient des émotions contradictoires. Elle n'insista pas. Elle avait perdu le droit d'exiger quoi que ce soit depuis longtemps.

« Tu es toujours à la tête de l'unité Magellan ?

— Autant que je sache, oui, répondit-elle, soulagée de changer de sujet, mais j'ai probablement un peu abusé ces derniers jours. Cotton et moi n'avons pas été particulièrement discrets.

— C'est un type bien, on dirait.

— C'est le meilleur. Je ne voulais pas le mêler à cette

histoire, mais il a insisté. Il a longtemps travaillé pour moi.

— C'est bien d'avoir des amis de sa trempe.

— Toi aussi, tu en as un.

— Geoffrey ? C'est plus un oracle qu'un ami. Le maître lui a fait jurer de m'aider. J'ignore pourquoi.

— Il donnerait sa vie pour te défendre. Ça saute aux yeux.

— Je n'ai pas l'habitude que des gens se sacrifient pour moi. »

Stéphanie se souvint de la note que le maître lui avait laissée et des mots qu'il avait eus à propos de Mark : la volonté d'aller jusqu'au bout de ses batailles lui fait défaut. Elle les lui répéta. Mark écoutait en silence.

« Qu'aurais-tu fait si tu avais été élu maître de l'ordre ?

— Une partie de moi se réjouit d'avoir perdu.

— Pourquoi ? s'écria Stéphanie, abasourdie.

— Je suis professeur d'université, je n'ai pas l'âme d'un meneur d'hommes.

— Tu te trouves mêlé à un conflit d'une extrême importance ; des hommes comptent sur toi pour le résoudre.

— Le maître a raison à mon sujet.

— Ton père aurait honte de t'entendre parler ainsi », fit-elle, consternée, attendant qu'il se mette en colère. Mais Mark ne réagit pas ; dans le silence s'éleva le crissement des insectes.

« J'ai certainement tué un homme, aujourd'hui, murmura Mark. Qu'est-ce que papa aurait pensé de ça ? »

Elle attendait qu'il fasse allusion à l'incident. Il n'en avait pas parlé depuis leur départ de Rennes-le-Château. « Cotton m'a raconté. Tu n'avais pas le choix. L'homme a eu le choix, lui, et il a décidé de te défier.

— J'ai vu le corps dévaler la pente. Étrange ce que l'on ressent lorsqu'on vient d'éliminer quelqu'un. »

Stéphanie attendit qu'il poursuive.

« J'étais heureux d'avoir appuyé sur la détente, puisque j'étais toujours en vie. Mais une partie de moi était mortifiée parce que l'autre homme n'avait pas eu cette chance.

— La vie est faite d'une série de choix. Il a fait le mauvais.

— Tu fais ça tout le temps, n'est-ce pas ? Prendre ce genre de décision.

— C'est mon quotidien.

— Je n'ai pas le cœur assez dur pour ça.

— Et moi si, peut-être ? s'écria-t-elle, vexée par le sous-entendu.

— À toi de me le dire.

— Je fais mon travail, Mark. Cet homme a choisi son destin, pas toi.

— Non, c'est de Rochefort qui a choisi. Il l'a envoyé au bord de ce précipice en sachant que la confrontation était inévitable. C'est lui qui a fait ce choix.

— C'est bien le problème avec cette confrérie, Mark. La loyauté incontestée n'est pas une bonne chose. Aucun pays, aucune armée, aucun chef n'a pu survivre en exigeant quelque chose d'aussi absurde. Mes agents prennent leurs propres décisions. »

Un silence tendu s'installa.

« Tu as raison, murmura-t-il. Papa aurait honte de moi. »

Stéphanie décida de tenter le tout pour le tout : « Mark, ton père n'est plus là. Il est mort depuis longtemps. Je t'ai cru mort pendant cinq ans, mais tu es de retour. Y a-t-il de la place pour le pardon dans ton cœur ? demanda-t-elle, de l'espoir plein la voix.

— Non, maman. Il n'y en a pas », rétorqua-t-il en se levant pour quitter la pièce.

Malone s'était réfugié dehors, sous une pergola envahie par les plantes grimpantes. Seul le bruit des insectes venait troubler sa tranquillité tandis qu'il observait le ballet des chauves-souris dans l'obscurité croissante. Quelques minutes plus tôt, Stéphanie l'avait pris à part pour lui annoncer que, grâce à un coup de fil à Atlanta, elle avait eu accès au dossier complet de leur hôtesse et avait appris que son nom ne figurait pas sur la liste des terroristes recherchés par le gouvernement américain. Son histoire personnelle n'avait rien d'exceptionnel, même si le fait d'être à moitié musulman suffisait à vous rendre suspect par les temps qui couraient. Elle était à la tête d'une multinationale basée à Paris qui investissait dans des secteurs d'activités très variés et dont le capital s'élevait à plusieurs milliards d'euros. Son père avait créé la compagnie dont elle avait hérité, même si elle ne s'investissait guère dans sa gestion au quotidien. Elle présidait également une fondation hollandaise partenaire des Nations unies dans la lutte contre le sida et contre la faim, qui se consacrait plus particulièrement à l'Afrique. Aucun gouvernement ne la considérait comme une menace.

Malone avait des doutes, cependant.

De nouvelles menaces apparaissaient chaque jour, venues des directions les plus inattendues.

« Vous êtes bien songeur. »

En levant la tête, Malone aperçut Cassiopée debout devant la pergola. Elle portait une tenue d'équitation moulante qui mettait en valeur sa silhouette.

« Je pensais à vous, justement.

— J'en suis flattée.

— Il n'y a pas de quoi. Je me demandais où vous étiez passée, ajouta-t-il en désignant sa tenue.

— J'essaie de monter tous les soirs, cela m'aide à réfléchir. J'ai fait construire cette pergola il y a des années en hommage à ma mère, précisa-t-elle en approchant de Malone. Elle adorait la nature. »

Elle s'installa sur le banc, face à lui. Elle l'avait rejoint dans un but bien précis, Malone le sentait.

« J'ai vu tout à l'heure que toute cette histoire vous laissait sceptique. Vous refusez de mettre en doute votre sacro-sainte Bible ? »

Il n'avait guère envie d'en parler, mais elle semblait avide d'explications. « Pas du tout. Ce qui me laisse sceptique, c'est que vous-même ayez décidé de la mettre en doute. On dirait que tous les acteurs de cette histoire prêchent pour leur paroisse. Vous, de Rochefort, Mark, Saunière, Lars, Stéphanie. Même Geoffrey, qui est un peu spécial, c'est le moins que l'on puisse dire, a une idée derrière la tête.

— Laissez-moi vous expliquer deux ou trois choses, et vous verrez que je n'en fais pas une affaire personnelle. »

Il en doutait, mais avait envie d'entendre ses explications.

« Saviez-vous que, dans toute l'histoire de l'archéologie, on n'a retrouvé qu'un seul squelette d'homme crucifié en Terre sainte ? »

Il l'ignorait.

« La crucifixion n'était pas un mode d'exécution couramment utilisé par les Juifs. Les condamnés à la peine capitale étaient lapidés, brûlés vifs, décapités, étranglés. Selon la Loi mosaïque, seuls les criminels exécutés au préalable pouvaient être crucifiés ; c'était une espèce de double peine, en quelque sorte.

— "Car celui qui est pendu est un objet de malédiction auprès de Dieu", dit Malone en citant le Deutéronome.

— Vous connaissez bien l'Ancien Testament.

— Il n'y a pas que des bouseux en Géorgie.

— En revanche, les Romains recouraient fréquemment à la crucifixion. Vers l'an IV avant J.-C., le gouverneur Varus fit crucifier plus de deux mille personnes. En 66 après J.-C., le procurateur Gestius Florus en a crucifié près de quatre mille. Quant à Titus, le fils de Vespasien, c'était cinq cents par jour, en 70 après J.-C. Pourtant on n'a retrouvé qu'un squelette d'homme crucifié. C'était en 1968, dans les faubourgs nord de Jérusalem. Les ossements dataient du Ier siècle, ce qui provoqua l'enthousiasme des chercheurs. Pourtant, le squelette n'était pas celui de Jésus mais d'un dénommé Yehochanan, un mètre soixante-cinq environ, décédé entre l'âge de vingt-quatre et vingt-huit ans. Nous en sommes sûrs à cause des informations inscrites sur son ossuaire. Qui plus est, on avait utilisé des liens pour le crucifier, pas de clous, et les os de ses jambes étaient intacts. Saisissez-vous l'importance de ce détail ?

— Un crucifié mourait par asphyxie. Sa tête finissait par tomber en avant, l'empêchant de respirer. Il manquait vite d'oxygène.

— La crucifixion servait à humilier publiquement le

condamné qui n'était pas censé mourir trop vite. Aussi, pour retarder l'échéance, plaçait-on une planchette de bois sur la croix pour lui permettre de s'asseoir, ou à ses pieds pour qu'il puisse se hisser. Le condamné pouvait ainsi se reposer et respirer. Au bout de quelques jours, si la victime n'était pas encore à bout de force, les soldats lui brisaient les jambes, ce qui l'empêchait de soutenir le poids de son corps. La mort ne se faisait pas attendre bien longtemps après cela.

— La présence d'un crucifié aurait souillé le jour du sabbat, expliqua Malone en se souvenant des Évangiles. Les Juifs voulaient que le corps de Jésus et des deux voleurs crucifiés avec lui soient descendus avant la nuit. Aussi, Pilate ordonna-t-il que l'on brise les jambes des deux voleurs.

— "S'étant approchés de Jésus, et le voyant déjà mort, ils ne lui rompirent pas les jambes", nous dit Jean. Vous êtes-vous jamais demandé pourquoi Jésus était mort si vite ? Il ne se trouvait sur la croix que depuis quelques heures. Or l'agonie durait des jours, en général. Et pourquoi les soldats romains ne lui ont-ils pas cassé les jambes, ne serait-ce que pour s'assurer qu'il était bien mort ? Jean rapporte que l'un des soldats lui perce le côté avec sa lance et que du sang et de l'eau coulent de la plaie. Ni Matthieu, ni Marc, ni Luc ne font allusion à cet incident.

— Où voulez-vous en venir ?

— Bien que les personnes crucifiées se soient comptées par dizaines de milliers, un seul squelette a été retrouvé. La raison est simple : à l'époque où vivait Jésus, l'inhumation était un honneur. L'horreur suprême consistait à livrer un cadavre aux charognards. Les modes d'exécution des condamnés à mort par Rome

– bûcher, sacrifice aux bêtes sauvages, crucifixion – avaient un point commun : pas de corps à inhumer. Les crucifiés étaient laissés sur place jusqu'à ce que les oiseaux aient dévoré leur cadavre, puis jetés dans une fosse commune. Pourtant, les quatre Évangiles s'accordent à dire que Jésus est mort dans la neuvième heure, soit trois heures du matin, avant d'être descendu de la croix pour être inhumé.

— Les Romains n'auraient jamais permis ça, s'exclama Malone qui commençait à comprendre.

— C'est là que l'histoire se complique. Jésus est condamné à mort à quelques heures du sabbat, condamné à la crucifixion, l'un des modes d'exécution les plus lents. Comment aurait-on pu croire qu'il mourrait avant la tombée de la nuit ? L'Évangile de Marc rapporte que Ponce Pilate lui-même, étonné de la rapidité de son décès, demande à un centurion si tout est en ordre.

— Mais Jésus n'a-t-il pas subi de mauvais traitements avant d'être crucifié ?

— Jésus était un homme vigoureux, dans la fleur de l'âge. Il était habitué à couvrir de grandes distances à pied, en pleine chaleur. Certes, il a été fouetté. D'après la loi, il devait recevoir trente-neuf coups de fouet, mais les Évangiles ne nous disent pas si la loi a été respectée. Et après avoir été martyrisé, il lui restait suffisamment d'énergie pour se défendre vigoureusement contre ses accusateurs. Mais il n'existe aucune preuve d'une quelconque faiblesse physique. Malgré tout, Jésus meurt en l'espace de trois heures, sans que ses jambes aient été brisées, le flanc soi-disant percé d'un coup de lance.

— C'est la prophétie de l'Exode dont Jean parle dans

son Évangile. Il écrit que tous ces événements arrivent afin que l'Écriture soit accomplie.

— Cette prophétie concerne les restrictions alimentaires au moment de la Pâque et précise que l'agneau sacrifié ne doit pas sortir de la maison : "Vous n'emporterez point de chair hors de la maison, et vous ne briserez aucun os." Elle n'a rien à voir avec Jésus. La référence de Jean n'est qu'une vague tentative pour faire le lien avec l'Ancien Testament. Bien sûr, comme je viens de le dire, les trois autres Évangiles ne font aucune référence au coup de lance.

— Je suppose que vous cherchez à démontrer que les Évangiles ne sont qu'un tas de mensonges.

— Rien de ce qu'ils contiennent n'a de sens. Ils se contredisent non seulement entre eux, mais contredisent les données historiques, la logique et la raison. Nous en sommes réduits à croire qu'un crucifié dont les jambes étaient intactes est mort en l'espace de trois heures et a ensuite eu l'honneur d'être enterré. Évidemment, d'un point de vue religieux, c'est d'une logique absolue. Les premiers théologiens du christianisme s'efforçaient d'attirer les fidèles. Ils devaient faire passer Jésus du statut d'homme à celui de Christ divin. Les auteurs des Évangiles qui écrivaient le grec devaient certainement connaître l'histoire hellénistique. Osiris, frère et époux de la déesse Isis, a péri de la main de Seth un vendredi avant d'être ressuscité trois jours plus tard. Pourquoi cela n'arriverait-il pas au Christ, lui aussi ? Assurément, pour que le Christ puisse revenir d'entre les morts, il fallait disposer d'un corps identifiable. Un squelette dévoré par les charognards et jeté dans une fosse commune ne pouvait pas faire l'affaire.

— C'est la théorie que Lars Nelle cherchait à prouver ? Que le Christ n'est pas ressuscité ?

— Je n'en ai aucune idée. Tout ce que je sais, c'est que les Templiers disposaient de certaines informations à ce sujet. D'informations suffisamment importantes pour transformer une obscure bande de neuf chevaliers en force internationale. C'est le savoir qui est à l'origine de leur expansion. Un savoir sur lequel Saunière a mis la main. Moi aussi, je veux savoir.

— Vous pensez vraiment qu'il existe une preuve allant dans un sens ou dans l'autre ?

— Oui, c'est certain. Vous avez visité l'église de Saunière. Il a laissé un grand nombre d'indices pointant tous dans la même direction. Quelque chose de suffisamment convaincant pousse les Templiers à poursuivre leur quête.

— Nous sommes en train de fantasmer.

— En êtes-vous si sûr ? »

Les dernières lueurs du jour s'étaient évanouies, englouties par l'obscurité. Les collines et les forêts environnantes n'étaient plus désormais que des silhouettes.

« Nous avons de la compagnie », chuchota Cassiopée.

Malone attendit qu'elle s'explique.

« Ma promenade m'a conduite en haut de l'un des promontoires près d'ici. J'ai remarqué deux hommes. L'un au nord, l'autre au sud. Ils surveillaient. De Rochefort n'a pas tardé à vous retrouver.

— Je ne pensais pas que le stratagème du transpondeur le ralentirait bien longtemps. J'étais sûr qu'il se douterait que nous étions ici. Et que Claridon lui indiquerait le chemin. Ils vous ont vue ?

— J'en doute. Je me suis montrée prudente.

— Ça pourrait devenir risqué.

— De Rochefort a le couteau sous la gorge. Il est impatient, d'autant qu'il a l'impression de s'être fait avoir.

— Vous faites allusion au journal ?

— Oui, Claridon va se rendre compte qu'il est bourré d'erreurs.

— Mais de Rochefort nous a trouvés. Il nous a à l'œil.

— Il ne doit pas savoir grand-chose, sinon pourquoi se compliquerait-il la vie ? Il chercherait lui-même en mettant simplement à profit les ressources dont il dispose. Non, il a besoin de nous. »

Tout ce que Cassiopée venait de dire paraissait sensé. « Vous vous attendiez à les trouver là au cours de votre balade, n'est-ce pas ?

— J'avais l'impression que l'on nous surveillait.

— Vous êtes toujours aussi méfiante ?

— Seulement quand on cherche à me nuire.

— Je suppose que vous avez un plan ?

— Oh, mais bien sûr que j'ai un plan. »

51

Abbaye des Fontaines

Lundi 26 juin
0 h 40

Assis devant l'autel dans la chapelle principale, de Rochefort avait une nouvelle fois revêtu sa soutane blanche de cérémonie. Les frères templiers occupaient les bancs face à lui et récitaient des paroles qui remontaient au commencement de l'ordre. Claridon était plongé dans les archives. Le maître avait ordonné à l'archiviste de laisser au vieux fou libre accès à tous les documents qu'il souhaiterait consulter, tout en gardant un œil attentif sur lui. Ses hommes en faction à Givors lui avaient appris que les hôtes de Cassiopée Vitt étaient allés se coucher. L'un des frères surveillait l'entrée et l'autre l'arrière du bâtiment. Comme il ne pouvait pas faire grand-chose d'autre, il avait décidé de se consacrer aux affaires de l'abbaye.

La confrérie s'apprêtait à accueillir une nouvelle recrue dans ses rangs.

À la grande époque de l'ordre, un initié se devait d'être enfant légitime, libre de toute dette et apte à combattre. La plupart d'entre eux étaient célibataires, même si certains hommes mariés étaient devenus membres honoraires. Les criminels étaient admis ainsi que les excommuniés : les uns comme les autres pouvaient prétendre à la rédemption. Le devoir du maître était de permettre à la confrérie de prospérer. La règle ne laissait planer aucun doute à ce sujet : « Si un chevalier séculier, ou tout autre homme, veut s'en aller de la masse de perdition et abandonner ce siècle et choisir la vie commune du Temple, ne vous pressez pas trop de le recevoir. [...] Mais pour que la compagnie des frères lui soit donnée, que la règle soit lue devant lui et s'il veut obéir à ses commandements, s'il plaît au maître et aux frères de le recevoir, qu'il montre sa volonté et son désir aux frères assemblés en chapitre et devant tous et qu'il fasse sa demande avec courage. »

Mais c'étaient aux paroles de saint Paul que l'on se référait surtout lors de l'initiation, aujourd'hui : *Probate spiritus si ex Deo sunt.* « Éprouvez l'esprit pour voir s'il vient de Dieu. » Pour de Rochefort, l'initiation du candidat agenouillé devant lui représentait la première tentative d'appliquer ce précepte. L'idée que cette cérémonie glorieuse doive se dérouler au beau milieu de la nuit, derrière des portes verrouillées, l'écœurait. Mais l'ordre fonctionnait ainsi. Ce qu'il léguerait à la confrérie, ce qu'il voulait voir figurer dans les chroniques, c'était le retour de l'ordre en pleine lumière.

Les chants cessèrent.

Il se leva du fauteuil en chêne réservé au maître depuis le commencement.

« Beau frère, dit le maître au novice, vous demandez

une grande chose car de notre ordre vous ne voyez que l'écorce. Vous voyez nos beaux chevaux et nos beaux équipements. Bien boire et bien manger, avoir de belles robes, cela vous semble bien aise. Mais vous ne savez pas les durs commandements auxquels vous devrez vous soumettre ; car y a-t-il chose plus dure, sire, que de vous faire vous-même le serf d'autrui ? Rarement vous ne ferez la chose que vous voudrez. Si vous voulez dormir, on vous fera veiller ; et si vous voulez quelquefois veiller, on vous commandera de vous reposer en votre lit. Et quand vous serez à table, que vous voudrez manger, on vous ordonnera d'aller où l'on voudra, et vous ne saurez jamais où. Et souvent il vous faudra endurer maint et maint reproche. Or regardez, doux frère, si vous pourrez bien souffrir toutes ces duretés. »

Le jeune homme, qui n'avait probablement pas encore trente ans, les cheveux déjà coupés ras, le visage pâle rasé de près, releva la tête et déclara : « Oui, je souffrirai toutes ces choses s'il plaît à Dieu. »

De Rochefort avait devant lui le candidat type, repéré à l'université plusieurs années auparavant ; l'un des précepteurs de l'ordre avait surveillé les progrès du jeune homme tout en se renseignant sur son arbre généalogique et son histoire personnelle. Moins il existait de liens familiaux, mieux cela vaudrait et, grâce à Dieu, le monde était plein d'âmes en perdition. On avait fini par entrer en contact direct avec le jeune homme qui, se montrant réceptif, avait pris le temps d'étudier la règle. Et puis on lui avait posé les questions rituelles : était-il marié ? Fiancé ? S'était-il engagé auprès d'un autre ordre religieux ? Était-il incapable d'honorer certaines dettes ? Était-il sain de corps ? Était-il serf d'un homme ou d'une femme pour quelque raison que ce fût ?

« Beau frère, vous ne devez pas requérir la compagnie de la maison pour avoir honneurs ou richesses. Vous ne devez pas non plus rechercher le bien-être de votre corps. Mais vous devez espérer trois choses : échapper aux péchés de ce monde ; faire le service de Notre-Seigneur ; enfin, être pauvre et faire pénitence en ce siècle pour le salut de votre âme. Écoutez, beau frère, et entendez bien ce que nous vous dirons : promettez-vous à Dieu et à Notre-Dame que tous les jours de votre vie vous serez obéissant au maître du Temple et à n'importe quel commandeur qui sera sur vous ? Promettez-vous à Dieu et à Madame Sainte Marie que tous les jours de votre vie vous vivrez chastement de votre corps ? Promettez-vous à Dieu et à Notre-Dame Sainte Marie que vous, tous les jours de votre vie, vivrez sans rien en propre ? Promettez-vous à Dieu et à Madame Sainte Marie que vous tiendrez, tous les jours de votre vie, les bons usages et les bonnes coutumes de notre maison ? Promettez-vous à Dieu et à Madame Sainte Marie que vous ne laisserez jamais cet ordre pour plus fort ni pour plus faible, ni pour pire ni pour meilleur ? »

On prononçait les mêmes paroles depuis le commencement et de Rochefort se rappelait les avoir entendues trente ans plus tôt. Il sentait toujours en lui la flamme allumée alors et qui le consumait à présent. Être templier comptait beaucoup pour lui. Cela n'était pas anodin. Aussi tenait-il à s'assurer que les recrues qui revêtiraient la robe au cours de son mandat prendraient bien la mesure de ce dévouement.

« Voulez-vous être, tous les jours de votre vie, serf et esclave de la maison ? demanda-t-il au jeune homme agenouillé devant lui.

— Oui, s'il plaît à Dieu, sire.

— Vous comprenez que vous aurez peut-être à faire le sacrifice suprême ? » Après les événements de ces derniers jours, cette requête semblait encore plus importante.

« Absolument.

— Et pourquoi donneriez-vous votre vie pour nous ?

— Parce que mon maître me l'aurait ordonné. »

Bonne réponse.

« Le feriez-vous sans défier l'autorité du maître ?

— Le défier équivaudrait à violer la règle. J'ai pour devoir d'obéir. »

De Rochefort fit signe au frère drapier, qui tira d'une malle une longue pièce d'étoffe.

« Levez-vous », ordonna-t-il à la jeune recrue habillée d'une robe noire en drap de laine qui dissimulait entièrement son corps mince.

« Ôtez votre robe. » On l'aida à la retirer. Il portait une chemise blanche et un pantalon noir, pas de chaussures.

Le drapier approcha avec la pièce d'étoffe et se plaça de côté.

« Vous avez ôté le linceul du monde matériel, expliqua de Rochefort. Nous vous accueillons avec le manteau de l'ordre et nous célébrons votre renaissance en tant que membre de notre confrérie. »

À son geste, le drapier approcha et ceignit les épaules du jeune homme avec l'étoffe. De Rochefort avait vu plus d'un homme pleurer à cet instant. Il avait dû lui-même réprimer son émotion à l'occasion de son intégration. Personne ne savait de quand datait cette pièce d'étoffe-là, mais cette même malle en renfermait une depuis le commencement de l'ordre. Il connaissait bien la légende de l'un des suaires les plus anciens. On en avait enveloppé Jacques de Molay après qu'il eut été crucifié à une porte du Temple, à Paris. Le maître était resté ainsi deux jours sans pouvoir bouger à cause de ses blessures, trop faible pour même se lever. Les bactéries et le liquide lymphatique avaient imprégné les fibres et généré une image que, cinquante ans plus tard, des chrétiens crédules s'étaient mis à vénérer comme celle du Christ.

Il avait toujours trouvé cela ironique.

Le maître des chevaliers du Temple, commandeur d'un ordre prétendument hérétique, avait servi de modèle à toutes les représentations du Christ.

« Vous avez devant vous notre dernière recrue. Il est ceint du drap synonyme de renaissance. C'est un moment que nous avons tous vécu, moment qui nous lie les uns aux autres. Lorsque j'ai été élu maître de la confrérie, je vous ai promis une ère nouvelle, un ordre nouveau, de vous emmener dans une nouvelle direction. Jamais plus le savoir ne sera réservé à un nombre restreint, mais au contraire accessible au plus grand nombre. Je vous ai promis de découvrir le legs des Templiers. À l'heure où je vous parle, expliqua-t-il en s'avançant vers les moines, un homme dont le savoir nous est précieux étudie nos archives. Malheureusement, pendant que mon prédécesseur restait oisif, des personnes extérieures à notre ordre se sont elles aussi mises en quête du legs des Templiers. J'ai personnellement gardé un œil sur leurs progrès, surveillé et étudié leurs faits et gestes en attendant le moment de nous lancer nous aussi dans cette quête. L'heure est venue, s'écria-t-il après une pause. Deux de nos frères poursuivent leurs recherches à l'extérieur de l'abbaye en ce moment même, et d'autres ne tarderont pas à se joindre à eux. »

Son regard se porta à l'autre bout de l'église sur le chapelain, un Italien à la mine solennelle, ecclésiastique au sommet de la hiérarchie de l'ordre. Il dirigeait les prêtres, individus qui avaient choisi de ne se consacrer qu'au Christ et qui représentaient environ le tiers des moines de la confrérie. L'avis du chapelain avait beaucoup de poids, d'autant que l'homme parlait peu. Plus tôt dans la soirée, lorsque le conseil s'était réuni, il avait exprimé son inquiétude concernant les deux décès qui venaient de se produire.

« Vous allez trop vite, avait-il dit.

— J'accomplis les désirs de l'ordre.

— Les vôtres, plutôt.

— Y a-t-il une différence ?

— On croirait entendre votre prédécesseur.

— Il avait raison sur ce point. Et même si nous étions en désaccord sur un grand nombre de sujets, je lui ai obéi. »

Il n'appréciait pas la franchise du chapelain, qui était plus jeune que lui, surtout devant le conseil ; mais il savait que beaucoup le respectaient.

« Que me suggérez-vous ?

— De préserver la vie de nos frères.

— Ils savent qu'ils auront peut-être à se sacrifier.

— Nous ne sommes plus au Moyen Âge. Nous ne menons pas de croisade. Ces hommes se consacrent à Dieu et vous ont prêté allégeance, preuve de leur dévouement. Vous n'avez aucun droit sur leur vie.

— J'ai l'intention de trouver le legs des Templiers.

— Dans quel but ? Nous existons sans lui depuis sept cents ans. Il n'a aucune importance.

— Comment pouvez-vous dire une chose pareille ?

s'était écrié de Rochefort, choqué. Il s'agit de notre héritage.

— Quel sens pourrait-il donc avoir aujourd'hui ?

— Il pourrait sauver notre ordre.

— L'ordre est déjà sauvé. Tous ceux qui vivent ici ont l'âme charitable.

— Cet ordre ne mérite pas le bannissement.

— Nous nous le sommes imposé à nous-mêmes. Nous y trouvons notre compte.

— Pas moi.

— Alors, c'est votre combat, pas le nôtre.

— Je n'ai pas l'intention de me justifier, dit de Rochefort, furieux.

— Maître, en moins d'une semaine vous avez déjà oublié d'où vous venez. »

De Rochefort s'efforçait de décrypter ce que cachaient les traits figés de l'Italien. Il avait fait preuve de sincérité tout à l'heure : il n'avait aucune intention de tolérer le moindre signe d'opposition. Il fallait trouver le legs des Templiers. Royce Claridon et les hôtes de Cassiopée Vitt détenaient les réponses.

Aussi ignora-t-il le regard indifférent du chapelain et se concentra-t-il sur les frères assis devant lui.

« Mes frères, prions pour le succès de notre entreprise. »

52

1 h 00

Malone flânait dans l'église Sainte-Marie-Madeleine de Rennes-le-Château, et les détails de mauvais goût le mirent tout aussi mal à l'aise que lors de sa première visite. Dans la nef, il n'y avait personne hormis un homme vêtu d'une soutane, debout devant l'autel. Lorsqu'il se retourna, Malone le reconnut.

C'était Bérenger Saunière.

« Que faites-vous là ? demanda-t-il à Malone d'une voix stridente. Vous êtes dans mon église, mon œuvre. Elle n'appartient à personne d'autre que moi.

— En quoi vous appartient-elle ?

— Moi, j'ai osé. J'ai été le seul.

— Osé quoi faire ?

— Ceux qui défient la société prennent toujours des risques. »

Malone remarqua alors un trou béant dans le dallage, juste devant l'autel, et un escalier descendant vers les ténèbres.

« Qu'y a-t-il là-dessous ?

— C'est un premier pas vers la vérité. Que Dieu

bénisse tous ceux qui l'ont protégée. Que Dieu bénisse leur générosité. »

L'église disparut soudain et il se retrouva sur la place arborée devant l'ambassade américaine à Mexico City. La foule se pressait autour de lui, et les klaxons des voitures, les crissements de freins et le vrombissement des moteurs diesel s'amplifièrent.

Des coups de feu retentirent.

Ils avaient été tirés depuis une voiture qui venait de s'arrêter devant lui. Des hommes surgirent. Ils visaient une femme d'âge mûr et un jeune diplomate danois qui déjeunaient à l'ombre. Les marines qui gardaient l'entrée de l'ambassade réagirent, mais ils se trouvaient trop loin de la scène.

Malone empoigna son arme et tira.

Des corps tombèrent à terre. Cai Thorvaldsen reçut en pleine tête plusieurs balles destinées à son amie. Malone tira plusieurs coups de feu sur deux des agresseurs avant de sentir une balle lui transpercer l'épaule.

La douleur le fit vaciller.

Le sang coulait de la plaie.

Il recula en titubant mais réussit à abattre son assaillant. La balle traversa le visage aux traits indistincts qui redevint tout à coup celui de Béranger Saunière.

« Pourquoi m'avoir tiré dessus ? » demanda-t-il calmement.

Les murs de l'église et les stations de la croix se matérialisèrent à nouveau. Malone remarqua un violon posé sur l'un des bancs, une assiette en métal placée sur les cordes. Saunière s'en approcha, en flottant dans les airs, et versa du sable dans l'assiette. Puis il passa un archet sur les cordes et tandis que des notes stridentes retentissaient, le sable dessina un motif parfaitement distinct sur l'assiette.

« Là où les vibrations ne font pas bouger l'assiette, expliqua Saunière en souriant, le sable ne bouge pas. Un motif différent apparaît en fonction des vibrations émises. Différent à chaque fois. »

La statue grimaçante d'Asmodée s'anima, s'éloigna du bénitier, à l'entrée de l'église, pour s'approcher de lui.

« Ce lieu est redoutable, s'écria le démon.

— Tu n'es pas le bienvenu ici, hurla Saunière.

— Pourquoi m'avoir invité, dans ce cas ? »

Saunière ne répondit pas. Une autre silhouette émergea des ténèbres. C'était le petit homme vêtu d'une soutane du tableau de Valdés Leal. Il intimait toujours le silence, le doigt sur les lèvres, et portait le tabouret sur lequel on lisait l'inscription ACABOCE A° 1681.

« Je suis l'alpha et l'oméga, le début et la fin », s'exclama le petit homme avant de disparaître.

Une femme apparut, les traits de son visage indistincts eux aussi ; elle portait des vêtements sombres dont aucun détail ne ressortait. « Vous connaissez ma tombe », dit-elle.

Marie d'Hautpoul de Blanchefort.

« Avez-vous peur des araignées ? Elles ne vous feront aucun mal. »

Des chiffres romains s'embrasèrent sur sa poitrine, LIXLIXL. Une araignée se matérialisa au-dessous, la même que celle gravée sur la tombe de la défunte. Entre les pattes apparurent sept points. Cependant, il n'y avait aucun point de part et d'autre de sa tête. Du doigt, Marie traça une ligne sur sa poitrine reliant son cou à l'araignée. Une flèche apparut sur le tracé.

La même flèche que sur la tombe.

Malone flottait dans les airs. Il s'éloignait de l'église. Il traversa les murs, sortit dans la cour et arriva dans le jardin où s'élevait la statue de la Vierge dressée sur le pilier wisigothique. La pierre, qui n'était plus du même gris fade qu'avant, ne semblait pas avoir subi les outrages du temps ni des années. Au contraire, les mots PÉNITENCE, PÉNITENCE et MISSION 1891 étincelaient.

Asmodée réapparut et dit : « Par ce signe, tu le vaincras. »

Devant le pilier, Cai Thorvaldsen était étendu dans une flaque de sang écarlate, les membres contorsionnés comme ceux de l'homme au blouson rouge à Copenhague. Son regard fixe exprimait la stupeur.

Malone entendit une voix. Distincte, claire, mécanique. Il aperçut un poste de télévision et un présentateur moustachu qui annonçait l'assassinat d'une avocate mexicaine et d'un diplomate danois pour un motif inconnu.

Et le bilan de la fusillade.

« Sept morts, neuf blessés. »

Malone se réveilla.

Ce n'était pas la première fois qu'il rêvait de la mort de Cai Thorvaldsen, loin de là, mais jamais en connexion avec Rennes-le-Château. Son esprit regorgeait apparemment d'idées qu'il avait eu du mal à chasser lorsque, deux heures auparavant, il avait essayé de s'endormir. Il avait finalement réussi à s'assoupir dans l'une des nombreuses chambres du château de Cassiopée Vitt. Elle l'avait assuré que leurs anges gardiens, dehors, feraient eux-mêmes l'objet d'une surveillance et qu'ils seraient alertés si de Rochefort décidait d'agir pendant la nuit. Il s'était laissé convaincre. Ils étaient en sécurité, au moins jusqu'au lendemain.

Et il s'était endormi.

Pourtant, son esprit s'efforçait toujours de résoudre l'énigme.

La plupart des détails de son rêve s'évanouirent, mais il se souvenait encore du présentateur annonçant le bilan de la fusillade à Mexico City. Il avait appris plus tard que Cai Thorvaldsen et l'avocate étaient intimes. C'était une femme de caractère, courageuse, qui enquêtait sur un mystérieux cartel. La police locale avait appris qu'elle avait ignoré les menaces dont elle faisait l'objet. Les policiers se trouvaient dans les parages, mais, curieusement, aucun n'était sur place lorsque les tueurs avaient surgi de leur véhicule. Le jeune Thorvaldsen et l'avocate déjeunaient sur un banc à l'ombre. En mission à Mexico City, Malone rentrait à l'ambassade lorsque l'agression s'était produite. Il avait eu le temps d'éliminer deux des agresseurs à l'aide de son pistolet automatique avant que deux autres ne se rendent compte de sa présence. Il n'avait pas réussi à voir leur visage, mais l'un d'eux lui avait tiré une balle dans l'épaule. Avant de perdre connaissance, Malone avait tué son agresseur et le quatrième homme avait été abattu par l'un des gardes de l'ambassade.

Mais pas avant que la fusillade n'ait fait un grand nombre de victimes.

Sept morts, neuf blessés.

Il s'assit sur son lit.

Il venait de résoudre l'énigme de Rennes-le-Château.

53

Abbaye des Fontaines

1 h 30

De Rochefort glissa la carte magnétique dans le lecteur et le verrou s'ouvrit. Il pénétra dans la salle des archives puissamment éclairée et se faufila entre les étagères de documents confidentiels pour rejoindre Royce Claridon. Sur la table, face à lui, s'amoncelaient divers registres. L'archiviste le surveillait patiemment comme le maître le lui avait ordonné. De Rochefort lui fit signe de se retirer.

« Qu'avez-vous appris ? demanda-t-il à Claridon.

— Les documents que vous m'avez recommandés sont intéressants. J'étais loin de me douter que l'ordre avait si bien résisté à la purge.

— Notre histoire est fort riche.

— Je suis tombé sur un compte rendu de l'exécution de Jacques de Molay à Paris. Apparemment, de nombreux membres de l'ordre y assistaient.

— Il monta sur le bûcher le 18 mars 1314, la tête haute, et lança à la foule : "Il est bien juste que, dans un si terrible jour, et dans les derniers moments de ma vie, je découvre toute l'iniquité du mensonge et que je fasse triompher la vérité."

— Vous avez mémorisé ses dernières paroles ?

— C'est un homme digne d'intérêt.

— Nombreux sont les historiens qui le rendent responsable de la destinée tragique de l'ordre. On le dit faible et complaisant.

— Et qu'en disent les comptes rendus que vous avez lus ici ?

— Ils le présentent comme un homme fort, déterminé, qui avait minutieusement préparé son départ pour la France au printemps 1307. Les intentions de Philippe le Bel ne lui avaient pas échappé.

— Nos richesses et notre savoir ont été mis à l'abri grâce à la clairvoyance de de Molay.

— Le fameux legs des Templiers, s'écria Claridon dubitatif.

— Nos frères ont veillé à sa sauvegarde. De Molay s'en est assuré. »

Claridon avait les yeux fatigués. Quant à de Rochefort, il était au mieux de sa forme à cette heure tardive.

« Avez-vous lu les dernières paroles de Jacques de Molay ?

— "Le malheur s'abattra bientôt sur ceux qui nous condamnent à tort. Dieu vengera notre mort."

— Il pensait à Philippe le Bel et à Clément V, qui avaient conspiré contre lui et contre notre ordre. Le pape mourut moins d'un mois plus tard et Philippe succomba à une crise d'apoplexie lors d'une partie de chasse sept mois plus tard. Aucun des enfants de Philippe n'eut d'héritier mâle et la lignée royale des Capétiens s'éteignit. Plus de quatre cent cinquante ans plus tard, pendant la Révolution, la famille royale fut à son tour emprisonnée au Temple, comme Jacques de Molay. Lorsque Louis XVI fut guillotiné, un homme plongea la main dans le sang du roi et en aspergea la foule en hurlant : "Jacques de Molay, tu es vengé."

— L'un des vôtres ?

— Oui, un de nos frères s'est laissé emporter en assistant à l'éradication de la monarchie française.

— Cela vous tient beaucoup à cœur, n'est-ce pas ? »

De Rochefort ne tenait pas particulièrement à se livrer à cet inconnu mais il voulait que les choses soient claires. « Je suis le maître de l'ordre.

— Non, ce n'est pas tout. Il y a autre chose.

— L'analyse psychologique est une autre de vos spécialités ?

— Vous avez défié Malone qui a failli vous écraser avec sa voiture et vous n'auriez pas hésité une seconde à me brûler la plante des pieds.

— Monsieur Claridon, des milliers de mes frères ont été arrêtés, dans le seul but de satisfaire la convoitise d'un monarque. Plusieurs centaines d'entre eux sont morts sur le bûcher. L'ironie de l'histoire, c'est que seuls des mensonges auraient pu les sauver. La vérité, c'est qu'ils ont été condamnés à mort alors que l'ordre n'était coupable d'aucun des crimes qu'on lui avait imputés. Effectivement, j'en fais une affaire personnelle.

— J'ai de mauvaises nouvelles, annonça Claridon en attrapant le journal de Lars Nelle. J'ai lu la plupart des notes de Lars et quelque chose cloche. »

De Rochefort n'aimait pas ça.

« Il comporte des erreurs. Les dates sont erronées. Les lieux ne correspondent pas. Les sources ne sont pas répertoriées correctement. Les différences sont subtiles mais sautent aux yeux d'un spécialiste. »

Malheureusement, de Rochefort ne s'y connaissait pas suffisamment pour faire la différence. À vrai dire, il comptait sur le journal pour en savoir davantage.

« Peut-il s'agir de simples coquilles ?

— Je l'ai cru au premier abord, et puis j'en ai repéré de plus en plus, au point d'en douter. Lars était quelqu'un de consciencieux. Je l'ai aidé à compiler bon nombre d'informations contenues dans ce carnet. Ces erreurs sont intentionnelles.

— Et le cryptogramme ? Est-il correct ?

— Je n'ai aucun moyen de le savoir. Lars ne m'a jamais dit s'il avait découvert la séquence mathématique qui permettait de le déchiffrer.

— Êtes-vous en train de me dire que le journal est sans aucune valeur ? demanda de Rochefort, inquiet.

— Je vous dis simplement qu'il contient un certain nombre d'informations erronées. Certaines références au journal de Saunière reproduites ici ne correspondent pas à l'original, elles non plus. J'en ai lu des extraits il y a longtemps. »

De Rochefort était perplexe. Qu'est-ce que tout cela signifiait ? Il se remémora la dernière journée de Lars Nelle et ce que lui avait dit le chercheur américain.

« Vous seriez incapable de découvrir quoi que ce soit, même si vous l'aviez sous le nez. »

Il n'appréciait pas la remarque de Nelle mais admirait son courage, étant donné qu'une corde lui enserrait le cou. Quelques minutes plus tôt, il l'avait vu l'attacher à l'un des supports du pont avant de faire un nœud coulant. Nelle avait alors grimpé sur un muret de pierre et s'était abîmé dans la contemplation de la sombre rivière qui coulait à ses pieds.

De Rochefort l'avait suivi toute la journée en se demandant ce qu'il allait faire si haut dans les Pyrénées. Le village près duquel ils se trouvaient n'avait aucun rapport avec Rennes-le-Château ni aucun des domaines de recherche de Nelle. Minuit approchait et les ténèbres enveloppaient la nature environnante. Seul le murmure de la rivière coulant sous le pont venait rompre le silence de la montagne.

De Rochefort quitta son poste d'observation entre les arbres pour s'approcher du pont.

« Je me demandais si vous alliez vous montrer, dit Nelle sans se retourner. Je me disais qu'une provocation vous ferait sortir de l'ombre.

— Vous saviez que j'étais là ?

— Je suis habitué à être suivi par les frères templiers », annonça Nelle en lui faisant face. Puis, désignant la corde autour de son cou, il ajouta : « Si ça ne vous dérange pas, j'étais sur le point de mettre fin à mes jours.

— La mort ne vous effraie apparemment pas.

— Je suis mort il y a longtemps.

— Ne craignez-vous pas votre Dieu ? Il interdit le suicide.

— Quel Dieu ? Nous retournerons à la poussière, tel est notre destin.

— Et si vous vous trompiez ?

— Pas de risque.

— Et votre quête ?

— Elle ne m'a apporté que souffrance. Depuis quand mon âme vous intéresse-t-elle ?

— Elle ne m'intéresse pas. Votre quête, en revanche, c'est une autre histoire.

— Vous me surveillez depuis longtemps. Votre maître s'est même entretenu avec moi en personne. Dommage que votre ordre doive poursuivre les recherches sans que je sois là pour le guider.

— Vous saviez que nous vous surveillions ?

— Bien sûr. Vos frères essaient depuis des mois de s'emparer de mon journal.

— J'avais entendu dire que vous étiez un homme étrange.

— Je suis un homme malheureux qui n'a plus envie de vivre. Quelque chose en moi regrette cette situation. Pour mon fils, que j'aime. Et pour ma femme qui m'aime à sa façon. Mais je n'ai plus le désir de vivre.

— N'y a-t-il pas de moyens plus rapides de mourir ?

— Je déteste les armes, fit Nelle avec un haussement d'épaules, et il y a quelque chose de choquant à employer du poison. Saigner à mort ne me disait rien, alors j'ai opté pour la pendaison.

— Cela paraît égoïste.

— Égoïste ? Je vais vous dire ce qui l'est : ce que les gens m'ont fait. Ils sont persuadés que Rennes-le-Château abrite tout un tas de secrets, touchant aussi bien aux héritiers de la monarchie française qu'aux extraterrestres. Combien de chercheurs ont-ils profané la région avec leur matériel ? Des murs ont été abattus, des cavités et des tunnels creusés. Ils sont même allés jusqu'à ouvrir certaines tombes pour exhumer des corps. Les théories les plus farfelues ont vu le jour, tout ça pour l'argent. »

Ce discours bizarre préalable au suicide laissait de Rochefort perplexe.

« J'ai vu des médiums tenir des séances de spiritisme et des voyants converser avec les morts. Les inventions ont été si nombreuses que la vérité paraît fade en comparaison aujourd'hui. J'ai été obligé de relayer ces absurdités. J'ai dû à mon tour souscrire à leurs idées fanatiques pour vendre des livres. Le public était friand de ce type d'insanités. C'est ridicule. Je me fais rire moi-même. Égoïste ? Ce sont tous ces crétins qui méritent ce qualificatif.

— Quelle est la vérité sur Rennes-le-Château ? demanda de Rochefort calmement.

— Je suis sûr que vous aimeriez bien la connaître.

— Vous vous rendez compte que vous êtes peut-être le seul à pouvoir résoudre l'énigme de Saunière ? fit de Rochefort, changeant de tactique.

— Mais je l'ai déjà résolue. »

De Rochefort se souvint du cryptogramme qu'il avait vu dans le compte rendu du maréchal conservé dans les archives de l'abbaye, celui que l'abbé Gélis et Saunière avaient découvert dans leurs églises, celui qui avait peut-être coûté la vie à Gélis.

— Ne pouvez-vous rien me dire ? insista-t-il d'un ton un peu trop suppliant à son goût.

— Vous êtes comme les autres, en quête de réponses faciles. Où est le défi dans tout ça ? Il m'a fallu des années pour déchiffrer ce cryptogramme.

— Et je suppose que vous avez pris peu de notes.

— À vous de le découvrir.

— Quel homme arrogant vous faites.

— Non, je suis un paumé. Il y a une différence. Voyez-vous, tous ces opportunistes venus pour trouver une satisfaction personnelle et repartis les mains vides m'ont appris quelque chose. »

De Rochefort attendit qu'il s'explique.

« Il n'y a absolument rien à découvrir.

— Vous mentez.

— Peut-être, qui sait ? »

De Rochefort décida de laisser Lars Nelle à ses occupations. « Puissiez-vous trouver la paix, dit-il en tournant les talons.

— Templier ! » s'écria Lars Nelle.

De Rochefort se retourna.

« Je vais vous faire une faveur. Vous ne le méritez pas car les frères que vous avez envoyés après moi m'ont causé beaucoup de soucis. D'un autre côté, votre ordre ne méritait pas non plus le sort qui lui a été réservé. Aussi vais-je vous donner un indice. Un petit coup de pouce. Vous ne le trouverez nulle part, pas même dans le journal. Vous serez le seul à l'avoir et, si vous êtes malin, vous pourrez même résoudre l'énigme. Vous avez de quoi noter ? »

De Rochefort revint sur ses pas, tira un petit carnet et un crayon de sa poche et les tendit à Nelle. Celui-ci s'en servit pour griffonner quelque chose, puis les lui rendit.

« Bonne chance », s'exclama-t-il avant de sauter du muret. De Rochefort entendit la corde se tendre et le cou du vieil homme se briser. Il approcha le calepin de ses yeux et à la pâle lueur de la lune déchiffra le message de Lars Nelle :

GOODBYE STÉPHANIE

La femme de Nelle s'appelait Stéphanie. Il secoua la tête. Ça n'avait rien d'un indice. De simples mots d'adieu qu'un homme adressait à sa femme.

Mais aujourd'hui, il n'en était plus si sûr.

Il avait décidé de laisser le mot sur le corps pour accréditer la thèse du suicide. Il s'était saisi de la corde, avait hissé le cadavre en arrière pour pouvoir fourrer le mot dans la poche de poitrine de Nelle.

Ces mots constituaient-ils un indice ?

« La nuit où Nelle est mort, il m'a dit qu'il avait déchiffré le cryptogramme et m'a donné ceci. » De Rochefort nota GOODBYE STÉPHANIE sur un bloc-notes.

« C'est un indice, ça ? s'étonna Claridon.

— Je ne sais pas. Je n'y avais jamais pensé jusqu'ici. Si ce que vous dites est vrai et que le journal contient effectivement des erreurs intentionnelles, alors nous étions censés les découvrir. J'ai cherché ce journal du vivant de Nelle, puis j'ai essayé de le dérober à son fils. Mais il le gardait en lieu sûr. À son arrivée ici, j'ai appris qu'il l'avait avec lui pendant l'avalanche. Le maître s'en est emparé et l'a gardé sous clef jusqu'à il y a quelques semaines. »

Il repensa à la prétendue maladresse de Cassiopée Vitt en Avignon. Il savait à présent qu'elle avait fait exprès de le perdre. « Vous avez raison. Le journal est sans intérêt. Il nous était destiné. Mais ces deux mots ont peut-être un sens.

— Ou peut-être s'agit-il d'un autre leurre ? »

Possible.

« Que vous a dit Lars exactement en vous remettant ce mot ? » s'enquit Claridon en étudiant la phrase.

Il lui répéta les paroles du vieil homme : « Un petit coup de pouce. Et, si vous êtes malin, vous pourrez même résoudre l'énigme.

— Je me souviens d'un détail dont Lars m'avait parlé un jour », fit Claridon en fouillant dans les documents éparpillés sur la table jusqu'à ce qu'il mette la main sur un tas de feuilles pliées. « Ce sont les notes que j'ai prises en Avignon d'après le croquis de la tombe de Marie d'Hautpoul trouvé dans le livre de Stüblein. Regardez ça », l'encouragea Claridon en désignant la série de chiffres romains. MDCOLXXXI. « Ces chiffres ont été gravés sur la stèle et sont censés indiquer l'année de sa mort, 1681. C'est sans compter le zéro qui ne fait pas partie des chiffres romains. Mais Marie est morte en 1781, pas en 1681. Son âge est erroné, lui aussi. Elle est morte à soixante-huit ans, pas à soixante-sept ans comme indiqué ici. » Claridon s'empara du crayon et nota 1681, 67 et GOODBYE STÉPHANIE. « Vous ne remarquez rien ? »

De Rochefort étudia les notes de Claridon. Rien ne lui sautait aux yeux, mais il n'avait jamais été très doué pour les rébus.

« Vous devez penser comme un homme du XVIIIe siècle. C'est Bigou qui a conçu le texte de l'épitaphe. La solution doit être simple d'un certain point de vue et compliquée d'un autre à cause du nombre infini de combinaisons possibles. Scindez la date 1681 en deux chiffres : 16 et 81. Six et un font sept. Huit et un égalent neuf. Vous obtenez sept et neuf. Prenez soixante-sept maintenant. Le sept ne change pas, mais le six devient un neuf lorsqu'on le retourne. On a de nouveau sept et neuf. Comptez les lettres des mots écrits par Lars. Sept pour GOODBYE. Neuf pour STÉPHANIE. Je pense qu'il vous a bien laissé un indice.

— Essayez de déchiffrer le cryptogramme reproduit dans le journal. »

Claridon trouva le croquis.

Y	E	N	S	Z	N	I	M	G	L	C	Y	•	R	A	T	E	H	O	X
O	•	E	O	T	+	T	E	C	T	N	G	A	+	D	E	Z	B	O	F
V	O	U	P	H	R	P	A	+	D	Y	S	T	L	R	D	A	•	X	T
L	P	O	C	X	F	E	I	S	R	A	V	H	G	C	K	L	N	H	N
R	D	M	R	M	A	A	N	R	J	,	S	•	M	B	D	Q	A	D	P
R	I	E	U	Z	O	O	T	U	O	J	I	F	S	O	E	A	L	B	N
T	N	A	T	,	G	R	E	Y	I	O	E	,	T	R	U	X	,	W	H
K	X	V	E	V	L	A	L	P	E	N	+	L	O	Z	J	K	J	D	G
N	U	E	+	N	G	E	K	O	•	I	X	A	Z	V	R	+	S	I	Z
S	N	S	I	C	E	T	B	+	X	G	A	C	S	E	D	X	V	U	A
Y	V	L	K	B	•	,	N	B	W	V	K	T	P	I	B	•	J	T	Y
O	U	P	E	O	M	S	U	L	Z	R	V	,	J	R	S	B	+	C	E
P	A	T	S	X	E	•	F	X	,	H	N	M	Z	H	•	Y	T	B	C

« Il existe plusieurs combinaisons. Sept, neuf. Neuf, sept. Seize. Un, six. Six, un. Je vais commencer par la plus évidente : sept, neuf. »

Claridon parcourut les rangées de lettres et de symboles en appliquant la clé numérique et nota les caractères ainsi obtenus au fur et à mesure. Quand il eut fini, ITEGOARCANADEI apparut sur la page.

« *I tego arcana Dei*, lut de Rochefort. “Je dissimule les secrets de Dieu.” »

Bon sang !

« Ce journal est bel et bien sans intérêt, s’écria-t-il. Nelle y a inséré son propre cryptogramme. »

Mais une autre idée lui traversa l’esprit. Le compte rendu du maréchal renfermait lui aussi un cryptogramme, celui dont l’abbé Gélis avait prétendument communiqué la solution à son prédécesseur. Cryptogramme apparemment identique à celui de Saunière.

Il le lui fallait.

« L’un des volumes dont Mark Nelle est en possession contient un autre de ces rébus.

— J’imagine que vous allez le récupérer, dit Claridon, la convoitise embrasant son regard.

— Dès le lever du soleil. »

54

Givors

1 h 30

Debout dans le vaste salon inondé par la lumière des lampes, Malone faisait face à ses compagnons serrés autour de la table. Il venait de les réveiller quelques minutes plus tôt.

« J'ai la solution, leur annonça-t-il.

— Du cryptogramme ? demanda Stéphanie.

— Oui. Mark m'a parlé de la personnalité de Saunière. Effronté, culotté. Et je suis d'accord avec ce que vous avez dit l'autre jour, Stéphanie. L'église de Rennes-le-Château ne nous mènera à aucun trésor. Saunière n'aurait jamais dévoilé ce genre d'information-là, mais il n'a pas pu résister à nous mettre sur la voie. Le problème, c'est que les pièces du puzzle sont nombreuses. Heureusement, elles sont presque toutes en notre possession. »

Il attrapa *Pierres gravées du Languedoc*, encore ouvert à la page qui les intéressait. « C'est Bigou qui a laissé les indices qui comptent. Il s'apprêtait à quitter la France pour toujours, aussi a-t-il composé deux cryptogrammes et fait ériger deux stèles au-dessus d'une tombe vide. Nous avons la date de décès erronée, 1681, l'âge de la morte erroné lui aussi, soixante-sept ans, et regardez ces chiffres romains en bas : LIXLIXL, cinquante, neuf, cinquante, neuf, cinquante. Si vous additionnez tous ces chiffres, vous obtenez cent soixante-huit. Il a également fait référence au tableau de Valdés Leal dans le registre de la paroisse. N'oubliez pas que, à l'époque de Bigou, la date qui apparaît sur le tableau était lisible. C'était 1681, et pas 1687. On voit un schéma se dégager. »

Il désigna le croquis de la pierre tombale.

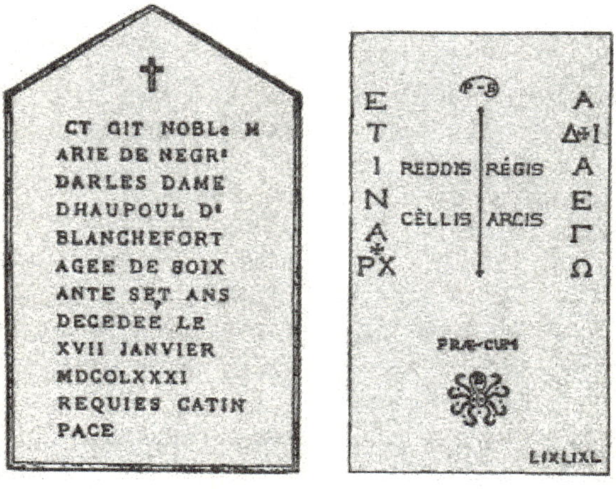

« Regardez l'araignée gravée au bas de la stèle. Sept points ont été intentionnellement placés entre ses pattes, et deux espaces ont été laissés vierges. Pourquoi ne pas graver de point dans ces espaces aussi ? Et réfléchissez à ce que Saunière a fait dans le jardin devant l'église. Il a retourné le pilier wisigothique et y a fait graver MISSION 1891 et PÉNITENCE, PÉNITENCE. Je sais que cela va vous sembler insensé, mais le point commun entre tous ces éléments vient de m'apparaître en rêve. »

Tout le monde sourit sans pour autant l'interrompre.

« Henrik, cette fusillade à Mexico City qui a coûté la vie à Cai l'année dernière, j'en rêve de temps à autre. Difficile d'effacer ce genre d'images de son cerveau, elle a fait un grand nombre de victimes...

— Sept morts, neuf blessés », murmura Stéphanie.

La même idée leur traversa l'esprit et Malone vit qu'ils avaient compris, surtout Mark qui semblait mesurer la portée de sa découverte.

« Cotton, vous avez sans doute raison. Prenez 1681 ; additionnez les deux premiers et les deux derniers chiffres. Vous obtenez sept et neuf. Le pilier, Saunière l'a retourné pour faire passer un message. Il l'a placé là en 1891 mais si vous inversez la date, vous obtenez 1681. Il l'a retourné pour nous mettre sur la voie. Sept, neuf encore une fois.

— Comptez les lettres à présent. Sept dans *mission*, neuf dans *pénitence*. Ce ne peut pas être qu'une simple coïncidence. Et le nombre cent soixante-huit obtenu en additionnant les chiffres romains gravés sur la tombe. Il est là pour une bonne raison. Un plus six égale sept, un plus huit égale neuf. Ce schéma est partout présent. » Il attrapa une photo couleur de la dixième station de la Croix de l'église de Rennes-le-Château. « Regardez ça : le soldat joue la tunique de Jésus aux dés. Sur les dés, on lit trois, quatre, cinq. Lorsque Mark et moi sommes allés à l'église, je me suis demandé pourquoi ces chiffres précis avaient été choisis. Mark, vous m'avez dit que Saunière avait personnellement veillé aux moindres détails de la décoration de cette église. Il devait donc avoir une raison de choisir ces chiffres-là. Je crois que c'est la séquence qui est importante. D'abord le trois, puis le quatre, suivis du cinq. Trois et quatre font sept, quatre et cinq font neuf.

— Alors ces deux nombres seraient la clé du cryptogramme ? s'étonna Cassiopée.

— Il n'y a qu'un moyen de le savoir. » Mark fit signe à Geoffrey de lui passer le sac à dos. Avec précaution, il en tira le rapport du maréchal et retrouva le croquis.

Y	E	N	S	Z	N	I	M	G	L	C	Y	•	R	A	T	E	H	O	X
O	•	E	O	T	+	T	E	C	T	N	G	A	+	D	E	Z	B	O	F
V	O	U	P	H	R	P	A	+	D	Y	S	T	L	R	D	A	•	X	T
L	P	O	C	X	F	E	I	S	R	A	V	H	G	C	K	L	N	H	N
R	D	M	R	M	A	A	N	R	J	,	S	•	M	B	D	Q	A	D	P
R	I	E	U	Z	O	O	T	U	O	J	I	F	S	O	E	A	L	B	N
T	N	A	T	,	G	R	E	Y	I	O	E	,	T	R	U	X	,	W	H
K	X	V	E	V	L	A	L	P	E	N	+	L	O	Z	J	K	J	D	G
N	U	E	+	N	G	E	K	O	•	I	X	A	Z	V	R	+	S	I	Z
S	N	S	I	C	E	T	B	+	X	G	A	C	S	E	D	X	V	U	A
Y	V	L	K	B	•	,	N	B	W	V	K	T	P	I	B	•	J	T	Y
O	U	P	E	O	M	S	U	L	Z	R	V	,	J	R	S	B	+	C	E
P	A	T	S	X	E	•	F	X	,	H	N	M	Z	H	•	Y	T	B	C

Il se mit à le déchiffrer en se servant de la séquence numérique découverte par Malone, passa en revue les treize rangées de lettres et de symboles et nota chaque lettre ainsi isolée.

TEMPLIERTRESORENFOUIAULAGUSTOUS

« J'ai compris », dit Mark.

Il espaça les mots pour que le message devienne lisible :

TEMPLIER TRÉSOR ENFOUI AU LAGUSTOUS

« Que signifie "lagustous" ? demanda Henrik.

— Je n'en ai aucune idée, avoua Mark. Et je ne me rappelle pas avoir lu ce nom dans les archives templières.

— J'ai passé toute ma vie dans la région, et je n'ai jamais entendu parler d'un lieu qui porterait ce nom, intervint Cassiopée.

— Les chroniques sont formelles, insista Mark, agacé, les charrettes transportant le legs des Templiers ont bien fait route vers les Pyrénées.

— Pourquoi l'abbé nous aurait-il rendu la tâche aussi aisée ? » Geoffrey avait posé sa question d'une voix calme.

« Il a raison, renchérit Malone. Bigou aurait pu s'assurer que la découverte de la séquence ne suffirait pas.

— Je n'ai pas trouvé qu'il nous facilitait particulièrement la tâche.

— Simplement parce que les pièces du puzzle étaient dispersées, et certaines même perdues à jamais, dit Malone. Du temps de Bigou, en revanche, elles étaient toutes à disposition ; de plus, il s'est arrangé pour que tout le monde les voie.

— Mais Bigou a pris ses précautions, expliqua Mark. Le compte rendu du maréchal précise que Gélis a trouvé un cryptogramme identique à celui de Saunière dans son église. À l'époque, Bigou disait la messe dans cette église et dans celle de Rennes-le-Château. Voilà pourquoi il a dissimulé un rébus dans chaque église.

— En espérant qu'un curieux en découvrirait un, ajouta Henrik. C'est exactement ce qui s'est produit.

— Gélis a déchiffré le rébus, reprit Mark, nous en sommes certains car il l'a avoué au maréchal. Il lui a également dit se méfier de Saunière avant d'être assassiné quelques jours plus tard.

— Par Saunière ? releva Stéphanie.

— Personne ne le sait. J'ai toujours trouvé le maréchal suspect. Il a disparu de l'abbaye quelques semaines après le meurtre de Gélis et a intentionnellement évité de reproduire la solution du cryptogramme dans son rapport.

— Maintenant que nous l'avons, fit Malone en désignant le bloc-notes, nous devons découvrir ce que "Lagustous" veut dire.

— C'est une anagramme, déclara Cassiopée.

— Comme celle utilisée par Bigou sur la stèle, approuva Malone. *Et in arcadia ego* pour *I tego arcana dei*. Il aurait pu employer le même procédé ici. »

Cassiopée étudiait la phrase découverte par Mark lorsque Malone vit dans son regard qu'elle avait trouvé la solution. « Vous reconnaissez ce mot, n'est-ce pas ? lui demanda-t-il.

— Je pense que oui. »

Ils étaient suspendus aux lèvres de la jeune femme.

« Au Xe siècle, un baron fortuné du nom d'Hildemar rencontra un certain Agule. La famille d'Hildemar ne voyait pas d'un bon œil l'influence qu'exerçait cet Agule sur le baron et, en complète contradiction avec les souhaits de sa famille, celui-ci légua la totalité de ses terres à son ami, qui transforma le château du baron en abbaye dans laquelle ils se retirèrent tous deux. Un jour qu'ils priaient, ils furent assassinés par des Sarrasins. Tous deux furent canonisés par l'Église catholique. Il existe un village, à environ cent cinquante kilomètres d'ici, appelé Saint-Agulous. » Elle prit le crayon et réorganisa les lettres de Lagustous en St-Agulous.

« Les Templiers y possédaient un certain nombre de propriétés, ajouta Mark, en particulier une grande commanderie qui n'existe plus aujourd'hui.

— Ce château devenu abbaye est toujours là, expliqua Cassiopée.

— Nous devons y aller, dit Henrik.

— Ça pourrait être difficile », déclara Malone en lançant un coup d'œil à Cassiopée. Ils mirent leurs amis au courant de la présence des deux hommes de de Rochefort.

« Notre nouveau maître va frapper, dit Mark. Notre hôtesse ici présente l'a laissé mettre la main sur le journal de mon père. Dès qu'il apprendra qu'il est sans intérêt, il changera d'attitude.

— Nous devons quitter le château sans nous faire remarquer, déclara Malone.

— Nous sommes nombreux, remarqua Henrik. Ça sera difficile.

— Justement, j'adore les défis », renchérit Cassiopée avec un sourire.

55

7 h 30

De Rochefort cheminait dans la forêt de grands pins, foulant le tapis argenté de bruyère blanche. Une odeur de miel flottait dans l'air. De maigres nappes de brouillard s'accrochaient aux crevasses de calcaire rouge qui l'entouraient. Un aigle entrait et sortait de la brume, parcourant le ciel en quête de son petit déjeuner. Le sien, de Rochefort l'avait pris avec les frères en respectant le silence imposé par la règle tandis que des extraits des Saintes Écritures leur étaient lus.

Il fallait bien reconnaître un certain mérite à Claridon. Il avait déchiffré le cryptogramme à l'aide de la combinaison numérique et avait percé le mystère. Malheureusement, le message ne valait rien. Nelle avait découvert un rébus dans le manuscrit inédit de Noël Corbu, individu qui, dans les années cinquante, avait propagé la plupart des mythes qui circulaient sur Rennes-le-Château. Mais qui avait modifié le cryptogramme ? Nelle ou Saunière ? La solution – qui n'en était pas une – avait-elle poussé Nelle au suicide ? Tous ces efforts consacrés à résoudre l'énigme laissée par Saunière, et, au final, il n'était pas plus avancé. Était-ce cela que Nelle avait voulu dire quand il l'avait averti qu'il n'y avait « absolument rien à découvrir » ?

Difficile à dire.

Mais de Rochefort était déterminé à en avoir le cœur net.

Une sirène retentit au loin, en provenance du chantier où la journée de travail s'apprêtait certainement à commencer. Il aperçut l'une des sentinelles droit devant. Sur le chemin du château, l'homme lui avait appris par téléphone que tout était calme. À travers les arbres, il apercevait la silhouette de la bâtisse à deux cents mètres environ, baignée par la faible lueur des rayons de soleil matinaux.

Le frère templier lui avait indiqué qu'un groupe de onze ouvriers était arrivé à pied depuis le chantier une heure plus tôt. Ils étaient tous vêtus à la mode du XIIIe siècle. Ils se trouvaient toujours à l'intérieur. La seconde sentinelle avait indiqué qu'il n'y avait aucune activité à l'arrière du château. Personne n'était entré ni sorti. Il y avait eu beaucoup d'activité deux heures plus tôt – lumières allumées dans les chambres, allées et venues des domestiques. Cassiopée Vitt s'était rendue aux écuries avant de rentrer.

« Il y a eu une certaine effervescence aux alentours d'une heure du matin, expliqua la sentinelle. Les lumières des chambres se sont allumées, puis celle de l'une des pièces du rez-de-chaussée. Elles se sont éteintes environ une heure plus tard. On dirait qu'ils sont tous restés éveillés un moment et puis qu'ils se sont rendormis. »

Leur nuit avait peut-être été aussi instructive que la sienne. « Mais personne n'a quitté le château ? » voulut-il s'assurer.

L'homme fit non de la tête.

Il attrapa le talkie-walkie dans sa poche pour contacter les dix hommes qui l'escortaient. Ils s'étaient garés à huit cents mètres de là et traversaient la forêt pour regagner le château. Il leur avait ordonné d'encercler discrètement la bâtisse et d'attendre ses instructions. Le chef l'informa qu'ils étaient tous à leur poste. En comptant les deux sentinelles déjà sur place et lui-même, il pouvait compter sur treize hommes armés ; c'était plus qu'il n'en fallait pour accomplir sa mission.

Quelle ironie, songea-t-il. Les frères combattaient à nouveau les Sarrasins. Sept siècles plus tôt, les musulmans avaient vaincu les chrétiens et reconquis la Terre sainte. Aujourd'hui, une musulmane, Cassiopée Vitt, se mêlait de nouveau des affaires de l'ordre.

« Maître. »

Il tourna son attention vers la porte d'entrée du château d'où sortaient plusieurs personnes affublées de costumes médiévaux colorés. Les hommes portaient une cotte de toile brune retenue à la taille par une corde, des chausses noires et des chaussures de peau. Certains portaient des brodequins serrés aux chevilles. Les femmes portaient de longues robes grises et des huques retenues par le tablier qui leur ceignait la taille. Chapeaux de paille, chapeaux à large bord, guimpes et cagoules leur recouvraient la tête. La veille, de Rochefort avait remarqué que tous les ouvriers travaillant sur le site de Givors étaient vêtus d'authentiques costumes médiévaux, ce qui contribuait à créer l'atmosphère anachronique, certainement voulue, du lieu. Deux des ouvriers commencèrent à se bousculer en plaisantant lorsqu'ils empruntèrent le chemin menant au chantier.

« Ils ont peut-être assisté à une espèce de réunion,

risqua l'homme debout près de lui. Ils retournent là d'où ils sont venus. »

De Rochefort partageait son avis. Cassiopée Vitt supervisait personnellement le chantier, aussi pouvait-on raisonnablement penser que les ouvriers étaient amenés à la rencontrer.

« Combien d'ouvriers sont-ils entrés ?

— Onze. »

Il compta. Le même nombre de personnes venait de quitter le château. Parfait. Il était temps de passer à l'action. « Allez-y, ordonna-t-il en approchant la radio de ses lèvres.

— Quels sont vos ordres ? demanda son interlocuteur.

— Faites le nécessaire pour les maîtriser jusqu'à mon arrivée », répondit-il, las de jouer avec ses adversaires.

Il pénétra dans le château par la cuisine, pièce gigantesque où l'acier dominait. Quinze minutes s'étaient écoulées depuis que ses hommes avaient donné l'assaut, et leur intervention s'était déroulée sans coup de feu. Les hôtes de Cassiopée prenaient leur petit déjeuner lorsque les hommes de de Rochefort avaient fait irruption au rez-de-chaussée. Des sentinelles postées devant chaque issue avaient anéanti tout espoir de fuite.

Le maître était satisfait. Il souhaitait rester discret.

En traversant les nombreuses pièces du château, il admira les murs tendus de brocard, les fresques aux plafonds, les pilastres sculptés, les chandeliers de cristal, les sièges recouverts de différentes teintes de damas. Cassiopée Vitt était une femme de goût.

Il trouva la salle à manger et se prépara à affronter Mark Nelle. Les autres seraient tués, leurs cadavres enterrés dans la forêt voisine, mais il ramènerait Mark

Nelle et frère Geoffrey à l'abbaye où ils auraient à répondre de leurs actes. Leur punition serait exemplaire. Il fallait venger la mort du frère templier à Rennes-le-Château.

Il traversa un vaste hall et pénétra dans la salle à manger.

Ses hommes encerclaient la pièce, arme au poing. Il balaya la longue table du regard et aperçut six visages.

Il n'en reconnut aucun.

Au lieu d'avoir devant lui Cotton Malone, Stéphanie et Mark Nelle, frère Geoffrey, Cassiopée Vitt et Henrik Thorvaldsen, il dévisageait six inconnus vêtus de jeans et de chemises.

Des ouvriers du chantier.

Bon sang.

Ils lui avaient filé sous le nez.

« Retenez-les jusqu'à mon retour ! » ordonna-t-il à l'un de ses hommes en essayant de contenir la rage qui montait en lui.

Il quitta le château et flâna calmement le long du sentier ombragé menant au parking. Les véhicules étaient rares à cette heure matinale. Mais la voiture de location de Malone qui y était garée à son arrivée avait disparu.

Il était perplexe.

Où avaient-ils bien pu aller ?

L'un de ses hommes restés à l'intérieur le rejoignit en courant. Pourquoi avait-il quitté son poste ?

« Maître, d'après l'un des ouvriers, Cassiopée Vitt leur a demandé de venir au château à l'aube dans leurs vêtements de travail. Six d'entre eux ont échangé leurs vêtements avec les hôtes du château, et Vitt les a invités à prendre le petit déjeuner. »

Il en était déjà arrivé à cette conclusion. Quoi d'autre ?

« D'après ce même ouvrier, quelqu'un aurait laissé un message annonçant votre arrivée. Il devait alors vous remettre ceci », expliqua l'homme en tendant à de Rochefort un téléphone portable et un bout de papier.

> Nous avons la solution. Je vous contacterai avant le coucher du soleil pour vous donner plus de détails.

« Connaît-on l'auteur de ce message ?

— Non. D'après l'ouvrier, on l'avait posé sur sa pile de vêtements accompagné d'un billet stipulant qu'il devait vous être remis en main propre.

— Comment l'avez-vous obtenu ?

— Lorsqu'il a prononcé votre nom, je me suis fait passer pour vous et il me l'a remis. »

Qu'est-ce que tout cela signifiait ? Y avait-il un traître parmi ses ennemis ? Ça en avait tout l'air. Comme il ignorait tout de leur destination, il n'avait pas le choix.

« Repliez-vous et rentrez à l'abbaye. »

56

10 h 00

Malone s'émerveillait devant le spectacle qu'offrait la chaîne des Pyrénées, dont la beauté et la majesté égalaient celles des Alpes. Frontières naturelles entre la France et l'Espagne, les crêtes semblaient se succéder à l'infini, chacune d'elle coiffée d'une couronne immaculée ; à plus basse altitude se dessinaient pentes verdoyantes et rochers escarpés aux reflets pourpres. Profondes et menaçantes, jadis repères de Charlemagne, des Francs, des Wisigoths et des Maures, les vallées brûlées par le soleil se nichaient entre les sommets.

Ils avaient pris deux véhicules, sa voiture de location et le 4×4 de Cassiopée qu'elle garait sur le chantier. Le stratagème mis au point pour quitter le château avait fonctionné puisqu'ils n'étaient pas suivis ; en chemin cependant, Malone avait pris la précaution de fouiller les deux voitures pour s'assurer de l'absence de système de surveillance. Il fallait bien avouer que Cassiopée avait énormément d'imagination.

Une heure auparavant, avant de prendre la route des montagnes, ils avaient acheté des vêtements dans un centre commercial d'Ax-les-Thermes, station florissante et populaire auprès des skieurs et des randonneurs. On les avait regardés bizarrement à cause de leurs tuniques colorées et des longues robes de Cassiopée et de Stéphanie, mais ils s'étaient changés pour revêtir jeans, chemises, chaussures de marche et vestes en laine polaire en prévision de ce qui les attendait.

Saint-Agulous était perché au bord d'un précipice, entouré de collines en terrasse, au bout d'une étroite route qui serpentait à travers un col assombri par les nuages. Le village, guère plus grand que Rennes-le-Château, était un amoncellement de bâtiments de pierre qui semblaient ne faire qu'un avec la montagne environnante.

Malone arrêta la voiture avant d'entrer dans le village et se gara sur un étroit chemin de terre bordé d'arbres. Cassiopée se gara derrière lui. Ils furent accueillis par l'air vif de la montagne.

« Je ne pense pas que ce soit une bonne idée d'entrer tous ensemble dans le village, déclara Malone. Je n'ai pas l'impression que beaucoup de touristes s'arrêtent ici.

— Il a raison, renchérit Mark. Mon père se montrait toujours prudent dans ce genre d'endroit. Geoffrey et moi nous ferons passer pour deux randonneurs. Ce n'est pas inhabituel pendant la saison estivale.

— Vous ne pensez pas que je pourrais faire bonne impression ? demanda Cassiopée.

— Ça, vous vous y entendez pour faire impression, lança Malone en souriant. Vous oublier me paraît plus difficile en l'occurrence.

— Et depuis quand Mark a-t-il pris les rênes de l'opération ?

— Depuis que je le lui ai demandé, intervint

Thorvaldsen. Il connaît ces montagnes, il parle français. Laissez-le y aller avec Geoffrey.

— Dans ce cas, capitula Cassiopée. Allez-y, je vous en prie. »

Mark entra dans le village suivi de Geoffrey et se retrouva sur une place étroite et ombragée. Geoffrey portait toujours le sac à dos contenant les deux ouvrages, aussi avaient-ils l'air de deux amis en balade pour la journée. Les pigeons voletaient au-dessus des toits d'ardoise disparates, luttaient contre une bourrasque qui s'engouffrait entre les crevasses en hurlant et poussait les nuages vers le nord, par-dessus les montagnes. Au centre de la place, un mince filet d'eau s'échappait d'une fontaine verte de mousse. Il n'y avait pas âme qui vive.

La rue qui partait de la place était bien entretenue et le soleil dessinait çà et là un damier de lumière sur les pavés. Le claquement de sabots annonça l'arrivée d'une chèvre aux longs poils hirsutes qui disparut dans une ruelle. Mark sourit. Comme beaucoup d'endroits de la région, le temps n'avait aucune prise sur ce village.

En voyant l'église qui se dressait au bout de la place, on devinait la gloire passée du village. Quelques marches étroites menaient au portail roman. La bâtisse elle-même était plutôt de style gothique et le clocher, de forme octogonale peu courante, attira immédiatement l'attention de Mark. Il ne se rappelait pas en avoir vu du même style dans la région. La taille et la magnificence de cette église témoignaient d'une prospérité et d'un pouvoir perdus.

« Bizarre qu'un petit village comme celui-ci dispose d'une église de cette taille, remarqua Geoffrey.

— J'ai déjà vu ce genre de chose. Il y a cinq siècles,

le village devait accueillir un marché florissant. L'église était donc indispensable. »

Une jeune femme apparut. Elle avait l'air d'une fille de la campagne, avec ses taches de rousseur. Elle sourit avant d'entrer dans une petite épicerie qui jouxtait ce qui devait être le bureau de poste. Mark se demanda par quel étrange caprice du destin Saint-Agulous avait pu échapper aux ravages des Sarrasins, des Espagnols, des Français et à la croisade contre les albigeois.

« Commençons par ici, conseilla Mark en désignant l'église. Le curé du village pourra peut-être nous aider. »

Ils pénétrèrent dans la nef surmontée d'un plafond bleu vif constellé d'étoiles. Aucune statue ne décorait les murs de pierre brute. Un crucifix de bois était accroché au-dessus de l'autel rudimentaire. De larges lattes de bois, probablement taillées des siècles plus tôt dans la forêt primitive voisine, recouvraient le sol, grinçant à chacun de leurs pas. Contrairement à l'atmosphère étouffante de l'église de Rennes-le-Château due aux détails obscènes qui l'ornaient, il régnait ici un calme surnaturel.

Mark remarqua l'intérêt de Geoffrey pour le plafond. Il lisait dans ses pensées. Les derniers temps, le maître portait une chasuble bleue parsemée d'étoiles dorées.

« Coïncidence ? fit le jeune homme.

— J'en doute. »

Un vieil homme sortit de l'ombre près de l'autel. Une soutane de toile brune avait du mal à dissimuler ses épaules tordues. Sa démarche saccadée, son dos voûté, le faisaient ressembler à une marionnette suspendue à un fil.

« Êtes-vous le curé du village ? demanda Mark.

— Oui, monsieur.

— Comment s'appelle cette église ?

— La chapelle de Saint-Agulous. »

Mark vit Geoffrey s'avancer vers la première rangée de bancs devant l'autel. « Quel calme, ici.

— Ceux qui vivent ici n'appartiennent qu'à eux-mêmes. L'endroit est en effet très calme.

— Depuis quand exercez-vous ici ?

— Oh, depuis bien longtemps. Personne ne semble vouloir de cette chaire. Mais j'y suis bien.

— Les environs servaient autrefois de cachette aux brigands espagnols, n'est-ce pas ? Pendant leurs incursions en Espagne, ils terrorisaient la population, pillaient les fermes avant de retraverser la frontière, bien à l'abri en France, hors de portée des Espagnols.

— Oui, admit le prêtre, pour pouvoir piller l'Espagne ils devaient vivre en France. Et ils ne portèrent jamais la main sur un seul Français. Mais cela fait bien longtemps. »

Mark continuait à étudier l'intérieur austère de l'église. Était-il possible que cette bâtisse renfermât un grand secret ?

« Monsieur le curé, avez-vous jamais entendu parler de Béranger Saunière ? »

Le vieil homme réfléchit puis fit non de la tête.

« Même par quelqu'un du village ?

— Je n'ai pas pour habitude d'espionner les conversations de mes paroissiens.

— Loin de moi l'intention de vous offenser. Personne n'y aurait donc fait allusion ? »

Le vieil homme secoua de nouveau la tête.

« De quand date cette église ?

— 1732. Cependant, le bâtiment d'origine datait du XIIIe siècle. Beaucoup d'autres se sont succédé. C'est dommage, mais il ne reste rien de ces structures anciennes. »

Le vieil homme se tourna vers Geoffrey qui rôdait toujours près de l'autel.

« Que cherche-t-il ? » demanda-t-il.

Bonne question, songea Mark. « Peut-être est-il en train de prier et veut-il se rapprocher de l'autel ?

— Vous ne savez pas mentir », rétorqua l'abbé.

Mark comprit que le vieil homme était bien plus intelligent qu'il ne voulait le laisser croire à son interlocuteur. « Pourquoi ne pas me dire ce que je veux savoir ?

— Vous êtes son portrait.

— Vous connaissiez mon père ? s'écria Mark en s'efforçant de réprimer sa surprise.

— Il est venu plusieurs fois par ici. Nous parlions souvent.

— Vous a-t-il confié quelque chose ?

— Vous savez bien que non.

— Savez-vous ce que je dois faire ?

— Votre père m'a dit que si vous arriviez jusqu'ici, vous sauriez déjà ce que vous aviez à faire.

— Vous savez qu'il est décédé ?

— Bien sûr, je l'ai appris. Il s'est donné la mort.

— Ce n'est pas sûr.

— Ne vous bercez pas d'illusions. Votre père était malheureux. Il est venu chercher quelque chose ici mais il est reparti bredouille. Ça l'a contrarié. Je n'ai pas été surpris d'apprendre qu'il s'était donné la mort. Il n'arrivait pas à trouver la paix sur cette terre.

— Il s'est confié à vous à ce sujet ?

— Plusieurs fois.

— Pourquoi m'avoir menti au sujet de Béranger Saunière ?

— Je ne vous ai pas menti. Je n'en ai jamais entendu parler.

— Mon père n'y a jamais fait allusion ?

— Pas une seule fois. »

Encore une énigme à résoudre, aussi décevante et agaçante que Geoffrey qui revenait à présent vers eux. Cette église ne renfermait aucune réponse. Aussi demanda-t-il : « Et l'abbaye de Hildemar, le château légué à Agule au Xe siècle ? Tient-il toujours debout ?

— Oh, oui, les ruines existent toujours. Dans les montagnes, pas loin d'ici.

— L'abbaye n'existe plus ?

— Mon Dieu, non ! Elle n'est plus habitée depuis trois siècles.

— Mon père a-t-il jamais évoqué cet endroit ?

— Il s'y est rendu souvent mais n'y a rien trouvé. Ce qui n'a fait qu'accroître sa frustration. »

Il fallait qu'ils partent, mais Mark voulait en savoir plus : « À qui appartiennent les ruines de l'abbaye ?

— Elles ont été rachetées il y a des années. Par un Danois. Henrik Thorvaldsen. »

CINQUIÈME PARTIE

57

Abbaye des Fontaines

11 h 40

De Rochefort faisait face au chapelain assis à l'autre bout de la table. Le prêtre l'attendait à son retour de Givors. Ce qui tombait bien. Après leur confrontation d'hier, il avait lui aussi besoin de parler au Vénitien.

« Je vous interdis de remettre en question mon autorité », ordonna de Rochefort. Il avait le pouvoir de démettre le chapelain de ses fonctions si, comme le stipulait la règle, il semait « la discorde entre les frères ou provoquait le scandale ».

« C'est mon rôle d'être votre conscience. Le chapelain occupe cette fonction auprès du maître depuis le commencement de l'ordre. »

Mais de Rochefort savait qu'il ne pouvait se défaire du chapelain sans l'accord de l'ensemble de la confrérie. Ce qui pourrait poser problème étant donné la popularité de cet homme. Aussi préféra-t-il lâcher un peu de lest : « Ne me défiez pas devant nos frères.

— Je ne vous défiais pas. Je remarquais simplement

que la mort de deux hommes pèse gravement sur nos consciences.

— Et pas sur la mienne ?

— Vous devez vous montrer prudent. »

La conversation se déroulait derrière la porte verrouillée de l'appartement du maître, le doux murmure de la cascade leur parvenant par la fenêtre ouverte.

« Cette approche ne nous a menés à rien.

— Je ne sais pas si vous vous en rendez compte, mais la mort de ces hommes a ébranlé votre autorité. Cela fait déjà jaser et vous n'êtes maître que depuis quelques jours.

— Je ne tolérerai aucune dissension.

— On croirait entendre l'homme que vous avez tant combattu, fit le chapelain avec un sourire triste et impassible. Qu'est-ce qui a changé ? Votre lutte avec le sénéchal vous a-t-elle donc affecté à ce point ?

— Il n'est plus sénéchal aujourd'hui.

— Malheureusement, je ne le connais que sous ce nom. Vous en savez beaucoup plus long sur lui, apparemment. »

De Rochefort se demandait si cet homme méfiant lui disait la vérité. Certaines rumeurs lui étaient arrivées aux oreilles à lui aussi ; d'après ses espions, le chapelain s'intéressait de près à ses activités. De bien plus près que ne le nécessitait sa fonction de conseiller spirituel. De Rochefort se demandait si cet homme qui se disait son ami pensait à l'avenir et s'y préparait. Après tout, c'est ce que lui-même avait fait autrefois.

Il aurait aimé parler de son dilemme, expliquer ce qui s'était passé, ce qu'il savait, être conseillé, mais il serait imprudent de se confier. Parler à Claridon était déjà suffisamment grave mais lui au moins ne faisait pas partie de l'ordre. Parler au chapelain, c'était une tout autre histoire. C'était un ennemi potentiel. Aussi se contenta-t-il de généralités. « Je cherche le legs des Templiers et je suis à deux doigts de le localiser.

— Oui, mais au prix de deux décès.

— De nombreux frères se sont sacrifiés pour défendre nos convictions, déclara de Rochefort en haussant le ton. Dans les deux premiers siècles de l'ordre, vingt mille templiers ont perdu la vie. Deux de plus ou de moins...

— La vie humaine a beaucoup plus de valeur aujourd'hui, chuchota le chapelain.

— Non, elle a la même valeur. Ce qui a changé, c'est le manque de dévouement dont nous faisons preuve.

— Nous ne sommes pas en guerre. Nous n'essayons pas de reprendre la Terre sainte aux infidèles. Il est question de retrouver quelque chose qui n'existe probablement pas.

— Blasphème !

— C'est la vérité. Et vous le savez. Vous pensez que trouver le legs des Templiers va tout changer. Cela ne changera rien. Vous n'avez pas encore gagné le respect de ceux qui vous servent.

— En tenant parole, je l'obtiendrai.

— Avez-vous bien réfléchi à cette quête ? Les choses ne sont pas aussi simples que vous le croyez. Les enjeux sont aujourd'hui beaucoup plus importants qu'au commencement. Le monde n'est plus peuplé d'illettrés et d'ignorants. Vous devez faire face à des problèmes bien plus nombreux aujourd'hui. Malheureusement pour vous, les écrits séculiers grecs, romains ou juifs ne font strictement aucune allusion à Jésus-Christ. Pas la moindre référence à Jésus dans les écrits qui nous sont parvenus. Seul le Nouveau Testament en parle. Ce livre lui est entièrement consacré. Et pourquoi ? Vous le savez aussi bien que moi. Si Jésus a bien existé, il prêchait la bonne parole dans les recoins les plus obscurs de la Judée. Personne ne faisait attention à lui. Les Romains s'en moquaient éperdument, tant qu'il n'incitait pas le peuple à la rébellion. Et les Juifs se contentaient de se disputer entre eux, ce qui convenait parfaitement aux Romains. Jésus n'a fait que passer. Il n'avait aucune importance. Pourtant, aujourd'hui, des milliards d'êtres humains le connaissent. La religion chrétienne compte le plus grand nombre de fidèles au monde. Et il est leur Messie, dans tous les sens du terme. Le Christ ressuscité. Rien de ce que vous pourrez découvrir n'y changera quoi que ce soit.

— Et s'il s'agit de ses ossements ?

— Comment être sûr que ce sont bien les siens ?

— Comment les neuf fondateurs de l'ordre l'ont-ils su ? Et voyez ce qu'ils ont accompli. Les monarques se pliaient à leur volonté. Comment l'expliquez-vous si ce n'est à cause de leur savoir ?

— Et vous pensez qu'ils l'ont partagé ? Comment s'y sont-ils pris, exactement ? Ont-ils montré les ossements du Christ à tous les monarques, tous les donateurs, tous les fidèles ?

— Je l'ignore. Cela dit, quelle qu'ait été la méthode employée, elle s'est révélée efficace. Les fidèles affluaient vers l'ordre, voulaient tous en devenir membres. Les autorités séculières cherchaient à obtenir ses faveurs. Ne peut-on retrouver ce pouvoir ?

— Si, mais pas de la façon dont vous l'imaginez.

— Cela m'exaspère. Après tout ce que nous avons fait pour l'Église. Vingt mille frères, six maîtres, tous morts en défendant Jésus-Christ. Le sacrifice des Hospitaliers n'est rien en comparaison ; pourtant, seuls deux templiers ont été canonisés alors que l'on compte de nombreux chevaliers hospitaliers au nombre des saints catholiques. Je veux réparer cette injustice.

— Comment vous y prendrez-vous ? Ce qui est ne peut changer. »

De Rochefort repensa au message. « Nous avons la solution. Je vous contacterai avant le coucher du soleil pour vous donner plus de détails. » Il tapota le téléphone dans sa poche. Le chapelain continuait son discours sur « la vanité de cette quête ». Royce Claridon poursuivait ses recherches dans les archives.

Mais une question le taraudait.

Pourquoi le téléphone ne sonnait-il pas ?

« Henrik hurla Malone, j'en ai vraiment par-dessus la tête de vos manigances ! »

Il venait d'apprendre que les ruines de l'abbaye voisine appartenaient à Thorvaldsen. Ils se trouvaient dans une forêt à huit cents mètres du village de Saint-Agulous, où leurs véhicules étaient garés.

« Cotton, j'ignorais complètement que cette abbaye m'appartenait.

— Et nous sommes censés vous croire ? lança Stéphanie.

— Je me fiche pas mal que vous me croyiez ou pas. Je n'en savais rien jusqu'à aujourd'hui.

— Comment l'expliquez-vous, dans ce cas ? demanda Malone.

— Je ne l'explique pas. Tout ce que je sais, c'est que Lars m'a emprunté cent quarante mille dollars trois mois avant sa mort. Il ne m'a jamais expliqué à quoi servirait cet argent et je ne le lui ai pas demandé non plus.

— Vous lui avez donné une telle somme sans lui demander de compte ? s'étonna Stéphanie.

— Il en avait besoin, alors je la lui ai donnée. Je lui faisais confiance.

— D'après le curé, le nouveau propriétaire a acheté les ruines à la région qui cherchait à s'en débarrasser ; les preneurs étaient rares du fait de leur situation et de leur vétusté. Une vente aux enchères s'est tenue ici, à Saint-Agulous. C'est à vous que les ruines ont été adjugées, fit Mark en s'adressant à Henrik. Le curé connaissait mon père et m'a assuré qu'il n'avait pas participé à la vente.

— Alors, Lars avait engagé quelqu'un pour le faire à sa place, parce que je n'y étais pas. Il a ensuite mis le titre à mon nom pour se couvrir. Il était plutôt paranoïaque. Si j'avais su que la propriété m'appartenait, j'en aurais parlé la nuit dernière.

— Pas forcément, lança Stéphanie.

— Écoutez, Stéphanie. Ni vous ni les autres ne m'impressionnez. Je n'ai pas à me justifier. Mais je vous considère tous comme des amis et si j'avais été au courant, je vous l'aurais dit.

— Partons du principe que Henrik nous dit la vérité, intervint Cassiopée, restée étonnamment silencieuse pendant cet échange, et rendons-nous sur place. La nuit tombe vite à cette altitude. Pour ma part, j'ai envie de voir ce qui se trouve là-haut.

— Cassiopée a raison, allons-y, admit Malone. Nous nous chamaillerons plus tard. »

Il leur fallut un quart d'heure pour atteindre le sommet ; il fallait avoir les nerfs solides et de bons freins pour y accéder. Ils suivirent les indications de l'abbé et finirent par distinguer les ruines du prieuré, véritable nid d'aigle construit sur un rocher escarpé, dont la tour carrée effondrée était flanquée d'un abîme insondable. La route s'arrêtait à environ huit cents mètres du site et ils mirent dix minutes de plus pour y accéder en empruntant le chemin qui courait sous une voûte de pins majestueux entre les rochers découpés couverts de thym.

L'endroit avait manifestement été laissé à l'abandon. Rien ne recouvrait les murs épais et Malone caressa le schiste vert-de-gris ; chaque pierre devait certainement avoir été extraite de la montagne et taillée par des mains patientes il y avait bien longtemps. Ce qui avait dû être un cloître de belles proportions s'ouvrait à présent sur le ciel, les colonnes et les chapiteaux rendus méconnaissables par des siècles d'intempéries et d'exposition au soleil. De la mousse, du lichen orange et des herbes grisâtres et rêches couvraient le sol puisque le dallage était redevenu sable depuis longtemps. Les sauterelles faisaient un bruit de castagnettes.

La disposition des pièces était difficile à deviner car le toit et la plupart des murs s'étaient effondrés, mais on repérait immédiatement les cellules des moines, un vaste hall ainsi qu'une autre pièce de belles proportions qui avait dû abriter la bibliothèque ou le scriptorium. La vie en ce lieu devait être frugale, industrieuse et austère, songeait Malone.

« C'est pas mal, chez vous, lança-t-il à Henrik.

— J'admirais justement ce que l'on pouvait se payer avec cent quarante mille dollars il y a douze ans.

— Les récoltes devaient être maigres si j'en juge par le minuscule lopin de terre fertile dont disposaient les moines, remarqua Cassiopée qui avait l'air captivée. Les étés sont brefs ici, les journées aussi. J'ai presque l'impression d'entendre les moines psalmodier.

— Cet endroit devait être complètement isolé, ajouta Thorvaldsen. Complètement oublié du monde.

— Lars devait avoir une bonne raison de mettre cette propriété à votre nom, intervint Stéphanie. Il devait avoir une bonne raison de venir ici. Cet endroit cache quelque chose.

— C'est possible, dit Cassiopée, mais, d'après le curé, Lars n'a rien trouvé. C'est peut-être l'une des nombreuses pistes qu'il explorait.

— Le cryptogramme nous a menés jusqu'ici, fit Mark, perplexe. Mon père est venu sur ce site. Il n'a rien trouvé, mais l'a jugé suffisamment important pour en faire l'acquisition. Cet endroit est le bon. »

Malone s'assit sur un bloc de pierre pour contempler le ciel. « Il nous reste entre cinq et six heures avant que le jour ne baisse, dit-il. Essayons d'en profiter au mieux. Je suis sûr qu'il doit faire plutôt froid ici la nuit, et nos vestes en laine polaire ne suffiront pas à nous tenir chaud.

— J'ai du matériel et quelques vêtements dans le 4×4, dit Cassiopée. Je m'étais dit que nous nous retrouverions peut-être sous terre à un moment ou à un autre et je me suis munie de lampes halogènes, de torches et d'un petit générateur.

— Vous êtes vraiment pleine de ressources, lança Malone.

— Venez voir ! »

C'était Geoffrey qui les appelait.

Malone lança un coup d'œil dans le prieuré. Il ne s'était pas aperçu que le jeune homme s'était éloigné.

Ils se hâtèrent d'entrer dans le prieuré en ruine et trouvèrent Geoffrey devant ce qui avait dû être une porte de style roman. Il n'en restait pas grand-chose si ce n'est les sculptures à peine visibles de taureaux à tête humaine, de lions ailés et de feuilles de palmier.

« L'église, dit Geoffrey. Creusée dans le roc. »

En effet, les murs n'avaient pas été façonnés par la main de l'homme mais faisaient partie intégrante de la falaise qui dominait l'ancienne abbaye. « Nous allons avoir besoin de ces lampes torches, indiqua Malone à Cassiopée.

— Non, pas du tout, dit Geoffrey. La lumière filtre à l'intérieur de l'église. »

Malone entra le premier. Des abeilles bourdonnaient dans l'ombre. Des rais de lumière dans lesquels tournoyaient des grains de poussière inondaient la salle, entrant par des ouvertures pratiquées dans le roc à divers angles et destinées à tirer le meilleur parti possible de la course du soleil. Quelque chose attira son attention. Il s'approcha de l'un des murs de pierre polie aujourd'hui privés de toute ornementation, à l'exception d'une sculpture à environ trois mètres au-dessus de lui. Au centre était représentée une tête d'homme coiffée d'un casque et d'une cagoule. Les traits du visage avaient disparu, le nez était effacé, les yeux vides et sans vie. Au-dessus du visage, on voyait un sphinx ; en dessous, un bouclier de pierre et trois marteaux.

« Ce sont des symboles templiers, s'écria Mark. J'ai vu une représentation semblable à l'abbaye des Fontaines.

— Que fait ici cette sculpture ?

— Les Catalans qui vivaient dans la région au XIVe siècle ne portaient pas le roi de France dans leur cœur. On traita les templiers avec bonté ici, même après la purge. Ce qui explique pourquoi l'ordre est venu se réfugier dans la région. »

Les murs épais soutenaient une voûte. L'endroit devait sans doute être recouvert de fresques jadis, mais il n'en restait rien. L'eau qui s'était introduite par les murs poreux avait depuis longtemps effacé tous les vestiges artistiques de l'époque.

« On se croirait dans une grotte, remarqua Stéphanie.

— Dans une forteresse, plutôt, dit Cassiopée. C'était sans doute le dernier refuge des moines en cas d'attaque.

— Mais il y a un problème, remarqua Malone qui avait eu la même idée. Il n'existe qu'un seul et unique accès à l'église. »

Un autre détail attira son attention. Il s'avança et examina attentivement le haut du mur plongé dans la pénombre. « Si seulement nous avions l'une de ces lampes torches. »

Ses compagnons s'approchèrent à leur tour.

À trois mètres de hauteur, Malone aperçut les vestiges à peine visibles de lettres grossièrement gravées dans la pierre grise.

« P, R, D, V, I, R, fit-il, hésitant.

— Non, le corrigea Cassiopée. Ce n'est pas tout. Un autre I, peut-être un E et un autre R. »

Dans la pénombre, il essaya de donner un sens à ce qu'il venait de découvrir.

JE VOUS PRIE DE VENIR

Le cerveau de Malone se mit à tourner à plein régime. Il se souvint des mots gravés au centre de la stèle de Marie d'Hautpoul. REDDIS REGIS CELLIS ARCIS. Et de l'explication fournie par Claridon en Avignon.

Reddis signifie rendre, restituer. Regis est l'accusatif de *rex*, roi. *Cella* signifie cellier, grenier. *Arcis* est l'accusatif de *arx*, hauteur fortifiée, forteresse, citadelle.

Tous ces mots ne semblaient avoir aucun sens alors, mais peut-être fallait-il simplement les ordonner différemment.

Cellier, forteresse, restituer quelque chose jadis pris au roi.

En ajoutant quelques mots par-ci, par-là, le message pouvait donner quelque chose comme : « Dans un cellier, au cœur d'une forteresse, restitue quelque chose jadis pris au roi. »

Une flèche traversait la stèle pour relier les lettres P-S et le mot PRÆ-CUM.

Præ-cum, que l'on pouvait traduire par : « Je vous prie de venir. »

Il examina de nouveau les lettres gravées dans la pierre.

JE VOUS PRIE DE VENIR

« Il faut bien reconnaître que l'abbé Bigou était un malin, plaisanta Malone après avoir partagé ses déductions avec ses compagnons.

— Cette flèche sur la pierre tombale devait avoir une signification, dit Mark. Elle est gravée en plein milieu, on ne peut pas la manquer. »

Tous les sens de Malone étaient désormais en alerte, son esprit passait en revue toutes les informations dont il disposait et il se mit à examiner le sol de la pièce. De nombreuses dalles avaient disparu et celles qui restaient étaient fendues et abîmées, mais il remarqua tout de même un motif : des carrés encadrés par une étroite bande de pierre sur toute la surface du sol.

Dans l'un des rectangles ainsi formés, il compta sept carrés sur la largeur et neuf sur la longueur. Il vérifia deux fois et aboutit au même résultat.

« Il y a sept fois neuf carrés sur chaque dalle », s'écria-t-il.

Mark et Henrik s'approchèrent de l'autel tout en comptant.

« Il y a neuf sections de la porte à l'autel, répondit Mark.

— Et sept sur la largeur de la salle, précisa Stéphanie en s'arrêtant de compter au pied du mur extérieur.

— Bon, je pense que nous ne nous sommes pas trompés d'endroit », conclut Malone. Il repensa à la pierre tombale. *Je vous prie de venir*. Il leva les yeux vers les mots gravés dans la pierre, avant de les baisser sur le sol. Les abeilles continuaient de bourdonner près de l'autel. « Allons chercher les lampes halogènes et le générateur. Nous avons besoin de voir ce que nous faisons.

— Je pense que nous devrions passer la nuit sur place, ajouta Cassiopée. L'auberge la plus proche se trouve à Elne, à une cinquantaine de kilomètres. Nous devrions camper ici.

— Avons-nous des vivres ?

— Nous pouvons nous procurer le nécessaire à Elne. C'est une ville assez importante. Nous pourrons y acheter ce dont nous avons besoin sans attirer l'attention. Mais je n'ai pas envie de quitter cet endroit. »

Il se rendait bien compte que les autres n'en avaient

pas envie non plus. La tension montait, il le sentait, lui aussi. L'énigme n'avait plus rien du concept abstrait, impossible à comprendre. Au contraire, la réponse était à portée de main. Et contrairement à ce qu'il avait dit la veille à Cassiopée, il avait maintenant le désir de la découvrir.

« Je vais y aller, proposa Geoffrey. Vous n'avez qu'à rester ici et décider de la suite. C'est à vous de le faire, pas à moi.

— Nous apprécions votre geste, répondit Thorvaldsen.

— Vous aurez besoin d'argent, dit Cassiopée en tendant au jeune homme une liasse de billets.

— Faites-moi une liste. Je serai de retour avant la nuit », déclara le jeune homme en souriant.

58

Malone balaya l'intérieur de l'église avec le faisceau de sa lampe torche, examinant les murs en quête de nouveaux indices. Après avoir déchargé tout le matériel de Cassiopée, ils l'avaient transporté jusqu'à l'abbaye. Stéphanie et Cassiopée préparaient un campement à l'extérieur tandis que Henrik s'était porté volontaire pour ramasser du bois. Mark et Malone étaient revenus vérifier si rien ne leur avait échappé.

« Cette église est abandonnée depuis trois siècles d'après le curé de Saint-Agulous, expliqua Mark.

— À sa grande époque, ce devait être un endroit remarquable.

— Ce type de bâtiment est assez courant. Le Languedoc compte plusieurs églises souterraines. L'une des plus célèbres se trouve à Vals, dans l'Ariège. Elle est en bon état, on peut encore y admirer quelques fresques. Elles ornaient les murs de toutes les églises de la région, c'était la mode. Malheureusement, très peu d'entre elles ont réussi à passer le cap de la Révolution.

— La vie devait être dure à cette altitude.

— Les moines étaient une espèce à part. Ils n'avaient aucune distraction. Leur seule drogue était les quelques livres dont ils disposaient et les fresques de l'église. »

Malone s'efforçait de percer les ténèbres d'une profondeur presque artificielle qui l'entouraient et où ne filtrait qu'une pâle lueur phosphorescente, comme si l'église était engloutie par la neige.

« Nous devons partir du principe que le cryptogramme recopié par le maréchal est authentique, reprit Mark. Rien ne nous laisse croire le contraire.

— Si ce n'est la disparition du maréchal peu après avoir rendu son rapport.

— J'ai toujours cru que ce maréchal partageait les ambitions de de Rochefort. Je pense qu'il s'était mis en quête du trésor. Il devait connaître l'histoire du secret de famille des Blanchefort. Cette information apparaît dans les chroniques, ainsi que la transmission possible du secret à l'abbé Bigou. Il a pu penser que Bigou était l'auteur des deux rébus et qu'ils menaient au legs des Templiers. Ambitieux, il s'est lancé à sa recherche en personne.

— Pourquoi reproduire le cryptogramme, dans ce cas ?

— Quelle importance ? Il possédait la solution que lui avait confiée l'abbé Gélis. Personne d'autre n'avait la moindre idée de ce que tout cela signifiait. Alors, pourquoi ne pas rendre le rapport et prouver au maître qu'il faisait son travail ?

— Si l'on poursuit le raisonnement jusqu'au bout, on peut penser que le maréchal a assassiné Gélis, avant de retourner sur place pour recueillir les témoignages sur l'événement afin de se couvrir.

— C'est tout à fait possible.

— Il ne reste rien d'autre ici, murmura Malone en s'approchant de l'inscription gravée au mur.

— C'est vrai. Quel dommage. Ces nombreuses niches devaient contenir des statues. Si l'on imagine aussi les fresques, l'endroit devait être très orné.

— Comment se fait-il que ces lettres soient toujours lisibles ?

— Elles le sont à peine.

— C'est largement suffisant », dit Malone en songeant que Bigou s'était peut-être assuré qu'elles le restent.

Il repensa à la tombe de Marie de Blanchefort. La flèche qui liait le haut et le bas de l'inscription, PRÆCUM. Je vous prie de venir. Il posa le regard sur les dalles, sept en largeur, neuf en longueur. « Les bancs devaient se trouver ici, n'est-ce pas ?

— Oui, des bancs de bois, disparus depuis longtemps.

— Si Gélis a confié la solution du cryptogramme à Saunière, ou si celui-ci l'a trouvée tout seul...

— Le maréchal explique dans son rapport que Gélis ne fait pas confiance à Saunière.

— Ce pourrait être une fausse piste de plus. Le maréchal ne devait pas être au courant que Saunière avait découvert quelque chose. Admettons qu'il ait découvert le legs des Templiers. D'après ce que nous savons, Saunière est revenu très souvent ici. À Rennes-le-Château, vous m'avez raconté que sa maîtresse et lui partaient en excursion et revenaient chargés de pierres destinées à bâtir la grotte. Il aurait pu venir ici, effectuer des retraits auprès de sa banque privée.

— À l'époque, il lui aurait été facile de faire le voyage en train.

— Il avait besoin d'accéder à la cachette sans toutefois révéler où elle se trouvait. »

Malone relut l'inscription. JE VOUS PRIE DE VENIR.

Puis il s'agenouilla.

« C'est logique, mais que voyez-vous de là que je ne vois pas d'ici ? » demanda Mark.

Malone balaya l'église des yeux. Rien ne restait à part l'autel, à cinq ou six mètres de lui. Son épais plateau de pierre reposait sur un support rectangulaire taillé dans plusieurs blocs de granit. Il compta le nombre de blocs alignés horizontalement. Il y en avait neuf. Puis il compta combien étaient alignés verticalement. Sept. Il braqua le faisceau de la lampe torche sur la pierre mangée par le lichen. D'épais joints de mortier avaient résisté au temps. Il suivit le tracé de plusieurs de ces joints avant d'éclairer l'envers du plateau de granit.

Il aperçut quelque chose.

Il comprenait, à présent.

Il sourit.

Je vous prie de venir.

Pas bête.

De Rochefort n'écoutait rien au babillage du frère trésorier. Il était question du budget de l'abbaye et des excédents engrangés. Elle était financée grâce à une dotation se montant à plusieurs millions d'euros, des fonds dont elle était entrée en possession de nombreuses années auparavant, gérés avec la plus grande prudence afin d'éviter que la confrérie ne se trouve un jour dans le besoin. L'abbaye vivait pratiquement en autarcie. La production de ses champs, de ses fermes et de son moulin couvrait la majeure partie de ses besoins en nourriture. Quant au vignoble et à la laiterie, ils assuraient la majeure partie des boissons consommées par les moines. L'eau coulait en une telle abondance que des canalisations l'acheminaient jusque dans la vallée où elle était mise en bouteilles avant d'être vendue dans la France entière. Bien sûr, le nécessaire à la préparation des repas et au fonctionnement de l'abbaye devait être acheté à l'extérieur, mais les revenus tirés de la vente du vin et de l'eau, ajoutés aux sommes récoltées grâce aux visites de l'abbaye, fournissaient des recettes plus que suffisantes. Alors pourquoi venait-il lui parler d'excédents ?

« Avons-nous besoin d'argent ? l'interrompit-il.

— Pas du tout, maître.

— Pourquoi m'accabler de tous ces détails, dans ce cas ?

— Le maître doit être tenu au courant de tout ce qui touche aux finances de l'abbaye. »

Cet idiot avait raison. Mais il n'avait pas envie d'être dérangé. Malgré tout, le trésorier pouvait lui être utile.

« Avez-vous étudié l'histoire financière de l'ordre ?

— Bien sûr, maître, répondit le trésorier, décontenancé par la question. Tous ceux qui accèdent à cette fonction y sont obligés. Je suis d'ailleurs en train de former mes subordonnés.

— Au moment de la purge, à combien s'élevait notre fortune ?

— Difficile d'en estimer la valeur. L'ordre était propriétaire de plus de neuf mille domaines ; difficile d'évaluer une telle superficie.

— Et en ce qui concerne les liquidités ?

— Je vais me répéter : difficile à dire. Nos frères devaient détenir un trésor composé de dinars d'or, de pièces byzantines, de florins, de drachmes, de marks ainsi que d'argent et d'or massifs. De Molay est arrivé en France en 1306 avec douze chevaux chargés d'argent dont on n'a jamais vraiment retrouvé la trace. Et puis il y a aussi les biens confiés à l'ordre pour qu'ils en assurent la protection. »

Il savait à quoi le trésorier faisait allusion. L'ordre avait inventé la caisse de dépôt servant à conserver les testaments et les documents précieux des gens de bien, ainsi que leurs bijoux et autres objets personnels. L'ordre jouissait d'une réputation de sérieux sans tache qui lui avait permis d'étendre cette activité à toute la chrétienté, moyennant une commission, évidemment.

« Les biens confiés à l'ordre ont disparu au moment de la purge. Les inventaires qui se trouvaient dans les chroniques ont disparu eux aussi. Il n'existe donc aucun moyen d'estimer la valeur des biens sur lesquels ils veillaient. Mais on peut supposer que la fortune de l'ordre s'élèverait à plusieurs milliards d'euros aujourd'hui. »

Il avait entendu parler des charrettes faisant route vers le sud, escortées par quatre frères sélectionnés par Gilbert de Blanchefort qui commandait l'escadron ; on lui avait recommandé de ne révéler à personne le lieu de la cachette tout en s'assurant de transmettre son secret de manière appropriée. De Blanchefort avait fait des merveilles puisque, sept siècles plus tard, la cachette n'avait toujours pas été découverte.

Qu'est-ce qui pouvait être si précieux aux yeux de Jacques de Molay pour faire l'objet d'autant de précautions ?

Il se posait la question depuis trente ans.

Le téléphone vibra dans sa poche, ce qui le fit sursauter.

Enfin.

« Qu'y a-t-il, maître ? demanda le trésorier.

— Laissez-moi », lui ordonna-t-il en se ressaisissant.

L'homme se leva, s'inclina avant de se retirer. De Rochefort décrocha l'appareil. « J'espère que vous n'allez pas me faire perdre mon temps, maugréa-t-il.

— Comment la vérité pourrait-elle représenter une perte de temps ? »

Il reconnut immédiatement la voix de son interlocuteur.

Geoffrey.

« Et pourquoi vous ferais-je confiance ?

— Parce que vous êtes mon maître.

— Votre loyauté allait à mon prédécesseur.

— Tant qu'il était en vie, c'est vrai. Mais depuis sa mort, le serment que j'ai prêté m'oblige à me montrer loyal envers celui qui porte la soutane blanche...

— Même si vous n'aimez pas cet homme.

— Vous avez vécu la même chose pendant de nombreuses années, si je ne me trompe pas.

— Et attaquer votre maître est censé démontrer votre loyauté envers lui ? » De Rochefort n'avait pas oublié le coup de crosse reçu à la tempe au moment où Geoffrey et Mark Nelle avaient fui l'abbaye.

« Démonstration de force nécessaire, destinée à rassurer le sénéchal.

— Où vous êtes-vous procuré ce téléphone ?

— Le défunt maître me l'avait donné. Il devait nous être utile au cours de notre périple hors des murs de l'abbaye. Mais j'ai décidé d'en faire un autre usage.

— Le maître et vous n'avez rien laissé au hasard.

— Notre réussite lui tenait à cœur. D'où l'envoi du journal à Stéphanie Nelle. Il voulait l'impliquer dans cette affaire.

— Ce journal ne vaut rien.

— C'est ce que j'ai cru comprendre. Mais je ne l'ai découvert qu'hier. »

De Rochefort posa la question qui lui brûlait les lèvres.

« Ont-ils déchiffré le cryptogramme ? Celui qui se trouve dans le compte rendu du maréchal ?

— Oui, en effet.

— Dites-moi, frère, où êtes-vous ?

— À Saint-Agulous, dans les ruines de l'abbaye, juste au nord du village. Pas loin de là où vous vous trouvez.

— Et c'est là qu'est caché le legs des Templiers ?

— Tous les indices convergent vers cet endroit. Au moment où je vous parle, ils essaient de localiser la cache. On m'a envoyé faire des provisions à Elne. »

De Rochefort commençait à croire son interlocuteur. Mais était-ce le désespoir ou le bon sens qui l'y poussait ?

« Mon frère, prévint-il, je vous tuerai si vous mentez.

— Je n'en doute pas. Vous êtes capable de tout.

— De quoi voulez-vous parler ? demanda-t-il tout en sachant qu'il n'aurait pas dû le faire.

— Vous êtes certainement responsable de la mort d'Ernst Scoville. Quant à celle de Lars Nelle, il est plus difficile de l'affirmer, du moins d'après ce que m'a dit le défunt maître. »

Il aurait voulu en apprendre davantage, mais il savait que montrer de l'intérêt équivaudrait à admettre tacitement son implication, aussi se contenta-t-il de dire « Frère, vous êtes un rêveur.

— J'ai entendu pire insulte.

— Pourquoi faites-vous ça ?

— Je veux devenir chevalier. Vous décidez de qui sera promu. Dans la chapelle, il y a quelques jours, lorsque vous avez arrêté le sénéchal, vous m'avez assuré que cela n'arriverait jamais. C'est là que j'ai décidé de changer de voie – une voie qui aurait déplu au défunt maître. Alors, j'ai accompagné le sénéchal en essayant de glaner ce que je pouvais. Et j'ai attendu de pouvoir vous fournir ce que vous vouliez vraiment. En retour, je ne réclame que le pardon.

— Si ce que vous dites est vrai, vous l'obtiendrez.

— Je serai de retour aux ruines dans peu de temps. Ils ont prévu d'y passer la nuit. Ils vous ont déjà prouvé à quel point ils pouvaient se montrer ingénieux, à la fois individuellement et collectivement. Je ne me permettrais pas de substituer mon jugement au vôtre, cependant je vous conseille de frapper vite et fort.

— Je vous assure, cher frère, que telle est bien mon intention. »

59

Malone se releva et se dirigea vers l'autel. À la lumière de sa lampe torche, il venait de remarquer qu'il n'y avait pas de joint de mortier sous le plateau supérieur. L'agencement des blocs formant le support lui avait permis de remarquer ce détail et, en s'agenouillant, il avait aperçu la brèche.

Il se pencha sur l'autel qu'il éclaira de sa torche. « Le plateau n'est pas scellé.

— Le contraire m'aurait étonné, dit Mark. La gravité lui permet de rester en place. Combien mesure ce bloc de pierre ? Six centimètres d'épaisseur sur environ un mètre quatre-vingts de long ?

— Bigou a caché son cryptogramme dans la colonne de l'autel dans l'église de Rennes-le-Château. Je me demandais pourquoi il avait choisi cette cachette. Original, vous ne trouvez pas ? Il a dû soulever le plateau pour pouvoir libérer le goujon de fixation avant de glisser la fiole en verre dans le trou. Replacez le plateau et vous obtenez une excellente cachette. Mais ce n'est pas tout : ce choix permettait à Bigou d'envoyer un message. Aidez-moi à bouger ce plateau. » Il posa sa lampe torche sur le sol.

Mark se plaça à un bout de l'autel et Malone à l'autre. Il essaya de faire bouger la pierre.

Elle glissa de manière presque imperceptible.

« Vous avez raison, convint Mark, elle n'est pas fixée au support. Je ne vois aucune raison de la ménager. Faisons-la tomber. »

Ils firent glisser le plateau de droite à gauche et le soulevèrent suffisamment pour que la gravité l'entraîne par terre.

En jetant un coup d'œil par l'ouverture rectangulaire ainsi mise au jour, Malone découvrit un tas de pierres compact.

« L'autel est rempli de pierres, constata Mark.

— En effet, oui. Sortons-les de là, fit Malone en souriant.

— Pourquoi ?

— Saunière n'avait certainement pas envie que l'on suive sa trace ; or, ce plateau de pierre a un effet dissuasif. Mais c'est encore plus vrai pour ces pierres. Je fais ce que vous m'avez conseillé hier : essayons de raisonner comme il y a cent ans. Regardez autour de vous. Personne ne serait venu chercher de trésor ici. L'endroit n'était qu'une ruine. Et qui aurait pensé à démolir cet autel ? Il est resté en l'état pendant des siècles. Mais dans l'hypothèse où quelqu'un serait arrivé jusqu'ici, il convenait d'installer un niveau de protection supplémentaire. »

Le support rectangulaire mesurait environ un mètre de haut et ils se mirent à le vider, ce qui ne leur prit que dix minutes. Au fond ils découvrirent une couche de terre.

Lorsque Malone sauta à l'intérieur, il crut sentir une légère vibration. Il se pencha pour fouiller la terre desséchée à la texture sablonneuse. Mark l'éclairait tandis qu'il vidait la terre à pleines poignées. Soudain, il heurta quelque chose. En faisant un puits, il aperçut des planches.

« J'adore avoir raison », annonça-t-il à Mark avec un large sourire.

De Rochefort fit irruption dans la pièce où l'attendait son conseil. Il s'était hâté de convoquer ses officiers une fois sa conversation téléphonique terminée.

« Le legs des Templiers vient d'être retrouvé », annonça-t-il.

Les officiers furent abasourdis par cette nouvelle.

« Notre ancien sénéchal et ses alliés ont localisé la cachette. Un de mes espions les accompagne. Il vient de m'annoncer leur succès. Il est temps de récupérer l'héritage qui nous appartient.

— Que proposez-vous ? fit l'un d'eux.

— Un contingent de chevaliers se rendra sur place et s'emparera d'eux.

— Un nouveau bain de sang en perspective ? demanda le chapelain.

— Pas si nous faisons preuve de prudence. »

Le chapelain n'avait pas l'air très convaincu.

« L'ancien sénéchal et Geoffrey, qui est apparemment votre allié – puisque, à notre connaissance, aucun autre de nos frères ne s'est joint à eux –, ont déjà tué deux templiers. Rien ne nous dit qu'ils ne pourraient pas en tuer d'autres.

— Frère chapelain, puisqu'il n'est pas question de foi ici, nous nous passerons de vos conseils, lança de Rochefort, à bout de patience.

— La sécurité des membres de cet ordre est l'affaire de tous.

— Osez-vous dire que je ne me soucie pas de la sécurité de la confrérie ? Remettez-vous mon autorité en cause ? Contestez-vous ma décision ? Répondez, chapelain. »

Rien dans l'attitude du Vénitien ne trahissait la peur. « Vous êtes mon maître. Je vous dois obéissance... quelles que soient les circonstances », se contenta-t-il de remarquer.

L'insolence du chapelain déplut terriblement à de Rochefort.

« Cependant, maître, reprit le Vénitien, ne nous avez-vous pas expliqué que nous devrions tous être associés aux décisions d'une telle portée ? » Quelques officiers opinèrent du chef. « N'avez-vous pas annoncé à la confrérie lors du chapitre que vous nous emmèneriez dans une nouvelle direction ?

— Frère chapelain, notre ordre s'apprête à entreprendre sa plus importante mission depuis des siècles. Les débats devront attendre.

— Je pensais que la plus importante de nos missions consistait à rendre grâce à Notre-Seigneur et à Dieu. Il est bien question de foi ici, je suis donc qualifié pour participer au débat.

— Retirez-vous immédiatement. »

Le chapelain ne bougea pas. Personne ne dit un mot.

« Si vous ne vous retirez pas immédiatement, je vous ferai arrêter et vous aurez à répondre de votre insolence plus tard. Ce qui n'aura rien de plaisant, ajouta-t-il après une pause.

— Je m'en vais, fit le chapelain en se levant et en s'inclinant. Comme vous me l'ordonnez.

— Nous aurons une petite conversation plus tard, je vous l'assure. »

De Rochefort attendit que le chapelain ait quitté la pièce pour reprendre son discours. « Nous sommes en quête du legs des Templiers depuis de longues années. Il est à portée de main, désormais. Le contenu de cette cache n'appartient qu'à nous. C'est de notre patrimoine qu'il s'agit. En ce qui me concerne, j'ai l'intention de reprendre ce qui nous appartient. Douze chevaliers m'assisteront dans cette tâche. Je vous laisse le soin de choisir ces hommes. Qu'ils se préparent et me retrouvent armés dans une heure, au gymnase. »

Malone pria Cassiopée et Stéphanie d'apporter la pelle qu'ils avaient déchargée du 4×4. Elles arrivèrent en compagnie de Henrik, et Malone leur expliqua quelle découverte Mark et lui venaient de faire.

« Bien joué, remarqua Cassiopée.

— Il m'arrive de réfléchir.

— Il faut enlever ce qu'il reste de terre, lança Stéphanie.

— Passez-moi la pelle. »

Il se mit à vider le support de l'autel. Au bout de quelques minutes, trois planches noircies apparurent, partiellement liées les unes aux autres par des fils de fer ; les autres formaient une trappe.

Il se pencha pour tâter les gonds. « Le métal est rouillé. Ces gonds sont fichus. Un siècle d'intempéries aura eu raison d'eux, ajouta-t-il en se servant de la pelle pour achever de les détruire.

— Un siècle ? Que voulez-vous dire ? demanda Stéphanie.

— C'est Saunière qui a construit cette trappe, expliqua Cassiopée. Le bois est en assez bon état, il n'est certainement pas là depuis plusieurs siècles. Et on dirait qu'il a été raboté : ce ne serait pas le cas si le bois datait du Moyen Âge. Il fallait que Saunière puisse entrer et sortir facilement. Alors, quand il a découvert ce passage, il en a modifié l'accès.

— Je suis d'accord avec vous, dit Malone. Ce qui explique comment il arrivait à faire bouger le plateau. Il se contentait de le faire glisser de côté, ôtait les pierres qui dissimulaient la trappe, descendait par l'ouverture et remettait tout en place une fois qu'il avait terminé. D'après ce que j'ai entendu dire, il était en bonne forme physique. Et très intelligent, aussi. »

Il planta la pelle entre le support et les planches et fit levier. Mark se saisit des planches ; Malone se débarrassa de la pelle et, en tirant de concert, ils réussirent à les arracher. Une ouverture apparut.

« Incroyable, s'écria Thorvaldsen en jetant un coup d'œil. C'est peut-être bien l'endroit que nous cherchions. »

Stéphanie braqua sa lampe torche vers le trou. Une échelle était appuyée contre l'un des murs. « Qu'en pensez-vous ? Sera-t-elle assez solide ?

— Il n'y a qu'un moyen de le savoir. »

Malone tendit la jambe et testa le premier barreau. L'échelle était faite d'épaisses planches de bois et il espérait que les pointes avaient tenu le coup. Il aperçut quelques têtes rouillées. Il appuya plus fort en s'accrochant au support de l'autel au cas où le barreau lâcherait. Mais rien de tel ne se passa. Il plaça son autre pied sur le barreau suivant qu'il testa à son tour.

« Ça ira, je pense.

— Je suis plus légère que vous, fit remarquer Cassiopée. Je serais ravie d'y aller en premier.

— Si vous n'y voyez pas d'inconvénient, j'aimerais avoir cet honneur, répondit Malone avec un sourire.

— Vous voyez que j'avais raison, cette quête vous intéresse, après tout. »

Oui, elle l'intéressait. Ce mystérieux trésor l'attirait comme ces livres rares qu'il trouvait parfois sur des étagères poussiéreuses. On n'était jamais sûr de ce que l'on allait découvrir.

En agrippant toujours le support de l'autel, il posa le pied sur le deuxième barreau de l'échelle, distant du précédent d'une quarantaine de centimètres. Il attrapa rapidement le haut de l'échelle et descendit d'un cran.

« Ça a l'air de tenir. »

Malone continua à descendre en prenant la précaution de tester chaque barreau au préalable. Stéphanie et Cassiopée fouillaient les ténèbres de leurs lampes torches. Dans le halo des faisceaux lumineux, il vit qu'il avait atteint le bas de l'échelle. Un pas de plus et il toucherait le sol recouvert de gravillons et de pierres de la taille d'un poing ou d'un crâne humain.

« Lancez-moi une torche », ordonna Malone.

Thorvaldsen fit ce qu'il demandait. Grâce à la lumière, Malone s'aperçut que l'échelle mesurait un peu moins de cinq mètres de hauteur. Il vit qu'elle était posée au centre d'un couloir naturel que la pluie et la fonte des neiges avaient creusé pendant des millions d'années dans la roche. Il savait que les Pyrénées étaient criblées de grottes et de tunnels.

« Pourquoi ne sautez-vous pas ? demanda Cassiopée.

— C'est trop facile. » Il sentait un courant d'air lui souffler au creux des reins, et il n'était pas seulement dû au froid ambiant. « Je vais passer de l'autre côté de l'échelle. Jetez l'une des pierres par l'ouverture, ordonna-t-il en se mettant à l'abri.

— C'est bon ? fit Stéphanie.

— Feu à volonté. »

La pierre plongea dans l'ouverture. Elle toucha le sol avant de continuer à dégringoler dans les entrailles de la montagne.

Les faisceaux lumineux fouillèrent le point d'impact.

« Vous aviez raison, constata Cassiopée. Il y avait une cavité juste sous la surface, prête à engloutir celui qui aurait sauté au bas de l'échelle.

— Jetez d'autres pierres autour du piège pour voir où il s'arrête. »

Quatre autres pierres s'abattirent par l'ouverture et trouvèrent la terre ferme. Désormais, Malone savait où poser les pieds ; il descendit de l'échelle pour examiner le piège. Il mesurait à peu près un mètre de côté et au moins un mètre de profondeur. Il se pencha pour ramasser quelques-unes des planches à rainures et languettes qui le recouvraient. Elles étaient suffisamment fines pour céder sous le poids d'un homme mais suffisamment épaisses pour supporter une couche de boue et de graviers. Au fond du trou, il aperçut des pyramides de métal effilées, prêtes à s'enfoncer dans la chair d'un intrus peu méfiant. Le temps avait terni leur patine mais ne les avait pas émoussées.

« Saunière ne plaisantait pas, remarqua Malone.

— Il pourrait s'agir d'un piège conçu par les Templiers, suggéra Mark. C'est du cuivre ?

— Du bronze.

— Les Templiers excellaient dans l'art de la métallurgie. Laiton, bronze, cuivre, ils travaillaient tous les métaux. L'Église interdisait les expériences scientifiques, alors l'ordre apprenait ce type de technique auprès des Arabes.

— Le bois qui recouvrait le piège ne peut pas dater d'il y a sept siècles, dit Cassiopée. Saunière a dû réparer les moyens de défense mis en place par les Templiers. »

Ce n'était pas ce que Malone avait envie d'entendre. « Ce qui signifie qu'il s'agit certainement du premier d'une longue série de pièges. »

60

Stéphanie, Mark et Cassiopée vinrent rejoindre Malone tandis que Thorvaldsen attendait Geoffrey à la surface et se tenait à leur disposition pour leur faire passer les outils dont ils pourraient avoir besoin.

« J'étais sérieux tout à l'heure, précisa Mark. Les techniques défensives des Templiers étaient extrêmement innovantes. Les chroniques font état de certains pièges mis au point par l'ordre.

— Ouvrez l'œil, conseilla Malone. Si nous voulons trouver le trésor, il nous faudra être attentifs.

— Il est plus de quinze heures, constata Cassiopée. Le soleil sera couché dans deux heures. Il fait déjà plutôt froid ici. La nuit sera glaciale. »

La veste de Malone lui tenait chaud, mais des gants et des chaussettes de montagnes auraient été les bienvenus ; cela faisait justement partie des achats que Geoffrey devait faire. Le passage qui menait dans deux directions opposées n'était éclairé que par la lumière qui tombait de l'ouverture dans la voûte. Sans lampes torches, ils n'auraient pas vu le bout de leurs chaussures.

« La tombée du jour ne changera pas grand-chose, dit Malone. Nous ne verrions rien en bas sans la lumière artificielle. Il nous faut simplement attendre que Geoffrey revienne avec des provisions et des vêtements plus chauds. Henrik, appela-t-il, avertissez-nous de son retour.

— Soyez prudent, Cotton. »

Les idées se bousculaient dans la tête de Malone. « Que pensez-vous de cet endroit ? lança-t-il à la cantonade.

— Il pourrait faire partie d'un *horreum*, suggéra Cassiopée. Du temps où les Romains contrôlaient la région, ils disposaient d'entrepôts souterrains dans lesquels ils conservaient les denrées périssables. L'ancêtre des entrepôts frigorifiques, en somme. Plusieurs d'entre eux ont résisté au passage du temps. Ce pourrait en être un.

— Et les templiers savaient où les trouver ?

— Ils se servaient du même type d'entrepôts, intervint Mark. Ils s'étaient inspirés des Romains. Ce que dit Cassiopée est sensé. Lorsque Jacques de Molay a ordonné à Gilbert de Blanchefort de prendre ses dispositions pour dissimuler le trésor des Templiers, celui-ci aurait très bien pu choisir un de ces endroits, situé sous l'église banale d'une abbaye sans importance et sans lien avec l'ordre. »

Malone examina les deux extrémités du tunnel grâce à sa lampe torche. « Quelle direction prendre ? demanda-t-il.

— Bonne question, répondit Stéphanie.

— Mark et vous irez dans cette direction, Cassiopée et moi dans l'autre. » De toute évidence, ni la mère ni le fils n'appréciaient sa décision. « Pas le temps pour les disputes. Mettez vos différends de côté et faites votre travail. C'est ce que vous me conseilleriez de faire, Stéphanie.

— Il a raison, fit-elle sans discuter, allons-y !

— Futé, Malone, chuchota Cassiopée alors qu'ils s'enfonçaient dans les ténèbres du tunnel. Vous êtes sûr qu'il est sage de les laisser faire équipe ? Ils ont pas mal de problèmes à régler, tous les deux.

— Rien de tel qu'un peu de stress pour qu'ils s'apprécient.

— Ce principe vaut-il aussi pour vous et moi ?

— Après vous, rétorqua Malone en l'aveuglant avec sa lampe torche, nous ne tarderons pas à le savoir. »

✠

De Rochefort et son escorte de douze hommes accédèrent aux ruines de l'abbaye par le sud. Ils avaient évité le village de Saint-Agulous et garé leurs véhicules dans l'épaisse forêt située à un kilomètre du site. Ils avaient ensuite gravi l'étendue couverte de broussailles et de roche rouge menant aux sommets. La région attirait les passionnés de nature. Des pentes verdoyantes et des crevasses pourpres les environnaient ; cependant le sentier était bien délimité, peut-être parce que les bergers locaux l'empruntaient avec leurs troupeaux, et il les avait conduits à quelques pas des murs en ruine et des blocs de pierre entassés où se recueillaient jadis les moines de l'abbaye.

De Rochefort ordonna à ses compagnons de faire halte et vérifia l'heure. Presque seize heures. Frère Geoffrey avait dit qu'il serait de retour sur place avant seize heures. Il jeta un regard alentour. Les ruines se dressaient sur un promontoire à cent mètres au-dessus de lui. Il repéra la voiture de location de Malone, garée à quelques mètres en contrebas.

« Cachez-vous sous les arbres, ordonna-t-il. Ne bougez pas. »

Quelques minutes plus tard, un 4×4 gravit la côte et se gara près du véhicule de Malone. Geoffrey en descendit et vérifia les environs, mais de Rochefort ne se montra pas, craignant toujours d'avoir été attiré dans un piège.

Geoffrey hésita quelques secondes avant d'ouvrir le coffre dont il tira deux cartons avant de se mettre en route vers les ruines de l'abbaye. De Rochefort attendit qu'il passe devant lui avant de s'avancer sur le sentier.

« Je vous attendais, frère Geoffrey. »

Le jeune homme blêmit. Sans un mot, il posa les cartons à terre et s'empara d'un pistolet neuf millimètres caché sous sa veste. De Rochefort reconnut l'arme. De fabrication autrichienne, elle faisait partie de l'arsenal de l'abbaye.

« Suivez-moi, qu'on en finisse », lança Geoffrey en chargeant son pistolet.

Une tension insupportable submergeait l'esprit de Malone. Cassiopée et lui avançaient prudemment le long du passage souterrain de près de deux mètres de large et plus de deux mètres de haut aux parois sèches et irrégulières. Ils se trouvaient à près de cinq mètres de profondeur. Les endroits confinés n'étaient pas la tasse de thé de Malone. Cassiopée en revanche semblait pourvue de nerfs à toute épreuve. Certains des agents avec qui il avait travaillé faisaient preuve du même courage et c'était dans des conditions de stress extrême qu'ils se montraient le plus efficaces.

Il s'efforçait de repérer d'éventuelles chausse-trapes, et faisait particulièrement attention au gravier qui couvrait le sol devant eux. Un détail l'avait toujours amusé dans les films d'aventure : des instruments de pierre et de métal censés avoir été fabriqués des centaines voire des milliers d'années plus tôt fonctionnaient comme s'ils venaient d'être graissés. Le fer et la pierre sont vulnérables à l'air et à l'eau, ce qui en limite l'efficacité. Le bronze, en revanche, résiste à l'épreuve du temps, et c'est précisément la raison pour laquelle il a été mis au point. Voilà pourquoi les piques acérées placées au fond de fosses cachées pouvaient poser problème.

Cassiopée s'arrêta et braqua sa torche à trois mètres d'eux.

« Qu'est-ce que c'est ? demanda Malone.

— Regardez. »

Il dirigea le faisceau de sa torche dans la direction qu'elle lui indiquait et découvrit ce qu'elle lui montrait.

Stéphanie détestait les lieux confinés, mais elle ne risquait pas de faire allusion à ce problème, certainement pas devant son fils qui la méprisait suffisamment comme ça. « Comment les templiers s'y sont-ils pris pour emmener leur trésor jusqu'ici ? lança-t-elle pour s'obliger à penser à autre chose.

— Ils ont dû descendre un objet après l'autre. Rien

n'aurait pu les arrêter, hormis le fait d'être capturés ou tués.

— Au prix d'efforts considérables, sans doute.

— Tout ce qui leur restait, c'était du temps. »

Mère et fils faisaient extrêmement attention à la solidité du sol, et Mark testait prudemment la surface avant d'avancer.

« Les précautions qu'ils ont dû prendre ne devaient pas être très sophistiquées, mais efficaces, reprit Mark. L'ordre disposait de chambres fortes dans toute l'Europe. La plupart d'entre elles étaient gardées et protégées par des pièges. Ici, l'accès difficile à la cache plus quelques pièges devaient suffire. La dernière chose qu'ils souhaitaient, c'était d'attirer l'attention sur cet endroit en postant des gardes aux environs.

— Ton père aurait adoré cet endroit, ne put s'empêcher de dire Stéphanie.

— Je sais. »

Le faisceau de la lampe de Stéphanie se posa sur quelque chose devant elle. « Regarde », fit-elle en serrant le bras de Mark qui s'arrêta.

Gravée dans la pierre, ils aperçurent une inscription.

NON NOBIS DOMINE,
NON NOBIS, SED NOMINI TUO DA GLORIAM
PAUPER COMMILITIONUM CHRISTI TEMPLIQUE SALOMONICI

« Qu'est-ce que ça dit ? demanda Stéphanie.

— "Non pas à nous, Seigneur, non pas à nous, mais à ton nom seul donne la gloire. Pauvres Chevaliers du Christ et du Temple de Salomon." La devise des Templiers.

— Alors c'est vrai. Nous y sommes. »

Mark ne répondit pas.

« Que Dieu me pardonne, murmura Stéphanie.

— Dieu n'a pas grand-chose à faire dans cette histoire. Ce gâchis, c'est à l'homme qu'on le doit et c'est à lui de le réparer. Regarde ça », ajouta-t-il en pointant sa torche devant lui.

Elle suivit du regard le faisceau lumineux et aperçut une grille en métal, un portail, s'ouvrant sur un autre passage.

« C'est là que le trésor est conservé ? »

Sans attendre la réponse de Mark, Stéphanie s'avança ; elle n'avait fait que quelques pas vers la grille quand Mark hurla. « Non ! »

Le sol s'effondra sous les pieds de sa mère.

À la lumière de leurs lampes torches, Malone aperçut un squelette, couché par terre, épaules, cou et crâne collés au mur.

« Allons voir », proposa-t-il.

Tandis qu'ils avançaient prudemment, il repéra une légère dépression dans le sol. Il serra le bras de Cassiopée.

« Je l'ai vue, dit-elle en s'arrêtant. La fosse a l'air de faire près de deux mètres de long.

— Ces fosses devaient être invisibles à l'époque mais le bois qui les recouvre a suffisamment travaillé pour nous permettre de les repérer. » Ils évitèrent la fosse pour s'approcher du squelette.

« Il ne reste pas grand-chose, remarqua Cassiopée.

— Regardez son buste. Les côtes. Et les os du visage.

Ils sont brisés par endroits. Il est tombé dans le piège. Ces blessures sont dues aux piques métalliques.

— Qui est cet homme ? »

Un détail attira l'œil de Malone.

Il se baissa et trouva une chaîne en argent noirci parmi les os. Il la ramassa. Un médaillon y était suspendu. Il approcha la torche. « Le sceau des Templiers. Deux hommes sur la même monture représentant l'absence de propriété individuelle, j'ai vu cette image dans un livre l'autre soir. Je parie que c'est le squelette du maréchal à qui l'on doit le compte rendu dont nous nous servons. Il a disparu de l'abbaye lorsque Gélis lui a confié la solution du cryptogramme. Il a trouvé la cachette, a résolu l'énigme mais ne s'est pas montré suffisamment prudent. Saunière a dû découvrir le corps, mais s'est contenté de le laisser sur place.

— Comment Saunière aurait-il pu se douter de quelque chose ? Comment a-t-il pu résoudre le cryptogramme ? Mark m'a fait lire le compte rendu : d'après Gélis, Saunière n'y arrivait pas. Gélis se méfiait de lui et ne lui avait donc rien dit.

— Oui, ses informations sont valables si l'on part du principe que le maréchal disait la vérité. L'abbé a été assassiné soit par Saunière soit par le maréchal pour l'empêcher de parler de sa découverte. Si le maréchal a fait le coup, ce qui me paraît vraisemblable, il a rédigé le rapport simplement pour se couvrir, afin que personne ne se doute qu'il avait quitté l'abbaye pour venir chercher le legs des Templiers ici et le garder pour lui. Et recopier le cryptogramme dans son rapport ne portait pas à conséquence. Il est impossible de le déchiffrer sans la combinaison mathématique. »

Malone éclaira le tunnel qui s'enfonçait dans les ténèbres. « Regardez ça. »

Ils aperçurent, gravée dans la roche, une croix aux quatre branches d'égale longueur, aux extrémités évasées.

« La croix pattée ! s'exclama Cassiopée. Attribuée à l'usage exclusif des Templiers par décret papal. »

D'autres détails glanés dans le livre consacré à l'ordre revinrent à la mémoire de Malone. « La croix vermeille qui ornait le manteau blanc des chevaliers signifiait qu'ils étaient prêts à souffrir le martyre en combattant les infidèles. » Il suivit le tracé de l'inscription gravée au-dessus de la croix.

PAR CE SIGNE TU LE VAINCRAS

« On trouve la même dans l'église de Rennes-le-Château, au-dessus du bénitier de l'entrée. Saunière l'y a fait graver.

— C'est la phrase de Constantin s'apprêtant à combattre Maxence. On dit que, avant la bataille, il aurait eu la vision d'une croix se détachant sur le soleil. Elle était frappée de ces mots.

— À une différence près. D'après Mark, il n'y avait pas de pronom “le” dans la phrase d'origine.

— Il a raison.

— Saunière l'a ajouté. Ce sont les treizième et quatorzième lettres de la phrase. 1314.

— Date de l'exécution de Jacques de Molay.

— Saunière n'avait rien contre une touche d'ironie dans les symboles qu'il utilisait, et c'est ici qu'il a pêché l'idée. »

Il fouilla de nouveau l'obscurité et vit que le passage s'arrêtait à quelques mètres de là. Une grille métallique verrouillée par une chaîne et un cadenas leur interdisait d'aller plus loin.

« On dirait que nous l'avons trouvé », constata Cassiopée.

Un grondement retentit derrière eux et quelqu'un hurla : « Non ! »

Ils firent volte-face.

61

De Rochefort s'arrêta au pied de l'abbaye et fit signe à ses hommes de se poster à ses côtés. Il régnait un silence pesant. Pas un bruit. Pas un murmure de voix. Rien. Frère Geoffrey se tenait près de lui. Le maître n'était toujours pas persuadé de ne pas s'être fait piéger et avait préféré venir armé. Le conseil avait fait le bon choix : les chevaliers qui l'escortaient étaient parmi les plus qualifiés dans les rangs de la confrérie, de valeureux soldats dont l'expérience et l'incontestable courage pourraient se révéler précieux.

À l'abri d'un tas de pierres incrustées de lichen, il tendit le cou pour apercevoir l'intérieur de l'amas de ruines qui se dressait derrière les herbes ondoyantes. L'immense voûte des cieux pâlissait à mesure que le soleil battait en retraite derrière les montagnes. L'obscurité ne tarderait pas à être complète. Et le temps l'inquiétait. Dans les Pyrénées, les orages éclataient de façon imprévisible en été.

D'un geste, il ordonna à ses hommes d'avancer ; ils escaladèrent les rochers et les pans de murs effondrés. Il repéra un campement installé à l'abri de trois murs qui tenaient partiellement debout. Le bois était prêt, mais le feu n'avait pas encore été allumé.

« Je vais y aller, murmura Geoffrey. Ils m'attendent. »

Cette décision lui parut sage et il acquiesça.

Le jeune homme s'avança calmement. Toujours personne en vue. Geoffrey disparut à l'intérieur des ruines. Un instant plus tard, il ressortit et leur fit signe de le rejoindre.

De Rochefort demanda à ses hommes d'attendre et s'avança, seul. Il avait déjà ordonné à son lieutenant de donner l'assaut si nécessaire.

« Thorvaldsen est seul dans l'église, annonça Geoffrey.

— Quelle église ?

— Creusée dans le roc par les moines. Malone et les autres ont découvert un passage sous l'autel menant à une grotte. Ils sont en train de l'explorer en ce moment même. J'ai dit à Thorvaldsen que j'allais chercher les provisions. »

Tout cela lui plaisait beaucoup.

« J'adorerais faire la connaissance de Henrik Thorvaldsen. »

Arme au poing, il suivit Geoffrey dans l'espèce de donjon creusé à même la paroi rocheuse. Thorvaldsen leur tournait le dos, penché sur ce qui avait dû être le support de l'autel.

Il se retourna à leur approche.

« Pas un mot. Si vous ne voulez pas que ce soit le dernier », ordonna de Rochefort en levant son arme.

Le sol s'était dérobé sous les pieds de Stéphanie et le bas de son corps glissait dans l'un des pièges qu'ils s'étaient jusqu'ici efforcés d'éviter. Qu'est-ce qui avait bien pu lui passer par la tête ? En lisant l'inscription gravée dans le roc et en voyant le portail qui n'attendait que d'être ouvert, elle avait compris que son mari avait raison. Elle avait alors fait fi de toute prudence pour s'élancer droit devant elle. Mark avait tenté de l'arrêter. Elle l'avait entendu crier, mais il était trop tard. Elle tombait déjà.

Elle leva les bras en essayant de reprendre l'équilibre et se prépara à sentir les piques de bronze s'enfoncer dans sa chair. Mais soudain, un bras lui enserra vigoureusement la poitrine. Elle tomba à la renverse par terre, un autre corps amortissant sa chute.

Le silence se fit.

Elle était couchée sur Mark.

Elle roula sur le sol. « Tout va bien ?

— J'ai adoré le contact de ces pierres sur mon dos », répondit son fils en se relevant.

De lourds bruits de pas résonnèrent dans l'obscurité derrière eux, accompagnés de la lueur vacillante de deux torches. Malone et Cassiopée apparurent.

« Que s'est-il passé ? demanda Malone.

— Je n'ai pas fait attention, reconnut Stéphanie en époussetant ses vêtements.

— La chute aurait pu être sanglante, constata Malone en braquant sa torche sur la fosse rectangulaire. Elle est remplie de piques, toutes en bon état. »

Stéphanie approcha, jeta un coup d'œil dans la fosse et s'exclama : « Merci, fiston.

— Aucun problème, fit Mark en se massant la nuque pour soulager ses muscles endoloris.

— Malone, appela Cassiopée, regardez. »

Ils examinèrent la devise des Templiers découverte par Mark et Stéphanie. « Je me dirigeais vers ce portail lorsque le piège s'est mis en travers de mon chemin, plaisanta cette dernière.

— Il y en a deux, maugréa Malone, à chaque extrémité du tunnel.

— Il y a une autre grille ? fit Mark, étonné.

— Et une autre inscription. »

Malone leur expliqua ce qu'ils avaient découvert de leur côté.

« Je suis d'accord avec vous, admit Mark, ce squelette doit être celui de notre maréchal disparu. Nous portons tous ce médaillon, expliqua-t-il en tirant une chaîne de sous sa chemise. Il nous est remis lors de la cérémonie d'intégration.

— Les Templiers ont manifestement voulu prendre un maximum de précautions en dissimulant le trésor dans deux cachettes, remarqua Malone. Et ils ont un peu corsé le jeu de piste, ajouta-t-il en désignant la fosse. Le maréchal aurait dû se montrer plus prudent. Et nous aussi, conclut-il en se tournant vers Stéphanie.

— Je comprends, rétorqua-t-elle, sarcastique, mais comme vous me le rappelez souvent, je n'ai rien d'un agent de terrain.

— Voyons ce qui se cache derrière cette grille », dit Malone avec un sourire.

De Rochefort braqua le canon de son arme sur le front soucieux de Henrik Thorvaldsen. « On dit que vous êtes l'une des plus grandes fortunes d'Europe.

— On dit que vous êtes l'un des religieux les plus ambitieux que l'on ait vus depuis longtemps.

— Vous ne devriez pas écouter Mark Nelle.

— Il ne s'agit pas de lui. C'est son père qui me l'a dit.

— Son père ne me connaissait pas.

— Je ne dirais pas cela. Vous lui avez suffisamment collé aux basques.

— Quelle perte de temps !

— Ce constat a-t-il rendu son meurtre plus facile ?

— C'est ce que vous croyez ? Que j'ai tué Lars Nelle ?

— Et Ernst Scoville, aussi.

— Vieux fou, vous ne savez rien.

— Je sais que vous êtes un salaud. Et, ajouta-t-il en désignant Geoffrey, je sais qu'il a trahi son ami. Ainsi que l'ordre auquel il appartient. »

Geoffrey accusa le coup, une lueur de dédain passant furtivement dans son regard gris pâle.

« Je suis loyal envers mon maître. C'est le vœu que j'ai prononcé.

— Alors c'est pour respecter votre vœu que vous nous avez trahis ?

— Je n'espérais pas que vous comprendriez.

— Et je ne comprendrai jamais. »

De Rochefort abaissa son arme avant de faire signe à ses hommes d'entrer. Ils envahirent l'église et il leur intima le silence. Quelques gestes codés leur permirent immédiatement de comprendre que six chevaliers devaient se poster à l'extérieur de la bâtisse et six autres à l'intérieur.

Malone contourna le piège découvert par Stéphanie pour approcher de la grille métallique. Les autres lui emboîtèrent le pas. Il remarqua un cadenas en forme de cœur accroché à une chaîne. « Du laiton, dit-il. Mais le portail est en bronze.

— Le cadenas doit dater du temps de Saunière, dit Mark. Le laiton était rare au Moyen Âge. Il faut du zinc pour le fabriquer et il était difficile de s'en procurer.

— Ce type de cadenas était très répandu autrefois dans la région pour enchaîner les esclaves », expliqua Cassiopée.

Aucun d'eux ne faisait le moindre geste pour ouvrir le portail et Malone savait pourquoi : un autre piège les attendait peut-être.

Du bout de sa chaussure, il balaya doucement la terre et le gravier sous ses pieds et testa la solidité du sol. Il avait l'air ferme. Il examina le portail à la lumière de sa torche. Deux gonds de bronze maintenaient le vantail droit en place. Il éclaira l'autre côté du portail. Le tunnel décrivait un angle droit quelques mètres plus loin, et il leur était impossible de voir au-delà. Génial. Il testa la solidité de la chaîne et du cadenas. « Ce laiton est encore costaud. On ne va pas pouvoir le briser.

— Et en le coupant ? proposa Cassiopée.

— Ça marcherait. Mais avec quoi ?

— Le coupe-boulon que j'ai amené. Il est dans la trousse à outils, en haut, près du générateur.

— Je vais le chercher », dit Mark.

« Il y a quelqu'un ? »

La question lancée depuis la grotte située sous l'autel fit sursauter de Rochefort. Il eut tôt fait de se rendre compte que c'était la voix de Mark Nelle. Thorvaldsen s'avança pour lui répondre mais de Rochefort agrippa le vieil homme bossu et lui plaqua la main sur la bouche avant qu'il ait pu dire un mot. Puis il fit signe à l'un des chevaliers de se saisir du Danois qui se débattait, et une autre main vint remplacer la sienne pour le réduire au silence. D'un geste, de Rochefort ordonna qu'on l'emmène dans un recoin de l'église.

« Répondez », ordonna le maître à Geoffrey.

Il serait intéressant de voir jusqu'où allait la loyauté de son nouvel allié.

Geoffrey fourra son arme dans sa ceinture et approcha de l'autel. « Je suis là.

— Tu es de retour. Bien. Des problèmes ?

— Aucun. J'ai acheté tout ce qu'il y avait sur la liste. Où en êtes-vous là en bas ?

— Nous avons trouvé quelque chose, mais nous avons besoin d'un coupe-boulon. Il est dans la trousse à outils, près du générateur. »

Geoffrey alla chercher l'outil à l'endroit indiqué.

Qu'avaient-ils donc trouvé ? se demandait de Rochefort.

Geoffrey lança le coupe-boulon à Mark.

« Merci, répondit-il. Tu viens ?

— Je vais rester ici avec Thorvaldsen et surveiller les environs. Nous n'avons pas besoin d'hôtes indésirables.

— Bonne idée. Où est Henrik ?

— Il déballe mes emplettes et prépare le campement pour la nuit. Le soleil est presque couché. Je vais aller lui donner un coup de main.

— Tu ferais bien de préparer le générateur et de dérouler les câbles électriques pour pouvoir brancher les lampes halogènes. Nous en aurons peut-être besoin bientôt.

— Je m'en occupe. »

Geoffrey attendit un moment avant de s'éloigner de l'autel en murmurant : « Il est parti.

— Il est temps de prendre le contrôle de cette expédition », dit de Rochefort sachant ce qui lui restait à faire.

Malone s'empara du coupe-boulon et enserra la chaîne de laiton. Il appuya sur les poignées pour permettre aux dents acérées de couper net le métal. Un bruit sec leur signala le succès de l'opération ; la chaîne et le cadenas glissèrent à terre.

Cassiopée les ramassa. « Certains musées adoreraient mettre la main là-dessus. Je suis sûre qu'il n'en existe pas beaucoup dans un tel état de conservation.

— Et nous venons juste de la cisailler, constata Stéphanie.

— On n'avait guère le choix, remarqua Malone. On est comme qui dirait pressés. Tout le monde contre le mur, ordonna-t-il en braquant le faisceau de sa torche de l'autre côté de la grille. Je vais ouvrir le portail lentement. Ça a l'air d'aller, mais on ne sait jamais. »

Il coinça le coupe-boulon dans la grille et se plaça sur le côté, à l'abri du mur. La rouille avait fait son œuvre sur les gonds et Malone dut forcer pour faire pivoter le vantail. Le portail s'ouvrit enfin.

Il s'apprêtait à passer de l'autre côté, lorsque quelqu'un l'appela d'en haut.

« Monsieur Malone. Henrik Thorvaldsen est mon prisonnier. Je voudrais que vos compagnons et vous remontiez. Immédiatement. Je vous donne une minute avant d'abattre ce vieil homme. »

62

Malone fut le dernier à remonter. Il s'aperçut immédiatement que six hommes armés aux ordres de de Rochefort occupaient l'église. Le soleil s'était couché. Les ruines étaient désormais illuminées par la lueur de deux petits feux de camp, et les volutes de fumée s'échappaient dans la nuit par les meurtrières béantes.

« Monsieur Malone, nous avons enfin le plaisir de nous rencontrer, lança de Rochefort. Vous vous êtes bien débrouillé dans la cathédrale de Roskilde.

— Ravi de savoir que vous comptez parmi mes admirateurs.

— Comment nous avez-vous trouvés ? demanda Mark.

— Certainement pas grâce au faux journal de votre père, aussi malin qu'il ait pu être. Il ne contenait que des évidences et des détails erronés, au point d'être parfaitement inutile. Lorsque M. Claridon a fini par déchiffrer le cryptogramme qu'il renfermait, le message s'est évidemment avéré sans intérêt. Il nous disait qu'il dissimulait les secrets de Dieu. Dites-moi, vous qui êtes descendus dans la grotte, dissimule-t-elle certains secrets ?

— Nous n'avons pas eu le temps de le découvrir.

— Nous allons y remédier, dans ce cas. Mais pour répondre à votre question...

— Geoffrey nous a trahis, lança Thorvaldsen.

— Quoi ? s'écria Mark, éberlué.

— Est-ce vrai ? demanda Malone qui avait remarqué l'arme au poing du jeune homme.

— Je suis un frère du Temple, fidèle à mon maître. J'ai fait mon devoir.

— Ton devoir ? hurla Mark. Espèce de salaud ! Menteur ! » Il se jeta sur Geoffrey, mais deux chevaliers s'interposèrent. Le jeune homme ne bougea pas d'un pouce. Tu m'as entraîné dans cette aventure dans le simple but de voir triompher de Rochefort ? Le maître comptait-il donc si peu à tes yeux ? Il te faisait confiance. Et moi aussi.

— Je savais que vous nous causeriez des ennuis, dit Cassiopée. Tout en vous le laissait présager.

— Et vous savez de quoi vous parlez, lança de Rochefort, puisque vous ne m'avez causé que des problèmes. Laisser le journal de Lars Nelle à mon intention en Avignon... vous pensiez que cela m'occuperait pendant un moment. Mais voyez-vous, mademoiselle Vitt, c'est la loyauté entre frères qui prime. Vos efforts ont été vains. J'ai six de mes hommes ici, dit-il en se tournant vers Malone, et ce sont des professionnels. Vous n'êtes pas armé, d'après ce que m'a dit frère Geoffrey. Mais il vaut mieux nous en assurer. » Au geste de de Rochefort, un homme fouilla Malone et ses compagnons.

Mark s'adressa à Geoffrey : « Comment t'y es-tu pris ? Tu as appelé l'abbaye en partant chercher les provisions ? Je me demandais pourquoi tu te portais volontaire. Tu ne m'as pas lâché d'une semelle depuis deux jours. »

Geoffrey ne broncha pas, le visage empreint de détermination.

« Tu me dégoûtes, tu n'es pas un homme, siffla Mark.

— Je suis d'accord », renchérit de Rochefort qui leva son arme et tira trois coups de feu dans la poitrine du jeune homme. Son corps fut secoué par l'impact des balles et de Rochefort l'acheva en lui tirant une balle en pleine tête.

Geoffrey s'effondra à terre dans une mare de sang. Malone se mordit la lèvre. Il n'avait rien pu faire.

Mark se jeta sur de Rochefort.

Le maître braquait son arme sur sa poitrine.

Il s'arrêta.

« Il m'a agressé à l'abbaye, se justifia de Rochefort. Une agression sur la personne du maître est passible de la peine de mort.

— Plus depuis cinq siècles ! hurla Mark.

— C'était un traître. Il nous a trahis tous les deux. Il ne nous était d'aucune utilité, ni à vous ni à moi. Cela fait partie des risques du métier d'espion. Il devait être conscient des risques encourus.

— Et vous, en êtes-vous conscient ?

— Question pour le moins étrange de la part d'un homme qui a tué un membre de notre ordre. Cet acte est lui aussi passible de la peine de mort. »

Malone comprit que cette démonstration de force s'adressait à l'escorte de de Rochefort. Celui-ci avait besoin de ses ennemis, pour l'instant du moins.

« J'ai fait ce que j'avais à faire, siffla Mark.

— Et j'en ferai autant», rétorqua de Rochefort en armant son pistolet.

Stéphanie s'interposa entre les deux hommes. «Allez-vous me tuer, moi aussi ?

— S'il le faut.

— Mais je suis chrétienne et je n'ai fait de mal à aucun de vos frères.

— Des mots, ma chère dame. Rien que des mots.

— La Vierge, expliqua-t-elle en montrant le médaillon accroché à son cou. Elle m'accompagne partout où je vais. »

Malone savait que de Rochefort ne pouvait pas user de son arme contre elle. Elle aussi avait senti qu'il faisait son cinéma et l'avait pris à son propre jeu devant ses hommes. De Rochefort ne pouvait se permettre de passer pour un hypocrite. Il était impressionné. Il fallait avoir de l'estomac pour s'opposer à un homme armé. Pas mal pour un rond-de-cuir.

De Rochefort baissa son arme.

Malone se précipita vers le corps ensanglanté de Geoffrey. L'un des templiers lui fit signe d'arrêter. « Je n'essaierais pas de m'arrêter si j'étais vous, le menaça-t-il.

— Laissez-le passer », ordonna de Rochefort.

Il s'approcha du corps. Henrik était penché sur le cadavre du jeune homme. Il avait l'air bouleversé, et Malone fut surpris de voir des larmes couler sur les joues du vieil homme. C'était la première fois que cela se produisait depuis qu'il le connaissait.

« Nous allons retourner dans la grotte ensemble, indiqua de Rochefort à Mark, et vous allez me montrer ce que vous avez découvert. Les autres resteront ici.

— Allez-vous faire voir. »

De Rochefort eut un haussement d'épaules avant de braquer son arme sur Thorvaldsen. « Il est juif, constata-t-il, les règles ne sont pas les mêmes pour lui.

— N'insistez pas, conseilla Malone à Mark. Faites ce qu'il vous dit. » Il y avait un temps pour tout, il espérait que Mark le savait.

« Très bien. Allons-y.

— J'aimerais vous accompagner, dit Malone.

— Non, répondit de Rochefort, c'est l'affaire de la confrérie. Même si je n'ai jamais considéré que Nelle en faisait partie, il a prêté serment et cela a une certaine valeur. Qui plus est, ses connaissances me seront peut-être utiles. Vous, par contre, pourriez vous montrer gênant.

— Comment pouvez-vous être certain que Mark va coopérer ?

— Il coopérera. Dans le cas contraire, chrétiens ou pas, vous serez tous morts avant qu'il ait pu remonter à la surface. »

Mark descendit l'échelle, suivi par de Rochefort. Il lui parla de la salle qu'ils avaient trouvée au bout du passage, sur la gauche.

De Rochefort replaça son arme dans son holster et pointa sa lampe torche droit devant lui. « Passez devant. Et au moindre problème, vous savez ce qui arrivera. »

Mark se mit en marche, en joignant le faisceau de sa torche à celui de de Rochefort. Ils contournèrent la fosse qui avait failli coûter la vie à Stéphanie.

« Ingénieux », remarqua de Rochefort en l'examinant.

Ils arrivèrent à la grille.

Mark, qui se souvenait de la mise en garde de Malone à propos d'éventuels pièges, avançait avec une extrême prudence. Le passage devenait de plus en plus étroit et formait un angle abrupt vers la droite. Au bout de quelques mètres, il bifurquait de nouveau vers la gauche. Pas à pas, Mark avançait.

Après le dernier tournant, il s'arrêta.

À la lumière de sa torche, il devina une salle voûtée d'environ neuf mètres de côté. Cassiopée avait raison : la voûte souterraine devait être d'origine romaine. La galerie constituait un entrepôt idéal et, à mesure que l'obscurité s'évanouissait, un magnifique trésor se matérialisa devant leurs yeux.

Mark vit tout d'abord les statues. De petites pièces colorées. Plusieurs Vierges à l'enfant, des *pietà* dorées à l'or fin, des anges, des bustes, soigneusement alignés contre le mur du fond. Puis, le scintillement de coffres recouverts d'or. Certains étaient incrustés d'ivoire, d'autres sertis d'une mosaïque d'onyx et d'or, d'autres recouverts de cuivre et décorés d'armoiries et de scènes religieuses. Ils étaient trop précieux pour ne renfermer que de vulgaires objets. C'étaient tous des reliquaires, probablement réquisitionnés dans la précipitation pour transporter les possessions des Templiers.

De Rochefort fit glisser son sac à dos de ses épaules et, soudain, la salle fut inondée par la vive lueur orange d'une lampe halogène fonctionnant à pile. Il en tendit une à Mark en disant : « Nous y verrons mieux avec ceci. »

Mark n'aimait pas l'idée de coopérer avec ce monstre, mais il savait que de Rochefort avait raison. Il se saisit de la torche et ils allèrent vérifier le contenu de la salle.

« Couvrez-le, ordonna Malone à l'un des templiers en désignant Geoffrey.

— Avec quoi ?

— Les câbles électriques qui alimentent les lampes halogènes sont enroulés dans une couverture. Je vais m'en servir, suggéra-t-il en désignant le fond de l'église, derrière l'un des deux feux qui brûlaient.

— Très bien, allez-y », répondit l'homme après avoir pris le temps de la réflexion.

D'un pas rendu lourd par le dallage irrégulier, Malone alla chercher la couverture tout en évaluant la situation, puis recouvrit le corps sans vie de Geoffrey. Trois des gardes s'étaient retirés près de l'autre feu de camp. Les trois autres étaient postés près de la sortie.

« Ce n'était pas un traître », chuchota Henrik.

Les trois autres le dévisagèrent. « Il est venu seul m'annoncer que de Rochefort était là avant de lui dire d'entrer. Il était obligé de le faire. Le prédécesseur de de Rochefort lui avait fait jurer qu'une fois l'héritage des Templiers localisé, le nouveau maître en serait averti. Il n'avait pas le choix. Il n'avait pas envie de le faire, mais il faisait confiance au vieil homme. Il m'a demandé de jouer le jeu, m'a supplié de lui pardonner et m'a promis de veiller sur moi. Je n'ai malheureusement pas pu lui rendre la pareille.

— C'était idiot de sa part, constata Cassiopée.

— Peut-être, mais la parole donnée avait une valeur à ses yeux.

— A-t-il expliqué pourquoi il était obligé de tout dire à de Rochefort ? murmura Stéphanie.

— Le maître lui avait annoncé une confrontation entre de Rochefort et Mark. Geoffrey devait s'assurer qu'elle aurait bien lieu.

— Mark n'est pas de taille à se mesurer à cet individu, constata Malone. Il va lui falloir de l'aide.

— Vous avez raison, souffla Cassiopée entre ses dents, lèvres serrées.

— Nos chances sont minces. Nous sommes face à douze hommes. Et ils sont armés, contrairement à nous.

— Je n'en serais pas si sûre à votre place », lança Cassiopée. La lueur qui brillait dans ses yeux plut à Malone.

Mark examinait les merveilles qui l'environnaient. Il n'avait jamais vu un trésor aussi fabuleux. Les reliquaires étaient remplis d'or et d'argent sous forme de monnaie ou de lingots. Dinars d'or, pièces byzantines, drachmes d'argent soigneusement empilés. Et des joyaux. Trois coffres étaient remplis de pierres précieuses. En quantité inimaginable. Il remarqua les calices et les flacons contenant les reliques, la plupart faits d'ébène, de cristal et plaqués d'or. Certains étaient sculptés et incrustés de pierres précieuses. À qui appartenaient les restes qu'ils renfermaient ? Il n'avait aucun doute pour l'un d'eux en tout cas. « De Molay », murmura-t-il en lisant le nom inscrit sur un tube en cristal de roche.

De Rochefort s'approcha.

Le flacon renfermait des éclats d'os carbonisés. Mark connaissait la légende. Jacques de Molay avait été brûlé vif sur une île de la Seine, à l'ombre de Notre-Dame, hurlant son innocence et maudissant Philippe le Bel qui le regardait froidement mourir. Pendant la nuit, des templiers avaient remonté la rivière à la nage et fouillé les braises fumantes. Ils étaient repartis à la nage, les os calcinés du maître leur remplissant la bouche d'un goût âcre. Il examinait à présent ce qu'il restait de sa dépouille.

De Rochefort se signa et murmura une prière. « Regardez ce qu'ils ont fait », dit-il.

Mais il y avait plus important. « Cela signifie que quelqu'un est entré dans cette grotte après mars 1314. Les derniers templiers ont dû revenir ici jusqu'à ce que la mort les ait tous emportés. Cinq hommes connaissaient l'existence de cet endroit. Ils ont tous dû succomber à la peste noire vers le milieu du XIVe siècle. Mais ils n'ont jamais parlé, et personne n'a jamais eu connaissance de l'existence de cette grotte. » Une profonde tristesse l'envahit à cette pensée.

En se retournant, il aperçut des crucifix d'ébène alignés sur un mur ; il y en avait une quarantaine environ, de style roman, teutonique, byzantin, gothique, aux courbes si parfaites que la figure du Christ semblait vivante.

« C'est spectaculaire », s'exclama de Rochefort.

Il était impossible d'estimer la valeur du trésor ; les niches creusées dans la roche débordaient d'objets précieux. Mark avait étudié en détail l'histoire et la fonction des sculptures médiévales d'après les pièces qu'abritaient les musées mais il avait sous les yeux un éventail spectaculaire d'objets d'époque.

À droite, sur un piédestal en pierre, il remarqua un livre aux proportions gigantesques. La reliure, dorée à la feuille d'or, supposa-t-il, scintillait toujours et était incrustée de perles. Quelqu'un l'avait apparemment feuilleté car des lambeaux de parchemin froissé couvraient le sol telles des feuilles mortes. Mark se pencha et découvrit à la lumière de sa lampe une inscription en latin. Il déchiffra le texte et en conclut qu'il devait s'agir d'un inventaire.

« Qu'est-ce que c'est ? demanda de Rochefort qui avait remarqué son intérêt pour l'ouvrage.

— Un livre de comptes. Saunière a sans doute essayé de le consulter lorsqu'il a découvert la cache. Mais le parchemin est fragile.

— Un voleur. Voilà ce qu'il était. Un vulgaire voleur. Il n'avait aucun droit de se servir.

— Parce que nous, nous avons le droit ?

— Tous ces objets nous appartiennent, c'est de Molay lui-même qui nous les a légués. Il n'a rien avoué, même après avoir été crucifié. Ses ossements reposent ici. Ce trésor est le nôtre. »

L'attention de Mark fut attirée par un coffre entrouvert. Il contenait d'autres parchemins. Il ouvrit le couvercle sans trop de difficulté, mais n'osait pas toucher les feuillets entassés, aussi s'efforça-t-il de déchiffrer le premier de la pile. De l'ancien français, conclut-il immédiatement. Il le maîtrisait suffisamment pour savoir qu'il s'agissait d'un testament.

« Les documents confiés à l'ordre du Temple. Ce coffre est probablement rempli de testaments et d'actes notariaux rédigés aux XIIIe et XIVe siècles. Les frères templiers ont fait leur devoir jusqu'au bout, dit Mark, admiratif. Imaginez ce que ces documents pourraient nous apprendre.

— Ce n'est pas tout, s'écria brusquement de Rochefort. Pas un seul livre. Où est donc le fameux savoir des Templiers ?

— Vous l'avez sous les yeux.

— Vous mentez. Il y a autre chose. Où ?

— Il n'y a rien d'autre, dit Mark en dévisageant de Rochefort.

— Ne jouez pas au plus fin. Nos frères ont dissimulé

ce qu'ils savaient. Philippe le Bel n'a jamais pu mettre la main sur ce trésor-là. Il doit se trouver ici. Votre regard vous trahit. Il y a autre chose, insista de Rochefort en braquant son arme sur le front de Mark. Parlez.

— J'aimerais mieux mourir.

— Mais aimeriez-vous voir votre mère mourir ? Ou vos amis, là-haut ? Parce que ce sont eux qui mourront en premier, un par un, sous vos yeux, jusqu'à ce que j'apprenne ce que je veux savoir. »

Mark pesa le pour et le contre. Cela n'avait rien à voir avec de la peur. Curieusement, il ne ressentait aucune peur ; il avait simplement envie de savoir, lui aussi. Son père avait cherché pendant des années sans rien découvrir. Il essayait de se souvenir des paroles du maître à son propos. « Il n'a pas la volonté nécessaire pour mener ses combats jusqu'au bout. » Balivernes. À quelques pas de là se trouvait la solution à la quête de son père.

« Très bien. Suivez-moi. »

✠

« Il fait terriblement sombre ici, lança Malone au templier qui semblait aux commandes de l'opération. Vous permettez que l'on branche le générateur pour faire fonctionner les lampes ?

— Attendons le retour du maître.

— Ils vont avoir besoin de lumière en bas, et il faut quelques minutes pour préparer le matériel. Votre maître n'aura peut-être pas la patience d'attendre quand il vous ordonnera de les allumer, expliqua-t-il en espérant influencer le jugement de l'homme. Où est le problème ? On va se contenter d'installer quelques lampes.

— D'accord, allez-y. »

Malone rejoignit ses compagnons. « Il a marché. Installons les lampes. »

Stéphanie et Malone se dirigèrent vers l'une d'elles tandis que Cassiopée et Henrik s'occupaient d'une autre. C'étaient deux projecteurs halogènes soutenus par un trépied orange. Le petit générateur fonctionnait à l'essence. Ils placèrent les trépieds à deux endroits opposés de l'église et orientèrent les lampes vers le plafond, puis branchèrent les câbles électriques et les déroulèrent jusqu'au générateur placé devant l'autel.

Une trousse à outils était posée à proximité. Cassiopée s'apprêtait à prendre quelque chose dedans quand l'un des gardes l'en empêcha.

« Je dois allumer les projecteurs en faisant se toucher les fils électriques. On ne peut pas se servir de prises avec du matériel d'une telle puissance. Je vais prendre un tournevis, c'est tout. »

L'homme hésita avant de reculer, arme au poing, prêt à faire feu. Cassiopée tendit la main et attrapa le tournevis. À la lueur du feu de camp, elle fixa les câbles électriques aux fils du générateur.

« Vérifions le branchement des lampes », suggéra-t-elle à Malone.

Ils s'approchèrent tranquillement du premier trépied. « Mon pistolet à fléchettes tranquillisantes se trouve dans la trousse à outils, chuchota Cassiopée.

— Je suppose que ce sont les mêmes que celles de Copenhague ? fit-il sans bouger les lèvres.

— Elles sont efficaces. Je n'ai besoin que de quelques secondes pour tirer. »

Elle faisait semblant de vérifier les branchements.
« Et combien de fléchettes vous reste-t-il ?
— Quatre, répondit-elle en achevant sa tâche imaginaire.
— Nous avons six hôtes, constata Malone tandis qu'ils se dirigeaient vers le second trépied.
— Je vous laisse les deux autres.
— Il faudra faire diversion », souffla Malone. Ils s'arrêtèrent devant le projecteur. « J'ai une idée.
— Ce n'est pas trop tôt », lança Cassiopée en tripotant les fils.

63

Mark passa devant, contourna l'échelle et se dirigea vers la portion de tunnel que Malone et Cassiopée avaient explorée les premiers. Pas un rai de lumière ne filtrait de l'église au-dessus d'eux. En sortant de la salle au trésor, il avait ramassé le coupe-boulon, persuadé que l'autre grille serait elle aussi verrouillée.

Ils se trouvaient à présent devant l'inscription gravée dans la roche.

« Par ce signe tu le vaincras, lut de Rochefort avant de braquer sa lampe torche sur la deuxième grille. Nous y sommes ? »

Mark hocha la tête et désigna le squelette appuyé contre le mur. « Il est venu vérifier par lui-même », remarqua-t-il avant de raconter l'histoire du maréchal et du médaillon découvert par Malone qui confirmait son identité.

« Il a eu ce qu'il méritait, lança de Rochefort.

— Vous pensez valoir mieux que lui ?

— Je suis ici pour mes frères. »

Dans le halo de sa lampe, Mark repéra devant eux une

légère dépression du sol. Sans mot dire, il contourna le squelette près du mur, évitant ainsi le piège que de Rochefort ne semblait pas avoir remarqué, concentré qu'il était sur la dépouille du maréchal. Mark cisailla la chaîne de laiton verrouillant le portail. Se souvenant de la prudence dont avait fait preuve Malone, il se mit sur le côté pour ouvrir la grille.

Devant eux, ce tunnel formait lui aussi deux coudes brusques. Mark avançait avec précaution. À la lumière dorée de sa lampe, il ne voyait que le roc.

Il tourna le premier coude, puis le second. De Rochefort le suivait et les faisceaux de leurs torches révélèrent une nouvelle salle, plus vaste que la première.

La pièce était parsemée de socles de pierre de forme et de taille variées sur lesquels des livres étaient soigneusement entassés. On comptait des centaines de volumes.

Mark eut la nausée en pensant que ces ouvrages devaient sans doute être en piteux état. Bien que l'atmosphère de la salle fût saine, le temps avait sans doute fait des ravages sur l'encre et le papier. Ils auraient beaucoup mieux résisté s'ils avaient été enfermés dans un coffre. Mais les frères templiers qui les avaient mis à l'abri n'imaginaient sans doute pas qu'il faudrait sept siècles pour les retrouver.

Il s'approcha de l'une des piles d'ouvrages et examina la reliure de celui du dessus. Ce qui avait dû être de l'argent et de la feuille d'or était désormais noirci. Il étudia les gravures du Christ et de deux personnages – Pierre et Paul sans doute – dont la forme avait été moulée dans la glaise et la cire avant d'être dorée à la feuille. Savoir-faire italien. Ingéniosité allemande. Il souleva délicatement la couverture et approcha sa lampe. Ses doutes furent confirmés. Il ne parvenait à déchiffrer que quelques bribes de texte.

« Arrivez-vous à le décrypter ? demanda de Rochefort.

— Seul un laboratoire spécialisé pourrait le faire. Ces ouvrages auront besoin d'être restaurés par des professionnels. Nous ne devrions pas y toucher.

— C'est trop tard, on dirait. »

Mark aperçut un tas de livres éparpillés au sol, des bouts de papier dispersés çà et là comme les vestiges d'un incendie.

« Encore Saunière, constata Mark. Il faudra des années pour tirer quoi que ce soit d'utile de tout ça. À supposer qu'il y ait quelque chose à découvrir. Ces ouvrages sont certainement sans valeur, si ce n'est d'un point de vue purement historique.

— Tout ceci nous appartient. »

Et alors ? songea Mark. Qu'est-ce que ça change ?

Mais les idées se bousculaient dans sa tête. Saunière était venu ici, c'était incontestable. La salle au trésor lui avait fourni sa fortune – il aurait été facile de visiter l'endroit de temps à autre et de repartir avec une cargaison d'or et d'argent massifs. Les pièces auraient suscité trop de curiosité. Les banquiers et les employés des laboratoires d'essais auraient pu souhaiter en connaître l'origine. En revanche, l'or et l'argent massifs auraient constitué la monnaie idéale au début du XXe siècle lorsque l'étalon-or ou argent était en vigueur dans de nombreux pays.

Cela dit, l'abbé Saunière était allé encore plus loin.

Il s'était servi du trésor pour bâtir une église remplie d'indices pointant vers une croyance qui lui tenait à cœur au point d'en faire étalage. « Par ce signe tu le vaincras. » Des mots gravés ici, mais aussi dans l'église de Rennes-le-Château. Il se souvint de l'inscription au-dessus de l'entrée : « J'ai eu du mépris pour le royaume de ce monde et tous les ornements temporels, à cause de l'amour de mon Seigneur Jésus-Christ que j'ai vu, que j'ai aimé, en qui j'ai cru et que j'ai vénéré. » Phrase obscure tirée d'un répons qui ne l'était pas moins ? Peut-être. Pourtant, Saunière l'avait choisie intentionnellement.

« Que j'ai vu. »

Mark balaya la pièce avec sa lampe fluorescente et examina les socles de pierre.

C'est alors qu'il l'aperçut.

« Quel est le meilleur endroit pour cacher un caillou ? »

Quel meilleur endroit qu'ici ?

Malone retourna vers le générateur près duquel se tenaient Stéphanie et Henrik. Cassiopée faisait toujours semblant de préparer le trépied. Il se pencha pour vérifier qu'il y avait de l'essence dans le réservoir.

« Cet engin est-il très bruyant ? murmura Henrik.

— Nous ne pouvons que l'espérer. Mais malheureusement, ces appareils sont plutôt discrets de nos jours. »

Malone ne toucha pas à la trousse à outils, ne souhaitant pas attirer l'attention des gardes. Jusqu'ici, aucun d'eux n'avait pris la peine de vérifier ce qu'elle contenait. Les techniques défensives enseignées à l'abbaye laissaient apparemment à désirer. Mais ce n'était pas étonnant. Bien sûr, on pouvait toujours apprendre le combat à mains nues, le maniement des armes à feu, le combat à l'arme blanche. Mais le choix des recrues devait être limité et l'excellence ne pouvait être atteinte sans des bases solides.

« Tout est prêt, lança Cassiopée suffisamment fort pour que tout le monde l'entende.

— Il faut que j'aille retrouver Mark, souffla Stéphanie.

— Je comprends, répondit Malone, mais nous ne devons pas précipiter les choses.

— Pensez-vous un seul instant que de Rochefort va le laisser sortir de la grotte vivant ? Il a abattu Geoffrey sans l'ombre d'une hésitation.

— Nous sommes tous conscients de la situation. Restez calme. »

Lui aussi voulait la peau de de Rochefort. Pour Geoffrey.

« J'ai besoin de la trousse à outils », annonça Cassiopée en s'accroupissant pour fourrer le tournevis dans la trousse. Quatre des gardes se trouvaient à l'autre bout de l'église, derrière l'un des feux de camp. Deux autres faisaient les cent pas sur leur gauche, près de l'autre feu. Aucun d'eux ne semblait leur prêter attention, tant ils étaient persuadés de l'efficacité de leur prison.

Cassiopée resta accroupie, la main toujours dans la trousse à outils et hocha imperceptiblement la tête à l'attention de Malone. Prête. « Nous allons lancer le générateur », annonça-t-il en se levant.

Le lieutenant de de Rochefort lui fit signe d'y aller.

« Une fois que je l'aurai lancé, dit-il à Stéphanie, nous nous approcherons de ces deux hommes. Je m'occupe de l'un, chargez-vous de l'autre.

— Avec plaisir.

— Doucement, conseilla Malone. Ce n'est pas aussi simple que vous le croyez.

— Vous allez voir. »

Mark approcha de l'un des socles parmi la douzaine qui se trouvaient là. Il venait de remarquer que les chapiteaux étaient soutenus par des piliers très différents les uns des autres. Certains étaient isolés, d'autres allaient le plus souvent par paires. Mark remarqua que l'un d'entre eux reposait sur un support rectangulaire similaire à celui de l'autel. Et c'était la disposition des pierres formant ce support qui avait attiré son attention. Neuf blocs sur la largeur, sept sur la hauteur.

Mark se baissa pour éclairer la partie cachée du chapiteau. Pas de joint au mortier au-dessus des blocs de pierre. Comme pour l'autel.

« Il faut enlever ces livres de là, ordonna-t-il.

— Vous venez de dire de ne pas y toucher.

— C'est ce qui est à l'intérieur qui nous importe. »

Il posa la torche et s'empara de quelques manuscrits. Les deux hommes furent aussitôt engloutis par un tourbillon de poussière. Mark les posa délicatement sur le sol caillouteux. De Rochefort en fit autant. Ils répétèrent l'opération trois fois chacun avant de faire place nette.

« La dalle devrait glisser. »

Ils s'emparèrent d'un côté de la dalle qui pivota bien plus aisément que le plateau supérieur de l'autel, car elle était de proportions plus modestes. Ils la firent glisser et le bloc de calcaire s'écrasa au sol où il se brisa en mille morceaux. Niché à l'intérieur du piédestal, Mark aperçut un coffret taillé dans une roche gris-beige – du travertin, s'il ne se trompait pas – et dans un état de conservation remarquable.

Lorsqu'il éclaira l'intérieur du piédestal apparut une

inscription sur l'un des côtés du coffret, comme il l'avait anticipé.

« Une châsse, dit de Rochefort. Déchiffrez-vous un nom ? »

Mark étudia l'inscription et fut ravi de constater que c'était de l'araméen. Il ne pouvait en être autrement. Question d'authenticité. Les Juifs du Ier siècle avaient pour coutume de placer les morts dans une crypte jusqu'à ce qu'il ne reste plus que des ossements, qu'ils pouvaient ensuite déposer dans un coffret de pierre. Quelques milliers de ces coffrets avaient résisté aux ravages du temps, mais seul le quart portait une inscription identifiant le défunt, certainement parce qu'une grande part de la population était illettrée en ces temps reculés. De nombreux faux avaient fait surface au fil des siècles, dont l'un quelques années plus tôt censé renfermer les ossements de Jacques, demi-frère de Jésus. Le matériau utilisé pour fabriquer les coffrets – du travertin extrait des carrières voisines de Jérusalem – permettait d'authentifier les découvertes. L'analyse du style des gravures, l'examen au microscope de la patine et la datation au carbone 14 rendaient également possible une telle authentification.

Mark avait appris l'araméen pendant ses études de doctorat. C'était une langue difficile, rendue plus compliquée encore par ses différentes variantes, son argot, et les multiples erreurs commises par les scribes. La façon dont les lettres étaient gravées posait également problème. La plupart du temps, la gravure était peu profonde, faite à l'aide d'un clou. D'autres fois, les lettres s'étalaient au hasard sur la surface de pierre comme des graffitis. Parfois, comme c'était le cas ici, elles étaient gravées au stylet, ce qui les rendait parfaitement lisibles et simplifiait la traduction. Ces mots, Mark les avait déjà vus auparavant. Il les déchiffra de droite à gauche, selon l'usage, puis les réagença mentalement.

YESHUA BAR YEHOSEF

« Jésus, fils de Joseph, traduisit-il.

— Ce sont ses ossements ?

— Cela reste à prouver. Ouvrez le coffret. »

De Rochefort fit jouer le couvercle jusqu'à pouvoir l'ouvrir. Il l'ôta et le posa sur le socle.

Mark prit une inspiration.

La châsse contenait un squelette.

Une partie des os était réduite en poussière. D'autres étaient intacts. Un fémur. Un tibia. Des côtes, les os du bassin. Ce qui ressemblait à des doigts, des orteils, une partie de la colonne vertébrale.

Et un crâne.

Était-ce là ce que Saunière avait découvert ?

Sous le crâne reposait un petit volume remarquablement conservé. C'était compréhensible, car il avait été enfermé dans la châsse, elle-même scellée dans le socle de pierre. La couverture était décorée avec un goût exquis, dorée à la feuille et incrustée d'os agencés en forme de croix. La figure du Christ, elle aussi façonnée dans de l'or, reposait sur la croix entourée de grenats, de jade et de citrines.

Mark prit l'ouvrage et souffla sur la couverture pour la débarrasser de la poussière et des débris accumulés à la surface, avant de le poser à l'angle du support de pierre. De Rochefort approcha avec sa lampe. Mark ouvrit le volume et lut l'incipit, rédigé en latin en lettres gothiques sans ponctuation à l'encre bleue et écarlate.

ICI COMMENCE LE TEXTE DÉCOUVERT PAR LES FRÈRES FONDATEURS DE L'ORDRE À L'OCCASION DE LEUR EXPLORATION DU MONT DU TEMPLE AU COURS DE L'HIVER 1121. L'ORIGINAL ÉTAIT DANS UN TEL ÉTAT DE DÉCRÉPITUDE QU'IL FUT COPIÉ À L'IDENTIQUE DANS UNE LANGUE QUE SEUL L'UN D'ENTRE NOUS ÉTAIT CAPABLE DE DÉCHIFFRER. PAR ORDRE DU MAÎTRE GUILLAUME DE CHARTRES EN DATE DU 4 JUIN 1217 LE TEXTE A ÉTÉ TRADUIT DANS LA LANGUE DES FRÈRES DU TEMPLE ET PRÉSERVÉ POUR LE BÉNÉFICE DE TOUS.

« Le fait que cet ouvrage ait été placé dans la châsse n'est pas anodin », remarqua de Rochefort qui lisait par-dessus son épaule.

Mark était du même avis.

« Voyons la suite.

— Je croyais que vous étiez là pour nos frères. Ne devrions-nous pas ramener ce volume à l'abbaye pour que tous entendent ce qu'il contient ?

— J'en déciderai après l'avoir lu. »

Mark se demandait si les frères apprendraient jamais ce qu'il renfermait. Mais lui aussi brûlait de savoir. Il se pencha avec attention sur les pattes de mouche qui couvraient la page suivante : il reconnut la langue dans laquelle elles étaient rédigées. « C'est de l'araméen. Je ne peux déchiffrer que quelques mots. C'est une langue morte depuis deux mille ans.

— L'incipit faisait allusion à une traduction. »

Mark souleva délicatement les pages et vit que le texte en araméen couvrait quatre feuillets. Puis il repéra des mots qu'il parvenait à comprendre. « La langue des frères du Temple. » Le latin. Le vélin, couleur de parchemin ancien, était dans un état exceptionnel. L'encre aussi était toujours lisible. Il déchiffra le titre : Le *Testament de Simon*.

Il en commença la lecture.

64

Malone s'approcha de l'un des templiers vêtu, comme les cinq autres, d'un jeans et d'un manteau en drap de laine, ses cheveux ras dissimulés sous une casquette. Il y en avait au moins six autres à l'extérieur, d'après ce que de Rochefort leur avait dit, mais il s'en préoccuperait plus tard, une fois les six gardes en faction dans l'église maîtrisés.

À ce moment-là, ils seraient armés, au moins.

Stéphanie ramassa une pelle et, s'approchant de l'un des feux de camp, tisonna les bûches pour faire repartir les flammes. Cassiopée était restée à proximité du générateur en compagnie de Henrik en attendant que Malone et Stéphanie soient en place.

Malone hocha la tête en se tournant vers Cassiopée.

Elle tira sur le démarreur.

Le moteur du générateur crachota avant de s'arrêter. Deux essais supplémentaires, et le piston se mit à fonctionner ; le moteur émit un grondement sourd. Les lumières s'allumèrent, leur intensité devint de plus en plus vive à mesure que le voltage augmentait. Les ampoules halogènes chauffaient vite et des volutes de condensation commençaient à apparaître sur le verre avant de s'évanouir aussitôt.

Malone s'aperçut que l'un des gardes l'avait remarqué. Quelle erreur de leur part. Il faudrait à Cassiopée un petit peu plus de temps pour tirer quatre fléchettes anesthésiantes. Il se demanda si elle serait à la hauteur, avant de se souvenir de sa performance à Rennes-le-Château.

Le générateur continuait à gronder.

Cassiopée n'avait pas bougé, la trousse à outils à ses pieds, elle faisait semblant de régler le moteur.

Les lumières brillaient au maximum de leur puissance et les gardes semblaient avoir perdu tout intérêt pour l'opération.

Une lampe explosa.

Puis l'autre.

Un éclair blanc jaillit soudain avant de disparaître aussitôt. Malone en profita pour assener un coup de poing dans la mâchoire du garde debout près de lui.

L'homme vacilla avant de s'effondrer par terre.

Malone se baissa pour le désarmer.

Stéphanie ramassa une pelletée de braises incandescentes et se tourna vers le garde à quelques mètres d'elle, distrait par les ampoules qui éclataient.

« Hé », appela-t-elle.

L'homme se retourna. Stéphanie jeta les braises dans sa direction. Un bout de bois incandescent flotta dans les airs ; le garde tendit les mains pour repousser le projectile, mais il lui tomba sur la poitrine.

Il hurla et Stéphanie le frappa en plein visage du plat de la pelle.

Malone vit Stéphanie jeter les braises sur le garde et

l'assommer d'un coup de pelle. Il se tourna alors vers Cassiopée à l'instant même où elle appuyait sur la détente. Elle avait déjà dû utiliser une de ses fléchettes car il ne restait plus que trois gardes debout. Malone vit l'un d'eux s'attraper la cuisse. Le troisième sursauta et empoigna le dos de sa veste.

Ils s'effondrèrent tous deux par terre.

Le dernier, posté près de l'autel, vit ce qui arrivait à ses compagnons et se retourna vers Cassiopée, accroupie à moins de dix mètres de là, pistolet braqué sur lui.

Il sauta derrière le support de l'autel.

Cassiopée manqua sa cible.

Malone savait qu'elle n'avait plus de fléchettes. Le garde ne tarderait pas à tirer.

Il serra le poing sur son arme. Il détestait l'idée de devoir en faire usage. La détonation alerterait non seulement de Rochefort, mais aussi les templiers postés à l'extérieur. Il traversa l'église en courant, posa les deux mains sur le support de l'autel et, au moment où le garde se redressait, prêt à faire feu, il se servit de son élan pour le projeter à terre d'un coup de pied.

« Pas mal, commenta Cassiopée.

— Je croyais que vous étiez infaillible.

— Il a bondi. »

Cassiopée et Stéphanie désarmaient les templiers couchés au sol. « Ça va ? demanda Henrik en les rejoignant.

— Je n'avais pas testé mes réflexes depuis un moment.

— Heureuse de constater qu'ils sont toujours intacts.

— Comment avez-vous réussi à produire cet éclair ? poursuivit Henrik.

— On a simplement forcé le voltage, répondit Malone avec un sourire. Ça marche à tous les coups. »

Il jeta un regard circulaire sur l'église. Quelque chose clochait. Pourquoi aucun des gardes postés dehors n'avait réagi à l'explosion des lampes ? « Nous devrions avoir de la compagnie », constata-t-il.

Cassiopée et Stéphanie le rejoignirent, arme au poing.

« Ils sont peut-être au milieu des ruines, devant l'église, suggéra Stéphanie.

— Ou peut-être n'existent-ils pas ?

— Je vous assure que si », dit une voix masculine provenant de l'extérieur.

Un homme s'avança lentement, visage caché par l'obscurité.

« Qui êtes-vous ? » fit Malone en levant son arme.

L'homme s'arrêta près d'un feu de camp. Ses yeux enfoncés qui lui faisaient un regard dur s'arrêtèrent sur le corps de Geoffrey caché sous la couverture. « C'est le maître qui l'a tué ?

— Sans l'ombre d'un remords. »

Le visage de l'homme se ferma ; il murmura quelque chose. Une prière ? « Je suis le chapelain de l'ordre du Temple. Frère Geoffrey m'a contacté, moi aussi, après avoir appelé le maître. Je suis venu afin de prévenir tout acte de violence. Mais nous avons été retardés en chemin.

— Vous joueriez donc un rôle dans la mission confiée à Geoffrey ?

— Il ne voulait pas contacter de Rochefort, mais il avait donné sa parole à notre défunt maître. Et il vient aussi de donner sa vie, ajouta-t-il avec tendresse.

— Qu'est-ce que tout cela signifie ?

— Je comprends votre frustration.

— Non, vous ne comprenez pas, intervint Henrik. Ce pauvre garçon est mort.

— Et j'en éprouve un profond chagrin. Il a servi l'ordre avec une grande probité.

— Il a été idiot d'appeler de Rochefort, remarqua Cassiopée. Il s'est jeté dans la gueule du loup.

— Au cours des derniers mois de sa vie, notre défunt maître a enclenché une série d'événements complexes. Il m'a confié ce qu'il préparait. Il m'a appris l'identité de notre sénéchal et pourquoi il lui avait demandé d'intégrer l'ordre. Il m'a parlé du père du sénéchal et de ce qui nous attendait. Aussi ai-je promis de lui obéir, comme Geoffrey. Lui savait ce qui se passait, contrairement au sénéchal qui ignorait aussi que nous étions complices du maître. Je ne devais pas m'impliquer avant que Geoffrey ne me demande mon aide.

— Votre maître se trouve dans la grotte souterraine avec mon fils, expliqua Stéphanie. Cotton, il faut y aller, ajouta-t-elle à bout de patience.

— Le sénéchal et de Rochefort ne peuvent coexister, commenta le chapelain. Ce sont deux extrêmes. Pour le salut de la confrérie, seul l'un d'eux peut survivre. Cependant le défunt maître n'était pas certain que le sénéchal puisse se débrouiller seul. Ce qui explique votre présence ici, madame Nelle. Le maître pensait que vous pourriez lui apporter votre soutien.

— Ces balivernes pourraient lui coûter la vie, rétorqua Stéphanie, qui n'était pas d'humeur à écouter ces discours mystiques.

— Pendant des siècles, notre ordre a survécu grâce aux combats, aux conflits. C'était sa façon de faire. Le maître précédent a simplement provoqué la confrontation. Il savait qu'une guerre éclaterait entre de

Rochefort et le sénéchal. Mais il voulait que cette guerre ait un sens, qu'elle soit constructive. Aussi les a-t-il mis sur la voie du legs des Templiers. Il savait qu'il existait, quelque part, mais, selon moi, il n'avait pas anticipé que l'un ou l'autre le découvrirait. En revanche, il savait que le conflit était imminent et qu'un seul vainqueur en sortirait. Il avait également compris que si de Rochefort sortait vainqueur du combat, ses alliés ne tarderaient pas à lui tourner le dos, ce qui s'est produit. La mort de nos deux frères pèse lourd sur nos consciences. Tous les templiers s'accordent à dire qu'il y en aura d'autres...

— Cotton, l'interrompit Stéphanie, j'y vais.

— Les gardes postés dehors ont été maîtrisés, ajouta le chapelain sans faire un geste. Faites ce que vous avez à faire. Il n'y aura pas d'autre effusion de sang dans cette église. »

Malone comprit le sous-entendu.

Dans la grotte, en revanche, c'était une autre histoire.

65

Le testament de Simon

J'ai gardé le silence, pensant qu'il valait mieux que d'autres témoignent des événements que je m'apprête à relater. Mais personne ne s'en est chargé. J'écris donc ces mots pour que tous sachent ce qui est arrivé.

L'homme que l'on appelle Jésus a passé de nombreuses années à dispenser ses enseignements à travers la Judée et la Galilée. J'ai été le premier de ses disciples dont le nombre n'a pas cessé de croître puisque beaucoup étaient convaincus de l'importance de son message. Nous l'accompagnions dans les pérégrinations au cours desquelles il soulageait les malades, apportait de l'espoir aux malheureux, évoquait le salut des âmes. Il était toujours lui-même, quoi qu'il se passât. Si la foule chantait ses louanges, il savait se montrer digne. Lorsqu'une foule hostile l'entourait, il n'éprouvait ni colère ni crainte. Ni ce que les autres pensaient ou disaient de lui ni leurs agissements ne l'affectaient. « Nous sommes tous créés à l'image de Dieu, nous sommes tous dignes d'amour, l'esprit de Dieu peut tous nous faire grandir », dit-il un jour. Je l'ai vu étreindre des lépreux et des gens de mauvaise vie. Les femmes et les enfants étaient précieux à ses yeux. Il m'a montré que chaque être est digne d'amour. « Dieu est notre père, disait-il. Chacun de nous a la même importance à ses yeux, il nous aime et nous pardonne. Aucune brebis ne s'égarera jamais bien loin de ce berger-là. Vous pouvez tout confier à Dieu, car seule cette franchise peut apporter la paix à votre cœur. »

L'homme que l'on appelle Jésus m'a appris à prier. Il parlait de Dieu, du Jugement dernier, de la fin des temps. Je me pris même à penser qu'il pouvait contrôler le vent et les marées tellement il nous était supérieur. Les sages enseignaient que la souffrance, la maladie et les drames de la vie étaient un signe du jugement divin et que nous devrions accepter sa colère avec le chagrin du pénitent. L'homme que l'on appelle Jésus disait que c'était faux et il donnait aux malades le courage de guérir, aux faibles la capacité de raffermir leur volonté et aux athées l'opportunité de croire. La foule s'écartait sur son passage. L'homme que l'on appelle Jésus avait un but, il vivait sa vie de manière à atteindre ce but, ce but était clair pour ceux qui l'accompagnaient.

Mais au cours de ses pérégrinations, Jésus se fit des ennemis. Les sages voyaient en lui un danger car il proposait des valeurs différentes, de nouvelles règles, et menaçait leur autorité. Si Jésus avait la liberté d'aller et venir comme bon lui semblait et de prêcher le changement, ils craignaient que Rome ne resserre son emprise sur la Judée et la Galilée, ce dont tous auraient à souffrir, en particulier les grands prêtres à la botte de l'empire. Aussi Jésus fut-il arrêté pour blasphème et Ponce Pilate décréta qu'il devrait être crucifié. J'étais présent ce jour-là, et Ponce Pilate ne tira aucune joie de sa décision ; mais les sages exigeaient que justice soit faite, ce que le préfet romain ne pouvait leur refuser.

À Jérusalem, Jésus et six compagnons furent emmenés sur la colline et ligotés à la croix. Au cours de la journée, les jambes de trois des hommes furent brisées et, à la tombée de la nuit, ils avaient succombé. Deux autres trépassèrent le lendemain. Jésus agonisa sur la croix jusqu'au troisième jour ; alors, on lui brisa les jambes. Je ne me rendis pas auprès de lui tandis qu'il souffrait. Je me cachai, tout comme ses autres disciples, de crainte de subir le même sort. Après sa mort, Jésus demeura six jours sur la croix tandis que les charognards dévoraient sa chair. On le descendit enfin de la croix pour le jeter dans une fosse. J'assistai à la scène, avant de fuir Jérusalem à travers le désert ; en route, je m'arrêtai à Béthanie chez Marie, appelée Madeleine, et sa sœur Marthe. Elles connaissaient Jésus et furent peinées d'apprendre sa mort. Elles éprouvaient de la colère contre moi qui ne l'avais pas défendu, avais fait semblant de ne pas le connaître, avais fui alors qu'il souffrait. Je leur demandai ce que j'aurais dû faire et leur réponse fut simple : « Te joindre à lui. » Mais cette idée ne m'avait jamais traversé l'esprit. Au lieu de cela, j'avais renié Jésus et tous ses principes. Je quittai leur maison et, plusieurs jours plus tard, retrouvai la Galilée et le réconfort de tout ce qui m'était familier.

Deux des compagnons de voyage de Jésus, Jacques et Jean, s'en revinrent eux aussi en Galilée. Nous partageâmes le chagrin que nous causait la perte de Jésus et reprîmes nos activités de pêcheurs. La tristesse que nous éprouvions tous nous consumait et le temps ne nous soulageait pas. Pendant nos parties de pêche en mer de Galilée, nous évoquions Jésus, tout ce qu'il avait fait et tout ce dont nous avions été témoins. C'était sur le lac, des années auparavant, que nous l'avions rencontré, alors qu'il prêchait debout sur nos barques. Son souvenir semblait omniprésent, où que nous posions les yeux, ce qui rendait notre chagrin encore plus vif. Un soir qu'un orage balayait le lac et que nous étions assis sur la berge à manger du pain et du poisson, je crus apercevoir Jésus dans la brume. Mais lorsque je me précipitai dans l'eau, je m'aperçus que cette vision n'existait que dans mon esprit. Chaque matin, nous rompions le pain et mangions le fruit de notre pêche. En souvenir de Jésus, l'un de nous bénissait le pain et le soulevait vers les cieux pour rendre grâce à Dieu. Ce geste nous mettait du baume au cœur. Un jour, Jean nous fit remarquer que le pain que nous venions de rompre ressemblait au corps de Jésus, brisé lui aussi. Après cette remarque, nous nous mîmes tous à associer le pain et le corps de Jésus.

Quatre mois passèrent et, un jour, Jacques nous rappela que, d'après la Torah, celui qui est pendu à un arbre est maudit. Je répondis que, dans le cas de Jésus, cela ne pouvait être vrai. C'était la première fois que l'un de nous remettait en question les paroles des prophètes. Elles ne pouvaient tout simplement pas s'appliquer à quelqu'un d'aussi bon que Jésus. Comment un scribe ayant vécu dans des temps reculés pouvait-il affirmer que tous les pendus étaient maudits ? C'était impossible. Si l'on comparait Jésus aux paroles des prophètes, c'était Jésus qui l'emportait.

Notre chagrin continuait à nous tourmenter. L'homme que l'on appelait Jésus était mort. Sa voix s'était tue. Les sages avaient survécu, ainsi que leur message. Pas parce qu'ils avaient raison, mais simplement parce qu'ils continuaient de respirer et de se faire entendre. Les sages avaient triomphé de Jésus. Comment un être aussi bon pouvait-il avoir tort ? Pourquoi Dieu accepterait-il de voir disparaître un être aussi bon ?

Avec la fin de l'été vint la fête du tabernacle, occasion de célébrer la joie de la moisson. Nous décidâmes qu'il n'y avait aucun danger à nous rendre à Jérusalem pour y prendre part. Là, pendant la procession vers l'autel, on lut un passage des Psaumes annonçant que le Messie ne mourrait pas et vivrait pour raconter les œuvres de Dieu. L'Éternel a châtié durement le Messie, continua l'un des sages, mais il ne l'a pas livré à la mort. Au lieu de cela, la pierre rejetée par ceux qui bâtissaient est devenue la pierre d'angle. Au Temple, nous entendîmes des extraits de Zacharie expliquant qu'un jour Dieu viendrait, que des eaux vives sortiraient de Jérusalem et que l'Éternel serait Dieu de toute la terre. Un soir, j'assistai à une autre lecture de Zacharie. Le prêtre parla d'une source ouverte pour la maison de David, d'un esprit de grâce et de supplication. Le prophète annonçait que lorsqu'ils regarderaient celui qu'ils avaient percé, ils pleureraient sur lui comme on pleure sur un fils unique.

En l'écoutant, je pensai à Jésus et au sort qui avait été le sien. Le sage semblait s'adresser directement à moi lorsqu'il évoqua le projet de Dieu de frapper le pasteur pour que les brebis se dispersent. À ce moment-là, je fus empli d'un sentiment d'amour qui m'habita longtemps. Cette nuit-là, je me rendis dans les faubourgs de Jérusalem, à l'endroit où les Romains avaient enterré Jésus. Je me recueillis sur sa dépouille et me demandai comment un simple pêcheur pouvait être la source de toute vérité. Le grand prêtre et les scribes l'avaient taxé d'imposture. Mais je savais qu'ils se trompaient. Dieu n'exigeait pas que nous nous pliions à des lois millénaires pour nous sauver. Dieu faisait preuve d'un amour sans limites. Jésus ne cessait pas de le répéter et, en acceptant sa mort avec grand courage et dignité, il nous avait donné à tous une ultime leçon. À l'heure de la mort, on découvre la vie. Aimer, c'est être aimé.

Le doute m'abandonna. Ma tristesse s'évanouit. Tout devint clair. Jésus n'était pas mort. Il vivait. En moi, je portais le Seigneur ressuscité. Je sentais sa présence aussi clairement que lorsqu'il se trouvait à mes côtés autrefois. Je me souvins de paroles qu'il m'avait maintes fois répétées : « Simon, si tu m'aimes, tu trouveras mon troupeau. » J'avais enfin compris qu'aimer comme lui, c'est connaître le Seigneur. Agir comme lui, c'est connaître le Seigneur. Vivre comme lui nous conduira au salut éternel. Dieu est descendu des cieux pour habiter l'homme que l'on appelait Jésus, et à travers ses actes et ses paroles, le Seigneur s'est manifesté. Le message était clair. Occupe-toi des déshérités, apporte du réconfort aux désespérés, deviens l'ami de ceux que l'on a rejetés. Agis ainsi et le Seigneur sera satisfait. Dieu a sacrifié Jésus pour nous ouvrir les yeux.

Je fus le premier à accepter cette vérité. Ma mission était claire désormais. Le message devait vivre à travers moi et d'autres croyants.

Lorsque je racontai ma vision à Jacques et Jean, ils virent la vérité, eux aussi. Avant de quitter Jérusalem, nous retournâmes sur les lieux de ma vision et exhumâmes la dépouille de Jésus. Nous l'emportâmes avec nous et la plaçâmes dans une grotte. L'année d'après, nous rassemblâmes ses ossements. Puis j'écrivis ces lignes que je plaçai avec l'homme que l'on appelait Jésus car, réunis, ils sont le Verbe.

66

Mark était à la fois déconcerté et ébahi. Il connaissait Simon.

D'abord surnommé Cephas en araméen, puis Petros, pierre en grec, il avait fini par être baptisé Pierre et, d'après les Évangiles, le Christ aurait déclaré : « Tu es Pierre, et sur cette pierre je bâtirai mon Église. »

Ce testament était le premier compte rendu ancien dont la lecture avait un sens. Aucun événement surnaturel, aucune apparition miraculeuse. Aucun acte venant contredire l'histoire ou la logique. Aucune inconsistance venant jeter le doute sur la crédibilité des événements relatés. Le simple témoignage d'un modeste pêcheur qui avait connu un grand homme dont les bonnes actions et les paroles de réconfort s'étaient perpétuées après sa mort et l'avaient inspiré au point de reprendre le flambeau.

Simon ne possédait certainement pas les capacités intellectuelles nécessaires pour façonner le type de principes religieux qui devaient voir le jour bien plus tard. Ses connaissances se cantonnaient en la personne de Jésus, qu'il avait connu, et que Dieu avait repris après lui avoir infligé une mort violente. Afin de connaître Dieu, pour faire partie de lui, Simon était persuadé qu'il devait prendre exemple sur Jésus. Le message ne pouvait vivre que si lui, Simon, et d'autres après lui, lui insufflaient la vie. C'est par ce geste simple que Jésus échapperait à la mort. Il y aurait une résurrection. Pas au sens littéral, mais spirituel. Dans l'esprit de Simon, Jésus était ressuscité, il vivait de nouveau, et, par cette nuit d'automne, six mois après l'exécution de Jésus, naquit l'Église chrétienne.

« Espèces d'imbéciles arrogants, avec leurs églises grandioses et leur théologie, maugréa de Rochefort. Il n'y a pas un mot de vrai dans tout ça.

— Bien sûr que si. Vous avez tort.

— Comment pouvez-vous dire ça ? La crucifixion décrite ici est tout ce qu'il y a de plus banal ; pas de tombe vide, pas d'ange annonçant la résurrection du Christ. Tout ça, c'est de la fiction inventée par les hommes pour leur propre bénéfice. Le témoignage que nous avons sous les yeux a du sens, lui. Tout a commencé grâce à un homme qui prend conscience de quelque chose dans son coin. Notre ordre a été éradiqué, nos frères torturés et assassinés au nom du soi-disant Messie ressuscité.

— Cela revient au même. L'Église existe.

— Vous pensez vraiment que l'Église aurait prospéré si sa théologie avait été fondée sur les révélations d'un homme du peuple ? Combien de fidèles se seraient-ils convertis, à votre avis ?

— Mais c'est exactement ce qui s'est produit. Jésus était un homme du peuple.

— Élevé au statut divin par la suite. Et quand quelqu'un osait contester cet état de fait, il était taxé d'hérésie et condamné au bûcher. Les cathares ont été massacrés ici même, dans les Pyrénées, parce qu'ils ne croyaient pas à ce principe.

— On ne peut défaire ce que les Pères de l'Église ont fait. Ils devaient embellir l'histoire pour pouvoir survivre.

— Vous excusez leurs agissements ?

— C'est du passé.

— Nous pouvons l'effacer. »

Une idée traversa l'esprit de Mark. « Saunière a certainement lu ces mots.

— Et il n'en a parlé à personne.

— Exactement. Même Saunière avait compris à quel point tout cela est futile.

— Il n'en a parlé à personne parce qu'il aurait pu perdre sa mine d'or personnelle. Ce n'était pas un homme d'honneur. C'était un voleur.

— Peut-être. Mais cette information l'avait semble-t-il affecté. Pensez à tous les indices qu'il a laissés dans son église. Il était instruit, connaissait le latin. S'il a trouvé ce texte, ce dont je ne doute pas, il a compris ce qu'il a lu. Pourtant, il l'a replacé dans sa cachette et a verrouillé le portail en partant. » Mark baissa les yeux sur le coffret en pierre. Étaient-ce là les ossements de l'homme que l'on appelait Jésus ? Une vague de tristesse le submergea en songeant que, de son père aussi, il ne restait que des ossements aujourd'hui.

« Avez-vous assassiné mon père ? » demanda-t-il à de Rochefort en plongeant le regard dans le sien.

Malone vit Stéphanie se précipiter vers l'échelle, l'arme de l'un des gardes au poing. « Vous allez quelque part ?

— Il a beau me détester, c'est encore mon fils. »

Il comprenait qu'elle doive y aller, mais il ne la laisserait pas seule. « Je vous accompagne.

— Je préfère me débrouiller seule.

— Je me moque de ce que vous préférez. Je viens.

— Moi aussi, renchérit Cassiopée.

— Non, laissez-les faire, coupa Henrik en lui prenant le bras. C'est à eux de régler ça.

— Régler quoi ?

— Le sénéchal et le maître doivent se mesurer l'un à l'autre, intervint le chapelain. Ce n'est pas un hasard si Mme Nelle a été mêlée à cette histoire. Laissez-la faire. Son destin l'appelle dans cette grotte, avec eux. »

Stéphanie descendit l'échelle et sauta sur le côté pour éviter la fosse. Malone la suivit dans la grotte, torche dans une main, pistolet dans l'autre.

« Par où ? » chuchota Stéphanie.

Il lui fit signe de se taire. Puis il entendit un murmure. Sur sa droite, en provenance de la salle que Cassiopée et lui avaient découverte.

Il lui indiqua la direction d'un geste.

Il savait qu'ils ne trouveraient aucun piège sur leur chemin jusqu'à l'entrée de la salle. Pourtant, ils progressaient avec prudence. Lorsqu'il aperçut le squelette et l'inscription gravée sur le mur, il sut qu'il leur faudrait redoubler de prudence.

Les voix étaient distinctes à présent.

« Je vous ai demandé si vous aviez assassiné mon père, s'écria Mark.

— Votre père était un être faible.

— Ce n'est pas une réponse.

— J'étais présent le soir où il s'est donné la mort. Je l'ai suivi jusqu'au pont. Nous avons parlé. »

Mark écoutait de Rochefort.

« Il était frustré. En colère. Il avait déchiffré le cryptogramme reproduit dans son journal, qui ne lui avait rien appris. Votre père n'avait simplement plus la force de continuer.

— Vous ne savez rien de mon père.

— Au contraire. Je l'ai surveillé pendant des années. Il passait d'une énigme à une autre sans jamais en résoudre aucune. Ce qui lui causait des ennuis à la fois sur le plan professionnel et personnel.

— Il avait manifestement réuni suffisamment d'indices pour nous mener jusqu'ici.

— Non. Il devait ces détails à d'autres.

— Vous n'avez rien tenté pour l'empêcher de se pendre ?

— Pourquoi ? demanda de Rochefort avec un haussement d'épaules. Il souhaitait mourir, et l'en empêcher ne m'aurait rien apporté.

— Alors, vous êtes parti en le laissant mourir, tout simplement ?

— Je ne me suis pas mêlé d'un événement qui ne me regardait pas.

— Espèce de salaud », s'écria Mark en faisant un pas vers de Rochefort qui leva son arme. Mark tenait toujours le *Testament de Simon*. « Allez-y, tirez, l'encouragea-t-il.

— Vous avez tué un templier, rétorqua de Rochefort sans broncher. Vous connaissez la punition.

— Il est mort par votre faute. C'est vous qui l'aviez envoyé.

— Il y a toujours deux poids, deux mesures avec vous. C'est vous qui avez pressé la détente.

— C'était de la légitime défense.

— Posez le livre.

— Qu'allez-vous en faire ?

— Ce qu'ont fait mes prédécesseurs au commencement de l'ordre : je m'en servirai contre Rome. Je m'étais toujours demandé comment les Templiers avaient pu prospérer si vite. À chaque fois qu'un pape a tenté de fusionner notre confrérie et celle des Hospitaliers, nous l'en avons empêché. Et tout cela grâce à ce texte et à ces ossements. L'Église de Rome ne pouvait prendre le risque que l'un ou l'autre soit rendu public.

« Imaginez ce que les papes du Moyen Âge ont dû penser en apprenant que la résurrection physique du Christ n'était qu'un mythe. Il n'existe aucune preuve formelle, évidemment. Ce témoignage pourrait être un tissu de mensonges, à l'instar des Évangiles. Pourtant, le texte est passionnant et les ossements sont difficiles à ignorer. Des milliers de reliques circulaient autour d'eux. Les ossements de saints ornaient la moindre église. Les gens étaient d'une telle crédulité. Il n'y a aucune raison de penser que l'on aurait ignoré ces ossements. La plus grandiose relique qui soit. Mes prédécesseurs se sont servis de ce qu'ils savaient et leur menace a fonctionné.

— Et aujourd'hui ?

— C'est le contraire. Trop de gens ne croient en rien. L'homme moderne se pose une foule de questions et les Évangiles n'apportent que peu de réponses. Ce témoignage, en revanche, est différent. Il pourrait toucher beaucoup de gens.

— Vous serez un nouveau Philippe le Bel, c'est ça ?

— Voilà ce que je pense de lui, s'exclama de Rochefort en crachant par terre. Il voulait s'emparer de notre savoir pour pouvoir contrôler l'Église, pour que ses héritiers puissent la contrôler, eux aussi. Mais il a payé pour sa convoitise. Lui et sa famille entière.

— Vous croyez vraiment pouvoir contrôler quoi que ce soit ?

— Je n'ai aucun désir de contrôle. En revanche, je voudrais voir la tête de tous ces prélats pompeux lorsqu'ils essaieront de trouver une explication convaincante au témoignage de Simon Pierre. Après tout, sa dépouille repose au cœur du Vatican. Ils ont construit une basilique autour de son tombeau et lui ont donné son nom. Le premier à être canonisé, le premier pape, c'est lui. Comment arriveront-ils à expliquer ces paroles ? Ça ne vous amuserait pas de les entendre essayer ?

— Qui peut affirmer qu'il en est l'auteur ?

— Qui peut affirmer que Matthieu, Marc, Luc et Jean sont bien les auteurs des Évangiles qu'on leur attribue ?

— Un changement radical n'est peut-être pas bon.

— Vous êtes aussi faible que votre père. Vous n'avez pas assez de cran pour vous battre. Vous pourriez enterrer tout ça ? Ne rien dire à personne ? Laisser l'ordre dépérir dans l'ombre, sali par les calomnies d'un roi cupide ? C'est à cause d'êtres de votre espèce que nous sommes dans cette situation. Vous et votre maître étiez faits pour vous entendre. C'était un être faible, lui aussi. »

Mark en avait suffisamment entendu et, sans crier gare, il leva sa lampe de sorte à aveugler de Rochefort l'espace d'une seconde. Ébloui, ce dernier plissa les paupières, baissa la main qui tenait l'arme tout en levant l'autre pour se protéger les yeux.

Mark lui donna un coup de pied dans le bras ; de Rochefort laissa échapper son arme. Mark sortit de la pièce en courant. Il passa le portail, se dirigea vers l'échelle mais ne fit que quelques pas.

À trois mètres de lui, il aperçut un faisceau lumineux et repéra Malone et sa mère.

De Rochefort le rejoignit.

« Halte ! » ordonna-t-il, et Mark s'arrêta net.

De Rochefort se rapprocha.

Stéphanie leva son arme.

« Baisse-toi, Mark », s'écria-t-elle.

Mais il ne bougea pas.

De Rochefort se trouvait à présent derrière lui. Il sentit la pression du pistolet contre sa nuque.

« Baissez votre arme, madame Nelle, ordonna de Rochefort.

— Vous ne pourrez pas nous tuer tous les deux, rétorqua Malone en montrant son arme.

— Non, mais je peux le tuer, lui. »

Malone évalua la situation. Il ne pouvait pas tirer sur de Rochefort sans toucher Mark. Pourquoi celui-ci s'était-il donc arrêté et avait-il permis au maître templier de le coincer ?

« Baissez votre arme, Stéphanie, ordonna calmement Malone.

— Non.

— Je ferais ce qu'il me dit, à votre place, insista de Rochefort.

— Il va le tuer de toute façon, rétorqua Stéphanie sans faire le moindre geste.

— Peut-être, admit Malone, mais inutile de l'y pousser. »

Ses erreurs lui avaient coûté son fils une première fois. Elle n'était pas prête à le perdre de nouveau. Malone étudia le visage de Mark et n'y lut pas la moindre peur.

« Voici donc la cause de toute cette histoire, fit Malone en désignant le livre que Mark tenait toujours.

— Le legs des Templiers, expliqua celui-ci, ainsi qu'un fabuleux trésor et un monceau de documents.

— Cela en valait-il la peine ?

— Il ne m'appartient pas de le dire.

— Oui, ça en valait la peine, intervint de Rochefort.

— Et maintenant ? demanda Malone. Vous êtes coincé. Vos hommes sont maîtrisés.

— Grâce à vous ?

— En partie. Votre chapelain est là avec une escorte de chevaliers. Il y a de la révolte dans l'air, on dirait.

— Cela reste à prouver. Je ne le répéterai pas une deuxième fois, madame Nelle : baissez votre arme. Comme l'a si justement remarqué M. Malone, je n'ai rien à perdre à tuer votre fils. »

Malone évaluait toujours la situation en passant en revue les possibilités qui s'offraient à eux quand il remarqua quelque chose à la lueur de la lampe de Mark. Une légère dépression dans le sol. À peine perceptible. Un autre piège, placé en travers du tunnel qui le séparait de Mark. Malone sut en plongeant son regard dans celui du jeune homme qu'il connaissait l'existence de la fosse. Un léger hochement de tête lui fit comprendre pourquoi il n'était pas allé plus loin. Mark voulait que de Rochefort se lance à sa poursuite. Il le fallait.

L'heure était venue d'en finir.

Là, tout de suite.

Il désarma Stéphanie.

« Qu'est-ce que vous faites ? s'écria-t-elle.

— Un piège », lui fit-il comprendre sans qu'un son ne sorte de sa bouche.

Malone se retourna vers de Rochefort.

« Sage décision », dit de Rochefort.

Stéphanie ne dit mot ; elle semblait avoir compris, mais peut-être ne mesurait-elle pas pleinement l'enjeu de la situation ?

Malone reporta son attention sur les deux hommes. « Très bien. À vous de jouer », dit-il à de Rochefort, mais ces paroles étaient en réalité destinées à Mark.

Le moment était venu, Mark le savait. D'après le maître, la volonté de lutter jusqu'au bout lui faisait défaut. Se lancer semblait facile, continuer encore plus, mais aller jusqu'au bout s'avérait difficile. Ce n'était plus le cas. Le maître avait écrit le scénario du drame, les acteurs avaient interprété leur rôle. Le dénouement approchait. Raymond de Rochefort représentait une menace. Deux frères templiers étaient morts par sa faute et il était impossible de dire où tout cela s'arrêterait. Il leur était impossible de coexister au sein de l'ordre. Son maître semblait l'avoir compris. L'un d'eux devait disparaître.

Mark savait que devant lui était creusée une profonde

fosse hérissée de piques en bronze, du moins l'espérait-il. Aveuglé par sa rage, avançant sans prêter aucune attention à ce qui l'entourait, de Rochefort n'avait aucune idée du danger qui le guettait. Voilà comment il gouvernerait l'ordre. Son arrogance ferait oublier le sacrifice consenti par des milliers de frères au cours des sept derniers siècles.

Dans le témoignage de Simon, Mark avait enfin trouvé une preuve historique venant corroborer son scepticisme religieux. Les contradictions qui émaillaient la Bible et les explications peu convaincantes qu'elle fournissait l'avaient toujours troublé. La religion n'était malheureusement qu'un outil utilisé par les hommes pour en manipuler d'autres. Le besoin de l'être humain d'obtenir des réponses – même à des questions sans réponse – avait transformé l'incroyable en parole d'Évangile. Croire que la mort n'était pas synonyme de fin réconfortait les fidèles. Mais ce n'était pas tout : Jésus était censé en avoir apporté la preuve en ressuscitant et en offrant le salut a tous les croyants.

Pourtant, il n'y avait pas de vie après la mort.

Pas au sens littéral.

C'est ce que nous transmettons à autrui qui nous fait vivre éternellement. En se souvenant des paroles et des actes de Jésus, Simon Pierre comprit que les croyances de son ami défunt vivaient en lui. Et en propageant ce message, en imitant Jésus, Simon trouvait le salut. Nous ne devrions pas juger autrui, seulement nous-mêmes. La vie n'est pas illimitée. Ce qui nous définit en tant qu'êtres humains, c'est que nous ne faisons que passer, et puis, comme le prouvent les ossements dans le coffret de pierre, nous retournons à la poussière.

Il n'y avait plus que deux choses à espérer : qu'il avait

fait quelque chose de sa vie et que l'on se souviendrait de lui grâce à ce qu'il avait accompli.

Il prit une inspiration.

Puis il jeta le livre à Malone, qui le rattrapa.

« Pourquoi avez-vous fait ça ? » demanda de Rochefort.

Malone avait compris ce qu'il s'apprêtait à faire.

Et soudain, sa mère le comprit à son tour.

Mark le vit dans les yeux brillants de larmes de Stéphanie. Il aurait voulu lui dire qu'il était désolé, qu'il avait eu tort qu'il n'aurait pas dû la juger. Elle sembla lire dans ses pensées et fit un pas vers lui, mais Malone lui barra le passage.

« Écartez-vous de mon chemin, Cotton », dit-elle.

Mark en profita pour avancer ; le sol résista.

« Allez récupérer le livre, ordonna de Rochefort.

— Très bien. »

Il fit un pas en avant.

Le sol résista.

Mais au lieu de se diriger vers Malone comme le lui avait ordonné de Rochefort, Mark se baissa pour éviter le canon du pistolet braqué sur sa nuque et se retourna en enfonçant son coude dans les côtes de de Rochefort. Les abdominaux fermes du maître amortirent le coup et Mark comprit qu'il n'était pas de taille à lutter avec le vieux soldat. Il possédait un avantage, cependant. Alors que de Rochefort se préparait à lutter, Mark l'étreignit, se retourna et le poussa en avant ; ils tombèrent tous deux sur le sol qui, Mark le savait, céderait sous leur poids.

Stéphanie hurla, de Rochefort tira un coup de feu.

Mark avait écarté l'arme de justesse, mais il n'y avait aucun moyen de savoir dans quelle direction la balle était partie. Comme prévu, le sol se déroba sous eux. De Rochefort s'attendait sans doute à tomber sur la terre ferme et s'apprêtait à se mettre en action. Alors qu'ils tombaient dans la fosse, Mark relâcha son étreinte, parvint à libérer ses bras, et son ennemi vint s'empaler sur les piques de bronze.

Un grognement s'échappa des lèvres de de Rochefort lorsqu'il ouvrit la bouche pour parler. Un flot de sang jaillit.

« Le jour où vous avez sali la mémoire du maître, je vous ai dit que vous auriez à le regretter, murmura Mark. C'est fini, vous n'êtes plus maître de l'ordre du Temple. »

De Rochefort tenta de parler, mais rendit son dernier soupir, un filet de sang s'écoulant de ses lèvres.

Puis ses muscles se relâchèrent.

« Vous allez bien ? » lança Malone penché au-dessus de la fosse.

Lorsque Mark se releva, le corps de de Rochefort s'enfonça un peu plus sur les piques acérées. Mark était couvert de terre et de graviers. Il parvint à s'extraire de la fosse et épousseta ses vêtements. « Je viens de tuer un homme.

— C'était lui ou toi, remarqua Stéphanie.

— Ce n'est pas une raison, mais c'est la seule que j'aie.

— J'ai cru que tu mourais pour la seconde fois, s'écria sa mère, le visage baigné de larmes.

— J'espérais éviter ces piques, mais je n'étais pas sûr de la coopération de de Rochefort.

— Sa mort était inévitable, dit Malone, rien d'autre ne pouvait l'arrêter.

— Et le coup de feu ?

— Il n'est pas passé loin, reconnut Malone. C'était

ça que vous cherchiez ? demanda-t-il en désignant le livre.

— Et ce n'est pas tout.

— Vous ne m'avez pas répondu tout à l'heure. Cela en valait-il la peine ?

— Allons jeter un coup d'œil, vous me direz ce que vous en pensez », répondit Mark.

67

Abbaye des Fontaines

Mercredi 28 juin
12 h 40

Mark balaya la salle circulaire d'un regard. Réunis en chapitre, sur le point de désigner un nouveau maître, les frères avaient une nouvelle fois revêtu leur habit d'apparat. De Rochefort était décédé, et reposait depuis la veille au soir dans le panthéon. Pendant ses obsèques, le chapelain avait contesté son action et les frères avaient unanimement décidé de ne pas faire figurer son nom au nombre des maîtres de l'ordre. En écoutant le discours du chapelain, Mark avait compris que les événements de ces derniers jours étaient nécessaires. Il avait malheureusement tué deux hommes, l'un à regret, l'autre sans aucun plaisir. Il avait imploré le pardon du Seigneur pour le premier meurtre, mais n'éprouvait que du soulagement à l'idée d'être débarrassé de de Rochefort.

Le chapelain s'adressait de nouveau au chapitre.

« Écoutez-moi, chers frères. Les événements suivaient

leur cours, mais pas de la façon dont le maître de Rochefort l'envisageait. Il avait tort. C'est grâce au sénéchal que nous avons retrouvé le legs des Templiers, notre héritage. C'était le successeur désigné de notre défunt maître qui l'avait chargé de la quête. Il s'est mesuré à son ennemi, a placé notre bien-être au-dessus du sien et mené à bien la tâche que nos maîtres tentaient d'accomplir depuis des siècles. »

Mark vit des centaines de frères hocher la tête en signe d'assentiment. Il n'avait jamais atteint un tel degré de communion avec personne. Il avait mené l'existence solitaire d'un enseignant ; ses expéditions du week-end avec son père d'abord, puis en solitaire, représentaient les seules aventures qu'il eût jamais vécues jusqu'à ces derniers jours.

Le legs des Templiers avait été ramené à l'abbaye en toute discrétion. Malone et lui s'étaient chargés personnellement de la châsse et du testament de Simon. Mark avait montré leur découverte au chapelain et ils avaient convenu que le prochain maître aurait à décider de ce qu'ils en feraient.

Le moment décisif approchait.

Cette fois, Mark ne se tenait pas aux côtés des officiers. Il n'était plus qu'un simple frère et à ce titre avait repris sa place parmi le reste de la congrégation. Il n'avait pas été sélectionné pour prendre part au chapitre, aussi assistait-il en spectateur aux débats des treize hommes.

« Notre ancien sénéchal doit devenir notre nouveau maître, c'est incontestable, annonça l'un des membres du chapitre. Ainsi soit-il. »

Le silence envahit la salle.

Mark aurait voulu protester, mais la règle le lui interdisait et il y avait déjà fait bien trop d'entorses.

« Je partage votre avis », dit un autre.

Les onze autres hochèrent la tête.

« Qu'il en soit ainsi, annonça celui qui menait les débats. Notre ancien sénéchal devient maître de l'ordre. »

Un tonnerre d'applaudissements éclata lorsque plus de quatre cents moines manifestèrent leur approbation.

« Baussant », scandèrent-ils.

Il n'était plus Mark Nelle.

Désormais, il était maître des Templiers.

Tous les regards étaient braqués sur lui. Il quitta sa place et pénétra dans le cercle formé par les membres du chapitre. Devant lui se tenaient les hommes qu'il admirait. Il avait rejoint l'ordre dans le simple but de réaliser le rêve de son père et d'échapper à sa mère. Il était resté car il s'était peu à peu attaché à l'ordre et à son maître.

Un extrait de l'Évangile selon Jean lui revint en mémoire.

> Au commencement était la Parole, et la Parole était avec Dieu, et la Parole était Dieu. [...] Toutes choses ont été faites par elle. [...] En elle était la vie, et la vie était la lumière des hommes. La lumière luit dans les ténèbres, et les ténèbres ne l'ont point reçue.
>
> [...] Elle était dans le monde, et le monde a été fait par elle, et le monde ne l'a point connue. Elle est venue chez les siens, et les siens ne l'ont point reçue. Mais à tous ceux qui l'ont reçue, à ceux qui croient en son nom, elle a donné le pouvoir de devenir enfants de Dieu.

Simon Pierre avait reconnu et reçu la parole, comme tous ceux venus après lui, et les ténèbres avaient laissé place à la lumière. C'était peut-être grâce à l'étrange révélation de Simon Pierre qu'ils étaient tous à présent des enfants de Dieu.

Les cris se turent.

Il attendit que le silence se fasse.

« Je me disais que l'heure était peut-être venue pour moi de quitter cet endroit, déclara-t-il avec douceur. Ces derniers jours, j'ai eu à prendre beaucoup de décisions difficiles. Je croyais que mes choix m'excluaient de l'ordre. J'ai tué l'un des nôtres, ce dont je suis navré. Mais j'y ai été contraint. Pour avoir tué le maître de Rochefort, je n'éprouve aucun regret. Il a bafoué toutes nos croyances, expliqua-t-il en haussant le ton. Sa convoitise et son imprudence auraient fini par causer notre ruine. Il se souciait de ses besoins, de ses désirs, pas des nôtres. »

Il fut rasséréné en repensant aux paroles de son mentor « Souvenez-vous de tout ce que je vous ai appris », lui avait-il dit.

« Lorsque je serai votre nouveau chef, reprit Mark, je tracerai une nouvelle voie. Nous sortirons de l'ombre, pas dans un but de vengeance ou de justice, mais pour trouver notre place en tant que Pauvres Chevaliers du Christ et du Temple de Salomon. Voilà qui nous sommes. Voilà ce que nous serons. Nous avons de grandes choses à accomplir. Les pauvres et les laissés-pour-compte ont besoin d'être défendus. Nous pouvons les sauver. »

Les paroles de Simon lui revinrent en mémoire. « Nous sommes tous créés à l'image de Dieu, nous sommes tous dignes d'amour, nous pouvons tous vivre dans l'esprit de Dieu. » Il serait le premier maître depuis sept siècles à être guidé par ces mots.

Il avait l'intention de les mettre en pratique.

« À présent, mes chers frères, il est temps de dire adieu à frère Geoffrey dont le sacrifice nous permet d'être ici aujourd'hui. »

L'abbaye impressionnait Malone. Stéphanie, Henrik, Cassiopée et lui y avaient été accueillis et avaient eu droit à la visite complète des lieux ; ils étaient les premières personnes extérieures à l'ordre à avoir cet honneur. Le chapelain, qui leur servait de guide, leur en avait montré les moindres recoins en leur expliquant patiemment son histoire avant de les quitter, car le chapitre était sur le point de commencer. Il était venu les retrouver quelques minutes plus tôt pour les escorter dans la chapelle. Ils avaient été autorisés à assister aux funérailles de Geoffrey en raison de leur contribution à la découverte du legs des Templiers.

Ils avaient pris place au premier rang, juste devant l'autel. La chapelle était magnifique, digne d'une véritable cathédrale ; les templiers venaient s'y recueillir depuis des siècles et leur présence l'habitait.

Stéphanie était à côté de Malone, de Henrik et de Cassiopée. Elle eut le souffle coupé lorsque les chants cessèrent et que Mark apparut derrière l'autel. Tous les frères portaient une robe de bure, capuchon sur la tête, mais Mark avait revêtu le manteau immaculé du maître. Malone prit sa main tremblante. Stéphanie la serra fort dans la sienne en lui adressant un sourire.

Mark s'approcha du cercueil tout simple de Geoffrey.

« Frère Geoffrey a donné sa vie pour nous. Il a tenu parole. Ce héros aura donc l'honneur de reposer dans le panthéon où il ira rejoindre nos maîtres. »

Personne ne dit mot.

« La mise en cause de notre précédent maître par frère de Rochefort est nulle et non avenue. Il réintègre la place d'honneur dans les chroniques. Disons adieu à frère Geoffrey. Grâce à lui, notre ordre renaît. »

Le service dura une heure, puis Malone et ses compagnons suivirent la confrérie jusqu'au panthéon. Le cercueil de Geoffrey fut placé dans le *loculus* voisin de celui de l'ancien maître.

Les quatre amis regagnèrent ensuite leurs voitures.

Malone remarqua un calme nouveau chez Mark et vit que sa relation avec sa mère s'était détendue.

« Qu'allez-vous faire maintenant, Malone ? demanda Cassiopée.

— Je retourne à ma librairie. Et je vais attendre mon fils. Il vient passer un mois chez moi.

— Un fils ? Quel âge a-t-il ?

— Quatorze ans d'âge physique, trente d'âge mental. Il me donne du fil à retordre.

— Tout le portrait de son père, en somme.

— De sa mère, plutôt. »

Il avait beaucoup pensé à Gary ces derniers jours. Voir Stéphanie et Mark se déchirer lui avait rappelé ses échecs en tant que père. Mais, à voir son garçon, il n'y paraissait rien. Alors que Mark s'était aigri au fil du temps, Gary excellait en classe. C'était un athlète émérite et il n'avait jamais soulevé la moindre objection lorsque son père avait décidé de s'installer à Copenhague. Il l'avait même encouragé dans ce sens, sachant que Malone avait besoin d'être heureux lui aussi.

Malone culpabilisait énormément à ce sujet. Mais il avait hâte de retrouver son fils. L'année précédente, ils avaient passé leur premier été en Europe. Cette fois, ils avaient prévu de se rendre en Suède, en Norvège et en Angleterre. Gary adorait voyager : encore un point commun entre eux.

« Nous allons bien nous amuser », dit-il.

Malone, Stéphanie et Henrik iraient jusqu'à Toulouse où ils prendraient un vol pour Paris. De là, Stéphanie repartirait pour Atlanta, Malone et Henrik pour Copenhague. Cassiopée rentrerait au château dans son 4×4.

Malone la rejoignit près de sa voiture.

Ils étaient cernés par les montagnes. Dans quelques mois, les sommets seraient recouverts de neige. Tout était affaire de cycle, aussi bien dans la nature que dans la vie. Les bons et les mauvais moments se succédaient. Lorsqu'il avait pris sa retraite, il se rappelait avoir dit à Stéphanie qu'il en avait assez de toutes ces absurdités. Sa naïveté l'avait fait sourire ; tant qu'il y aurait de la vie sur terre, lui avait-elle dit, il n'y aurait pas d'endroit tranquille. Le jeu était le même où que l'on aille. Seuls les protagonistes changeaient.

Peu importait. La semaine qui venait de s'écouler lui avait appris qu'il ne serait jamais vraiment hors course. Mais si quelqu'un lui posait la question, il répondrait qu'il était libraire.

« Prenez soin de vous, Malone, dit Cassiopée. Je ne serai plus là pour vous protéger.

— Quelque chose me dit que nous allons nous revoir, tous les deux.

— On ne sait jamais, fit-elle avec un sourire. C'est possible. »

Il regagna sa voiture.

« Et Claridon ? demanda Malone à Mark.

— Il a imploré mon pardon.

— Que vous avez eu la bonté de lui accorder.

— Il a expliqué que de Rochefort s'apprêtait à lui faire rôtir la plante des pieds, dires confirmés par deux de nos frères. Il veut se joindre à nous.

— Vous sentez-vous prêt pour ce genre de défi ? gloussa Malone.

— On comptait autrefois dans les rangs des Templiers des hommes pires que lui. Nous survivrons. Et puis, chacun sa croix... J'ai la mienne en la personne de Claridon. »

Stéphanie et Mark s'entretinrent un moment à voix basse. Ils s'étaient déjà fait leurs adieux en privé. Elle avait l'air calme et détendu. Ils se quittaient apparemment en bons termes, ce dont Malone se réjouissait. Il fallait que les esprits s'apaisent.

Malone attendit qu'aucun templier ne se trouve à portée de voix avant d'interroger Mark : « Qu'allez-vous faire de la châsse et du *Testament de Simon* ?

— Nous les garderons au secret. Le monde se satisfait de ce qu'il croit. Je ne compte pas m'en mêler.

— Bonne idée.

— Mais notre ordre sortira de l'ombre.

— Absolument, intervint Cassiopée. J'ai déjà proposé à Mark de devenir membre de l'organisation caritative que je préside. La lutte mondiale contre le sida et la famine a bien besoin d'un apport de capitaux, ce dont ne manque plus l'ordre désormais.

— Henrik a lui aussi fait pression pour que nous soutenions ses causes préférées et j'ai accepté de l'aider. Les chevaliers du Temple ne manqueront pas de travail. Nos qualités seront mises à profit.

— Je crois que les Templiers sont entre de bonnes mains, dit Malone en saluant Mark. Bonne chance à vous.

— Bonne chance à vous aussi, Cotton. Je suis toujours curieux d'apprendre d'où vous tenez ce nom.

— Appelez-moi un de ces jours, et je vous dirai tout. »

Stéphanie et Henrik grimpèrent dans la voiture de location et Malone s'installa au volant. « Je vous renverrai l'ascenseur un jour, Malone, lança Stéphanie tandis qu'ils attachaient leurs ceintures.

— Grande première.

— N'y prenez pas trop goût, surtout. »

Il sourit.

« Usez-en judicieusement.

— À vos ordres, madame. »

Malone démarra.

Note de l'auteur

Assis dans un café de la Højbro Plads, je décidai que le protagoniste de mon roman devait vivre à Copenhague. C'est vraiment l'une des plus belles villes du monde. C'est ainsi que Cotton Malone, libraire, emménagea sur cette place grouillante de monde. J'ai également passé pas mal de temps dans le sud de la France à découvrir l'histoire et les lieux qui font désormais partie intégrante de ce roman. La plupart des détails de l'intrigue me sont venus au cours du voyage, ce qui est compréhensible car le Danemark, Rennes-le-Château et le Languedoc sont des endroits stimulants. Mais il est temps de savoir où s'arrêtent les faits et où commence la fiction.

La crucifixion de Jacques de Molay, telle qu'elle est décrite dans le prologue, et la possibilité que l'image imprimée sur le suaire de Turin soit la sienne (chapitre 46) reprennent les conclusions de Christopher Knight et Robert Lomas. La découverte de cette idée dans leur ouvrage, *Le Second Messie*, m'a intrigué et m'a poussé à me servir de leur concept innovant dans mon histoire. La majeure partie des arguments avancés par Knight et Lomas – tels que les rapporte Mark Nelle au chapitre 46 – sont sensés et correspondent aux datations scientifiques effectuées sur le suaire au cours de ces vingt dernières années.

L'abbaye des Fontaines est un lieu fictif inspiré de divers monastères pyrénéens. Les lieux danois décrits existent tous. La cathédrale de Roskilde et la crypte de Christian IV (chapitre 5) sont absolument magnifiques et le point de vue depuis la Tour ronde à Copenhague (chapitre 1) vous transporte littéralement à une autre époque.

Le personnage de Lars Nelle est inspiré des nombreux auteurs, hommes et femmes, qui ont consacré leur vie à écrire sur Rennes-le-Château. J'ai consulté de nombreuses sources, certaines flirtant avec le bizarre, d'autre frisant le ridicule mais à leur façon, chacune d'elles offrait une perspective unique sur cet endroit véritablement mystérieux. À ce sujet, j'ai quelques précisions à apporter :

L'ouvrage *Pierres gravées du Languedoc* d'Eugène Stüblein (mentionné pour la première fois chapitre 4) fait partie du folklore de Rennes-le-Château, même si personne n'en a jamais vu le moindre exemplaire. Comme je le raconte chapitre 14, l'ouvrage est bien inscrit au fonds de la Bibliothèque nationale, même s'il demeure introuvable.

La tombe d'origine de Marie d'Hautpoul de Blanchefort a disparu, probablement détruite par Saunière. Mais on raconte qu'une société scientifique venue visiter le cimetière en aurait fait le croquis le 25 juin 1905, croquis publié en 1906. Toutefois, au moins deux versions de ce fameux croquis existent et le doute persiste donc sur l'aspect de l'original.

Tous les faits concernant la famille d'Hautpoul et leurs liens avec les Templiers sont véridiques. Comme mentionné aux chapitres 16 et 20, l'abbé Bigou était le confesseur de Marie d'Hautpoul et a bien fait réaliser la stèle dix ans après sa mort. Il a bien quitté Rennes-le-Château en 1793 et n'y est jamais revenu. Le fait qu'il ait laissé sur place des messages secrets n'est que conjecture (un des éléments du mythe de Rennes-le-Château), mais cette éventualité fait une histoire fascinante.

L'abbé Antoine Gélis a bien été assassiné de la façon décrite au chapitre 26. Gélis était effectivement lié à Saunière, et certains ont spéculé sur l'implication de Saunière dans son meurtre. Mais aucune preuve ne vient la corroborer, et le meurtre n'a toujours pas été résolu à ce jour.

On ne saura jamais s'il existe une crypte sous l'église de Rennes-le-Château. Comme j'en fais mention aux chapitres 32 et 39, les autorités locales interdisent toute exploration du sous-sol. Cela dit, les seigneurs de Rennes-le-Château devaient avoir une sépulture et, à ce jour, la crypte où ils reposent n'a jamais été localisée. Les références à la crypte censées apparaître dans le registre paroissial telles que décrites au chapitre 32 sont réelles.

Le pilier wisigothique mentionné chapitre 39 existe : il est exposé à Rennes-le-Château. Saunière l'a bien placé à l'envers après y avoir gravé certaines inscriptions. La connexion entre la date 1891 (1681 inversé) et la date inscrite sur la tombe de Marie d'Hautpoul de Blanchefort est un peu tirée par les cheveux mais ces détails existent néanmoins. Peut-être un message se cache-t-il quelque part ?

Tous les détails ayant trait aux bâtiments érigés par Saunière et aux réparations apportées à l'église de Rennes-le-Château sont réels. Des dizaines de milliers de touristes se rendent sur le domaine de Saunière chaque année. La symbolique du sept et du neuf est de mon invention ; elle est fondée sur les détails glanés en examinant le pilier wisigothique, les stations de la croix et autres monuments dans l'église et aux alentours. À ma connaissance, personne n'y avait jamais pensé avant et ma théorie viendra peut-être nourrir le mythe de Rennes-le-Château.

Noël Corbu a bien vécu dans le village et c'est bien à lui que l'on doit une bonne part du mythe qui l'entoure (chapitre 29). L'excellent *The Treasure of Rennes-le-Château :*

A Mystery Solved, de Bill Putnam et John Edwin Wood, fait le point sur les mensonges de Corbu. Il a bien racheté le domaine de Saunière à sa vieille maîtresse. On admet que Saunière, s'il savait quelque chose, avait certainement mis sa maîtresse dans la confidence. D'après la légende (que l'on doit sans doute à Corbu), la maîtresse lui aurait confié la vérité avant de mourir en 1953. Mais le doute planera toujours. En revanche, nous savons que Corbu a tiré profit de la légende de Rennes-le-Château et qu'il a été la source de la première série d'articles concernant le fameux trésor parus en 1956. Comme il en est fait mention au chapitre 29, Corbu a bien rédigé un manuscrit sur le village, mais il a disparu à sa mort, en 1968.

La légende de Rennes-le-Château fut immortalisée dans un livre paru en 1967, *Le Trésor maudit de Rennes-le-Château*, par Gérard de Sède, le premier à être consacré au sujet. Il renferme beaucoup d'inventions dont la plupart sont tirées de l'histoire racontée par Corbu en 1956. Henry Lincoln, documentariste britannique, découvrit l'histoire et passe pour l'avoir popularisée.

Le tableau de Juan de Valdés Leal orne aujourd'hui les murs de l'église de la Santa Caridad à Séville. Incapable de résister à son symbolisme très fort, je l'ai déplacé en France. Du coup, son lien avec l'histoire de Rennes-le-Château est de mon invention (chapitre 34). La description du palais des Papes en Avignon est fidèle à la réalité, sauf en ce qui concerne la salle des archives qui sort de mon imagination.

Les cryptogrammes font partie de l'histoire de Rennes-le-Château. Ceux reproduits ici, cependant, sortent eux aussi de mon imagination.

Le site du chantier médiéval de Givors se fonde sur le projet Guédelon où des artisans construisent un château du XIIIe siècle en utilisant les outils et les matériaux disponibles à l'époque. Il faudra plusieurs décennies pour mener la tâche à bien ; le site est ouvert au public.

Les Templiers ont bien évidemment existé et leur histoire est fidèlement retranscrite, ainsi que leur règle. Le poème cité chapitre 10 existe lui aussi ; son auteur est anonyme. Tout ce que l'ordre a accompli et que le livre présente est véridique et témoigne à quel point cette organisation était en avance sur son temps. Quant à la fortune et au savoir perdus des Templiers, rien n'a été retrouvé après la purge de 1307, au grand dam de Philippe le Bel dont la quête fut vaine. La référence aux charrettes faisant route vers les Pyrénées (chapitre 48) se fonde sur d'anciennes références historiques, même si l'on ne peut être certain de rien.

Il n'existe malheureusement pas de chroniques de l'ordre. Mais ces documents attendent peut-être l'aventurier qui découvrira un jour la cache secrète des Templiers. La cérémonie d'intégration à l'ordre décrite chapitre 51 est fidèle à la réalité et cite la règle. En revanche, les funérailles décrites chapitre 19 sont fictives même si, au Ier siècle, les rituels funéraires juifs étaient similaires.

Le *Testament de Simon* est une création personnelle, mais l'explication alternative de la « résurrection » du Christ est tirée de l'excellent *Resurrection Myth or reality*, de John Shelby Spong.

Les incohérences des quatre Évangiles du Nouveau Testament concernant la résurrection (chapitre 46) constituent un véritable défi pour les chercheurs depuis des siècles. Le fait qu'un seul squelette d'homme crucifié ait jamais été découvert (chapitre 50) soulève effectivement certaines questions, comme les commentaires et les déclarations faites à ce sujet au fil des siècles. L'un de ces commentaires, attribué au pape Léon X, a plus particulièrement retenu mon attention. Léon X appartenait à la famille Médicis ; homme puissant soutenu par des alliés qui ne l'étaient pas moins, il était à la tête d'une Église qui, à l'époque, régnait en maître. Ce commentaire est court, simple, et pour le moins étrange dans la bouche du chef de l'Église catholique romaine.

C'est de là que jaillit l'étincelle à l'origine de ce roman.

« On sait de temps immémorial combien cette fable du Christ nous a été profitable. »

Remerciements

J'ai beaucoup de chance. L'équipe grâce à laquelle mon premier roman *The Amber Room* a vu le jour en 2003 est restée soudée. Rares sont les auteurs qui ont ce luxe. Alors, je tiens à remercier de nouveau chacun d'entre vous. D'abord, merci à mon agent Pam Ahearn qui croit en moi depuis toujours. Merci à mes merveilleux collaborateurs de Random House : Gina Centrello, une éditrice extraordinaire ; l'éditeur (et ami formidable) Mark Tavani, preuve vivante que la valeur n'attend pas le nombre des années ; Ingrid Powell sur qui l'on peut toujours compter ; Cindy Murray qui travaille d'arrache-pied pour donner une bonne image de moi dans la presse (c'est loin d'être une sinécure, croyez-moi) ; Kim Hovey dont les études de marché sont d'une précision chirurgicale ; le talentueux Beck Stvan, artiste à qui l'on doit la magnifique jaquette du livre de l'édition originale ; Laura Jorstad, la correctrice qui me remet dans le droit chemin ; Crystal Velasquez, directrice de la production qui jour après jour fait avancer les projets ; Carol Lowenstein, qui a de nouveau fait un travail de mise en pages magnifique ; et, enfin, tous les employés du département des ventes. Sans votre travail acharné, rien ne serait possible.

Un merci tout particulier à Daiva Woodworth, l'une des « copines » à qui Cotton Malone doit son nom. Et je ne saurais oublier mes deux « autres copines », Nancy Pridgen et Fran Downing. Elles continuent à m'inspirer jour après jour.

Petit clin d'œil personnel. La présence de ma fille Elizabeth (qui grandit à une vitesse folle) m'a aidé à surmonter les multiples difficultés qui ont émaillé la publication de ce roman. C'est un véritable trésor.

Je lui dédie ce livre.

Comme toujours.

Achevé d'imprimer
en janvier 2008
par Printer Industria Gráfica
pour le compte de France Loisirs, Paris

Achevé d'imprimer
en janvier 2008
par Printer Industria Gráfica
pour le compte de France Loisirs, Paris

Numéro d'éditeur : 50471
Dépôt légal : février 2007
Imprimé en Espagne